KB027320

DIAGNOSIS EVALUATION IN COMMUNICATION DISORDERS

의사소통장애 진단평가

강은희 · 고영옥 · 권미지 · 김시영 · 김유경 · 김효정 · 박은실 · 유재연
이명순 · 이옥분 · 장현진 · 최선영 · 허명진 · 황상심 · 황하정 공저

학지사

머리말

언어치료 과정에서 진단평가는 언어치료 전에 이루어지는 중요한 기본활동이며, 치료 수행, 치료 종결, 치료 종결 후 유지를 확인하는 데도 사용하는 계속활동입니다. 우리나라에서는 권도하 교수님께서 Emerick과 Hatten의 『Diagnosis and evaluation in speech pathology』를 번역하여 『언어진단법』으로 소개한 것이 시작입니다. 그 후로 많은 진단평가서가 출간되고 있지만, 처음 언어치료를 접하는 학부생에게는 보다 이해하기 쉬운 진단평가의 개념과 과정, 각 장애유형에 따른 사례와 보고서를 제시하는 것이 필요하다고 생각하였습니다. 이에 여러 교수님이 뜻을 모아 새로운 『의사소통장애 진단평가』를 집필하게 되었습니다.

이 책은 총 15장으로 구성되어 있습니다. 1~3장에서는 언어장애 진단 · 평가의 기본 개념과 과정, 다양한 보고서 양식을 제시하였습니다. 4~7장에서는 언어발달장애 진단 · 평가의 개요를 소개하고, 언어이전기, 학령전기, 학령기로 나누어 진단 · 평가 과정을 소개하였습니다. 이 장들에서는 독자들이 언어발달장애 동반 장애군의 특징을 학습하고, 대상 아동의 언어수준에 따른 평가 사례를 통해 이해하기 쉽도록 하는 데 초점을 두었습니다. 8~10장에서는 조음음운장애, 음성장애, 유창성장애 영역에서 사용되는 진단 · 평가 과정과 평가도구, 11~15장에서는 언어문제의 원인에 따른 장애유형별 진단 · 평가 과정을 소개하였습니다. 각 장의 앞부분에는 학습목표와 핵심 용어를 제시하고, 맨 마지막에는 요약과 연습문제를 두어 스스로 학습과 점검이 가능하도록 하였습니다. 독자의 이해를 돕기 위하여 집필진과 여러 번의 회의를 거쳐 전반적인 내용과 수준을 논의하였습니다. 그러나 현재 개발된 언어진단 평가도구의 수가 방대하여 모든 평가도구를 수록하지는 못했습니다. 또한 집필진의 수가 많음으로 인해 용어의 혼돈이 있을 것으로 생각합니다. 독자들의 너그러운 양해를 부탁드립니다.

이 책이 나올 수 있도록 격려와 애정을 보내 주신 권도하 교수님께 저자들을 대표해 감사의 마음을 전합니다. 또한 학지사의 협조와 배려 그리고 도움에 감사드립니다. 그리고 집필진 모두에게도 감사함을 다시 한번 전하고 싶습니다.

대표 저자 김시영

차례

제 1 장

언어장애 진단 · 평가 이해

⋮

김시영

◐ 이 장의 목표

- 언어장애 진단 · 평가 의미를 설명할 수 있다.
- 언어장애 진단 · 평가 목표와 활용방법을 설명할 수 있다.
- 진단과정을 이해하고 진단 · 평가의 특성을 설명할 수 있다.
- 언어장애 진단 · 평가자로서 갖추어야 할 자질들을 설명할 수 있다.

핵심 용어

- **검사** 자료를 수집하는 한 형태로 주로 객관적인 측정 결과를 제시한다. 대상자의 현 상태 및 변화를 측정한다는 개념과 원인 혹은 관련 요인을 이해한다는 개념, 둘 다를 포함한다.
- **다학문적, 복합분야** 두 개 이상의 학문분야를 하나의 활동으로 결합하거나 학문 간 경계를 넘나들며 사고하고 적용하는 것이다.
- **선별검사** 문제 유무를 판별하기 위한 검사방법이다. 발음문제를 파악하기 위해서 이름이나 주소를 물어보는 것이 선별검사에 해당된다. 문제가 있다고 판단되면 이후 공식 및 비공식 검사를 실시하고, 언어치료 필요 유무를 결정한다.
- **진단** 발생한 증후들을 검사하거나 조사 및 평가한 후에 대상자가 나타내는 조건을 함께 분석함으로써 질병, 이상, 장애 특성 등을 확인하는 과정이다.
- **평가, 사정** 진단에 도달하는 과정으로 공식 검사, 비공식 정밀조사 등이 포함되며, 문제의 본질, 심한 정도, 예후 등에 대한 서술과 치료계획 및 그에 대한 결과를 의미하는 용어로 자주 사용된다.

I. 언어장애 진단 · 평가 개관

언어재활사의 다양한 전문역할 중 중요한 한 부분은 진단이다. 진단 · 평가는 대상자에게 단순히 언어검사도구를 절차에 따라 실시하고 그 결과를 분석하는 과정만을 의미하지 않는다. 언어장애 진단 · 평가자는 의사소통이 아니라 의사소통하는 사람을 다룬다는 것을 꼭 기억해야 한다. 고정된 의사소통이 아니라 환경에 따라 지속적으로 변화하는 사람을 평가하므로 대상자가 처한 환경을 포함하여 의사소통자의 총체적 의사소통능력을 살펴볼 필요가 있다(권도하 외, 2012). 또한 의사소통 장애인에게 최선의 언어치료서비스를 제공하는 첫 단추가 진단 · 평가이므로 언어재활사는 진단 · 평가와 그 활용에 최선을 다해야 한다.

1. 진단 · 평가 정의

진단(diagnosis)은 검사 및 평가를 통해 결과를 해석하고 전반적 의사소통능력을 파악하여 언어문제의 특성을 알아내고 결정하는 과정이다. 또한 관찰하기, 측정하기, 기술하기, 구별하기 등의 과정을 통해 대상자의 언어문제를 이해하는 과정이라고도 할 수 있다. 진단 · 평가의 결과는 대상자에게 언어치료 중재 실시 여부, 문제의 원인 소거 및 경감, 치료계획 수립 등 최선의 언어치료서비스를 제공하는 데 활용된다. 진단이란 용어를 의학적으로 사용할 때는 원인에 초점을 두어 무엇 때문에 이러한 문제가 나타났는지에 관심을 두며, 어떤 질병이나 상태의 본질을 신체적인 검사와 실험적 검사를 통하여 파악한다.

그러나 언어치료 분야에서는 진단의 목적이 원인을 알아내는 것보다는 현 상태의 파악과 진술에 초점을 두고 있다. 즉, 언어행동을 서술하고 이해하는 데 목적을 둔다. 진단 · 평가에서는 우리가 내린 결정이 올바른지와 다른 진단 · 평가와 어떤 차이점과 유사점이 나타나는지를 확인하는 것도 중요하다.

2. 관련 용어

대상자의 구어 및 언어를 평가할 때 사용하는 진단과 관련된 용어는 다양하다. 그 용어들이 때로는 같은 의미로 사용되기도 하고, 서로 다른 의미로 사용되기도 한다. 게다가 여러 문헌들에서 서로 다른 용어를 같은 의미로 사용하기도 하고 같은 용어지만 다른 의미로 사용하는 경우도 있기 때문에 독자들이 혼란스러워한다. 평가는 단일 진단 회기의 개념으로 사용하는 경우도 있지만, 일회성이 아닌 기초선 자료를 수집하고, 치료진전을 모니터링하고, 훈련으로 일반화가 이루어졌는지 판단하고, 대상자의 생활에서 의사소통상의 기능적 이득이 나타났는지 보고하는 것을 포함하는 경우도 있기 때문에(Haynes & Pindzola, 2011) 평가과정의 목적이나 내용에 따라 용어를 구별하여 사용해야 할 필요도 있다. 더불어 원어에는 서로 다르게 사용되는 용어가 번역을 할 때는 모두 '검사' '평가'라는 용어로 같이 사용되어 혼란을 가중시키기도 한다. 따라서 이 책에서는 이 용어들의 차이점을 제시하여 독자의 이해를 돕고자 한다(권도하, 2011).

검사(test)는 자료수집의 한 형태로 대상자의 구어 및 언어변화를 측정한다는 개념과 원인 혹은 원인과 관련된 요인을 이해한다는 개념, 둘 다를 포함한다. 주로 객관적인 측정으로 측정결과를 나타내며 공식적인 검사도구의 명칭에 주로 사용되는 용어이다. 검사는 진단의 제한된 일부분이며 검사의 목적은 구어 및 언어변화를 서술하고 원인적인 요인들을 이해하는 데 있다. 어떤 특정 분야에서 측정하고자 하는 목적을 위해 표준화된 질문들을 구성한다. 일반적으로 특수한 상황하에서 이루어지는 직접적이며 구조화된 행동관찰로 측정되는데, 통계의 유의성 및 어떤 추론의 타당성을 평가하기 위해 조작적으로 적용되기도 한다. 검사(examination)는 대상자의 행동에 대해 체계적이고 기계적인 조사를 한다는 의미로, 구강말초 메커니즘에 대한 의학적 진단이나 청각기능검사가 여기에 해당된다. test와 유사하게 examination도 진단의 전체적인 개념의 한정된 부분으로 설명할 수 있다. test라는 용어는 구어 및 언어에 대한 정보를 나타내지만, examination은 구어 및 언어행동 그 자체보다는 신체적 및 생리적인 측면에 대한 조사를 의미한다. 특히 구어 및 언어프로세스의 방해와 가장 직접적으로 관계있는 원인적인 요인에 대한 정보를 제공한다(권도하 외, 2012).

평가(appraisal)는 대상자의 상태 변화를 결정하기 위해 여러 차례 반복되는 일련의 단계로 구성되며, 일상화된 행동을 평가한다. appraisal은 강점과 약점을 주시함으로써 특정 행동을 측정하고 설명하기 위해 사용된다. appraisal은 구어 및 언어행동의 변화를 서술할 뿐만 아니라 장애의 유무를 결정하기 위해 수집한 자료를 해석하는 의미를 포함하기 때문에 test나 examination이란 용어보다 훨씬 더 포괄적으로 사용된다. 평가(evaluation)는 서술 및 해석기능 모두를 포함한다. 이는 구어 및 언어변화와 장애의 특성을 결정하는 진단의 첫 번째 목표에 가장 근접한 의미이다. 어떤 진단적 평가의 유의성과 의미에 대한 전체적인 평가로서 공식 및 비공식 절차를 포함한다.

평가(assessment)는 문제의 본질, 심한 정도, 예후 등에 대한 서술과 치료계획을 의미하는 용어로 사용되고 있다. assessment는 구어 및 언어 장애 유무를 결정하고 대상자의 관리를 제시하는 기본적인 목표를 포함하고 있다. assessment는 진단에 도달하는 과정으로 비공식 정밀조사, 시도치료에서의 과제 실시, 일반화 자료의 수집이 여기에 해당한다(Haynes & Pindzola, 2011). 주요한 평가유형으로는 공식 및 비공식 검사가 있다. 공식적인 검사유형이란 주로 표준화되어 출판된 검사도구들을 통한 평가이다. 표준화 검사 그 자체는 신뢰도와 타당도가 검증되었다. 이러한 평가들은 그 평가를 이용하고자 한 연령범위를 포함한 많은 수의 모집단을 대상으로 실시되었다. 검사자는 상이한 연령집단에서의 가장 빈번하고 정상적인 반응을 토대로, 대상자가 얻은 점수를 연령범위 기준과 비교할 수 있다. 비공식 평가는 치료사가 특정 부분에 관해 심화평가를 실시하거나 인터뷰 및 관찰을 함으로써 이루어진다.

II. 진단 · 평가 역할

미국언어청각협회(American Speech-Language-Hearing Association: ASHA)는 언어재활사의 역할을 "말 · 언어장애, 연하장애를 평가하고 재활을 돕는다. 특히 말 · 언어장애의 특성을 질적 및 양적으로 평가하기 위해 표준화 검사를 포함한 다양한 검사도구를 활용한다. 언어재활사는 신생아에서 노인에 이르기까지 말 · 언어장애 및 연하장애를 치료할 때 개별화된 장단기 치료목표를 수립하며, 치료현장이나 개인의 진단 및 필요에 따라 개별 혹은 그룹 형태의 임상서비스를 제공한다."고 명시하고 있다(한국언어재활사협회, 2013). 이처럼 언어재활사 역할 중 언어 진단 및 평가는 매우 중요한 부분이다. 김영태 등(2014)의 언어치료직무분석 결과에 따르면, 언어재활사의 역할은 의사소통장애의 선별검사, 의사소통장애의 진단 및 평가, 언어재활 및 중재, 가정지도, 연구개발, 예방을 위한 공공서비스 제공 등의 6가지라고 규정하였으며, 그 내용은 〈표 1-1〉과 같다.

〈표 1-1〉 언어재활사의 역할

- 의사소통장애의 선별검사: 언어재활사는 대상자가 의사소통 문제를 가지고 있는지를 판별한다. 장애영역별로 개발되어 있는 다양한 선별검사를 통하여 실시한다.
- 의사소통장애의 진단 및 평가: 선별검사 결과, 문제가 발견되었을 경우에 좀 더 정확한 문제 파악을 위해 전문적인 의사소통장애 진단 및 평가를 실시한다. 의사소통 유형, 중증도, 문제의 원인, 예후, 치료방향 등을 파악한다. 언어재활사가 영역별로 공식 검사도구와 전문적 지식과 경험을 통하여 관련 영역의 전문가와 협진을 통해 진행한다.
- 언어재활 및 중재: 의사소통장애를 가진 대상자들이 보다 원활하게 의사소통을 할 수 있도록 원인 및 증상에 따른 치료를 실시한다. 진단 및 평가 결과를 토대로 각 대상자에게 개별화된 장 · 단기 치료계획서를 작성하며 이를 토대로 개별적 특성이 반영된 맞춤형 치료를 시행한다.
- 가정지도: 대상자가 너무 어리거나 직접 치료에 어려움이 있는 경우에는 좀 더 효율적인 치료효과를 위해 대상자 가족을 중심으로 가정지도를 실시한다. 또한 다양한 의사소통장애를 가질 수 있는 고위험군의 가족을 대상으로 예방교육을 실시하며, 선별검사 결과 이

상은 없지만 지속적인 상담이 필요한 경우에는 가정지도가 이루어진다. 가정지도는 언어재활사가 직접 방문하거나, 대상자의 보호자가 언어재활사를 찾아올 수 있고, 매체를 통한 상담으로 이루어지기도 한다.

- 연구개발: 언어치료학은 다학문적 성격을 가진 학문이며, 대상자에게 직접적인 중재 및 교육을 실시하는 응용학문이므로 다양한 영역의 학문을 기초로 현장에 적용할 수 있는 임상연구들이 필요하다. 따라서 언어재활사들은 관련 학문의 전문가들과 긴밀한 협조 아래 실증적인 연구들이 이루어져야 한다.
- 예방을 위한 공공서비스 제공: 언어재활사는 다양한 의사소통장애의 예방과 평가, 그리고 치료에 대한 기본적인 지식을 일반인들에게 알리고 고무시키는 역할을 한다. 언어장애 고위험군에 대한 홍보와 아울러 예방을 위한 사전교육을 통하여 언어장애에 관한 사회적 인식을 촉진해야 한다.

진단 · 평가는 언어문제를 확인하고 객관적으로 서술하여 향후 언어치료서비스 제공이 필요한지 등을 결정하는 데 목적이 있다. 이를 위해 선별검사와 진단평가를 실시하며, 이 과정에서 문제의 원인을 규명하기도 한다. Haynes와 Pindzola(2011)는 대상자의 문제를 제대로 이해하고 진단하기 위해 평가를 실시하고 대상자의 치료 진전을 모니터링하여 의사소통장애의 변화를 기술하기 위해 평가를 실시한다고 하였다. 언어장애의 유무 파악이 평가의 첫 단계이며 문제가 확인되면 추가적으로 다양한 검사 및 평가를 실시하여 특정 의사소통 영역에서 대상자의 기초 수행력을 판단하게 된다. 또한 치료 시작 시점에서 개인의 의사소통 기능 수준과 관련된 목표활동을 설정하게 되고, 지속적으로 자연스러운 상황에서 의사소통 수준을 파악하게 된다.

1. 선별검사와 진단 · 평가

선별검사의 목표는 대상자의 문화적 · 개인적 상황을 고려하여 언어문제 유무를 판별하는 것이다. 판별을 위해서는 대상자의 구어 및 언어행동을 객관적으로 서술하는 것이 필요하다. 진단 · 평가자는 대상자가 나타내는 언어행동과 그 변화가 정상범주에 해당하는지에 관심을 가져야 한다. 즉, 관찰된 변화가 정상인지 아닌지와 받아들일 수 있는 범위 내의 변화를 나타내는지를 판단한다. 진단 · 평가자는 수집한 행동을 규범집단의 기준 자료와 비교하거나 편차의 형태를 확인해야 한다. 혹 특정한 기준이 되는 자료가 없을 경우에는 전형적이며 일반적인 습득 단계에 대한 진단 · 평가자 자신의 지식을 토대로 언어문제 유무에 대한 판단을 할 수 있다. 언어재활사는 언어문제를 알아내는 것뿐 아니라 언어장애를 예방하거나 감소시켜야 하는 책임이 있다. 따라서 선별검사에서 언어문제가 있는 것으로 판단되면 진단평가를 통해 언어치료 중재가 필요한지 그렇지 않은지에 대한 결정을 해야 한다.

언어재활사가 언어행동에 대한 문제 유무를 판단할 때 적용하는 두 가지 기준이 있는데, 이는 문화적 기준과 개인적 기준이다. 문화적 기준은 집단적인 성격을 가지고 있는 사회에서 적용되는 기준이다. 각 행동은 개인적 특이성과 관계없이 사회적인 잣대에 의하여 판단될 수 있다. 개인적 기준은 언어장애 유무 판정을 위해 연령, 지능, 경험 등과 같은 개인적인 특성들을 고려하는 것이다. 이러한 문화적 및 개인적인 기준은 진단과 치료중재계획과 실행에 있어서 매우 중요한 부분이다. 언어문제 유무판정에서 문제가 있다고 판명되면 진단 · 평가 과정으로 이동한다.

진단 · 평가 과정의 목표는 현재의 언어문제들이 정상과 어떤 차이를 나타내며, 의사소통에 어떤 방해를 주며, 그 결과로 의사소통에 장애를 나타내는지를 파악하여 치료의 필요성이 있는지 결정하는 것이다. Van Riper와 Erickson(1995)은 "언어가 다른 사람의 언어와 너무 달라서 언어 자체가 주의를 끌게 하거나, 의사소통을 방해하거나, 그러한 언어를 말하는 사람이 부적응하게 되는 원인이 될 때, 그 언어는 장애가 있다."라고 정의하였다. 여기서 언어장애에 대한 정의를 세 가지 주요한 양상으로 구분하고 있다. '너무 달라서'라는 말은 구어신호의 변질로 의사소통의 차이(communication difference)가 있다는 것이다. 의사소통 차이로 인해 청자는 '뭐지? 말소리가 특이한데! 발음이 이상한 것 같아.'라는 인식을 하게 된다. '주의를 끌게 하거나, 의사소통을 방해한다는 것'은 의사소통 방해(communication disturbance)로 의사소통 내용이 깨어짐을 의미한다. 의사소통 방해로 인해 청자는 '화자가 말하는 내용을 파악할 수 없게 된다. '부적응하게 되는 원인이 될 때'라는 것은 차이와 방해의 결과로 유발된 의사소통장애(communication disorder)로 사회적인 관계의 손상을 의미한다(권도하 외, 2012). 의사소통장애는 화자와 청자 모두에게 어려움을 주어 의사소통이 이루어지지 못함을 뜻한다. 언어장애의 세 가지 양상을 [그림 1-1]에 제시하였다.

〈의사소통 차이〉

〈의사소통 방해〉

〈화자의 부적응〉

[그림 1-1] 언어장애의 세 가지 양상

이처럼 언어문제 원인 규명은 말소리 자체, 의사소통방해, 부적응이라는 세 가지 측면으로의 분석이 필요하다. 말소리 자체는 화자의 측면, 의사소통 방해는 청자의 측면을 고려한 용어이다. 자폐범주성장애 아동의 경우 분절적 요소인 조음능력에는 문제가 없지만, 대화대상자에 따른 초분절적 요소인 운율적 측면에서는 문제가 존재하기 때문에 청자에게 명료도 측면에서는 좋은 점수를 받지 못한다. 또한 반대로 음성장애의 경우 말소리 자체에는 문제가 있지만 청자의 측면에서 의사소통 문제가 존재하지 않는다는 평가를 받을 수도 있다. 또한 어떤 경우에는 말소리 자체에는 말더듬이라는 문제가 있지만 청자가 느끼지 못하고 따라서 의사소통 명료도에는 문제가 없을 수 있다. 그러나 화자는 말더듬으로 너무 괴로워하고 치료가 필요하다고 느끼는 경우도 있다. 따라서 진단평가에서는 이 모든 측면에서 언어문제를 고려할 필요가 있다. 의사소통 차이, 의사소통 방해, 부적응에 따른 진단 필요성에 대한 내용은 [그림 1-2]에 제시하였다.

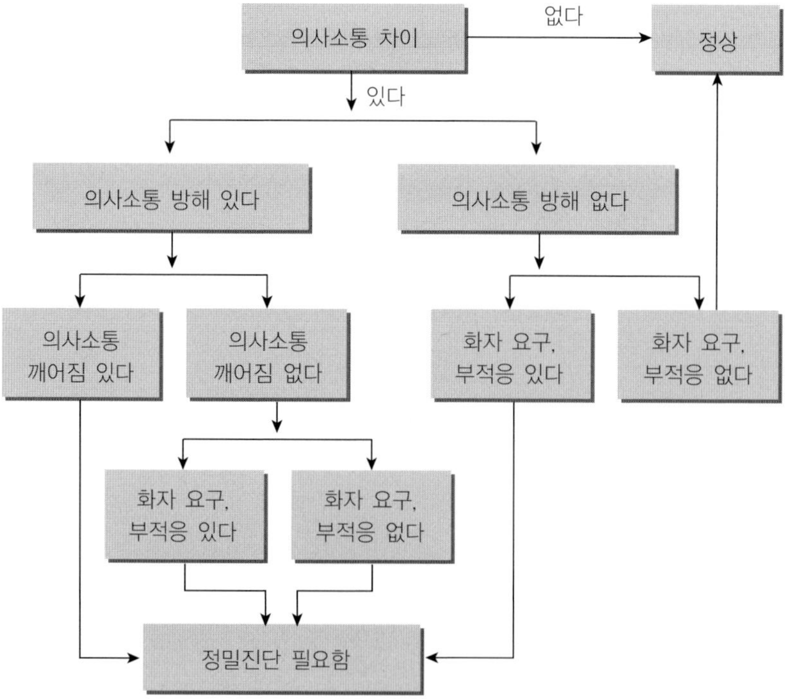

[그림 1-2] 의사소통 차이, 의사소통 방해, 부적응에 따른 진단 필요성

우리는 진단 · 평가에서 언어문제를 파악하기 위해 다양한 검사 및 평가를 이용한다. 일반적으로 우선 사용을 고려하는 검사가 공식 검사이다. 공식 검사는 검사를 위한 매뉴얼에 근거하여 절차에 따라 정해진 항목에 대한 평가를 진행하며, 비공식 검사는 자발화 검사처럼 구조화되지 않은 검사방법이다. 공식 검사 중 표본집단을 통해 통계처리를 완료하여 평균과 표준편차, 등가연령, 혹은 백분위가 제시된 검사를 표준화 검사라고 한다. 대구실어증검사는 공식 검사이지만 비표준화 검사이며, 우리말 조음 · 음운평가는 공식 검사이면서 동시에 표준화 검사이다. 대상자의 상태나 여건에 따라 공식 및 비공식 검사, 표준화 및 비표준화 검사를 선택하여 실시한다. 규준이 존재하는 표준화 검사가 객관적인 데이터를 제시하여 더 편리하기도 하지만 때로는 비공식 검사가 심화검사에 해당되어 우리에게 더 좋은 정보를 주기도 한다.

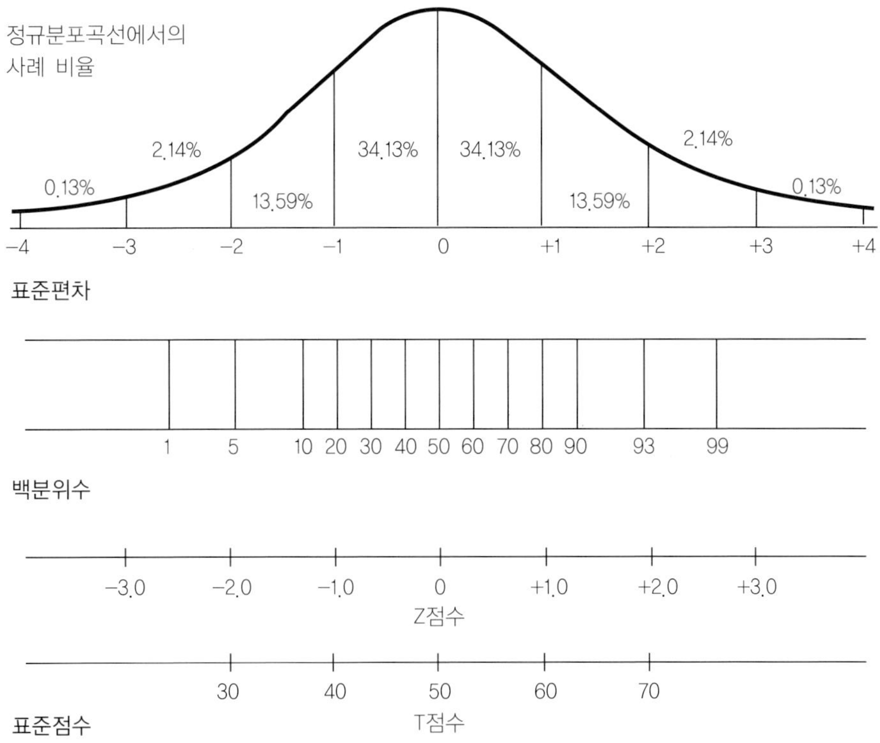

[그림 1-3] 정상분포곡선(권도하 외, 2012에서 재인용)

표준화 검사에서 정상이란 평균을 의미하며, 평균은 어떤 척도에서 하나의 단일지점이라기보다는 범위를 의미한다. 정상의 범위를 이해하기 쉽도록 [그림 1-3]을 제시하였다. 진단 · 평가에서 사용하는 검사규준, 백분위수, 표준검사는 객관적인 데이터를 주기도 하지만 치명적인 오류도 이끌 수 있음을 명심해야 한다. 인간은 전체로 기능하지만 다양한 검사들은 단편적인 단면만을 보여준다는 것을 기억해야 한다.

검사하는 목적에 따라 정적 평가와 역동적 평가를 실시할 수 있는데, 대상자의 현 상태를 파악하기 위해서는 정적 평가를 실시한다. 그러나 대상자의 변화 가능성을 알아보기 위해서는 역동적 평가가 더 유용하다. 역동적 평가의 대표적인 예가 자극반응도 검사이다. 조음검사에서 자극반응도 검사는 오류를 나타내는 음소에 대해 시각적 · 촉각적 · 청각적 촉구를 제시한 후 발음을 모방하게 하여 발음의 변화양상을 살펴본다. 촉구에 따라 발음의 변화가 바람직한 방향으로 나타나면 치료의 예후는 좋다고 판단하게 된다. 이처럼 역동적 평가는 치료예후 및 변화를 예측할 수 있다.

진단 · 평가를 실시할 때 대상자의 언어상태에 따라 관계분석을 실시할지 독립분석을 실시할지도 결정해야 한다. 대상자의 언어를 또래와 비교하여 얼마나 차이가 나는지를 파악하는 것이 유용할 때는 관계분석을 이용한다. 그러나 대상자의 언어가 너무 제한적이어서 또래와의 비교가 의미가 없을 경우에는 독립분석을 이용하여 활용도를 높일 필요가 있고, 치료평가에서도 더 유용한 가치가 있다.

2. 문제 원인 규명

진단 · 평가에 중요한 역할 중의 하나는 구어 및 언어장애를 설명하고 원인적인 요인들을 이해하는 것이다. 진단 · 평가자가 원인적인 요인들을 파악하게 되면 구어 및 언어장애의 본질, 심한 정도, 예후 등을 더욱 잘 이해하게 되어 대상자 관리를 효율적으로 할 수 있고 치료를 계획하는 데도 도움이 된다. 그러나 진단 · 평가자는 원인적 요인들을 조사할 때, 어떤 결과에 대하여 단일원인을 찾아

낼 것이라고 기대해서는 안 된다. 인간 행동은 원인과 결과 관계를 단순하게 밝히기 매우 어렵기 때문이다. 따라서 수많은 가능성이 있는 원인적 요소 사이에서 복합적인 원인과 그 원인들 간의 상호작용을 찾는 것이 현명하다. 즉, 원인을 판별하려고 노력하기보다는 있을 수 있는 인과관계를 제시하려고 노력하는 것이 바람직하다. 원인적 요인들을 찾는 방법에는 두 가지가 있다. 첫째는 원인과 관련된 예전의 요인들, 즉 지금 장애에 영향을 미친 과거의 사건을 찾는 방법이다. 이 경우에 진단 · 평가자는 대상자의 과거사에 대한 정보를 수집해야 한다. 둘째는 원인과 관련된 현재의 요인들이며, 현재 언어장애를 일으키는 것으로 여겨지거나 계속 유지시키는 사건들을 찾는 방법이다. 현재의 외적 상황과 내적인 신체적 프로세싱은 대상자의 언어장애에 영향을 미치고 있거나 계속 유지시키는 원인적 요인이라고 볼 수 있다. 이처럼 과거 및 현재의 원인 모두를 이해하는 것이 바람직하지만, 실제로 과거의 원인에 관해서는 원인을 모르거나 확실하지 않는 경우가 많다. 따라서 현재 원인과 관련된 요인들에서 장애를 평가하기 위해 이용할 수 있는 것이 많을수록 그만큼 더 많이 이해할 수 있게 되고 치료를 위한 자료로 역할하게 된다.

원인학(etiology)은 전통적으로 질병에 걸릴 소인이 있거나, 병에 걸린 혹은 지속되는 요인들이라는 용어로 정의되어 왔다. 어떤 사람을 의사소통장애로 처리하거나 그렇게 보는 경향이 있는 동인들은 소인적 요인이라고 하며 원인적 요인이란 실제로 그 문제를 가져오게 하는 요인을 말한다. 지속적 요인이란 그 문제를 지속하게 하는 요인이다. 원인적 요인은 또 다른 동인과 연결될 가능성이 있기 때문에 일반적으로 중요한 것으로 간주된다. 진단가는 어떤 의사소통장애와 연관하여 일반적인 기준보다 더 높게 발생하는 요인들을 주시해야 한다. 그와 같은 자료는 궁극적으로 그 장애의 본질에 관한 기본적인 정보를 밝히는 근거가 될 수 있다. 이와 같이 원인적 요인을 이해하기 위해서는 복합적 원인, 원인간의 상호작용, 소인적 요인, 원인적 요인, 지속적 요인(습관), 환경적 신체적 요인에 관심을 가져야 할 필요가 있다(권도하 외, 2012).

3. 진단 · 평가 활용

진단 · 평가의 궁극적인 목표는 대상자의 관리, 즉 치료의 필요성 여부를 결정하는 것이다. 구어 및 언어장애의 정도를 서술하고 요인들을 이해하는 주요한 이유는 대상자를 위한 치료중재 및 관리 활동을 계획하기 위해서이다. 따라서 진단 · 평가에서 원인규명이 중요하다고 하더라도 그보다는 치료결정에 치중하는 것이 필요하다. 진단 · 평가자는 대상자 관리를 위한 계획을 세우기 전에 먼저 구어 및 언어장애가 그 대상자에게 문제가 되는지 그렇지 않은지를 평가해야 한다. 진단 · 평가자는 어떤 장애가 어떤 문제를 일으킨다는 것을 확증한 후에 대상자를 위한 치료중재 계획 및 대상자 관리 방법을 개발해야 한다. 이러한 목표는 구어 및 언어치료 교육적인 배치, 의료적인 의뢰, 심리학적 평가, 기타 등에 대한 권고를 포함하여 앞으로 밟아야 할 단계들을 결합하는 것이다.

III. 진단 · 평가 특성

진단 · 평가 과정에서 기억해야 할 세 가지 중요한 특성이 있다. 진단 · 평가는 과학적이고 창조적인 예술에 해당하며, 진단 · 평가자가 진단 · 평가의 중요한 하나의 요인으로 작용하고, 진단의 결과는 치료에 적용하여 활용된다는 점이다.

진단 · 평가는 객관적인 과학이자 창조적인 예술이다. 진단 · 평가자는 진단과업을 수행할 때 과학적인 절차와 방법을 통해 모든 요인들을 관찰하고, 명확하게 서술하고, 검증 가능한 가설을 만들고, 그러한 가설들의 타당성을 결정하기 위하여 검증하며, 검증된 가설에 근거한 결론을 내린다. 과학적인 진단 · 평가자는 수량화할 수 있는 표준화 검사와 검사 데이터 및 절차에 의존하는 경향이 있다. 그러나 진단 · 평가자는 또한 창의적인 예술가가 되어야 한다. 전체는 부분과 부분을 모두 더한 것보다 더 중요하며, 진단 · 평가자는 그 사람의 전체적인 양상을 통찰하여야 하며 단순히 어떤 특정한 면만 측정하지 않도록 조심해야 한다. 진단자의 접근방법이 과학적이지 못할 때, 진단 · 평가자 자신을 평가에 반영할 가능성이 상당히 큰데, 임상적인 직관이란 종종 단순히 임상적인 편견일 수도 있다는 점을 간과해서는 안 된다.

진단을 실시할 때 진단 · 평가자는 진단에서 하나의 중요한 요인으로 작용한다. 즉, 진단에서 가장 중요한 진단도구는 진단 · 평가자 자신이다. 검사장면의 구조가 아동의 유동성과 비구조화된 행동 스타일과 맞지 않을 수도 있다. 검사는 행동을 요약한 것에 불과하기 때문에 검사결과라는 것은 환경에 대한 아동의 전체 반응의 레퍼토리 중 일부분만을 나타내는 것에 불과하다. 진단 · 평가자는 검사도구 및 환경을 선택하고, 대상자와 상호작용하고 반응하며, 정보를 수집하기 때문에, 평가하고 있는 상황의 가장 중요한 한 측면이 된다. 진단과정에서 경험은 절대적으로 필요하고 중요하며 다양한 장애 종류의 아동을 대상으로 많은 경험을 해야 한다. 진단 · 평가자는 새로운 경험으로부터 진단에 대한 많은 정보를 얻을 수 있어야 하며, 새로운 모든 경험을 어떤 틀 속에 맞추어 넣기보다는 다른 패턴들과 비교 · 검토하여 계속적으로 배우고 성장해야 한다. 진단 · 평가자는 검사상황에 충분히 융통성을 보여야 하며, 대상자가 예상하지 못했던 행동을 나타낼 때는 계획을 새로운 평가방식으로 변경하여야 한다.

어떤 거만한 임상가가 한번은 "나의 임상경험은 20년이 넘는다."라고 자랑했다. 그러나 불행히도 이 사람은 첫 일 년간의 경험을 19년 동안 반복했다. 진단가는 새로운 경험을 통해 배울 수 있어야 하며, 이것은 유연성을 필요로 한다. 획일적이고 변화가 없는 진단가는 새로운 상황에서 별로 배우지 못한다. 따라서 진단가가 새로운 경험을 맞추어야 하는 틀이 아닌 대조 · 비교해야 하는 본보기로 이용한다면 계속 성장할 것이다. 진단가는 검사 중에 대상자가 예상하지 못한 행동을 보였을 때 미리 짜 놓은 계획에서 새로운 모드로 전환할 수 있도록 충분히 유연해야 한다. 진단가는 문제에 대한 통찰을 얻는 중요한 기회를 놓치지 말아야 한다(Haynes & Pindzola, 2011).

진단의 결과는 치료에 적용된다. 성공적인 진단 · 평가의 가장 중요한 변인은 진단 · 평가자이며 이용할 수 있는 많은 검사 및 기술들이 성공과 실패를 정한다. 진단 · 평가자는 정상 행동, 정상 언어발달, 검사 및 평가 개념, 검사도구 선택, 의사소통장애 및 기타 여러 가지 정보 등을 충분하게 알고 있어야 한다. 이를 바탕으로 검사를 실시하고, 인터뷰, 관찰 등의 임상활동에 기술적으로 적용할 때 좋은 진단 · 평가 결과를 얻게 될 것이다. 진단은 최종적으로 종합하여 그 문제의 본질을 이치에 맞도록 서술하는 것이다. 능력 있는 임상가라면 그 상태의 전체적인 양상을 공식화하기 위해 이용할 수 있는 모든 데이터와 과거경험, 지식 및 직관 등을 이용하여 결론을 이끌어 낸다. 이러한 점에서 교과서, 연구자료, 학과목 강의 등으로만 성공에 필요한 모든 것을 얻기에는 부족하다. 따라서 경험이 많고 전문적인 진단자의 철저한 감독하에 많은 실습을 해야만 숙달된 기술을 개발할 수 있을 것이다. 종합하는 과정에서 필수적인 것은 실제 관찰과 정상과정 지식으로부터 관찰할 것이라고 예상한 것을 비교하는 것이다. [그림 1-4]는 진단 결과를 종합한 것을 나타내었다.

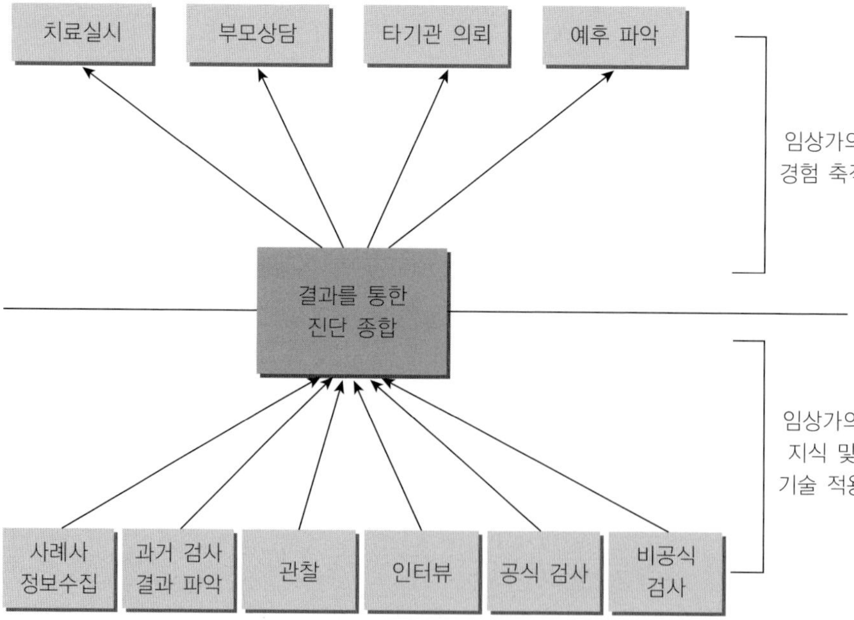

[그림 1-4] 진단모형

IV. 언어진단 · 평가자 자질

1. 기본 소양

진단 · 평가에서 언어진단 · 평가자는 중요한 요인으로 작용하기 때문에 기본 소양함양에 최선을 다해야 한다. 이에 대해 다음 몇 가지로 정리하였다. 첫째, 건전한 치료관계 확립을 위해 상호존경, 신뢰할 수 있는 정직함과 성실성 있는 태도를 갖추어야 한다. 라포(rapport)란 상호존경, 신뢰, 확신 등에 근거한 치료관계의 확립이라고 정의되며, 이것은 대상자와 진단 · 평가자 모두에게 최적의 성취를 얻도록 하는 것이다. 라포는 한 번의 세션이나 치료를 시작하고 몇 분 내에 쉽게 이루어지지 않지만, 가능한 한 빨리 확립해야 할 뿐만 아니라 계속적인 노력으로 유지시켜야 한다. 라포를 높이는 방법 중 하나는 검사시간 동안 위협을 주지 않으며 친밀감을 유지하는 것이다. 둘째, 새로운 진단도구들과 치료기법들에 대해서 언제나 기꺼이 받아들일 수 있는 수용성과 포용력을 가져야 하는데, 판단 없이 무조건적으로 받아들이거나 거부하지 말고, 그 효과와 객관성을 검토하는 탐구자세를 갖추어야 한다. 왜 그 검사도구가 활용가치가 있는지 다른 것과 구별하여 어떤 장단점이 있는지 파악해야 한다. 진단 · 평가자에게 필요한 감정이입, 적합성 및 절대적인 긍정적 호감과 함께 이러한 탐구하는 자세를 꾸준하게 연마해야 한다. 일반적으로 이러한 자질들은 계속적인 노력과 적절한 지도를 통해 양성된다. 탐구하는 자세는 필수적인 기초지식이 바탕이 되어야 한다. 진단 · 평가자는 정상 언어습득 과정과 언어기능을 잘 알아야 어떤 행동에 대한 판단 기준을 가질 수 있게 된다. 셋째, 의문을 갖는 태도를 가져야 한다. 행동을 기대한 반응이란 견지에서보다는 행동의 의미라는 견지에서 통찰하기 위해서는 비평적이고, 관찰하는 태도를 발달시켜야 한다. 효과적인 진단 · 평가자는 표면상으로 나타난 행동의 타당성에 관해 의문을 가지며, 아직 표면상으로 나타나지 않은 동기, 설명, 해석 등을 찾으려 노력해야 한다. 넷째, 진단 · 평가자는 자기가 찾는 대답을 얻기 위해 집요하고 강한 호기심을 발달시켜야 한다. 우리는 한 번에 대답을 얻을 수는 없으며, 계속적인 노력으로만이 가능하다. 다섯째, 진단 · 평가자는 객관성을 길러야 한다. 객관성이란 주관이 개입되는 것을 통제하는 연습을 함으로써 얻어진다. 특히 검사를 할 때는 자기 자신, 자기 기술, 지식, 개인적 성격 등에 관해서도 객관성을 길러야 한다. 표준화된 많은 검사들이 일상적인 것들을 검사하기 위해서 엄격한 기준을 지키도록 요구하지만, 진단 · 평가에서 최소 공통분모는 검사자 자신이다. 검사결과는 피검자, 검사자, 검사도구 및 검사 환경 등의 산물이며, 이들 각 요인은 서로 영향을 미친다. 검사는 분명히 검사자의 경험과 편견의 결과로써 이루어지므로 객관성 유지가 필수적이다. 그러나 한편으로 진단 · 평가자는 따뜻하고, 이해심이 있어야 한다. 이러한 두 가지 사이에 적당한 균형이 필요한데, 이들 사이에 균형이 맞추어질 때 대상자와의 상호작용을 통해 가치 있는 정보를 얻게 된다. 우리는 새로운 임상기술을 비판적으로 평가하는 능력이 필요하다. 이에 진단자의 자질로 감정이입, 일치감, 긍정적 관심을 보이는 대인관계 특성을 향상시키고, 대상자에 대한 민감성과 평가하는 태도를 지속적으로 개발하며 호기심을 향상시키고 객관성을 유지하도록 노력하길 희망한다.

2. 지식 축적

언어진단 · 평가자는 해부생리학, 음운론, 구문론, 화용론, 의미론, 음성학, 유창성 등의 정상발달 과정, 장애분류체계, 기능적 · 기질적 원인 요인들에 대한 지식이 축적되어 있어야 한다. 전문직이란 어떤 학문이나 분야에서 특수한 지식을 토대로 하는 직업이다. 전문가란 관련 문제를 해결하기 위해서 선택적으로 도출해 낸 폭넓은 지식을 가진 사람으로 전문가의 능력은 그가 가지고 있는 지식의 범위, 여러 지식분야 사이의 관계를 볼 수 있는 능력과 이러한 지식을 선택적으로 적용하는 능력으로 판단된다. 때문에 언어진단 평가자로서 역할을 다하기 위해서는 다학문적 배경이 필요하다. 의사소통 과학에서 중요한 지식은 생리학, 물리학, 언어학, 심리학, 사회학, 의학, 교육학 등의 다양한 학문 분야에서 얻는다. 구어 및 언어 장애의 연구는 복합분야이기 때문에 진단자가 직면하는 주된 문제들 중의 하나는 이러한 모든 정보들을 임상문제에 즉시 사용할 수 있는 조직적인 틀 속으로 끌어들이는 일이다. 그러므로 진단 · 평가자가 되기 위한 학습은 단순히 많은 지식이나 과목을 학습하는 것이 아니다. 지식의 축적을 위하여 참조 틀을 발전시키고 그 참조 틀을 임상문제에 즉시 적용할 수 있도록 만드는 것도 똑같이 중요하다.

지식축적을 위한 조직적인 틀은 특수한 문제형태 쪽으로 나아가서는 안 된다. 즉, 전문적인 진단 · 평가자는 어떤 조건에 대하여 정보를 가지고 있는 계획된 기술자가 아니다. 오히려 전문가의 접근방법은 지식을 조직하고 통합적인 방향으로 나아가는 것이다. 다시 말해, 음성장애, 말더듬, 실어증, 자폐증 등에 관해 단순히 분류하거나 부분화해서는 안 된다. 진단 · 평가자는 대상자가 나타내는 언어행동이 무엇이든 간에 똑같이 적절한 틀에 도달하여야 한다. 진단 · 평가자는 새로운 대상자가 어떠한 형태의 언어장애를 나타낼 것인가에 대해 알지 못한다. 만일 진단 · 평가자가 예상한 것이 주된 장애가 아닌 것을 알고는 종종 놀라게 된다. 어떤 구개열 아동은 구어산출에는 심한 어려움이 없지만, 언어발달 측면에는 어려움을 경험하고 심지어 말을 더듬을 수도 있다. 그러므로 진단 · 평가자는 구어 및 언어 프로세싱과 그 장애에 관한 전문가적 관점을 가질 필요가 있다. 그런 다음 진단 · 평가자는 대상자에게서 나타나고 있는 언어문제가 어떤 행동이든지 간에 그 행동에 대한 자신의 축적된 지식과 연관시키고 유연성 있게 변형시킬 수 있어야 한다.

진단은 습득한 폭넓은 지식을 응용함으로써 도달된다. 진단과정은 과거 경험과 교과목에서 이루어지는 학습의 통합에서 시작되며 전문가적인 활동의 최고봉이라고 할 수 있다. 진단 · 평가자는 자신의 현재 지식이 반드시 현실을 정확하게 나타내지 않는다는 사실을 깨달아야 한다. 따라서 진단 · 평가자는 계속적으로 지식을 습득해야 하며 자신의 참조틀을 관리해야 한다. 언어진단 · 평가자에게 필요한 일차적인 지식의 축적은 학문 간의 틀 속에서 습득된 구어 및 언어와 관계된 것이다. 진단 · 평가자는 규칙에 근거한 체계로서의 언어, 정상적인 구어 및 언어사용자, 일생 동안의 구어 및 언어사용에서의 변화, 의사소통 상호작용 등의 4가지 기준이 되는 내용영역인 정상구어 및 언어의 발달에 관한 지식이 필요하다. 또한 구어 및 언어장애의 분류체계, 장애의 유형과의 관계를 파악해야 한다. 언어장애에 영향을 미치고 있는 원인적인 요인들, 즉 여러 가지 수준의 원인을 찾고 해석하도록 돕는 정보를 범주화시키는 방법을 이해하고, 현재의 장애가 어떻게 해서 일어났는지를 확립하는 데 도움이 되는 과거의 원인적 요인들 사이의 상호작용을 평가해야 한다. 또한, 이 장애를 일으키게 된 대상자의 사례사에서 복잡한 원인적 요인들 사이의 상호작용을 평가하고, 현재 작용하고 있고 또 변화시켜야 할 현재의 원인적 요인들을 평가할 수 있는 정상 구어 및 언어를 방해하는 원인적 요인들에 대한 지식이 필요하다. 또한 장애 유형에 대한 치료 원리와 절차에 대한 최신 정보 습득, 폭넓은 과목이수와 연수교육, 폭넓은 관리대안의 이용과 적절성에 대한 지식을 활용할 수 있도록 다양한 관리대안을 제시할 수 있어야한다(권도하 외, 2012).

3. 치료 적용

진단 · 평가 훈련과정은 검사절차를 배우는 과정만은 아니며 평가결과 이외의 자료를 수집하고 분석하여 언어문제를 해석하고 일반화하는 통합과정이다. 이 과정에는 행동관찰뿐만 아니라 통찰도 필요하다. 이러한 진단 · 평가 훈련과정을 통해 진단 · 평가자는 치료중재 계획에 관한 문제를 해결하는 데 지식을 응용하는 기술도 필요하다는 것을 알게 된다. 전문적인 진단 · 평가자는 전적으로 통찰력만으로 임상문제를 해결하려고 하지 않는다. 행동과학자로서 이성과 훈련에 입각하여 체계적이고 명확한 방법을 통하여 임상문제에 접근한다. 진단 · 평가자는 각 대상자에 관한 임상적인 가설을 설정하고 그 가설을 검증하기 위한 절차를 계획하며 임상적인 자료를 수집하고 분석하고 해석하고 일반화시킨다. 진단 · 평가란 특정한 장애에 대해 특별한 검사절차를 검증하거나 배우는 것 이상이다. 진단 · 평가자는 임상문제를 해결하는 데 자신의 축적된 지식을 체계적으로 이용하는 과학적인 방법론을 수행하며, 창조적인 문제 해결 활동을 통해 매번 진단에 접근한다. 만일 특정한 조건에 맞지 않는 증후에 직면하면, 그 증후를 연구하기 위하여 합리적인 접근방법, 즉 새로운 검사와 검사절차 및 자신의 전체적인 접근방법을 진단에 적용시킬 수 있다. 진단 · 평가자는 과학적인 생각으로 얻은 문제 해결 방법론을 가지고 진단과업을 수행하게 되고 결과적으로 각 대상자의 독특한 구어 및 언어장애를 효과적으로 더 잘 평가할 수 있다. 진단 · 평가자가 과학적인 방법으로 임상문제들을 계속해서 해결함으로써 더욱 세련되어진다(권도하 외, 2012).

진단 · 평가자를 발전시키는 기본적인 힘은 자기의 문제 해결 방법론을 활용하는 것이다. 고도의 지식은 갖추었지만 문제 해결 방법을 제시하지 못하는 언어재활사는 전문적인 진단자라고 말하기 어렵다. 가끔 우리는 지식은 많지만 자기의 지식을 대상자의 문제와 관련시키지 못하는 언어재활사들을 만난다. 그들의 지식을 임상문제 해결에 이용할 수 없기 때문에 이러한 사람들은 전문적인 진단 · 평가자가 아니라는 것을 기억해야 한다.

4. 전문가적 책임

언어재활사는 언어장애 대상자들에게 최선의 이익을 주도록 봉사하는 전문가적 책임감을 가져야 한다. 진단 · 평가자로서 우리를 찾아오는 사람들이 갖는 욕구가 무엇인지 알아야 한다. 진단 · 평가 과정이 대상자에게 도움을 주지 못하고 대상자의 요구를 충족시키지 못한다면 그러한 진단활동은 전문성이 거의 없는 무미건조한 학문적 연습에 불과한 것이 된다.

그러나 이 말은 직접적인 구어 및 언어 치료만이 대상자에게 이익이 된다는 것을 의미하지 않는다. 진단 · 평가자는 대상자의 장애에 대해 가능성 있는 원인, 장애의 예후뿐만 아니라 필요할 때 그 장애의 관리를 위한 계획 등에 도움을 주는 설명을 할 수 있어야 한다. 만일 치료나 다른 곳에 의뢰를 할 필요가 없더라도 대상자의 문제에 대한 미래의 일에 관한 사항들을 덧붙여야 한다. 진단 · 평가자는 어떻게 대상자가 도움을 받으려는 동기를 가지게 되었는지를 알아야 한다. 대상자가 다른 사람들의 권고에 따라 혹은 자기의 자유의지로 혹은 의무감에 차 있는 부모나 배우자의 뜻에 따라 수동적 혹은 능동적으로 진단을 받으러 왔는지를 알아야 할 필요가 있다. 실제로 진단 · 평가자들은 가끔 진단을 받기 싫어하는 사람들을 만나게 된다. 자신의 언어문제를 느끼지 못하는 십대 이전의 말더듬 아동, 전체적인 신체적 조건에 너무나 실망하여서 배우자의 격려를 받아들이지 못하는 실어증자 등이 그 경우에 해당된다. 진단 · 평가자는 이러한 자발적이지 못한 대상자들은 더 조심스럽게 평가하여야 한다.

진단 · 평가자는 누구를 책임져야 하는 것인지 고민스러울 때가 있다. 우리가 전문가적 책임을 져야 할 사람은 언제나 대상자에게만 국한되는지, 아니면 어떤 상황에서는 관심 있는 친척 혹은 전문가인지 의문이 든다. 이럴 때 무엇보다도 전문적인 진단 · 평가자는 대상자를 감정, 요구, 구어 및 언어의 장애 외에 능력을 가진 하나의 인간으로서 고려하고 대면해야 한다는 것을 꼭 기억해야 한다. 장애를 가진 대상자이지 대상자를 가진 장애가 아닌 것이다. 진단 · 평가자는 대상자의 장애를 이해하는 데 있어서는 대상자의 상담자이다. 그러므로 진단자의 방향은 구어 및 언어의 장애를 인지하고 이해하기 위해 단지 자신의 지적인 철학과 경험을 덧붙이는 것이 아니라 구어 및 언어 문제를 가지고 있는 인간을 진단 · 평가하는 방향으로 나아가야 한다. 만일 진단 · 평가자가 대상자에게 실시한 검사에서 나타난 장애 유형만으로 그를 다룬다면 대상자를 독립적인 한 인간으로 보지 못하게 되고 결과적으로 진단자의 전문적인 책임을 수행하지 못하게 된다. 만일 대상자가 진단 · 평가자에게 질문한 것에 대해 적절한 대답을 하지 못한다면 그 진단 · 평가자는 대상자와의 윤리적 계약을 완수하지 못한 것으로 여겨진다. 이처럼 우리는 배운 전문지식대로 대상자에게 최선을 다하고 있는지 끊임없이 자문해 봐야 한다(권도하 외, 2012).

요약

이 장에서는 언어장애 진단・평가의 이해를 위해 진단 관련 용어를 정의하고 진단의 역할과 진단 특성 및 언어진단자의 자질을 서술하였는데, 이는 다음과 같이 요약할 수 있다.

1. 진단(diagnosis)은 나타난 증후들을 검사하거나 조사 및 평가한 후에 대상자가 나타내는 조건을 함께 분석함으로써 질병, 이상, 장애 특성 등을 확인하는 과정이다.
2. 평가(assessment)는 진단에 도달하는 과정으로 공식 검사, 비공식 정밀조사 등이 포함된다. 평가는 문제의 본질, 심한 정도, 예후 등에 대한 서술과 치료계획을 의미하는 용어로 자주 사용된다.
3. 진단・평가 역할은 선별검사로 언어문제의 유무를 판정하며, 진단・평가를 통해 중재필요성 여부를 결정한다. 또한 문제원인을 규명하고 치료계획 수립을 계획하는 데 있다.
4. 진단・평가 특성의 중요한 세 가지는 진단・평가가 창조적인 예술이며, 진단자가 진단・평가의 중요한 한 요인으로 작용하며, 진단의 결과는 치료에 적용된다는 점이다.
5. 언어진단・평가자는 기본소양을 연마해야 하고, 다학문적인 지식을 축적하고, 진단결과를 치료중재에 적용할 수 있도록 해결기술을 갖추어야 하며, 대상자에 대한 전문가적 책임을 다하는지 끊임없이 자문하고 이러한 자질을 지속적으로 함양하도록 노력해야 한다.

연습문제

1. 언어장애 진단 및 평가의 의미를 설명할 수 있는가?
2. 언어장애 진단 · 평가의 목표와 활용방법을 설명할 수 있는가?
3. 진단모형을 이해하고 정상의 개념을 설명할 수 있는가?
4. 언어장애 진단 · 평가자로서 갖추어야 할 자질은 무엇인가?

참고문헌

권도하(2011). 언어치료학사전. 대구: 물과길.

권도하, 장현진, 박은실, 전희숙, 신후남, 김시영, 신명선, 유재연, 손은남, 권미지, 강은희, 이옥분, 이명순, 박희정, 한지연(2012). 언어진단법. 대구: 물과길.

권도하, 신후남, 이무경, 전희숙, 김시영, 유재연, 신명선, 황보명, 박선희, 신혜정, 안종복, 남현욱, 이명순, 박상희, 김효정(2013). 언어치료학개론. 대구: 물과길.

권도하(2015). 권도하 교수 회고록 씨앗. 대구: 물과길.

김영태, 김재옥, 전희숙, 최현주, 김민정, 김태우, 강민경(2014). 델파이 조사를 통한 언어재활사 직무분석 연구. 언어치료연구, 23(3), 147-161.

임영옥, 전병운, 조광순(2009). 영아의 의사소통장애 -진단 · 평가 및 중재-. 서울: 박학사.

한국언어재활사협회(2013). 언어치료 현장실무. 서울: 한국언어재활사협회.

한국언어장애전문가협회(2005). 언어치료사 직무분석. 서울: 한국언어장애전문가협회.

Haynes, W. O., & Pindzola, R. H. (2011). 언어장애 진단평가 (김민정, 한진순, 이혜란 공역). 서울: 학지사. (원전은 2003년 출판)

Van Riper, C., & Erickson, R. L. (1995). *Speech Correction: An introduction to speech pathology and auditory* (9th ed.). Boston, MA: Allyn and Bacon.

제2장

언어장애 진단과정

장현진

I. 사전정보 수집

II. 진단 · 평가 과정과 내용

◐ 이 장의 목표

- 언어장애 진단·평가 과정에 대해서 설명할 수 있다.
- 사전정보 수집에 대해서 설명할 수 있다.
- 진단·평가의 공식 검사 및 비공식 검사를 설명할 수 있다.

➲ 핵심 용어

- **공식 검사** 신뢰도와 타당도를 바탕으로 표준화된 도구를 활용하여 대상자의 특성을 체계적인 절차에 따라 수집하는 과정이다.
- **비공식 검사** 공식적으로 수집된 증거가 부족할 때, 주관적인 지각을 토대로 관찰법, 질문지법, 면접법, 평정법 등을 활용하여 대상자의 특성을 수집하는 과정이다.
- **사례사** 대상자의 발달, 특성, 장애유형 등에 관해 태어나서부터 치료를 받으려고 하는 시점까지의 상태를 기록한 내용이다.
- **인터뷰** 치료사나 전문가가 대상자에 관련된 정보를 수집하기 위해 대상자나 가족과 함께 언어 및 비언어적인 소통을 하는 과정이다.

언어재활사는 언어치료를 제공함에 있어 언어장애인을 첫 대면한 이후부터 치료를 마칠 때까지 진단 · 평가 및 치료 과정 등 일련의 과정을 거치게 된다. 언어재활사가 언어치료대상자에게 제공하는 일반적인 언어치료 절차를 [그림 2-1]에 제시하였다.

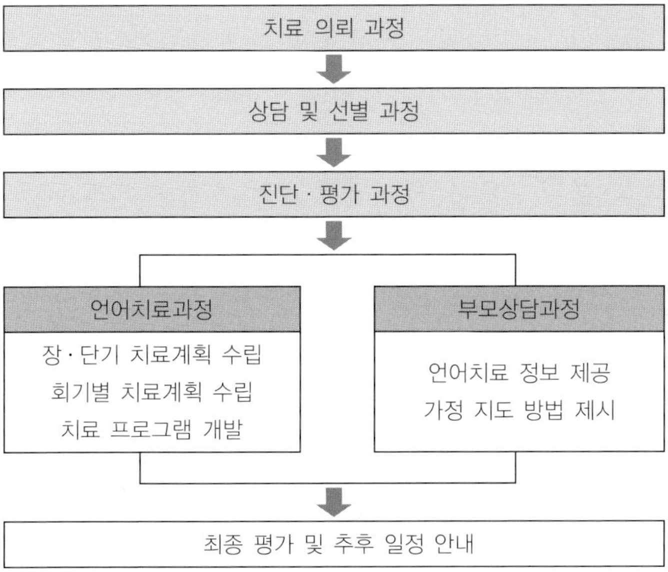

[그림 2-1] 언어치료 절차

언어치료 절차 중 가장 중요한 절차인 진단 · 평가 과정은 임상가가 치료를 필요로 하는 대상이나 보호자를 만나는 순간부터 시작된다. 진단 · 평가 과정은 대상자의 문제 특성에 대해서 살펴보고 결과를 종합하는 것이다. [그림 2-2]에서는 진단 과정을 도식하여 제시하였다.

진단과정은 적절한 훈련과 경험을 토대로 형성된 임상가의 지식과 기술을 바탕으로 시작된다. 임상가는 사례사 정보, 이전 검사와 보고서, 대상자에 대한 관찰, 면담조사결과, 공식 · 비공식 검사를 통해서 대상자에 대한 다양한 정보를 수집한다. 그 결과를 토대로 대상자의 현재 수준에 대하여 종합하게 된다. 진단 · 평가 과정을 완료한 대상자에 대한 치료계획을 위해서는 진단보고서를 작

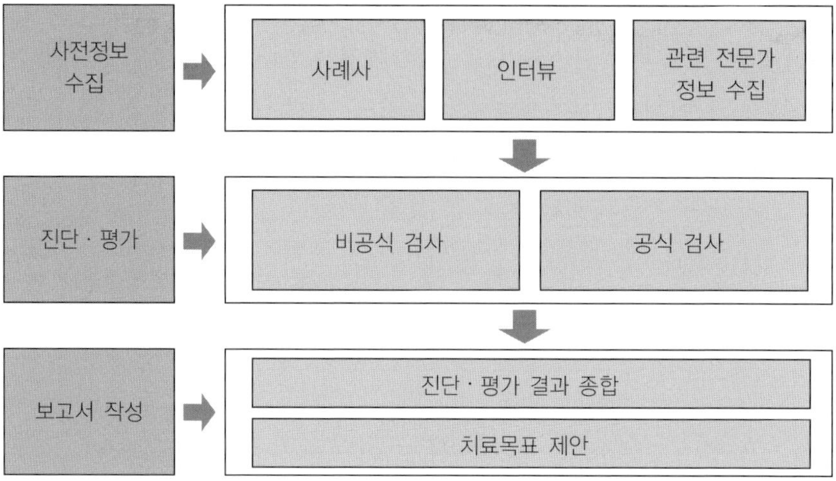

[그림 2-1] 진단과정

성해야 한다. 보고서에는 사례력, 면담, 관찰, 보고서 등의 모든 정보들이 공통된 점을 찾아 공통점을 기술해야 할 것이다. 진단보고서의 구체적인 내용과 작성방법은 제3장을 참고하길 바란다.

임상가는 진단 결과를 종합하여 치료의 유무를 결정하고, 치료의 효용성, 치료기간, 추가검사의 필요성에 대해 고려하여, 치료대상자 및 보호자에게 현재 대상자 상태에 대한 정보를 제공하고 상담을 하게 된다.

이와 같이 언어치료 과정에서 진단과정은 대상자의 다면적이고 복합적인 측면을 고려하여 대상자의 언어 특성을 파악하고, 현재 언어수준을 결정하여, 치료의 기초 자료를 제공하는 중요한 요소이다. 이 장에서는 효과적인 진단을 위한 언어장애 진단과정에 대해 살펴보고자 한다.

I. 사전정보 수집

배경정보를 수집하기 위하여 문서화된 사례사 양식지를 작성하게 하거나, 인터뷰를 할 수 있다. 또한 관련 전문가를 통해서도 정보를 수집하는 방법도 있는데, 이 절에서는 사례사 양식 및 인터뷰를 이용한 방법을 소개하고, 다음 절에서 관련 전문가를 통한 정보 수집에 대해 다루고자 한다.

1. 사례사

사례사 조사는 언어재활사가 대상자의 의사소통 문제를 이해하기 위한 출발점이라 할 수 있다. 일반적으로 사례사는 대상자나 부모 및 주양육자가 작성을 하고, 초기 면담 전에 언어재활사는 작성된 사례사 정보를 검토한다. 사례사 내용은 대상자의 발달과정 중 언어 문제를 야기할 만한 원인에 대한 정보, 현재 행동이나 인지발달 등 기타 환자와 관련된 정보를 말한다. 정보가 정확하고 완벽한 것은 아니지만 신중하게 고려된다면 그 정보는 대상자와 대상자의 환경 및 대상자가 가진 의사소통장애를 포괄적으로 접근하게 한다. 또한 배경정보의 내용들은 대상자와 가족의 치료 참여에 대한 근거를 제시할 뿐만 아니라 치료계획을 수립하는 데 도움이 된다. 사례사에 작성된 정보들을 통해 평가가 필요한지, 부가적인 설명을 필요로 하는 내용이 있는지, 그리고 언어재활사가 실제 평가세션 동안 사용할 적절한 평가도구의 선택과 절차들을 미리 준비하는 것을 가능하게 할 것이다.

1) 정보 수집 시 유의사항

언어장애인을 진단 · 평가하기 전에, 많은 언어재활사들은 보호자 및 언어장애인 당사자에게 문서화된 사례사 양식지를 간략하게 작성하도록 요구한다. 사례사 양식지에 포함된 내용에는 일반적인 정보, 가족관계, 출산에 관한 사항, 신체발달, 구어 및 언어발달, 일상행동 및 기타, 교육 및 치료력, 그리고 관련 전문가 의뢰 필요성 등이 있다. 환자들에게 수집된 사전정보가 현재까지의 언어발달사를 비롯한 언어 특성들을 알 수 있는 매우 유용한 자료라고 하지만, 사례사 정보를 수집하는 과정 중에 고려해야 할 몇 가지 사항이 있다.

첫째, 사례사 내용 중에 사례사 양식지에 있는 전문용어를 작성자가 이해하지 못한다면 정확하지 않은 정보가 수집될 수 있다. 따라서 사례사에는 보다 명확하고 이해하기 쉬운 내용과 용어들로 구성되어야 한다. 둘째, 사례사 양식에 있는 답변은 질문에 대한 정보에 관해 대상자나 보호자는 모르거나 단지 막연하게 기억한 내용일 수도 있다. 물론, 제공된 정보의 양과 정확성은 환자와 그 양식을 완성하는 사람 간의 관계의 정도나 깊이에 관련된다. 사례양식지의 작성자에 따라서 그 내용에는 차이가 있을 것이다. 셋째, 어떤 정보를 기억해 내는 정도는 작성자의 환경에 따라 다를 것이다. 예를 들면, 자녀가 하나뿐인 작성자일 경우는 자녀가 여럿인 부모보다 회상능력이 보다 명확할 것이다.

2) 사례사 양식

사례사 양식은 작성자가 대상자 자신인지 혹은 양육자인지에 따라서 달라지게 된다. 작성자가 본인일 경우에는 발달사에 대한 기억이 없기 때문에 발달사와 관련된 부분은 제외되고 사례사 양식지를 구성해야 한다. 모든 전문가(언어임상가)들이 모든 대상자에게 사용할 수 있는 표준화된 사례사 양식지는 없다. 현재 정보를 수집하기 위한 사례사 양식지는 대상자의 연령, 재활기관 및 치료실의 특성을 고려하여 각 기관에서 필요한 정보를 반영할 수 있는 양식지를 개발하여 사용하고 있다. 예를 들면, 말더듬 장애 영역에 있어서는 그 대상자가 학령전기, 학령기, 성인기 이렇게 분류할 수 있기 때문에 사례지 양식지도 분류하여 개발되어 있다. 이 절에서는 일반적인 아동용, 성인용 사례사 양식지를 〈표 2-1〉 〈표 2-2〉에 제시하였다.

〈표 2-1〉 아동 사례사 양식

아동 사례사 양식지

날짜: 년 월 일

〈일반적인 정보〉

이름	(남 / 여)	생년월일	년 월 일	교육기관	
연락처		장애유형		정보제공자	
주소					
유형	언어발달( ), 조음음운( ), 유창성( ), 음성( ), 기타:				

〈가족 관계〉

이름	관계	연령	직업	장애유무 · 기타

〈출산에 관한 사항〉

1. 임신 전이나 임신기간 동안 어머니의 일반적인 건강상태
   1) 약물복용(유/무): 개월, 내용:
   2) 질환(유/무): 개월, 내용:
   3) 스트레스(유/무): 개월, 내용:
   4) 기타(유/무): 개월, 내용:
2. 출생 시
   1) 임신기간: 조산(20~37주)/만삭(37~42주)/과숙아(42주 이후)
   2) 분만형태: 자연분만/제왕절개/유도분만/난산/기타
   3) 출산 시 아동의 몸무게: kg
   4) 다른 의료적 처치(유/무)
   5) 출산 시 대뇌 상해 및 기타 상해(유/무)
   6) 출산 직후 입원기간(어머니: 일, 아동: 일)
   7) 수유방법(모유 개월, 분유 개월), 수유 시 문제점(유/무)

〈신체발달〉

1. 앉기(개월), 기기(개월), 서기(개월), 걷기(개월)
2. 현재 또래아동과 비교 시 전반적인 신체발달(빠름/보통/느림)

3. 현재 또래아동과 비교 시 운동 협응(좋은 편/보통/서툰 편)
   - 걷기, 뛰기, 기타 활동 시 대근육 문제(유/무), 소근육 협응 문제(유/무)
4. 섭식 관련 문제(유/무)
   - 빨기, 삼키기, 씹기 문제(유/무)
5. 시각 및 청각 문제(유/무)

〈구어 및 언어발달〉

1. 옹알이 시기(　개월)
2. 첫 낱말을 말한 시기(　개월): 예) 엄마, 아빠, 맘마 등
3. 단어 결합 시기(　개월): 예) 엄마 까까, 아빠 빠이빠이 등
4. 간단한 질문 사용(　개월): 예) 이거 뭐야? 등
5. 현재 아동의 언어 사용 수준
6. 부모가 아동의 언어에 대해 처음으로 관심을 가지게 된 동기: 예) 시기, 원인, 변화
7. 아동이 자신의 언어문제에 대한 인식 정도(알고 있음/모름)

〈일상 행동 및 기타〉

1. 집에서 주로 하는 놀이나 활동은 무엇입니까?
2. 또래의 친구들과는 어떻게 지냅니까?
3. 또래친구들과 비교 시 과다한 활동을 보이거나 쉽게 흥분하는 편입니까?
4. 또래친구들/어른들과의 놀이 및 대인 관계에서 보이는 아동의 특성은 어떠합니까?(예: 소심함, 투쟁적임, 활동적임, 비협조적임)
5. 아동이 특히 관심을 보이는 놀이, 활동이나 장난감은 무엇입니까?
6. 아동은 눈 맞추기와 시선유지를 잘 합니까?
7. 동작 및 소리 모방능력은 어떻습니까?
8. 소리에 대해 특별히 보이는 반응은 없습니까?(예: 악기 소리, 장난감 소리 등)
9. 정서적인 특성과 관련된 문제점은 없습니까?
10. 지시 따르기는 어느 정도 가능합니까?
11. 현재 어떤 형태의 의사소통 방법을 사용합니까?(예: 무발어, 제스처, 단단어, 짧은 구, 문장)
12. 가족은 아동의 언어를 잘 알아듣습니까?
13. 아동이 의사소통을 시도할 때 가족들은 어떻게 반응합니까?
14. 아동은 치료를 받기 위해 쉽게 떨어져 있을 수 있습니까?
15. 읽기 및 쓰기 능력은 어떠합니까?
16. 기타 학습 및 인지 능력은 어떠합니까?(예: 단순 계산 능력, 숫자 및 색깔 등)
17. 위에 제시된 내용 외에 아동의 일상생활에서 나타나는 특이 행동은 어떠한 것이 있습니까?

〈교육 및 치유력〉

교육 기관명	서비스 형태	기 간	결 과	기 타

* 아동은 주로 누구와 함께 지냅니까? ______
* 아동의 현재 문제점 무엇이며, 그 원인은 무엇이라 생각하십니까? ______

〈기타〉

본 기관에 바라고 싶은 사항이나 다른 요구 사항이 있다면 적어 주십시오.

______

______

〈표 2-2〉 성인 사례사 양식

성인 사례사 양식지

날짜: 년 월 일

〈일반적인 정보〉

이름	(남 / 여)	생년월일	년 월 일	소속	
연락처		장애유형		정보제공자	
주소					
유형	언어장애( ), 조음음운( ), 유창성( ), 음성( ), 기타:				

〈가족 관계〉

이름	관계	연령	직업	장애유무 · 기타

〈의사소통과 관련된 정보〉

1. 의사소통에 어떤 문제가 있습니까?

2. 그 문제를 일으킨 원인이 무엇이라고 생각하십니까?

3. 처음 그 문제를 발견한 이후에 변화가 있습니까?

4. 언어 전문가에게 의뢰한 적이 있습니까? 있다면 어디에서, 언제 하였고, 그 결과와 전문가의 권고는 무엇입니까?

5. 기타 관련 전문가에게 의뢰한 적이 있습니까? 있으면 어떤 전문가에게 언제 하였으며, 그 전문가의 결과나 권고는 무엇입니까?

6. 가족 중에 구어, 언어, 학습 혹은 청력에 문제가 있는 사람이 있습니까? 있다면 누구에게 어떤 문제가 있습니까?

7. 환자 자신은 의사소통 문제를 자각하고 있습니까? 있다면 자신의 문제에 대해 자각하고 있습니까? 있다면 자신의 문제에 대하여 어떤 태도를 가집니까?

〈병력〉

1. 특정한 질병을 경험한 적이 있습니까?

2. 음식을 먹거나 삼키는 데 어려움이 있습니까?

3. 현재 복용하고 있는 약물이 있다면 어떤 것입니까?

4. 약물복용에 대한 부작용이 있었습니까? 있다면 작성해 주세요.

5. 주요한 외과적 수술이나 입원기간에 대해서 작성해 주세요.

6. 현재 의사소통 문제에 영향을 미친 결정적인 사고나 충격이 있었다면 작성해 주세요.

7. 평가나 치료과정에 유용할 만한 부가적인 정보를 작성해 주세요.

2. 인터뷰

사전정보를 수집하는 또 하나의 방법은 인터뷰를 통한 방법이다. 언어장애인을 평가하기 전에 많은 언어재활사들은 언어장애인 혹은 보호자(혹은 주양육자)와의 인터뷰를 하게 된다. 언어장애인에 대한 진단적 이해를 얻기 위해 인터뷰를 통해 가능한 한 많은 정보를 수집해야 한다. 인터뷰는 미리 작성된 사례사 양식지를 근거로 진행되거나 장애영역별 부가 질문지를 중심으로 이루어진다. 대부분의 정보는 언어장애인, 보호자 기타 정보 제공자들에게 질문을 하거나 인터뷰를 하여 얻는 것이기 때문에 라포 형성, 반응자 대답의 솔직성, 기타 관찰결과 등 인터뷰 상황을 고려해야 한다.

인터뷰를 하는 과정은 언어재활사와 대상자 간에 이루어지는 구어 및 비구어적 상호작용 과정이다. 구체적으로 이는 언어재활사와 대상자가 의도적으로 자신의 상황에 대해 교류하는 작용을 하는 것이고, 자료를 얻고 특정한 정보를 주고받으며, 바람직한 방법에 대해 서로 제공받기 위한 대화 상황을 말한다.

인터뷰는 임상진단에 있어 언어재활사의 숙련된 능력이 요구되지만, 인터뷰는 진단 · 평가에 있어서 중요한 부분을 이루고 있다. 인터뷰를 통해서, 대상자나 보호자로부터 기초 자료 및 자료를 얻게 되며, 대상자나 보호자와 관계를 형성할 수 있는 기회이다. 또한 인터뷰는 치료의 방향을 제시할 수 있는 중요한 활동이다.

언어재활사는 보다 전문적인 견해를 바탕으로 대상자의 현재 상태를 파악하기 위한 방향을 제시하게 될 것이다. 이러한 구체적인 방법을 제시하기 위해서는 언어재활사는 인터뷰에 대한 두려움을 감소시켜야 하며, 인터뷰를 하는 구체적인 목적이 무엇인가를 잊지 말아야 할 것이다. 이러한 인터뷰에 대한 목적을 잊지 않기 위해서는 인터뷰를 하기 전에 구체적인 정보를 적어 보는 것이 효과적이다. 이러한 인터뷰를 구체화하는 과정은 면담자의 불확실성이나 불안감을 감소시키는 데도 효과적일 것이다. 면담자의 구체적인 계획을 토대로 언어장애 문제를 해결하기 위한 구체적인 인터뷰 방법에 대해 다루어 보고자 한다.

1) 인터뷰 목적

(1) 정보 수집

언어재활사는 대상자에게 적절한 정보를 수집하기 위해 대상자가 언어적인 문제를 말하고 두려움이나 감정을 자유롭게 표현할 기회를 제공해야 한다. 그러면 대상자는 언어재활사가 원하는 정보에 대해 적극적으로 표현하게 되어 정보를 수집하기 쉽다. 이러한 방법을 통해서 언어재활사는 대상자의 의사소통과 관련된 다양한 외형적 · 내면적 특성, 현재 수준에 대한 정보를 얻을 수 있다.

(2) 정보 제공

언어재활사는 정확하고, 감정적이지 않고, 객관적으로 환자들의 문제에 대한 정보를 제공할 책임이 있다. 일반적으로 일반인의 정상 발달 및 일반적인 상태에 대한 정보를 먼저 제공해 주고, 부족한 부분에 대해 설명하는 것이 바람직할 것이다. 이 과정에서 언어재활사들 사이에서 주로 사용하는 전문적인 용어보다 일반인에게 통용되는 알기 쉬운 용어를 사용하는 것이 좋다. 또한 일반인의 규준 평균치와 조언이 서로 관련되도록 하는 것이 좋고, 질문에 답할 때는 예나 간단한 비유를 명확히 하고 이해를 돕는 것이 바람직할 것이다. 만약 대상자가 진단 내용에 대해 이해를 하지 못할 경우에는 되도록 천천히 말하고, 충분히 설명하며, 예를 많이 들어 반복하여 설명해 주어야 한다.

(3) 조언 및 지원

언어재활사는 면담을 마칠 때까지 환자가 좌절하거나 공포심을 갖지 않도록 지원해야 한다. 언어재활사는 대상자가 되도록 자신의 문제를 말할 수 있도록 분위기를 형성하는 것이 바람직할 것이다.

대상자가 치료를 원하거나 우리가 도움을 주고자 하면 면담을 하는 동안에 조언 이상이 필요할 것이다. 대상자가 선택하는 과정에서 혼란스러워한다면 언어재활사는 정리할 수 있도록 도와주어야 할 것이다. 대상자가 가진 강점을 지지해 주기 위해서 대상자에게 상황이 무엇을 의미하는지 이해하고 무비판적으로 대상자의 감정과 태도에 공감해 줄 필요가 있다. 개인으로서 대상자에게 관심을 보이고 대상자를 수용하는 태도를 보여 준다면 대상자의 자존감과 더 적절하게 기능하는 능력을 회복시켜 줄 수 있다.

때때로 언어재활사는 대상자가 우울하기 때문에 기분 좋게 해 주려고 하는 경우가 있다. 하지만 이러한 방법보다는 대상자의 있는 모습 그대로를 이해해 주려는 공감을 형성하는 것이 보다 더 바람직할 수 있을 것이다.

2) 인터뷰 과정

(1) 준비 단계

인터뷰를 준비하는 단계에서는 인터뷰 대상자를 위해 여러 가지 상황을 점검하고 준비해야 한다. 첫째, 인터뷰를 실시할 날짜와 시간 및 장소를 정한다. 인터뷰는 언어재활사와 대상자가 서로 만나 면대면 대화를 통해 진행해야 하므로, 서로 간에 편리한 날짜와 시간 및 장소를 정해야 한다. 둘째, 대상자에 맞는 인터뷰 유형을 정해야 할 것이다. 인터뷰 유형은 〈표 2-3〉에 제시하였다. 셋째, 결정된 인터뷰 유형에 따라 인터뷰 도구를 준비한다. 예를 들면, 아동을 대상으로 반구조화 인터뷰를 실시하기로 결정했다면, 아동에게 적절한 질문목록을 제작하여 준비해야 할 것이다.

(2) 실시 단계

인터뷰를 시작하는 서론 과정에서는 언어재활사 소개, 인터뷰 목적, 소요시간에 대한 안내를 해야 한다. 예를 들면, "동건이 어머님, 안녕하세요. 저는 동건이를 면담할 장현진 선생님입니다. 동건이를 치료하기에 앞서 동건이에 대해서 가장 잘 알고 계신 어머님과 동건이에 대해서 인터뷰를 하려고 합니다. 인터뷰 결과는 동건이를 치료하는 데 많은 도움이 되리라 생각합니다. 인터뷰하는 데 소요되는 시간은 1시간 정도 예상됩니다." 등과 같이 인터뷰를 시작할 수 있다.

면담을 하는 중에는 사례사에게 조사된 정보를 토대로 언어장애와 관련된 주요 요인, 장애영역과 관련된 특성에 대해 질문한다. 내용에는 의사소통장애 발달과정, 현재 의사소통능력, 언어장애와 관련된 환자의 의학적·발달적·교육적 정보에 초점을 둔다. 사례사 양식에 있는 내용을 보다 명확히 하고, 사례사 양식에는 없지만 개개인의 환경과 특성을 고려하여 정보를 얻을 수 있도록 질문한다.

마지막으로 정리를 하는 과정에서는 인터뷰를 실시 결과를 요약하고, 인터뷰 대상자에게 감사를 전하고, 인터뷰를 마친 후의 과정에 대해 안내를 해야 한다.

〈표 2-3〉 인터뷰 유형

종류	내용
비구조화 인터뷰	특정한 지침 없이 면접자가 많은 재량을 가지고 융통성 있게 질문을 해 나가는 것이다. 비구조화 인터뷰는 반구조화, 구조화 인터뷰 보다는 특정 영역을 심층적으로 다루고자 할 때 선호한다. 인터뷰 목적과 인터뷰 대상자를 고려하여 미리 약술된 주제를 설정해 놓는 사전계획대로 시행해야 한다.
반구조화 인터뷰	미리 준비된 질문 목록을 사용하되 대상자의 반응내용에 따라서 필요한 추가질문을 하거나 질문순서를 바꾸기도 하면서 질문을 해 나가는 것이다.
구조화 인터뷰	구조화된 인터뷰는 미리 준비된 질문목록에 순서에 맞추어 정확하게 질문을 해 나가는 것이다. 구조화 인터뷰는 언어재활사의 재량이나 융통성이 허용되지 않는다.

3) 장애영역에 따른 질문 내용

인터뷰 내용에는 개인적인 정보, 가족관계, 특이사항, 병력, 치료경험, 신체 및 언어발달, 아동의 일상행동에 관한 정보 등의 사항을 기록하게 된다. 또한 각 장애영역에 따른 정보를 기술하기도 할 것이다. 다음에는 언어장애 하위 유형에 따른 질문내용을 기술하였다.

(1) 언어장애

- 아동은 시선 접촉을 잘 합니까?

- 다른 사람의 제스처나 구두적 자극에 반응을 보입니까?
- 원하고 필요한 것에 대해 어떻게 표현합니까?
- 어느 정도의 어휘를 이해하고, 표현합니까?
- 아동은 일반적으로 몇 단어를 연결하여 말할 수 있습니까?
- 아동은 지시 따르기를 수행할 수 있습니까?
- 아동은 질문을 할 수 있습니까?
- 아동은 다양한 품사(예: 명사, 동사, 형용사, 부사, 대명사, 접속사)를 사용할 수 있습니까?
- 아동은 원인-결과를 이해하는 것 같습니까?
- 아동은 모방을 할 수 있습니까?
- 아동은 화제를 전환할 수 있습니까?
- 아동은 상황에 적절한 말을 할 수 있습니까?
- 아동은 상징놀이를 할 수 있습니까?

(2) 조음장애

- 처음에 조음문제가 발생했을 때 조음에 어떤 문제가 있었습니까?
- 아동의 조음문제에 대해 누가 처음으로 알아차렸습니까?
- 아동의 조음문제의 원인은 무엇이라고 생각합니까?
- 아동의 가장 힘들어하는 음소는 무엇입니까?
- 가족, 동료 및 친구들은 아동의 말을 잘 이해합니까?
- 아동은 다시 말할 것을 요구하도록 하면 어떻게 반응합니까?
- 조음문제가 학교생활, 직장생활 등의 사회생활에 영향을 미치고 있습니까?
- 조음을 향상시키기 위해 어떤 노력을 했습니까?
- 전에 조음 향상을 위해 치료를 받은 적이 있습니까?
- 나와 함께 이야기 하는 동안 평소처럼 말을 했습니까?
- 본인의 조음문제에 대해 자각하고 있나요? 있다면 자신의 조음에 대해서 어떻게 생각하고 있습니까?

(3) 유창성장애

- 자신의 비유창한 말에 대해서 어떻게 생각합니까?
- 언제부터 말을 더듬기 시작하였습니까?
- 말을 더듬는다는 사실을 누가 맨 처음 알았습니까?
- 말을 더듬었을 때 어떤 형태였으며, 지금 현재는 어떤 형태입니까?
- 말을 처음 더듬었을 때 특별한 사건이나 사고가 있었습니까?
- 특별히 말을 많이 더듬거나 말을 하기 힘든 상황은 언제입니까?
- 특별히 말을 더듬거나 말을 하기 힘든 단어나 음소가 있습니까?
- 말을 더듬었을 때 신체의 특정 부위에 긴장이 들어가거나 특정한 움직임을 나타냅니까?
- 자신이 말을 더듬는다는 것을 알고 있습니까? 알고 있다면, 자신의 말더듬에 대해 어떤 반응을 하는가요?
- 말더듬 이외에 말을 하는 데 다른 문제가 있습니까?
- 자신의 생각하는 말더듬의 심한 정도는 어느 정도입니까?
- 말을 더듬지 않기 위해 어떤 노력을 합니까?
- 전에 말더듬 치료를 받은 적이 있습니까?
- 말더듬이 직장, 학교, 가정생활에 어려움을 줍니까? 낯선 상황에서 말을 하는 것이 두렵습니까?
- 말더듬으로 인하여 심리적인 어려움을 경험한 적이 있습니까?

(4) 음성장애

- 자신에게 음성문제가 있다고 생각하십니까?
- 자신의 목소리에 대해서 다른 사람들이 이야기를 합니까?
- 음성문제에 대한 원인이 무엇이라고 생각합니까?
- 어떤 활동을 할 때 음성문제가 가장 많은 영향을 미칩니까?
- 말을 할 때 호흡이 끊긴 적은 있습니까?
- 특정한 상황에서 음성이 더 나빠진 적이 있습니까?

- 하루 중에 목소리의 변화가 있습니까?
- 음성문제를 해결하기 위해 음성치료를 받아 본 적이 있습니까?
- 친구, 가족 및 동료들은 음성문제에 어떻게 반응합니까?
- 가족 중에 비슷한 음성문제를 가진 사람이 있습니까?
- 이비인후과 전문의에게 의뢰한 적 있습니까? 그 결과는 어떠했습니까?
- 전에 언어치료나 음성치료를 받은 적이 있습니까? 그 결과는 어떠했습니까?
- 음성문제에 영향을 준 것 같은 어떤 질병이나 사고 혹은 사건이 있었습니까?
- 기침이나 헛기침을 자주 합니까?
- 삼킬 때 목이 아프거나 지장이 있습니까?
- 흡연이나 음주를 합니까?
- 이야기를 많이 하는 편이고, 큰 소리를 지르거나, 노래하는 시간이 많습니까?

4) 효율적인 인터뷰를 위한 제언

초보 언어재활사들은 다음과 같은 몇 가지 오류를 범할 수 있다. 다음의 내용들을 주의하여 인터뷰를 실시하면 보다 효율적인 인터뷰를 진행할 수 있을 것이다.

- '예' 혹은 '아니요'로 간단하게 대답할 수 있는 질문은 되도록 피하는 것이 좋다. 개방형 질문을 통해서 반응을 더욱 길고 자세하게 정보를 얻을 수 있도록 한다.
- 반응을 제한하는 질문은 구조화하지 않는 것이 바람직하다. 언어재활사가 정해 놓은 반응을 요구하는 질문은 효과적이지 않다. 예를 들면, "귀가 울리지는 않지? 그렇지?" 이런 식의 질문은 효과적인 인터뷰를 이끌어 낼 수 없을 것이다.
- 말을 너무 많이 하지 않는 것이 좋다. 임상가들은 침묵하는 시간 모두를 채워야 한다고 생각한다. 하지만 언어재활사가 많은 말을 하는 것보다 대상자가 반응할 수 있도록 적극적 경청을 하는 것이 훨씬 효과적일 것이다.

- 너무 성급하게 정보를 제공하지 않는 것이 좋다. 인터뷰를 마치고 종합적인 정보를 바탕으로 신중하게 정보를 제공하라. 대상자와 이야기한 내용을 토대로 인터뷰가 마친 후에 종합적으로 정보를 제공해야 할 것이다.
- 회상과 연상을 유도할 수 있도록 하라. 인터뷰에서 환자가 말하는 것을 멈추고 있는 것은 환자가 자신에 대한 정보를 모두 다 말하였거나, 더 이상 기억이 나지 않는다는 것을 의미할 수도 있다. 따라서 더 많은 내용을 기대한다는 미소나 끄덕여 주는 것은 대상자의 과거에 대한 내용을 회상하고 연상시킬 수 있도록 하는 데 효과적일 것이다.
- 메모를 하는 것이 좋다. 인터뷰를 진행하는 동안, 자연스럽게 요약을 하면서 진행하는 것이 바람직할 것이다. 이는 인터뷰를 마치고 나서 보고서를 작성할 때 치료사 자신의 기억에 의존하여 작성하는 것보다 훨씬 더 효율적일 것이다.

II. 진단 · 평가 과정과 내용

초기 면담 후에 환자의 의사소통 문제에 대한 진단을 계획하고 실시해야 한다. 진단을 계획할 때에는 어떤 방법으로 어떤 내용을 진단할지를 결정해야 한다. 이러한 내용을 결정하기 위해서 일반적으로 대상자의 상태, 현재 상황, 연령 등을 고려하게 된다. 이러한 일련의 과정을 통해서 환자의 현재 상태가 어떠한지를 파악하는 것을 목적으로 한다. 덧붙여, 현재 상태를 정확히 이해함으로써 환자에게 제공될 치료의 목표를 수립할 수 있다.

1. 진단 준비

1) 진단 회기 계획하기

진단을 하는 과정은 대상자의 다면적인 측면에 대해 정확하고 명확한 현재 수준을 결정해야 하기 때문에 1회기 동안 이루어지기는 힘들다. 여러 회기 동안 이루어지는 진단을 하는 시간에 대해 언어재활사가 염두하고 계획하는 것은 매우 중요한 준비과정이다. 치료사는 진단을 하기 전에 사전정보 수집 과정에서 얻은 정보들을 읽고 아동에 대한 일반적인 정보, 발달사 등을 파악하도록 한다.

진단을 계획하는 과정에서 두 번째는 진단 · 평가의 목적을 확인하는 것이다([그림 2-3] 참조). 문제 존재 여부를 확인할 것인지, 중재의 단기 · 장기 목표를 결정하기 위해 중재절차를 결정하기 위한 과정인지를 확인해야 할 것이다. 문제 존재 여부를 결정하기 위해서는 또래 정상 집단과의 언어능력들을 비교해야 할 것이다. 중재 목표를 결정하기 위해서는 대상자의 언어영역에 있어 어느 부분에서 문제가 있는지 구체적으로 밝혀야 하는 데 초점을 두어야 할 것이다. 중재절차를 결정하기 위해서는 환경에서의 언어 노출 형태 등을 확인하여 아동이 언어능력을 가장 효율적으로 향상시킬 수 있는 요인이 무엇인지를 파악해야 한다.

세 번째는 검사방법을 결정하는 것이다. 언어재활사는 대상자의 언어능력을 확인하기 위해 공식 · 비공식, 간접 · 직접 검사를 실시할지 선정하여야 할 것이다. 검사방법은 대상자의 생활연령, 병인, 인지기술, 사회성 요인, 부모로부터 보고된 현재 증상들과 같은 요인들에 의해 결정된다.

2) 진단에 필요한 준비물

진단을 할 때, 진단에 특성에 맞게 준비물은 달라진다. 구어샘플 및 평가도구를 이용한 진단의 준비물은 녹음기, 비디오 녹화기, 충분한 양의 공테이프가 필요하다. 표준화된 평가 검사도구에서는 여러 가지 읽기자료 및 구어자극 자료들이 필요하다. 또한 평가도구에 따라 필요한 검사지나, 채점지를 준비해야 할 것이다. 한편, 임상가는 인터뷰를 하는 동안에 메모를 하는 것이 좋다.

3) 라포 형성하기

언어재활사는 진단 · 평가를 실시하기 전에 대상자와 친밀한 관계를 형성하는 것이 필요하다. 친밀감을 형성하기 위해서는 대상자가 비구조화된 놀이활동에서 흥미로워할 수 있는 것으로 구성하는 것이 필요하다. 이러한 활동의 목적은 대상자가 언어재활사와 함께 있는 것이 편안함뿐만 아니라 친밀감을 형성하는 동안에도 의사소통과 사회성 기술들에 대한 정보를 지속적으로 얻을 수 있다는 데 있다.

4) 진단 시 유의사항

(1) 아동

학령전 아동과 초등학생들에게 검사실시가 어려운 경우가 있다. 아동이 진단에 적절히 참여하지 못하거나 진단 도구에 대해 이해를 적절하지 못할 경우가 있다. 이러한 어려움은 치료사의 측면, 부모의 측면, 아동의 측면에서 나타날 수 있다. 치료사의 측면에서는 진단 내용에 대해서 적절히 파악하지 못하거나, 진단과정 중에 아동에게 어떻게 적용할 것인지, 아동의 반응에 어떻게 대처해야 할지에 대해서 대한 준비를 하지 않았을 경우 등이 있다. 부모의 측면에서는 아동의 언어장애 결과에 대한 불안과 초조함 등이 전해질 수도 있다.

따라서 치료사는 진단을 실시하기 전에 아동과 충분히 라포 형성을 해야 한다. 아동의 진단과정에서 어려움이 나타나게 될 경우에는 부모를 진단에 참여시켜서 조금 더 아동을 편안하게 할 필요가 있다. 아동이 선호하는 놀잇감을 준비하여, 아동에게 최대한 친숙한 놀이상황을 제공해야 한다. 치료사는 검사할 때 융통성을 발휘하여 아동의 다양한 반응에 대처할 수 있어야 한다. 또한 치료사는 아동의 수준에 맞는 언어수준으로 진행하며, 진단을 1회기에 마치려고 무리하게 진행할 필요는 없다.

(2) 성인

성인의 진단과정에서 유의할 점은 성인대상자는 정상적인 언어 산출능력을 가지고 있다가 언어를 잃게 되는 경우, 말을 더듬고 있는 경우, 목소리 산출에 어려움이 생긴 경우가 있을 수 있기 때문이다. 각각의 언어문제에 따라 유의할 점이 다양하게 있지만, 전반적으로 유의할 점은 다음과 같다.

치료사는 진단과정에 대해서 대상자에게 어떤 진단을 할 것인지, 검사결과를 어떻게 사용할 것인지를 자세하게 설명해야 한다. 치료사는 진단과정에 대해서 의문을 가지고 있을 때 자연스럽게 질문을 할 수 있도록 개방적인 상황을 제공해야 한다. 성인대상자들은 자신의 언어문제에 대해 노출되는 것을 부담스러워하기 때문에 사적인 비밀을 지킨다는 신뢰감을 형성해야 한다.

2. 진단 내용 결정

진단 내용을 결정하는 경우에는, 환자의 언어장애 문제, 원인, 동반장애 여부, 장애의 심한 정도, 언어발달 연령, 생활연령 등을 고려해야 한다. 우선, 대상자의 장애 특징이 무엇인지를 결정해야 하는데, 주요 장애 문제가 조음 · 유창성 · 언어 · 음성인지를 결정해야 한다. 다음으로, 장애의 원인이 무엇인가도 고려해 보아야 할 것이다. 예를 들면, 신경언어장애인 경우에도, 실어증으로 인한 언어에 문제인지, 아니면, 치매로 인한 언어문제인지 각각의 원인에 따라 진단도구가 달라질 수 있음을 기억해야 할 것이다. 또한 장애의 심한 정도와 동반장애가 있는지 없는지도 고려해야 할 것이다. 언어장애의 경우 경도의 언어장애인 경우에는 발달연령을 고려한 언어능력을 평가해야 하지만, 심도의 언어장애인 경우에는 기능적인 문제에 대한 중재를 고려해야 하기 때문에 그 부분을 중점적으로 치료를 해야 할 것이다. 마지막으로 연령을 고려해야 할 것이다. 조음에 문제를 갖고 있는 경우에도 아동과 성인에 대한 그 진단방법이 달라진다. 유형별 · 원인별 진단의 실제에 대한 구체적인 내용은 각 장애영역에서 다루어진다.

3. 진단 방법

진단에 목적을 달성하기 위해 필요한 정보를 수집하는 방법은 공식 검사와 비공식 검사로 나누어 설명할 수 있다. 공식 검사는 진단목적에 맞추어 신뢰도 타당도 등의 표준화 과정을 거쳐서 구조화된 도구로서, 대상자의 언어적 수행 능력을 정상발달 규준을 기반으로 해석할 수 있다. 또한 비공식 검사는 언어 샘플 수집과 같이 아동의 일상생활에서 산출하는 대표적인 언어를 표집 하는 것이다.

1) 공식 검사

공식 검사의 진단도구들은 언어장애 유형에 따라, 연령에 따라 제한적으로 국내에 개발되어 있다. 언어재활사들은 공식적인 방법인 표준화된 검사도구에 대해 이해하고, 수행할 수 있는 능력을 갖추는 것이 선행되어야 한다. 또한 대상자의 언어장애 유형에 적합한 검사도구를 선정하여 진단 · 평가한 후에 그 결과를 동일한 생활연령 아동들의 평균과 비교해 봄으로써 대상자의 언어적 문제의 유무를 밝히고, 언어 문제의 심한 정도를 평가하게 된다. 공식 검사들은 준거 중심적이거나, 규준 중심적이다. 규준 중심(규준참조) 검사는 개인의 성취 여부를 규준과 비교하는 것이고, 준거 중심(준거참조) 검사는 개인의 특정 기술 부분에 대한 습득 여부를 확인하는 것이다. 따라서 규준 중심 검사는 대상자들의 언어 문제 유무를 알 수 있으며, 준거 중심 검사는 어떤 부분에 문제가 있는지를 알 수 있다.

공식 검사는 정확한 진단 · 평가 수행능력을 갖추고, 수행하는 것은 진단 · 평가 결과에 지대한 영향을 미친다. 이 방법들은 특정 조건에서 표준화되어 고안된 도구이기 때문에 검사 실시 전에 실시 지침서에 있는 실시 절차, 객관적인 채점 기준, 결과 해석 방법들을 숙지하고, 정확하게 실시할 수 있도록 노력해야 한다.

공식 검사는 언어장애인의 언어 문제를 또래 연령과 비교할 수 있고, 이미 준비되어 있다는 점이 장점이 있지만, 대상자의 일반화된 언어능력이 반영되지 않아, 대상자의 언어능력을 잘못 해석할 수 있다는 제한점이 있다. 진단 · 평가 목적에 따라 대상자의 언어능력을 평가하기 위해서 이러한 장점과 단점을 충분히 고려하여 적절한 진단 · 평가 도구를 선정하려고 노력해야 한다. 다음은 공식 검사의 일반적인 제한점이다.

- 공식 검사들은 아동의 일상생활에서의 언어적 능력에 대해서는 정확히 측정하지 못한다.
- 공식 검사는 언어가 다면적인 과정임에도 불구하고 언어의 한 측면만 고려했을 뿐 포괄적인 측면을 포함하지 않는다.
- 공식 검사의 실시는 부자연스럽게 진행되기도 한다. 때때로 대상자는 자연스러운 환경에서는 산출하지 않는 언어기술을 나타내기도 하고, 반대로 일상생활에서 산출할 수 있는 것을 검사할 때는 산출하지 못할 가능성도 있다.
- 공식 검사의 표본결과 자체에 대한 신뢰도 타당도의 오류를 범하기도 한다. 공식 검사는 실시하는 과정에 있어 유의하여야 할 점으로, 공식 검사들은 많은 시간이 걸리므로 평가자나 대상자가 지루하게 느끼기도 한다. 언어재활사들은 대상자가 지속적으로 참여하고 반응할 수 있도록 격려하고, 강화하고 격려할 수 있는 능력을 향상시켜야 할 것이다.

2) 비공식 검사

비공식 검사로는 대상자의 의사소통 행동을 비디오로 녹화된 것을 살펴보는 언어 샘플 수집과 같은 간접관찰 혹은 직접관찰 등이 있다. 비공식 검사는 대상자들의 일상생활에서의 언어능력을 반영하며, 개개인에 맞도록 융통성을 발휘할 수 있다. 비공식 검사에서 언어 샘플 수집 방법은 자발적인 언어 상황에서나 인터뷰와 같은 구조적인 활동을 하는 동안에 수집하는 것이다. 자발화를 유도하는 방법에는 자유놀이 시간이나 대화를 하는 동안에 수집하거나 이야기 이끌어 내기, 그림 보고 설명하기, 언어재활사가 산출한 문장을 모방하는 방법 등이 있다.

비공식 검사는 언어장애 대상자에게 검사도구로 측정하기 어려운 부분까지 평가할 수 있다. 또한 대상자의 일상생활의 자연스러운 환경 내에서 평가를 할 수 있으므로, 대상자의, 일상생활 능력을 평가할 수 있게 한다. 비공식 검사에서 결과를 해석하기 위해서, 언어재활사가 대상자의 관찰하기를 원하는 정확한 목표행동들을 확인하고, 회기 중에 목표행동이 출현하는 횟수를 확인한다. 진단 · 평가 결과를 분석하고 해석하는 데 다른 또래 생활연령과 비교하는 것은 제한점을 가지고 있다.

이 장에서는 언어장애 진단의 과정을 사전정보 수집, 진단 · 평가 과정으로 나누어 설명하였으며, 사전정보 수집의 방법인 사례사와 인터뷰에 대하여 알아보았다. 이 장을 통해서 독자들이 언어장애 진단과정에 대해서 쉽게 접근할 수 있길 바란다. 사전정보 수집과정에서 적절한 사례사 조사, 인터뷰를 통해서 대상자의 언어장애 문제와 관련된 정보들을 충분히 숙지하고 이해할 수 있길 바란다.

진단 · 평가 과정은 과학적이며 때로는 예술의 과정이다. 진단과정에서 성실한 준비와 대상자의 다양한 변이성에 대한 슬기로운 대처로 언어재활사로서의 융통성을 발휘해야 한다. 특히 언어재활사가 입수한 정보들의 치료 활용 범위는 임상가의 능력과 관련이 있다. 진단과정에서 수집된 정보들을 보다 적확하고, 유용하게 사용하기 위해서 임상가의 철저한 준비가 요구된다는 점을 독자가 꼭 기억해 주길 바란다.

요약

이 장에서는 사례사 정보, 이전 검사와 보고서, 대상자에 대한 관찰, 면담조사결과, 공식 · 비공식 검사를 통해서 대상자에 대한 다양한 정보를 수집하는 과정에 대해서 설명한다.

1. 사전정보의 수집은 배경정보를 얻기 위하여 문서화된 사례사 양식지를 작성하게 하거나, 인터뷰를 할 수 있다. 또한 관련 전문가를 통해서도 정보를 수집하는 방법도 있다.
2. 치료사는 진단을 하기 전에 사전정보 수집과정에서 얻은 정보들을 읽고 아동에 대한 일반적인 정보, 발달사 등을 파악하도록 한다.
3. 진단·평가의 목적이 문제 존재 여부를 확인하는 것인지, 중재의 단기·장기 목표를 결정하기 위한 것인지, 중재절차를 결정하기 위한 것인지를 고려해야 한다.
4. 진단·평가방법은 대상자의 언어능력을 확인하기 위해 공식·비공식, 간접·직접 검사를 실시할지 선정하여야 할 것이다. 검사방법은 대상자의 생활연령, 병인, 인지기술, 사회성 요인, 부모로부터 보고된 현재 증상들과 같은 요인들에 의해 결정된다.

연습문제

1. 진단과정에서 사례사 수집, 인터뷰, 관련 전문가 의견 등이 포함된 단계는?
2. 아동에게 사례사 조사를 실시할 때 포함해야 할 내용은?
3. 인터뷰의 목적은?
4. 미리 준비된 질문 목록 순서에 맞추어 정확하게 하는 인터뷰의 유형은?
5. 공식 검사는?

참고문헌

권도하(2005). 언어진단법. 대구: 한국언어치료학회.
권도하(2011). 언어치료학사전. 대구: 물과길.
권도하(2012). 언어치료학개론. 대구: 물과길.

Haynes, W. O., Pindzola, R. H., & Emerick, L. L. (1992). *Diagnosis and evaluation in speech pathology* (4th ed.). Englewood Cliffs, NJ: Prentice-Hall.

Kilne, H. B., & Moses, N. M. (1999). *Intervention planning for children with communication disorders: A guide for clinical practicum and professional practice* (2nd ed.). Boston: Allyn and Bacon.

Peterson, H. A., & Marquardt, T. P. (1990). *Appraisal and diagnosis of speech and language disorders* (2nd ed.). Englewood Cliffs, NJ: Prentice-Hall.

Roth, F. P., & Worthington, C. K. (2001). *Treatment resource manual for speech language pathology*. Albany, NY: Singular Publishing Group.

제3장

진단보고서

고영옥

I. 진단보고서 개관

II. 진단보고서 내용

III. 진단보고서 작성

IV. 기타 보고서

◐ 이 장의 목표

- 진단보고서 내용에 포함되어야 하는 필수부분에 대하여 설명할 수 있다.
- 진단보고서 작성에 필요한 양식지를 용도에 맞게 활용할 수 있다.
- 진단보고서의 관리 및 언어재활사 윤리강령에 대하여 설명할 수 있다.

핵심 용어

- **규준참조 검사** 행동을 표집하는 데 있어서 객관화되고 표준화된 절차를 기반하여 측정하는 것이다.
- **준거참조(기준참조) 검사** 대상자가 무엇을 할 수 있고, 무엇을 할 수 없는지를 제시해 줌으로써 대상자의 수행 정도가 기대되는 수준과 비교해서 어떠한지에 대한 정보를 제공한다.
- **실제 평가 접근법** 실제 검사 맥락 상황 속에서 의사소통능력을 평가하기 때문에 대상자가 할 수 있는 것과 없는 것에 대한 정보를 얻을 수 있다.

I. 진단보고서 개관

언어재활사는 언어장애인에 대한 진단 및 재활과정을 세밀한 계획을 토대로 수행하게 된다. 언어재활서비스를 제공하기 위해 언어재활사는 치료대상자가 의뢰되어 종결할 때까지 여러 종류의 보고서를 문서로 작성하여야 한다. 일반적으로 작성된 보고서는 언어재활이 이루어지는 병원, 복지관, 학교, 사설치료실 등 재활전문가나 재활대상자와 관련된 사람들에게 정보를 전달하는 의사소통의 수단이다. 진단보고서는 언어장애인의 의사소통능력을 진단 · 평가한 후 그 능력을 문서로 진술한 것이다. 진단보고서는 언어재활 대상자가 의뢰되면 말, 언어, 의사소통 문제를 발견하고 그 능력을 정확하게 진술하는 것으로써 양질의 언어재활서비스를 제공하는 시작이 된다. 언어재활사가 재활목표를 설정하고 재활서비스를 진행하여 진전과 종결이 이루어질 때까지의 모든 보고서는 기록으로 남는다. 이에 이 장에서는 진단보고서에 포함되어야 하는 내용과 그 내용에 맞게 작성하는 방법, 그리고 진단보고서 작성 시 필요한 기타 양식지에 대해 살펴보고자 한다.

II. 진단보고서 내용

진단보고서에 포함되어야 하는 내용들은 언어재활 대상자에게 제공될 서비스를 안내해 주는 역할을 한다. 대상자가 진단할 당시 어떻게 기능했는지에 대한 진술이 명확하면 이후에 대상자의 변화에 중요한 정보가 된다. 진단보고서는 진단 · 평가 과정을 통해 얻은 정보이다. 〈표 3-1〉은 진단 · 평가 과정 및 방법이다.

〈표 3-1〉 진단 · 평가 과정

진단 · 평가 과정	방법
배경정보 수집	• 문서화된 사례사 양식지 • 장애영역별 부가질문지 • 다른 관련 전문가의 평가서 및 소견서 • 인터뷰(상담)
의사소통을 위한 생물학적 평가	• 청력평가 • 조음기관의 구조 및 기능 검사
의사소통 행동 평가	• 의사소통능력 평가 • 수용 및 표현언어능력 평가 • 구어능력 평가
평가결과 해석	• 의사소통의 강점 및 약점 파악 • 관련 전문가의 평가결과에 대한 통합 해석 • 심한 정도 및 예후에 대한 예측 • 요약 및 권고

모든 진단보고서에는 공통적으로 의뢰된 대상자에 대한 기본 신상정보와 배경정보가 포함되어야 한다. 또한 진단보고서를 토대로 대상자에 대한 언어재활의 필요성을 확인하거나 재활방향을 결정하고, 빈도 및 기간 등을 결정한다. 진단보고서에는 다양한 구성방식이 있으므로 보고서를 요구하는 기관의 양식지에 맞추어 기술하여야 한다. 진단보고서는 정보를 찾기 쉬워야 하고 전문가의 높은 수준이 반영되어야 한다. 진단보고서는 정확한 정보를 담고 있으며 완전한 내용을 포함하고 효과적인 단어를 사용하며 신속하게 작성되어야 한다. 〈표 3-2〉는 진단보고서에 포함되어야 하는 내용이다.

〈표 3-2〉 진단보고서 내용

포함해야 할 내용	상세 정보
일반적인 정보	• 대상자 이름(성별), 생년월일(나이), 주소, 전화번호, 진단명, 진단일, 보고서 작성일 등
배경정보	• 사례사 및 인터뷰를 통한 구어, 언어발달, 의학, 교육, 가정의 역사
행동관찰 및 평가 시 대상자의 태도	• 행동관찰을 통한 임상적 인상
실시한 검사	• 실시한 검사의 종류 기술
구어능력, 언어능력 등의 평가결과	• 역동적 평가, 비표준화 평가, 표준화 평가에 대한 결과 해석
요약 및 권고사항	• 심한정도, 예후, 요구되는 치료내용
보고서 작성자 서명	

1. 일반적인 정보

보고서의 첫 부분에는 언어재활 대상자의 기본적인 신상정보를 기록한다. 대상자의 이름(성별), 생년월일(나이), 주소, 전화번호, 진단명, 진단일, 보고서 작성일 등이 있다. 날짜가 없는 보고서는 의미가 없다. 그리고 의뢰처(부모, 교사, 의사), 평가자 그리고 기관 정보가 자동 인쇄되지 않는다면 검사가 행해진 장소(의료비 청구와 관련되기 때문)를 기록한다. 최근에는 학교 이름과 위치, 교사와 교장의 이름뿐만 아니라 검사장소를 기록하도록 하고 있다. 보험과 관련하여 대상자의 관련 코드도 적을 때가 있다. 〈표 3-3〉은 진단보고서에 포함해야 할 항목을 제시한 것이다.

〈표 3-3〉 일반적인 정보 작성 예시

대상자	정○○ (성별: 남)	언어재활사	고○○
생년월일	2011년 5월 19일(6:08)	평가일	2018년 1월 20일
장애유형	유창성장애	작성일	2018년 1월 27일
정보제공자	아동의 어머니		

2. 배경정보

일반적으로 언어재활사는 평가 전 사례사 양식지 또는 면담을 통하여 언어재활 대상자의 배경정보를 얻을 수 있다. 대부분의 배경정보는 언어재활 대상자, 부모 또는 다른 사람에게 질문을 하여 얻는다. 배경정보는 언어재활 내담자의 발달과정 중 언어문제를 초래할 만한 요인에 대한 정보나 현재 행동이나 인지발달 등과 관련된 것이다. 〈표 3-4〉는 배경정보 작성 예를 제시한 것이다.

〈표 3-4〉 배경정보 작성 예시

정○○ 아동은 6세 8개월의 남아로 말하는 도중에 같은 말을 반복하는 것이 많고, 중간에 말이 안 나온다는 점을 주 호소로 본 기관에 의뢰되었다. 어머니의 보고에 의하면, 아동은 임신 시 특별한 문제가 없었다고 하였다. 병력사항을 살펴보면, 성장과정 중 열 경련으로 병원에 입원을 한 적이 있다고 보고하였다. 전반적으로 아동은 정상적인 인지 및 정서 발달과정을 나타내었다고 보고하였다. 신체발달을 살펴보면, 일반 또래아동과 유사한 발달을 보였으며 건강상태도 양호한 편이었다고 한다. 구어 및 언어 발달은 10개월경에 옹알이를 시작하였고, 첫 낱말산출은 19개월경에 "어~어 엄마"라는 말이 가능하였다고 하였다. 단어를 결합한 시기는 27개월경이었다고 한다. 현재는 말을 시작하려고 하면 머뭇거리거나 첫 음절(예: 서서선물)을 반복하는 경향이 있다고 한다. 언어재활치료를 받은 경험은 없으며, 현재 아동은 일반 유치원에 다니고 있다고 한다.

3. 평가 시 대상자의 태도

평가 시 언어재활 대상자의 자연스러운 의사소통 행동을 객관적으로 관찰하여 기술하는 것이 도움이 된다. 관찰은 직접 하거나 녹화를 하여 평가자의 상호작용 과정에 초점을 두고 기술하는 것이 좋다. 관찰내용은 언어재활 대상자가 평가과제를 대하는 태도, 과제에 얼마나 집중하였는지를 기술하고 어떤 유형의 관계가 형성되었는지, 다른 특이사항이 없었는지 등 관찰된 내용을 간단하게 기술한다. 언어재활 대상이 어린 아동의 경우, 보호자와 함께 검사를 받았는지, 혼자서 받았는지, 착석이 가능하였는지, 주의집중 시간이 어느 정도 되었는지 등을 기술한다. 또한 아동이 집착하는 물건(예: 자동차 장난감, 인형)이나 음식물이 있었는지를 함께 기술하는 것이 좋다. 아동의 행동문제에 대한 정보는 평가결과를 해석하는 데 있어서 매우 중요하다. 〈표 3-5〉는 행동관찰 및 평가 시 대상자의 태도 예를 제시한 것이다.

〈표 3-5〉 평가 시 대상자의 태도 작성 예시

평가 시, 아동은 어머니와 분리되어 스스로 언어평가실에 들어와 의자에 가만히 앉았다. 언어재활사가 인사를 건네자 큰 소리로 대답하였다. 언어재활사의 질문에 주의집중 하는 모습을 보였고 지시에 잘 따라하였다. 아동이 좋아하는 자동차 장난감(포클레인)을 들고 아동에게 "○○아 이게 뭐지요?"라고 질문하였을 때 어휘가 생각나지 않으면 언어재활사의 눈을 보면서 어색해하였고 "어, 어, 어" "저, 저, 저" 삽입어를 반복하며 "포포크레인이요"라고 대답하였다. 언어재활사가 "잘했어요."라고 피드백을 해 주자 미소를 지으며 다음 질문에 맞는 답을 열심히 하였다. 아동은 평가를 하는 과정에서 밖에 대기하고 있는 어머니를 확인하려고 하였고, 과제를 지속해서 수행하기 위해 격려가 필요하였다. 아동은 검사 중후반부터 주의집중이 잘되지 않았으며 언어재활사의 질문을 이해하지 못하였고, 언어재활사는 반복하여 지시어를 말해 주었다. 평가를 마칠 때쯤에 아동은 지나치게 몸의 움직임이 많았고 의자에서 이탈하는 빈도가 잦았다.

4. 실시한 검사

진단보고서의 실시한 검사부분에는 다양한 검사결과를 기록한다. 검사방법에 대한 내용에는 진단 · 평가를 하기 위해 사용된 검사도구명을 기록한다. 검사도구를 이용한 언어평가는 표준화된 과정에 따라 직접적 또는 간접적으로 언어재활 대상자를 평가하여 그 결과를 평균과 비교해 봄으로써 언어발달이 얼마나 지체 또는 일탈되어 있는가를 평가하는 것으로 의사소통능력에 대한 결론을 이끌어 내는 것이다. 결론을 도출하기 위해 수집된 정보를 해석하는 방법과 접

〈표 3-6〉 언어장애 유형별 평가내용

장애유형	평가내용
조음 음운	• 자음정확도 및 명료도 • 오류음의 확인 및 분석 • 오류음의 일관성 • 오류음의 패턴(오류형태, 오류의 심한 정도, 음운변동) • 오류음의 자극모방력 • 속도, 운율, 억양
언어	• 수용언어능력 • 표현언어능력 • 화용능력 • 문해능력 • 인지(비구어적 인지능력, 상위인지 전략의 사용, 기억력, 주의집중 등)
유창성	• 비유창성의 형태 및 빈도 • 수반행동(머리 움직임, 눈 깜박임 등) • 회피행동 • 구어속도 • 유창한 구어의 자극모방력
음성	• 음질, 음도 • 공명 • 호흡의 형태(횡격막호흡, 흉식호흡, 쇄골호흡) • 근육의 긴장도 • 개선된 음성의 자극모방력

근법은 타당성과 신뢰성을 바탕으로 한다. 진단·평가방법은 표준화 검사, 준거참조(기준참조) 검사, 그리고 실제(authentic) 평가 접근법으로 나눌 수 있다. 각각의 평가방법은 장단점이 있기 때문에 언어재활 대상자에게 적합한 검사를 선택하여 사용할 수 있다. 〈표 3-6〉은 언어장애 유형에 따른 평가하는 내용이다.

표준화 검사(standardized test)는 일정한 측정단위와 기준점을 가지고 있는 자(척도)와 같은 것이다. 즉, 이 검사는 연령이나 지역, 성별 등 배경이 다른 대상자들로부터 얻은 원점수를 상대적으로 비교할 수 있도록 한다. 표준화 검사 또는 규준참조 검사(norm-referenced test)는 행동을 표집하는 데 있어서 객관화되고 표준화된 절차에 의해서 측정하는 것이다. 이 검사는 언어장애를 가진 환자를 평가하는 체계적인 검사로 언어재활이 필요한지를 결정하는 데 도움을 준다. 이 검사를 통해 "대상자가 평균과 비교해서 어느 수준에 해당하는가?"에 대한 답변을 제시해 준다.

준거참조(기준참조) 검사(criterion-referenced test)는 일정한 기준으로 판단하므로 개개인의 수준을 정확하게 알 수 있지만, 그 기준이 평가자나 교육자의 주관에 따라 다를 수 있기 때문에 해당 연령집단과의 비교가 어렵다는 단점이 있다. 이 검사는 제시된 기준에 대하여 대상자가 무엇을 할 수 있고, 무엇을 할 수 없는지를 제시해 줌으로써 '대상자의 수행 정도가 기대되는 수준과 비교해서 어떠한지?'에 대한 정보를 제공한다. 기준참조 검사는 받아들일 수 있는 수행수준을 제시하고 이 수준에 미치지 못하는 경우 도움이 필요한 것으로 판단하게 된다.

실제(authentic)평가 접근법은 실제검사 맥락상황 속에서 의사소통능력을 평가하기 때문에 대상자의 할 수 있는 것과 없는 것에 대한 정보를 얻을 수 있다. 기준참조 검사처럼 대상자의 능력을 알 수 있다는 점은 비슷하지만 검사상황, 즉 문맥이 강조된다는 것이다. 실제평가 접근법은 진단·평가 및 치료 단계 동안 다양한 상황 속에서 대상자의 수행 정도를 평가한다. 이 평가는 대상자의 능력에 대한 질적 평가를 하기 때문에 형식적 평가보다 평가자의 기술, 경험

그리고 창의성을 필요로 한다. 평가환경은 원하는 행동을 유도할 수 있도록 구성할 수 있다. 질적 평가를 위한 방법은 체계적인 관찰, 실제 생활환경 시뮬레이션, 언어 샘플링, 구조화된 상징놀이, 여러 유형의 질문에 대한 대답, 자기점검 및 자기평가, 일기장 및 체크리스트 이용, 비디오 및 녹음, 보호자(부모 혹은 주 양육자)와 다른 관련 전문가의 협력 등이 있다. 〈표 3-7〉은 실시한 검사 작성 예시이다.

〈표 3-7〉 실시한 검사 작성 예시

1. 조음기관 구조 · 기능 선별검사(Speech Mechanism Screening Test: SMST; 신문자, 김재옥, 이수복, 이소연, 2013)
2. 파라다이스-유창성검사-II(Paradise-Fluency Assessment-II: P-FAII; 심현섭, 신문자, 이은주, 2010)
3. 우리말 조음 · 음운평가(Urimal Test of Articulation and phonology: U-TAP; 김영태, 신문자, 2013)
4. 수용 · 표현 어휘력 검사(Receptive & Expressive Vocabulary Test: REVT; 김영태, 홍경훈, 김경희, 장혜성, 이주연, 2009)
5. 자발화 분석[자유놀이, 블록장난감, 낚시놀이, 공룡카드(120개)를 이용한 상호작용]

5. 평가결과

평가결과는 말 · 언어 문제가 무엇인지를 분석하여 구체적으로 기술한다. 문제에 대해서는 구어능력, 언어능력, 의사소통능력, 기타 등으로 구분하여 기간, 빈도, 장애 정도를 기록하고 구체적인 예시를 제시한다. 표준화된 공식 검사와 비공식 검사를 통한 결과를 기록한다. 표준화된 검사결과를 기록할 때 원점수가 의미하는 바를 검사도구의 매뉴얼에 제시된 백분위, 표준편차를 이용하여 기록한다. 대상자의 청력, 구어(예: 말소리, 명료도, 운동기술, 음성, 유창성), 언어(수용, 표현), 인지, 삼킴 능력 등 모든 측면을 간략하게 기술하는 것이 좋다. 검사하지 않은 영역에 대해서는 '정상범주로 판단된다.'보다 '대상자의 연령에 적합한 것으로 판단된다.'라고 기술한다. 평가결과 부분은 단순히 정보만 적고 해석은 하지 않는다.

구어능력은 조음기관의 구조 및 기능의 이상 유무, 조음능력, 음성 및 유창성 등으로 구분하여 검사결과를 기술한다. 언어능력은 수용언어와 표현언어로 구분하여 검사결과를 기술한다. 전반적 의사소통능력은 언어의 사용적인 측면, 주로 의사소통 기능이나 대화능력에 대한 결과 기술한다. 기타 부분에는 동반장애나 청력에 대한 내용을 기술한다. 〈표 3-8〉은 평가결과 작성 예시이다.

〈표 3-8〉 평가결과 작성 예시

1) 구어능력

(1) 조음기관의 구조 및 기능

SMST를 실시한 결과, 아동의 조음기관의 구조면에서 설소대의 길이가 약간 짧은 듯한 인상을 보였다. 기능적인 면에서 혀 좌우 움직이기(-), 혀 위로 올리기(-)가 다소 어색한 인상을 주었다. 또한 코감기가 걸린 듯한 '코 막힘' 소리가 종종 관찰되었다.

(2) 조음음운

U-TAP을 실시한 결과, 아동의 조음음운능력은 낱말 수준에서 원점수 34점, 자음정확도 79.1%, 모음정확도 70%로 생활연령 자음정확도와 비교하여 -2SD 이하에 해당하는 '조음치료 요망' 수준인 것으로 나타났다. 주 오류패턴을 살펴보면 치경음 동화(예: 메뚜기[네뚜디]), 치조음을 연구개음으로 대치(예: 자동차[자고차]), 유음을 양순음으로 대치(예: 로봇[노보]) 등의 오류가 관찰되었다. 또한 말 명료도에 영향을 주는 모음에서 /ㅡ/ →/ㅣ/, /ㅟ/ →/ㅣ/, /ㅚ/ →/ㅐ/로 대치하는 오류가 관찰되었다.

(3) 음성 및 유창성

P-FA II 검사결과, 필수과제 원점수 15.5, 백분위 점수 50~60%ile, 말더듬 정도 중간, 선택과제 낱말 그림 원점수 8.6, 백분위 점수 60~70%ile, 말더듬 정도 중간으로 평가되었다. 수반행동은 원점수 1, 백분위 점수 41~60%ile, 말더듬 정도 약함, 의사소통 태도는 원점수 19점으로 50~60%ile, 말더듬 정도 중간으로 평가되었다.

2) 언어능력

(1) 수용언어능력

REVT 검사 결과, 수용 원점수 12점, 수용 등가연령 2세 6개월 미만, 수용 백분위 10%ile 미만, 표준편차 -2SD 이하로 수용어휘능력 발달지체로 나타났다. 생활연령에 비해 24개월이 지체된 것으로 평가되었다.

(2) 표현언어능력

REVT 검사 결과, 표현 원점수 10점, 표현 등가연령 2세 6개월 미만, 표현 백분위 10%ile 미만, 표준편차 -2SD 이하로 표현어휘능력 발달지체로 나타났다. 생활연령에 비해 20개월이 지체된 것으로 평가되었다.

3) 전반적 의사소통능력

아동의 의사소통능력을 파악하기 위해 평가자와 자연스러운 놀이를 통해 관찰하였다. 관찰한 결과를 의사소통 빈도, 수단, 기능 면에서 살펴보았을 때 의사소통 빈도는 상당히 낮게 나타났으며 대부분 혼자 피규어를 가지고 놀았고, 혼잣말을 사용하며, 놀이를 즐기는 모습을 나타내었다. 의사소통 수단은 주로 구어를 사용하거나 가끔씩 제스처를 사용하였다. 의사소통 기능은 주로 '요구하기, 네/아니요 반응하기, 언급하기' 정도의 제한적 의사소통 기능을 사용하였다. 요구하기의 경우 '내나(내놔), 주데데(주세요), 뽀요요 꺼이조(뽀로로 꺼내 줘)' 정도의 사물/행위 요구하기를 주로 보여 줬으며, 언급하기의 경우 피규어를 하나씩 가리키며 '안녕 나는 에디, 크롱 나는 올라가, 올라가자, 올라따(올라갔다), 루피 빠이와(빨리 와), 아야써(알았어)' 정도의 언급하기를 나타내었다.

4) 기타

평가하는 동안 아동의 눈맞춤, 청자와의 거리, 말속도에서 어려움이 관찰되지 않았으나 억양의 경우, 평가자의 억양을 그대로 모방하거나 어른 또는 미디어의 억양을 그대로 모방하는 듯한 어색한 억양을 나타내었다.

6. 요약 및 권고

요약부분은 보고서 전체에서 두드러진 특징을 간단하고 짧은 한 문단으로 기술한다. 즉, '어떤 의사소통장애인가'를 언급하고 장애의 주된 특징, 추측되는 장애의 원인, 치료예후(회복될 수 있는지 또는 성취에 제한이 있는지) 등을 기술한다. 또한 관련 전문가의 협조가 필요한 부분이 있으면 기술한다. 〈표 3-9〉는 요약 및 권고 작성 예시이다.

〈표 3-9〉 요약 및 권고 작성 예시

〈사례 1〉

아동은 수용 · 표현 어휘력 모두 또래보다 2년 정도 늦은 어휘능력 발달지체로 평가되었다. 조음기관 구조 · 기능 선별검사에서 구조, 기능은 정상이었다. 자유놀이 상황에서 좋아하는 놀이에 집중하여 상호작용을 이끄는 데 어려움이 있었으나 지속적인 자극에는 반응을 잘하기 때문에 예후가 좋을 것이라 판단된다. 아동의 현재 연령이 언어발달이 이루어지는 시기로 아동의 언어능력을 증진할 수 있는 환경이 요구되며 언어재활을 집중적으로 제공한다면 언어이해 및 표현능력 향상에 도움이 될 것으로 사료된다. 따라서 언어재활을 받을 것을 권고하는 바이다.

〈사례 2〉

4세 2개월(50개월)의 본 아동은 조음발달이 지연된 것으로 나타났다. 우리말 조음 · 음운평가(U-TAP) 결과, 자음정확도 76.74%[-2SD 미만; 4세 남아 평균(SD): 94.16(4.98)], 모음정확도 90%로 나타났다. 또한 주 오류는 유음단순화와 마찰음 및 파찰음의 파열음화로 나타났다. 아동 스스로 자신의 조음오류를 의식해서 표현을 자제함으로써 표현능력이 지연되는 원인이 될 수 있다. 아동의 조음에 대한 정확한 표현을 증진할 수 있도록 훈련이 요구되며 조음의 정확도를 향상시킬 수 있는 언어재활 환경을 제공해 줄 것을 권고한다.

〈사례 3〉

진단결과 아동은 매우 심한 유창성장애인 것으로 평가되었다. 말하기 전반 과제에서 반복, 연장, 막힘이 나타나 말의 유창성에 영향을 미쳤다. 또한 아동은 말을 더듬을 때 눈썹을 찡그리고, 얼굴 긴장과 같은 수반행동이 동반되었다. 아동은 평가를 하는 동안 자신의 비유창성을 인식하고 있고, 비유창성으로 인해 당황하는 태도가 나타났다. 말더듬 행동의 중증도, 부적절한 인식, 말더듬에 수반되는 이차 행동으로 인해 진전에 대한 예후는 좋지 않을 것으로 보인다. 아동의 상황에 따른 유창한 표현을 증진할 수 있도록 가정 프로그램이 병행되고, 규칙적인 언어재활을 받을 것을 권고한다.

7. 서명

보고서의 마지막은 언어재활사의 성명, 직위, 및 서명으로 마무리한다. 학생 언어재활사가 작성한 경우, 임상 감독자(임상지도교수)도 서명을 해야 한다.

III. 진단보고서 작성

일반적으로 보고서는 문서로 작성하여야 하며, 전문가 팀, 팀의 대표자나 개인 임상가가 가족에게 결과를 설명해 줄 때 가족에게 제공할 수 있다. 그 용도에 따라 문서로 작성된 보고서는 길거나 짧은 형식을 취한다. 보고서 양식은 정보를 쉽게 볼 수 있도록 작성하여야 하며, 전문적인 기준을 따를 필요가 있다. 전달된 정보의 효과는 타당하고 신뢰성 있는 평가, 결과에 대한 해석능력, 구두 또는 문서화된 보고서 작성능력에 달려 있다.

학교 환경의 언어재활사는 구체화된 절차와 보고서 양식을 사용한다. 개별교육계획(Individualized Education Plan: IEP)에는 학년에 맞는 특별한 목표를 기록하는데, 언어재활사는 언어재활 대상자를 위한 구어-언어 목표를 구체화하고 그 목표를 다루기 위하여 가장 좋은 방법, 즉 교실에서, 협의를 통해, 개별 또는 소집단의 교실 밖 서비스 등을 제시한다. 언어재활은 일반적으로 대상자의 신상정보, 배경정보, 평가결과, 치료계획을 평가보고서에 기술한다. 학교 언어재활사는 개별가족서비스계획(Individualized Family Service Plan: IFSP)도 작성한다. 출생에서 3세까지의 영유아에 대한 평가보관, 평가절차는 중요하게 관리해야 한다. 이때 영유아뿐만 아니라 가족의 건강도 평가 및 치료의 목표에 포함된다.

의료 환경에 있는 언어재활사는 문제 중심의 양식에 결과를 기록한다(Kent & Chabon, 1980). 문제중심진료기록(Problem-Oriented Medical Record: POMP)에는 환자가 경험하고 있는 중요한 문제 목록이 자세하게 정의되고 보고된다. 문제 목록에는 대상자가 밝힌 현재의 불편한 점뿐만 아니라 건강관리 팀 구성원이 확인한 문제도 포함된다. 대상자에게서 얻은 정보를 SOAP(Subjective Objective Assessment Plan)라는 4가지 양식에 따라 정리할 수 있다. 이 양식은 언어재활 임상가를 포함한 여러 전문임상가가 사용할 수 있는 관찰행동 및 검사결과, 주관적이고 객관적인 자료에 기초해서 나타난 문제의 평가, 앞으로의 계획 및 중재 등을 포함하고 있다. SOAP 양식은 그날 또는 그 주 회기의 주요 정보를 기록하도록 환자의 협조, 동기 및 혼란 수준(주관적), 시도된 과제의 유형 및 자극과 단서의 수준(객관적), 과제수행의 정확도(평가), 논리적으로 뒤따르는 다음 단계의 프로그램(계획)을 간략하게 진술한다. 〈표 3-10〉은 진단보고서나 요약을 위한 SOAP 양식이다.

〈표 3-10〉 진단보고서나 요약을 위한 SOAP 양식

주관적 정보 (Subjective information)	면담 및 사례사	측정할 수 없는 정보 및 사례력 정보를 포함한다. 환자나 보호자(부모 혹은 주 양육자)로부터의 수집된 정보에 대한 내용을 요약한다. 이 부분에는 현재의 문제점, 현재 문제점과 관련 있는 과거 혹은 최근 정보, 환자가 현재 느끼는 근심에 대한 정보, 치료협조에 대한 정도 등 환자와 관련된 폭넓은 정보가 포함된다.
객관적 정보 (Objective information)	검사결과	측정할 수 있는 결과들에 대한 정보를 기술한다. 진단세션의 경우 진단 · 평가 결과를 기록한다. 치료세션의 경우 치료과업에서의 환자의 수행 정도를 객관적으로 기록한다.
평가 (Assessment)	주관적 및 객관적 정보분석	주관적 · 객관적 평가에 대한 정보를 통합적으로 해석하여 기록한다. 진단세션의 경우, 결론 및 권고에 대한 내용을 기록한다. 치료세션의 경우, 목표에 따른 환자의 현재 상태를 기록한다.
계획 (Plan)	추후계획	추후에 이루어져야 할 부분들에 대한 내용을 기록한다.

1. 보고서 작성 과정

보고서는 그 목적에 맞게 작성해야 효과적으로 정보를 전달할 수 있게 된다. 하지만 많은 학생임상가들은 보고서 쓰기를 부담스러워하고 어려워한다. 그들은 자신이 잘 할 수 없다고 생각을 하는데, 이는 글쓰기 문제가 아닌 글쓰기 편견을 가지고 있기 때문이다. 물론 짧은 시간에 보고서를 작성하는 것이 해결되지는 않지만 몇 가지 초보 보고서 작성자에게 유용한 방법을 제시한다.

먼저, 매일 쓰는 것이 좋다. 이렇게 하면 수집된 정보를 통합하고 해석하여 적절하게 문서로 작성하는 능력이 길러진다. 예를 들어, 자기 전에 그날 평가하고

치료하는 동안 나타난 대상자의 구어, 언어, 의사소통능력을 서술체 문단으로 쓴다. 명확하고 간결하며 잘 조직화된 보고서를 쓰기 위해서는 적절한 용어의 사용, 보고서의 구성과 형식, 보고서에 맞는 문체를 연습하는 것이 도움이 된다.

다음으로 중요한 내용은 일단 쓰고 나서 나중에 수정하는 것이 좋다. 정보가 학생 임상가의 머릿속에 살아 있는 한 최대한 빨리 보고서를 쓰는 것이 매우 중요하다. 초고 보고서 작성자가 일반적으로 많이 하는 실수는 처음부터 너무 완벽하게 쓰려고 하는 것이다. 처음 보고서를 작성할 때는 보고서가 어떻게 보이는지 중요하지 않다. 글이 잘 써지지 않거나 생각이 막힌다고 거기에 오래 머물지 말고 안 써지는 부분은 뛰어넘고 나머지 부분을 작성한다. 쓰기를 다하고 난 후 못 썼던 부분으로 되돌아가면 이전에도 떠오르지 않았던 단어나 문구가 생각나는 경우가 종종 있다. 일주일 뒤 작성했던 글을 다시 읽어 보고 수정하면서 직접 관찰하는 것처럼 명확하고 쉽게 기술했는지 자문해 볼 필요가 있다.

마지막으로 다른 사람에게 자신이 작성한 초안을 읽히고 그것에 대한 의견을 듣는 것이 도움이 된다. 자신의 글에 대한 의견을 제시하는 것이 어렵더라도 정직하고 성실하게 해 주는 충고를 경청해야 한다. 작성자가 쓸 때는 분명해 보였던 문구가 읽는 사람에게는 모호하고 이해하기 어려운 경우가 있기 때문이다. 진단보고서 작성을 마치고 사후 점검하는 것이 필요하다. 진단자는 환자들을 더 잘 평가하고 치료하기 위하여 다른 관련 전문가들에게 의뢰할 수도 있고 잘 작성된 보고서를 많이 읽는 것도 보고서 작성에 도움이 된다. 〈표 3-11〉은 진단보고서 양식의 예시이다.

2. 보고서 작성 원리

구체적으로 보고서를 어떻게 작성하는지에 대한 원리를 다음과 같이 제안하고자 한다.

첫째, 소제목을 사용하여 직설적이고 객관적으로 기술한다. 짧고 간결하지만

〈표 3-11〉 진단보고서 양식의 예

언어 평가 보고서

1. 일반적인 정보

대 상 자 : (성별: 남/여)　　언어재활사 :
생년월일 :　　평 가 일 :
장애유형 :　　작 성 일 :
정보제공자 :

2. 배경정보

3. 평가 시 대상자의 태도

4. 실시한 검사

5. 평가결과
  1) 구어능력
    (1) 조음기관의 이상 유무
    (2) 조음음운능력
    (3) 음성 및 유창성
  2) 언어능력
    (1) 수용언어능력
    (2) 표현언어능력

6. 요약 및 권고

출처: 제일언어크리닉.

완전한 문장으로 표현하라. 특정 독자를 위해 글을 쓴다고 상상하면 도움이 될 것이다. 교사, 의사, 동료 언어재활사, 부모 등의 독자를 생각하면서, 관찰한 대상자의 상태를 간단히 진술하고 조언한 것을 서술한다. 읽는 사람의 이해 수준을 모를 때는 단순하게 쓰는 것이 더 좋다.

둘째, 일반적인 문체를 사용한다. 진단보고서에 1, 2인칭 대명사 사용을 피하고 임상가 혹은 검사자라고 표현하는 것이 더 전문적이며, 보고서에 기술하는 대상자를 개별화하는 것이 더 좋다. 일반적인 문체는 작성자의 개별적 문체를 최소화하고 객관성을 높이는 경향이 있다.

셋째, 보고서는 철자, 시제, 문법, 구두점 등이 정확한지 주의 깊게 확인하여 수정한다. 한 번의 사소한 오류 때문에 읽는 사람이 진단자에 대한 신뢰를 감소시킬 수 있다. 보고서의 정확성에 따라 임상능력이 판단된다는 점을 명심해야 한다.

넷째, 어휘를 적절하게 사용한다. '좋다, 바라건대, 잘했다'와 같은 모호한 어휘 남용을 자제한다. 문장을 만들 때 구어체 표현이나 '~와 같은, 오히려, 매우' 등과 같은 정형화된 수식어는 사용은 조심한다. '~의 견지에서, ~의 측면에서'와 같이 평가자가 선호하는 표현이나 상투적인 정보표현은 피한다. '임상가는 대상자가 진단과업을 이해한다고 느꼈다.'에서처럼 '느낀다.'라는 표현은 부적절하다. 이 어휘는 감정이나 촉감을 표현할 때 사용하는 것이다. 약어는 되도록 피하고 분명하지 않다면 최상급 표현도 사용하지 않는다.

다섯째, '꽉 짜여진' 보고서를 씀으로써 쓰여진 내용 이외의 것을 상상하지 않도록 한다. 자신 없는 보고서는 쓰지 않는다. 명료하지 않는 '아마도, 분명히, 경향이 있다' 등으로 표현한 문장은 진단자가 소심하다는 것 외에는 아무것도 드러내 주지 못한다.

여섯째, 보고서는 분명하게 작성한다. 모호해서 행간을 추론하게 하지 말아야 한다. 만약 결과가 불분명했다면 그것을 분명하게 언급한다. 읽는 사람으로 하여금 작성자가 모든 측면을 다 살펴보았을 거라고 추측하게 하지 말아야 한다.

일곱째, 진단보고서는 작성자가 얼마나 많이 알고 있는지를 나타내거나 많은 어휘를 과시하는 곳이 아니다. 아는 체하는 보고서는 이해가 잘 안 되거나 읽히지 않는다.

여덟째, 관찰내용을 종합하여 어떤 정보를 보고서에 진술하고자 할 때는 구체적인 자료를 제시한다. 예를 들어, 단순히 아동이 어린애처럼 말한다고 서술하기보다는 어떤 말소리에 오류가 있다고 제시한다.

아홉째, 기관에서 요구되는 형태의 용지를 사용하고 인쇄 정도를 확인한다. 임상가가 무엇을 했고 무엇을 발견했는지가 제대로 전달될 때까지 보고서를 수정하고, 프린트는 검은색으로 한 후 인쇄가 정확하게 되었는지 확인한다.

3. 비밀보장

모든 보고서와 기록(전자 및 종이)은 비밀이 유지되어야 하며, 대상자에 대한 어떠한 피해도 있어서는 안 되고 곤란한 상황이 발생해서도 안 된다. 이는 도움을 주는 다른 관련 전문가들에게도 적용된다. 단, 의사소통장애인의 복지를 위하여 법이 요구하거나 그 지역사회 복지를 위하여 필요한 경우는 어떤 직업적·개인적 정보를 관계자에게 제공할 수 있다. 관련 전문가들은 의사소통장애인이나 보호자의 승인 없이 전화나 문서로 정보를 유출해서는 안 된다. 정보는 비밀이 유지되어야 하고 진단 및 치료를 위한 특별한 목적으로만 이용되어야 한다. 공개가 불가피하다면 정보를 보내기 전에 문서로 의사소통장애인의 허락을 받아야 한다. 대부분의 언어재활기관은 동의서 양식을 가지고 있어서 진단회기 전이나 중에 사인을 받는다. 의사소통장애인 및 보호자(부모 및 주양육자)들은 그들에 관한 정보가 포함된 어떤 보고서라도 읽을 수 있는 법적 권리가 있다.

미국언어청각협회(American Speech-Language-Hearing Association: ASHA)의 윤리규정에서는 언어치료 및 청각학 분야에서 일하는 전문가들의 도덕적·윤리적 이행원칙들을 보장하고 있다. 한국언어재활사협회(Korean Association of Speech-Language Pathologists: KSLP)에서도 언어치료 임상의 질적인 향상과 말-언어장애인들을 위한 최선의 재활효과와 언어복지를 이룩하기 위해 '언어재활사 윤리강령'을 제정하였다. 이 윤리강령은 협회의 모든 회원이 지켜야 하고, 협회 또는 학회 회원이 아니더라도 언어치료 임상에 종사하고 있는 모든 사람과 언어병리학을 공부하고 있는 학부 및 대학원 학생들도 이 윤리강령을 숙지하고 규범으로 삼도록 하고 있다. 언어재활사 윤리강령은 6가지의 임상윤리강령 원칙과 18가지 임상윤리강령 규정의 내용을 담고 있다. 〈표 3-12〉는 한국언어재활사협회 윤리강령 내용이다.

〈표 3-12〉 한국언어재활사협회 윤리강령

〈윤리강령 원칙〉

1. 언어재활사(앞으로는 "언어재활사"라고 한다)는 상담, 평가, 치료 재활 또는 보장구의 대상자(앞으로는 "대상자"라고 한다)의 복지와 복리를 위하여 모든 것에 우선하여 책임을 다하여야 한다.
2. 언어재활사는 자신의 전문적 지식과 임상능력의 최고 수준을 유지하기 위한 노력을 계속하여야 한다.
3. 언어재활사는 언어병리학에 대한 국민적 인식의 확산과 이의 학문적·임상적 발전을 위하여 최선의 노력을 하여야 한다.
4. 언어재활사는 전문직 직업인으로서의 권위와 품위를 유지·향상시키는 일에 최선을 다하여야 한다.
5. 언어재활사는 협회 그리고 동료, 학생 및 관련 분야의 전문인들과의 상호 신뢰를 형성하고, 조화롭고 유기적인 관계를 유지하며 협력하여야 한다.
6. 언어재활사는 의사소통장애(언어임상 분야 및 청각임상 분야 포함) 분야가 독립된 전문직 영역임을 인식하고 이의 독립성을 발전시키는 일에 최선의 노력을 하여야 한다.

〈윤리강령 규정〉

1. 언어재활사는 대상자들에게 유능한 전문인으로서의 구실을 할 수 있어야 한다.
2. 언어재활사는 대상자를 위한 상담, 평가, 치료 재활 및 보장구의 사용(앞으로는 이 4가지 또는 그 일부를 "전문직봉사"라고 한다)에 필요한 가능한 한 모든 자료와 정보를 동원하여 전문직봉사의 높은 수준을 성취하여야 한다.
3. 언어재활사는 자신의 전문 학문분야 지식의 증대 및 심화와 임상 능력 및 기법의 향상을 위하여 임상에 종사하는 기간 내내 부단히 노력하여야 한다.
4. 언어재활사는 전문직봉사 수행에 있어서 대상자를 인종, 성별, 연령, 종교, 장애유형 등에 따라 차별하여서는 안 된다.
5. 언어재활사는 전문직봉사의 성격과 내용, 있을 수 있는 부작용 등에 대하여 대상자에게 미리 충분히 설명하여야 한다.

6. 언어재활사는 특정 대상자를 위한 전문직봉사가 상당 수준의 긍정적인 효과가 있다고 합리적인 판단이 될 경우에만 이를 시행하여야 한다.
7. 언어재활사는 전문직봉사의 결과에 대하여 직접 또는 간접적으로라도 보장하거나 확언하여서는 안 된다. 다만, 필요할 경우에는 합리적인 근거에 의하여 가능성 있는 예후를 설명하여 줄 수는 있다.
8. 언어재활사는 개별 대상자에게 제공한 전문직봉사의 내용을 정확하게 기록 · 유지하여야 하며, 관계 법령 또는 규정에 따라 합법적인 요청이 있을 경우에는 이를 제시할 수 있어야 한다. 전문직봉사에 대한 기록은 작성된 날로부터 20년 이상 보관하여야 한다.
9. 언어재활사는 개별 대상자에 대한 전문직봉사의 내용과 대상자에 대하여 알게 된 사적인 정보를 공개하거나 의도적 또는 비의도적으로 누설하여서는 안 된다. 다만, 관계 법령 또는 규정에 의하여 합법적인 요청이 있을 경우와 공개하는 것이 대상자 자신의 권익과 복리를 결정적으로 보호할 수 있다는 확신이 서는 경우는 예외로 한다.
10. 언어재활사는 제공되지 않은 전문직봉사에 대한 보상 또는 보수를 부과해서는 안 된다. 또한 제공된 전문직봉사의 내용을 왜곡시켜서도 안 된다(여기서 "왜곡"이라 함은 사실과 다르거나 오해를 일으킬 수 있는 진술 또는 기록을 의미하며, 중요한 정보의 진술 또는 기록의 누락도 포함한다.)
11. 언어재활사는 실험연구 또는 교육목적의 시범을 위하여 대상자를 참여시킬 경우에는 실험연구 또는 시범의 목적과 내용을 대상자 또는 대상자의 법적 보호자에게 충분히 설명하고 대상자 또는 대상자의 법적 보호자의 서면 승낙서를 얻은 후에만 이들을 참여시킬 수 있다.
12. 언어재활사는 상호 협력하여야 하며, 필요할 경우에는 대상자를 상호 의뢰하는 일을 적극적으로 하여야 한다.
13. 언어재활사는 자신의 능력 밖의 장애를 가진 대상자를 다루어서는 안 된다. 이러한 대상자가 있을 경우에는 해당 장애를 더 전문적으로 치료 재활할 수 있는 치료사에게 의뢰하여야 한다.
14. 언어재활사는 한국언어재활사협회 및 협회의 언어치료사 자격증 소지자의 권익을 서로 보호하는 노력을 하여야 하며, 협회의 자격증을 소지하지 않은 사람이 언어치료에 종사하는 것을 최대한 막는 노력을 하여야 한다.
15. 언어재활사는 전문직봉사에 사용하는 각종 기기의 정상적인 기능이 유지되도록 정비하고 정상적인 기능을 하는 기기만을 사용하여야 한다.
16. 언어재활사는 이해관계의 분쟁에 관여하여서는 안 된다. 다만, 정상적인 법절차에 따른 요청이 있을 경우에는 법원에서 증인 또는 참고인으로서 증언을 할 수 있다.
17. 언어재활사는 연구결과의 발표, 대상자들과의 상담, 대중매체를 통한 자기선전, 치료실 안내 등에서 사실과 다른 내용을, 또는 시 · 청 · 독자들을 오도하거나 오도할 가능성이 있는 내용을 진술 또는 게재하여서는 안 된다.
18. 언어재활사는 본 윤리강령을 어기는 타 치료사가 있을 경우에는 이를 즉시 협회 이사장에게 통지하여야 한다.

IV. 기타 보고서

의사소통장애인과 관련된 정보를 다른 기관이나 다른 전문가에게 전달할 경우, 보고서 형식으로 문서를 통해 의견을 교환한다. 또한 언어재활사는 의사소통장애인의 정보를 요청하거나 다른 전문적인 평가가 필요하다고 판단될 경우, 평가를 의뢰 할 수 있다. 관련 전문가에 의한 정보는 대상자에 대한 평가 · 진단을 하는 데 도움이 되며 이를 통해 의사소통장애를 일으킬 만한 병력 또는 원인, 의사소통장애와 관련된 의학적 문제, 사회적 문제, 치료의 유무 결정, 예후와 관련된 요인 등과 같은 것을 확인하는 데 유용하다. 언어재활사는 대상자에 대한 세부적인 평가가 필요한 경우 청각사, 소아과의사, 이비인후과의사, 신경과의사, 치과의사 또는 교사나 특수교사, 작업치료사 등과 같은 관련 전문가에게 의뢰할 수 있다. 정보요청서나 평가 의뢰서는 읽는 사람에 따라 길이, 내용, 형식을 고려하여 작성한다. 〈표 3-13〉과 〈표 3-14〉는 정보요청서와 평가의뢰서 양식지에 대한 예시이다.

〈표 3-13〉 정보요청서 예시

- 수신: ○○○○○시 ○○○ 병원 이비인후과
  의학박사 ○○○
- 요청 내용: ○○○의 청각적인 정보

친애하는 박사님,
○○○의 청력과 관련된 다양한 검사결과에 대한 기록지와 가장 최근 정보를 ○○언어크리닉으로 보내 주시기를 부탁드립니다. 박사님이 보내 주신 정보는 ○○○의 언어를 진단하고 치료하는 데 많은 도움이 될 것입니다.
감사합니다.

2018년 09월 12일
언어치료사 ○○○
제일언어크리닉 전화: 02-123-4567

〈표 3-14〉 평가의뢰서 예시

• 수신: ○○○○○ 시 ○○○병원 이비인후과
  의학박사 ○○○
• 요청 내용: ○○○의 후두 병리에 대한 의학적인 평가

친애하는 박사님,
○○○의 음성 평가 및 치료를 위해 후두 병리에 대한 의학적인 평가를 의뢰합니다.
음성치료를 실시하기 전에 후두영역의 의학적인 평가가 필요한 것으로 사료됩니다.
검사결과와 박사님의 소견을 보내 주신다면 ○○○의 음성 평가 및 치료에 많은 도움이 될 것입니다.
감사합니다.

2018년 10월 18일
언어치료사 ○○○
제일언어크리닉 전화: 02-123-4567

한편, 언어재활사는 의사소통장애인의 정보를 다른 기관의 전문가에게 요청받기도 한다. 초기 대상자가 의뢰되었을 때의 보고서와 현재 기관에서 치료 내용에 대한 전반적인 정보를 적절한 형식으로 작성하여 제공할 수 있다. 〈표 3-15〉는 언어진단 · 평가 소견서 예시이다.

〈표 3-15〉 언어진단 · 평가 소견서 예시

본 아동(김○○, 남, 4세 2개월)은 2018년 09월 18일 본 기관에 조음 문제로 의뢰되어, 다음과 같은 평가를 실시하였다.

1. 실시한 검사 및 결과
1) 조음기관 구조 · 기능 선별검사(Speech Mechanism Screening Test: SMST; 신문자, 이재옥, 이수복, 이소연, 2010)
   검사결과 아동의 조음기관의 구조적인 평가에서 문제점은 발견되지 않았으며, 기능적인 측면에서도 '혀 내밀기, 좌우/상하 운동'에서 특이사항이 없는 것으로 나타났다.

2) 우리말 조음 · 음운평가(Urimal Test of Articulation and phonology: U-TAP; 김영태, 신문자, 2013)

U-TAP 검사결과, 낱말 수준에서 원점수 33점, 자음정확도 76.7%, 모음정확도 90%로 생활연령 자음정확도와 비교하여 -2SD 이하에 해당하는 '조음치료 요망' 수준인 것으로 나타났다. 음운변동패턴은 유음 단순화(예: 로봇[노보]), 마찰음 및 파찰음의 파열음화(예: 풍선[풍턴], 자동차[다동타])로 나타났다.

3) 취학전 아동의 수용언어 및 표현언어 발달 척도(Preschool Receptive-Expressive Language Scale: PRES; 김영태, 성태제, 이윤경, 2003)
검사결과 수용언어에서 원점수 39점, 언어발달연령 57개월(4세 9개월), 백분위점수 80%ile로 나타났다. 표현언어에서 원점수 32점, 언어발달연령 50개월(4세 2개월), 백분위점수 30%ile로 나타났다.

4) 수용·표현 어휘력 검사(Receptive & Expressive Vocabulary Test: REVT; 김영태, 홍경훈, 김경희, 장혜성, 이주연, 2009)
REVT 검사결과, 수용어휘력에서 원점수 45점, 등가연령 4세 0~5개월, 백분위 50~60%ile, 표현어휘력 원점수 51점, 등가연령 4세 0~5개월, 백분위 50~60%ile로 나타났다.

5) 전반적 의사소통능력
구어 명료도 70~80% 수준으로, 상황단서가 없거나 주의를 기울이지 않으면 아동의 자발화에서 이해하기 어려운 어절이 때때로 나타났다. 자발화 상황(예: 이야기하기, 그림 설명하기)에서 다양한 조사, 연결어미, 접속부사를 적절히 사용하였으며, 선어말어미인 과거, 미래, 높임 등의 활용도 오류 없이 나타났다. 아동은 4어절 이상의 문장수준으로 명확히 표현하였다(예: 그래서 토끼는 거북이를 이기지 못했어요. 토끼는 슬퍼했고 거북이는 기뻐했어요).

2. 검사결과 요약

아동은 어두 및 어중초성의 유음을 단순화시키는 경향을 나타내었다. 또한 마찰음과 파찰음을 파열음화시켜 조음하는 경향을 나타내었다. 따라서 앞으로 언어재활방향은 /ㄹ/ 음소를 어두와 어중초성의 단어수준과 문장수준에서 정조음하기, /ㅅ/와 /ㅈ/ 계열을 정확히 조음하기를 목표로 해야 할 것이다.

2018년 09월 27일
언어치료사 ○○○
제일언어크리닉 전화: 02-123-4567

요약

이상에서 진단보고서의 내용과 작성방법, 그리고 진단보고서 작성 시 필요한 기타 보고서 양식에 대하여 살펴보았는데, 이는 다음과 같이 요약할 수 있다.

1. 의사소통장애인에게 양질의 언어재활서비스를 제공하기 위해서는 진단 · 평가 과정을 통해 수집된 정보를 문서로 정확하게 기술하는 능력이 필요하다.
2. 진단보고서는 의사소통장애인의 언어재활 전 상태에 관한 포괄적인 정보를 담고 있으며 다른 관련 전문가들과 관계를 맺고 교환하는 기능을 담당한다. 또한 임상가가 대상자와 전문적인 상호작용을 통해 얻은 정보와 그 정보를 얻은 방법을 포함하고 있다.
3. 유형별 그리고 원인별 의사소통장애에 따라 진단 · 평가의 내용 및 진단보고서의 내용은 약간 차이가 있을 수 있다.

연습문제

1. 진단보고서 내용에 포함되어야 하는 필수부분에 대하여 설명할 수 있는가?
2. 진단보고서 작성 시 필요한 양식지에 대하여 설명할 수 있는가?
3. 진단보고서의 관리 및 언어재활사 윤리강령을 대하여 설명할 수 있는가?

참고문헌

권도하(2005). 언어진단법. 대구: 언어치료학회.
권도하(2011). 언어치료학사전. 대구: 물과길.
권도하, 장현진, 박은실, 전희숙, 신후남, 김시영, 신명선, 유재연, 손은남, 권미지, 강은희, 이옥분, 이명순, 박희정, 한지연(2012). 언어진단법. 대구: 물과길.

Enelow, A., & Swisher, S. (1972). *Interviewing and patient care.* New York: Oxford University press.

Hegde, M. N., & Davis, D. (2005). *Clinical methods and practicum in speech-language pathology* (4th ed.). San Diego: Singular.

Kent, L., & Chabon, S. (1980). Problem-oriented records in a university speech and hearing clinic. *American Speech and Hearing Association, 1980, 22*, 151-158.

Paul, R. (2007). *Language disorders form infancy through adolescence: Assessment and intervention.* St. Louis, Mo: Mosby.

Pindzola, R. H., Plexico, L. W., & Haynes, W. O. (2017). 언어장애 진단평가 (김민정, 한진순, 이혜란 공역). 서울: 학지사. (원전은 2015년 출판)

Roth, F. P., & Worthington, C. K. (2011). *Treatment resource manual for speech-language pathology* (4th ed.). San Diego, CA: Singular.

Shipley, K. G., & MaAfee, J. G. (2009). *Assessment in speech-language pathology: A resource manual* (4th ed.). San Diego, CA: Singular.

제4장

언어발달장애 진단 · 평가 개요

강은희

I. 언어발달장애 개관

II. 언어발달장애 동반 장애군의 진단과 특징

◐ 이 장의 목표

- 아동기 언어발달장애 개념을 이해하고 언어장애 영역에 적용할 수 있다.
- 언어의 구성 요소에 따른 언어발달장애 특성을 이해하고 진단에 적용할 수 있다.
- 언어발달장애에 동반되는 다양한 장애 유형을 살펴보고 각 장애의 특성에 맞는 언어발달장애 진단기준을 적용할 수 있다.

➲ 핵심 용어

- **언어 내용** 다른 사람들에게 전달하고자 하는 의미를 말한다. 의미론(semantics)
- **언어 사용** 말 · 언어의 모든 측면의 배후에 있는 추진력이다. 화자가 말하고자 하는 의도로 화용론(pragmatics)에 해당된다.
- **언어 형식** 언어를 구성하는 성분으로 음운론(phonology), 형태론(morphology), 구문론(syntax)에서 살펴볼 수 있다.
- **언어장애** 언어에 대한 이해와 생성의 결함으로 인해 언어양식(말, 글, 수화 또는 기타)의 습득과 사용에 지속적인 어려움이 있는 것이다.
- **언어지체** 말의 발달이 또래에 비해 늦는 현상을 나타내는 총괄적인 용어이다.
- **언어차이** 정상적인 발달 연속(단계)에 맞지 않는 언어로 비정상은 발화, 음운론, 구문론, 의미론 그 이상의 영역에서 결합하며 출현 가능하다.

I. 언어발달장애 개관

언어발달장애는 영유아기에서 시작하여 성인기에 이르기까지 지속적으로 언어사용에 부정적인 영향을 미치게 된다. 언어발달장애에서 언어 결함의 다양성과 개인적 특이성은 언어치료사들이 이들을 진단할 때에 혼란과 어려움을 겪게 한다. 또한 언어발달장애에 대한 정의에 있어서도 학자들마다 견해를 달리하는 경우들이 있어 보편적이고 임상적인 기준들이 주의 깊게 고려되어야 한다. 이 장에서는 언어발달장애 개관에서 언어발달장애의 개념을 포함한 개괄적인 언어발달장애의 특성과 동반장애군의 특성을 알아보고자 한다. 또한 언어 수준에 따라 5장 언어이전기, 6장 학령전기, 7장 학령기로 나누어 언어발달장애의 진단 및 평가, 평가 사례들을 살펴보고자 한다. 언어발달장애는 발달초기부터 영향을 미치는 발달성 언어장애와 후천적 중추신경계의 손상에서 초래되는 언어장애까지 넓은 범주로 구성되어 있으나 이 장에서는 발달성 아동 언어장애를 중심으로 살펴보고자 한다.

1. 언어발달장애의 개념

언어발달장애(developmental language disorders)는 구어와 문어, 기타 상징체계의 이해와 사용 중 한 영역 이상에 결함이 있는 것으로 언어의 형식(form), 내용(content), 기능(use)이 또래들에 비해 평균수준 이하 또는 평균적인 능력에서 일탈되어 손상(impairment)된 특징을 가지고 있는 것이다. 언어발달장애는 분명한 감각장애나 인지장애가 없이 언어발달에서 지체를 보이는 장애로 특정언어손상 또는 발달적 언어 곤란증이라고도 하였다(권도하, 2011).

아동기에 나타나는 언어결함에는 언어지체(language delay), 언어편차(language deviance), 언어차이(language difference)로 나누어 볼 수 있다. 언어지체는 말의 발달이 늦는 현상을 나타내는 포괄적인 말이다. 원인으로 난청, 언어환경, 지적장애, 자폐범주성장애, 단순언어장애 등의 다양한 원인이 될 수 있다. 언어편차는 정상적인 발달 연속 단계에 맞지 않는 언어 및 비정상적 발화, 음운론, 구문론, 의미론 혹은 이상의 모든 것이 결합된 것 등과 관련이 있을 수 있다. 언어차이는 제1 국어의 규준을 따라야 하는 사회에서 표준언어의 규준을 따르지 못하고 방언 또는 이중언어 사용자 등에게서 나타나는 언어를 말한다(권도하, 2001). 이러한 경우 언어장애가 아니므로 언어치료가 반드시 필요한 것은 아니지만 경우에 따라서는 치료가 가능하다(권도하 외, 2009).

언어발달장애 아동들은 언어 사용 시 어휘, 문법, 담화 등에 대한 이해와 표현에 어려움을 갖게 되는데 이러한 언어 결함은 말하기, 듣기, 쓰기, 읽기, 몸짓언어 등 의사소통 전반에 걸쳐 나타날 수 있다. 이러한 언어의 양상은 말하기, 몸짓, 언어적 신호를 만들어 내는 표현적 측면과 언어의 의미를 이해하는 수용적 측면으로 나누어 볼 수 있으며 진단 시에는 표현적 측면인 표현언어능력과 수용적 측면인 수용언어능력이 모두 진단되어야 하며 두 영역은 비슷하거나 각각 다른 결함적 심각성을 가질 수도 있다. 대부분의 표현언어능력과 수용언어능력이 유사하거나 표현언어능력이 낮은 경향이 있으나 수용언어능력이 결핍이 보이는 아동은 표현언어능력에 결핍을 보이는 경우보다 예후가 좋지 않다(American Psychiatric Association, 2015).

정신장애 통계 편람(Diagnostic and statistical manual of mental disorders, DSM-5)에서 언어발달장애는 언어발달 초기부터 나타날 수 있으며, 언어에 대한 이해와 생성의 결함으로 인해 언어양식(즉, 말, 글, 수화 또는 기타)의 습득과 상용에 지속적인 어려움이 있을 수 있다. 언어 구성요소적 측면에서, 의미론적 결함은 초기 언어 산출이 늦어지고, 어휘 사용이 감소하는 형태로 나타나게 된다. 구문론적 결함은 문법형태소의 사용이나 문장을 만드는 능력에 제한을 보일 수 있다. 화용론적 결함은 주제나 일련의 사건을 설명하거나 기술하고 대화를 나누기 위해 어휘를 사용하고 문장을 연결하는 담화능력의 손상으로 나타나기도 한다. 이들은 언어능력의 정량적인 진단 결과에서 낮은 성취를 보이며 효율적인 의사소통, 사회적 참여, 학업적 성취 또는 직업적 수행의 기능적 제한을 야기

한다. 그러나 이러한 언어 문제가 청력이나 다른 감각 손상, 운동 기능이상 또는 다른 의학적 · 신경학적 조건에 기인한 것이 아니며, 지적장애나 자폐범주성장애 등과 같은 전반적 발달지연으로 더 잘 설명되는 것은 포함하지 않는다. 미국정신의학회의 정신장애진단통계편람(DSM-5)은 언어발달장애를 언어장애로 구분하였으며, 의사소통장애(communication disorders)의 한 영역으로 구성하였다. 의사소통장애의 진단적 범주에는 언어장애(language disorder), 말소리장애(speech sound disorder), 아동기 발병 유창성장애[childhood-onset fluency disorder(stuttering)], 사회적(실용적)의사소통장애[social(pragmatic) communication disorder] 등으로 구분하였다. 언어발달장애의 진단기준이 제시된 언어장애의 내용은 〈표 4-1〉에 제시하였다.

〈표 4-1〉 미국 정신의학회(American Psychiatric Association) 정신장애 진단통계편람(DSM-5)의 따른 언어장애 진단 기준

A. 언어에 대한 이해와 생성의 결함으로 인해 언어양식(즉, 말, 글, 수화 또는 기타)의 습득과 상용에 지속적인 어려움이 있으며, 다음 항목들을 포함한다.
  1. 어휘(단어에 대한 지식과 사용)감소
  2. 문장 구조(문법이나 형태론적 법칙을 기초로 단어와 어미를 배치하여 문장을 만드는 능력)의 제한
  3. 담화(주제나 일련의 사건을 설명하거나 기술하고 대화를 나누기 위해 어휘를 사용하고 문장을 연결하는 능력)의 손상

B. 언어능력이 연령에 기대되는 수준보다 상당히 그리고 정량적으로 낮으며, 이로 인해 개별적으로나 어떤 조합에서나 효율적인 의사소통, 사회적 참여, 학업적 성취 또는 직업적 수행의 기능적 제한을 야기한다.

C. 증상의 발병은 초기 발달 시기에 시작된다.

D. 이러한 어려움은 청력이나 다른 감각 손상, 운동 기능이상 또는 다른 의학적 · 신경학적 조건에 기인한 것이 아니며, 지적장애(지적발달장애)나 전반적 발달지연으로 더 잘 설명되지 않는다.

출처: American Psychiatric Association(2015).

2. 언어 구성요소와 요소별 결함 특징

언어발달장애는 언어발달 과정에서 언어능력이 지체 및 편차를 보이는 것으로 언어능력은 언어의 구성요소인 형식, 내용, 사용의 측면에서의 능력이라고 말할 수 있다. 즉, 언어발달장애는 언어 구성요소 중 한 영역 이상 또는 모든 영역의 문제로 표출되는 것이다.

1) 언어의 구성요소

언어의 구성은 언어의 형식(form), 내용(content), 기능(use) 3개의 요소로 나눌 수 있다. 언어 형식은 음운론, 형태론, 구문론으로 언어학적 구조와 관련 깊은 형태소, 낱말, 구, 절, 문장을 이루는 방법을 다루고 있다. 말소리가 형성되는 규칙인 음운론, 낱말이 배열되는 규칙과 문법형태소의 사용에 관련된 형태론, 낱말의 배열과 구와 절의 형태, 접속사를 통한 복문, 주절과 종속절의 관계와 같은 다양한 구문적 형식을 이해하고 사용하는 구문론을 포함된다. 언어 내용은 의미론으로 언어의 의미, 즉 내용에 관한 것이다. 낱말의 의미와 낱말과 낱말 사이의 배열과 구와 절의 형태, 접속사를 통한 복문, 주절과 종속절의 관계와 같은 다양한 구문적 형식을 이해하고 사용하는 구문론을 포함된다. 언어 내용은 의미론으로 언어의 의미 즉 내용에 관한 것이다. 낱말의 의미와 낱말과 낱말 사이의 의미관계 그리고 문장에 내포되어 있는 의미적 관계도 포함된다. 언어기능은 화용론으로 화자와 청자 간에 서로의 역할과 소통하기 위한 능력을 말한다. 화자는 듣는 사람의 관심과 이해능력 등을 인식하는 능력이 필요하며 청자는 말

〈표 4-2〉 언어 구성요소와 언어학적 구분

언어의 구성요소	언어학적 구분
형식	음운론, 형태론, 구문론
내용	의미론
사용	화용론

하는 사람의 의도와 내용을 이해하는 능력을 필요로 한다. 이는 상황에 따른 적절한 사용 규칙들을 가지고 있다.

2) 언어의 구성요소별 결함 특징

언어발달장애는 언어 구성요소들의 형태로 나타나게 되며 크게 형식, 내용, 사용의 세 개 영역 중 한 개 이상의 영역에 결함이 있는 것을 말한다. 각 언어영역의 결함들은 각각 다른 형태의 문제들로 나타나게 되며 이러한 문제의 양상은 언어발달장애의 진단에 이정표가 되어주며 문제의 심각성에 대한 진단과 중재 방향 그리고 예후에 대한 정보를 제공해 주게 된다.

언어 구성요소에 따른 결함 특징으로 형식의 결함은 음운론적 결함, 형태론적 결함, 구문론적 결함으로 나누어 설명할 수 있다. Lahey(1988)는 언어구성 요소를 형식, 내용, 사용 이면에 대한 언어능력의 모형을 제시하였으며 이를 토대로 [그림 4-1] 언어구성요소를 모형을 제시하였다. 언어형식에 결함을 가진 언어발달장애 아동들은 문법형태소의 오류가 많으며 오류의 지속 및 새로운 문장형태소의 사용 일반화에 어려움을 보인다. 또한 발화길이가 짧고 단문이 오래 지속되는 경향이 있다. 문법형태소를 이해하고 표현하는 데 어려움을 나타내며

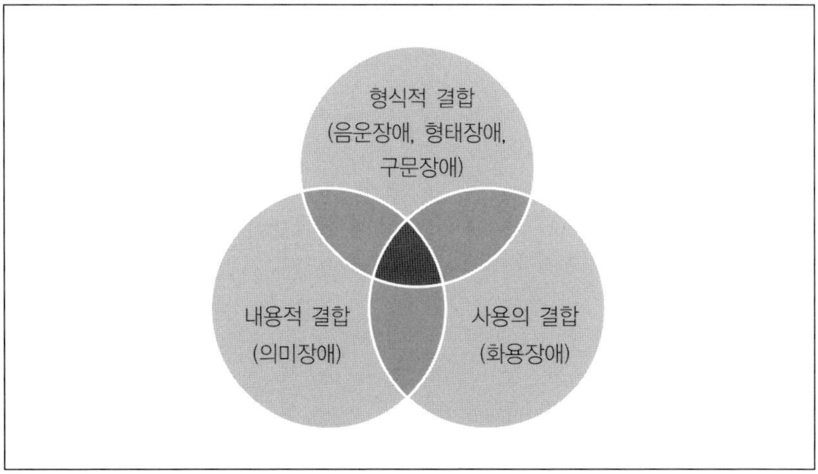

[그림 4-1] 언어 구성요소에 따른 언어 결함

어순에 의존하여 문장을 이해하는 경향이 있어 문법 요소를 활용하여 문장을 이해하는 데는 어려움을 보인다. 더불어 주절과 종속절의 관계를 이해하여 문장 전체의 뜻을 파악하는 데 어려움이 있어 복문을 이해하거나 표현하는 데 어려움이 있다. 문장 표현 시 복문 사용이 제한적이며 단문을 주로 사용한다.

언어의 내용적 측면인 의미론적 결함이 있는 아동의 경우 대부분 첫 낱말 시기가 느리며 느린 어휘폭발시기를 가지게 된다. 언어발달 단계는 전형적 발달 형태를 따르지만 지연된 발달 시기를 보인다. 정상 발달 패턴으로 2~3세에 잠시 나타나는 과대 또는 과소 일반화 현상이 오래 지속될 수 있으며, 범주를 나타내는 낱말에 대한 이해나 표현에 어려움을 나타낸다. 문맥을 통해 의미를 추론할 수 있는 기능적인 낱말들은 쉽게 배우는 반면 실체나 행위, 수식 등의 내용을 담은 낱말의 사용은 제한될 수 있고 가상적인 낱말의 사용을 이해하기 어려워하여 고유의 이름이 있는 사물에 가상적인 이름을 붙여 명명하는 데 어려움을 가진다. 특히 모든 연령에서 낱말찾기에 어려움을 보이며 언어 이외의 다른 능력에서의 특별한 결함이 없는 단순언어장애 아동들에게서 두드러진 특징으로 나타난다.

언어의 기능적 측면인 화용론적 결함은 말에 내포된 의미를 제대로 이해하지 못하고 표면적 의미에 치중하는 경향이 있어 말을 이해하는 데 직절석이고 융통성 없는 모습을 보일 수 있다. 간접적 표현이나 완곡한 표현을 이해하지 못하며 상대방의 비언어적인 의도를 파악하는 데 어려움을 보인다. 상대방의 전제나 가정에 대한 인식이 부족하다. 의사소통 순서를 잘 지키지 못하여 상대방이 말하는 도중에 끼어들거나 대답을 기다리지 않고 질문하기도 한다. 대화에 대한 어려움은 핵심적 사건에 대한 적절한 정보를 제공하는 능력과 논리 정연하게 이야기를 서술하는 능력의 감소로 나타날 수 있다. 〈표 4-3〉에 제시된 언어 구성요소에 따른 결함과 결함 특징들은 또래연령의 기대 수준에 비해 상당이 낮으며, 언어발달장애 아동들의 효과적인 의사소통의 방해뿐만 아니라 학업적 성취, 사회화, 직업적 수행 등을 방해하게 된다.

〈표 4-3〉 언어 구성요소별 결함 특징

구분		내용
형식	형태론적 결함	- 문법형태소의 오류 및 일반화 어려움 - 문법형태소 오류 수정 - 발화길이가 짧음(MLU 짧음)
	구문론적 결함	- 단문 사용 지속됨 - 어순 전략 사용(문법적 문장 이해 어려움) - 복문을 이해 및 표현 어려움
내용	의미론적 결함	- 첫 낱말 시기 느림 - 과대 또는 과소 일반화 현상 오래 지속함 - 범주어 이해 및 표현 어려움 - 문맥의 유무에 따른 낱말 이해 및 표현 제한됨 - 가상적인 낱말의 사용 및 이해 어려움 - 낱말찾기 결함
사용	화용론적 결함	- 말에 내포된 의미를 이해하지 못하고 표면적 의미에 치중 - 언어 사용이 직절석이고 융통성 없는 모습 - 간접적 표현이나 완곡한 표현 이해 어려움 - 비언어적인 의도를 파악하는 데 어려움 - 상대방의 전제나 가정에 대한 인식이 부족 - 의사소통 순서를 잘 지키지 못함 - 대화 어려움(적절한 정보 제공과 논리적 이야기 서술 능력 감소)

II. 언어발달장애 동반 장애군의 진단과 특징

언어발달장애 아동들은 언어의 발달이 늦거나 일탈 현상을 나타내게 된다. 이러한 언어결함의 원인으로 사회경제적요인(SES), 방임, 학대 등의 환경적인 요인뿐만 아니라 아동의 기질적 원인에 의한 말늦음, 단순언어장애, 지적장애, 자폐범주성장애 그리고 사회적 의사소통장애 등의 다양한 요인이 될 수 있다. 이러한 원인들이 언어문제의 정확한 원인이지에 대해서는 확신할 수 없지만 언어재활사들은 이러한 문제들을 가진 많은 아동들의 사례를 통해 정상적으로 언어를 숙달하지 못한 많은 사례들을 알고 있다. 따라서 언어발달장애 아동들의 진단을 위해서는 언어발달장애와 관련된 장애군의 진단과 이와 관련된 언어문제와 관련된 요인들을 살펴보아야 할 것이다.

1. 말늦은 아동

언어발달기의 아동들은 말을 시작하는 시기에 개인차를 보인다. 정상 언어발달아동들은 생후 1세경 말을 시작하고 2세경에는 50개 이상 단어를 사용하며 2단어 조합을 나타내는 정상발달 패턴을 보이게 된다. 그러나 말늦은 아동(Late Talkers: LT)들은 2세 이후에도 표현할 수 있는 낱말이 거의 없는 경우가 있으며 보호자들은 '말이 늦다'라고 여기며 막역히 기다리게 되곤 한다. 그러나 말 늦음을 경험한 아동 중 15%는 5세에도 표현언어 문법능력검사에서 낮은 수행을 보여 언어결함을 나타내었다(Rescorla, 1989). 말늦은 아동의 단순언어장애 위험이 높다고 할 수 있다(Leonard, 1998).

말늦은 아동(LT)은 2~3세 아동 중 또래에 비해 표현어휘가 적은 아동을 의미한다. 일반적으로 말늦은 아동은 2세까지 표현어휘수가 50개 미만인 경우 또는 2어조합이 아직 나오지 않은 아동을 뜻한다(Rescorla, 1989). 규준검사를 사용하는 경우 첫째, 표현어휘발달이 또래와 비교하여 10%ile 미만이나 -1표준편차 미만으로 현저한 지체를 나타내고, 둘째, 다른 발달영역에서는 뚜렷한 결함을 보이지 않는 아동이다. 2~3세에 언어발달 지연이 있는 아동이 4세 이후에도 언어발달이 지연되는 경우 '언어발달지체' 또는 '단순언어장애'로 진단될 수 있다. 2세경 말늦은 아동 중 50% 이상의 아동들은 3~4세에 또래와 비슷한 표현어휘 수준을 보이게 된다. 이들을 '늦게 말이 트인 아동(late bloomer)' 혹은 '정상수준으로 회복한 아동(resolved late talkers)'이라고 할 수 있다. 그러나 일부 아동들은 지속적으로 언어장애, 정서 및 행동장애 그리고 학습장애를 가질 위험이 높다(Rescorla, Roberts, & Dahlsgaard, 1997). [그림 4-2]는 말늦은 아동의 언어발달 지연이 지속되는 경우와 정상수준회복 과정에 대해 그림으로 제시하였다. 말늦은 아동들의 지속적인 언어발달 지연은 단순언어장애 및 학령기의 언어학습장애와도 밀접하게 연관되어 있다고 할 수 있다.

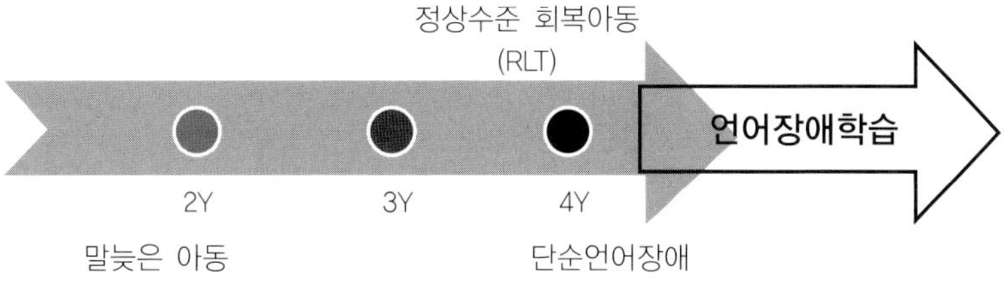

[그림 4-2] 말늦은 아동의 언어발달장애와의 관계

말늦은 아동의 정상발달에 대한 회복 예후는 아동이 보이는 수용언어능력, 언어이전기 소리내기, 무발화 사회적 상호작용의 양과 특성, 가족 중의 언어장애 유무, 비언어적 인지능력, 작업기억력과 같은 기초적 언어처리능력 등이다. 특히 2세의 언어이해 기술이 3세의 수용언어와 표현언어능력을 예측하는 데 중요한 요인이라고 할 수 있다(Watt, Wetherby, & Shumway, 2006). 말늦은 아동들이 6개월이나 그 이상의 표현언어와 수용언어 지체를 가지고 있다면 지속적인 언어지체 위험에 있으며, 이해와 산출 모두에서 지체된 아동의 경우는 이해와 산출의 차이가 클수록 더 낮은 예후를 가진다(Olswang, Rodriguez, & Timlet, 1998). 홍경훈과 김영태(2005)는 말늦은 아동의 언어발달 예측 요인으로 아동의 의사소통 유형 수와 서로 다른 낱말 수(NDW)가 이후의 표현어휘발달의 효율적 예측요인으로 보았다. 말늦은 아동 중 의사소통 유형을 다양하게 사용하거나 의사소통 의도를 자주 표현하는 아동은 정상수준에 도달할 가능성이 높지만, 말 대신 몸짓을 많이 사용해서 표현하는 아동은 6개월 내에 정상수준에 도달하기가 다소 어려운 것으로 보고되었다(김영태, 2014).

2. 단순언어장애

단순언어장애(Specific Language Impairment: SLI)는 DSM-IV에서 혼재 수용-표현성 언어장애(Mixed Receptive- Expressive Language Disorder) 진단 기준에 포함되어 있었으나, DSM-5에서는 단순언어장애의 진단을 언어장애와 사회적 의사소통장애로 나누어 특성적으로 구분하도록 하였다. DSM-IV에서 단순언어장애의 진단은 수용언어발달과 표현 언어발달의 표준화 검사 점수가 비언어적 지적능력이 표준화 검사 점수보다 현저하게 낮으며 표현성 언어장애 증상뿐만 아니라, 단어, 문장 또는 공간 용어 등 특정 유형의 단어를 이해하는 어려움과 같은 증상이 포함된다고 하였다(American Psychiatric Association, 1995). 2013년 개정된 정신질환 진단 및 통계 편람(DSM-5)의 언어장애 정의는 단순언어장애 진단 기준을 포함하고 있다. 언어장애는 언어에 대한 이해와 생성의 결합으로 인해 언어양식(즉, 말, 글, 수화 또는 기타)의 습득과 상용에 지속적인 어려움이 있는 것으로 세부적 내용은 다음과 같다. 첫째, 어휘와 단어에 대한 지식과 사용이 감소한다. 둘째, 문법이나 형태론적 법칙을 기초로 단어와 어미를 배치하여 문장을 만드는 문장구조 능력이 제한된다. 셋째, 주제나 일련의 사건을 설명하거나 기술하고 대화를 나누기 위해 어휘를 사용하고 문장을 연결하는 담화 능력이 손상된다. 아동들이 겪는 언어장애의 원인이 청력이나 다른 감각 손상, 운동 기능 이상 또는 다른 의학적 · 신경학적 조건에 기인한 것이 아니며, 지적장애(지적발달장애)나 전반적 발달지연으로 더 잘 설명되지 않는다.

대체로 단순언어장애의 정의는 배제적인(exclusive) 진단기준을 사용한다(심현섭 외, 2005). Leonard(1998)도 유사한 정의를 제시하였는데 단순언어장애(Specific Language Disorders: SLD)를 다음의 여섯 가지 특성으로 설명하였다. 첫째, 언어능력이 정상보다 지체되어야 한다. 는 표준화된 언어검사에서 -1.25 표준편차 이하에 속하여야 한다. 둘째, 지능이 정상 범주에 속하여야 한다. 비언어성 지능검사로 측정한 지능지수가 85 이상이어야 한다. 셋째, 청력검사에 이상이 없어야 하며, 진단 시 중이염을 앓고 있지 않아야 한다. 넷째, 간질이나 뇌성마비와 같은 뇌손상 및 신경학적 이상을 보이지 않아야 하며, 간질이나 신경학적인 문제로 인해 약물을 복용한 경험도 없어야 한다. 다섯째, 말산출과 관련된 구강구조나 기능에 이상이 없어야 한다. 여섯째, 사회적 상호작용 능력에 심각한 이상이나 장애가 없어야 한다. 〈표 4-4〉에서 제시된 것과 같이 단순언어장애 아동은 언어를 제외한 영역에서는 두드러진 문제를 나타내지 않으면서, 언어영역에서 일반아동에 비해 발달에 지체 또는 일탈된 특성을 가지고 있다.

〈표 4-4〉 단순언어장애 진단 기준

구분	내용	수준
언어	표준화된 언어검사	표준편차 -1.25 이하
지능	비언어성 지능검사	지능지수 85 이상
청력	청력문제, 중이염	없음
신경학적	뇌손상 및 신경학적 이상	없음
	약물 복용 경험	없음
구강	구강구조/기능 문제	없음
사회성	사회적 상호작용 문제	없음

단순언어장애 아동들이 언어형식 및 내용, 기능의 문제들은 일반아동과 차이를 보이고 있다. 음운 발달로 정상 발달 아동들은 2~3세경 명료화되는 반면 3~4세의 단순언어장애 아동들은 알아듣기 어려운 말을 듣는 것은 흔한 일이다. 음운적 문제는 언어 문제보다는 아동이 성숙함에 따라 해결되어지는 것으로 보인다. 반면 단순언어장애 아동들이 보이는 문제의 첫 신호는 초어 습득의 지연이라고 볼 수 있다. 아동들은 더 적은 어휘목록을 가지고 있으며, 더 느린 어휘습득과 어휘 다양성을 보인다. 낱말의 의미는 표면적이고 부분적 의미를 알고 있는 것으로 보이며, 새로운 어휘를 더 느리게 배우는 듯하고(Gray, 2005), 이미 습득된 어휘 인출를 어려워하는 낱말찾기의 문제를 가지고 있다. 형태론과 구문론적인 측면에서 아동들은 같은 또래들에 비해 더 짧은 발화길이(MLU)

를 보이며, 더 단순한 문장, 제한된 문장유형 및 종속절의 사용에도 제한을 보인다. 초등학교 저학년의 단순언어장애 아동들은 또래아동에 비해 더 많은 조사와 시제 오류를 보였으며 C-unit당 더 짧은 절의 수를 사용하였다(이현정, 김영태, 윤혜련, 2008). 화용론적 측면에서 아동들은 많은 어려움을 가지고 있다. 화용론의 문제가 형태론, 구문론, 음운론, 의미론의 문제들과 상호작용하는 것으로 보인다. 아동들은 의사소통 개시 및 언어적 반응에 낮은 산출을 보이고 대답하기 기능을 더 많이 산출하는 것으로 보이나 대화시도에 대한 또래들의 시도에 덜 반응적이다. 대화개시가 부적절하거나 효과적으로 청자의 주의를 끄는데 실패를 보인다. 발화 상호작용 시 말할 차례의 타이밍에 문제를 보이며, 엉뚱한 말, 갑작스러운 주제 변화를 한다. 명료화 요구하기와 수정하기 기술이 낮아서 발화 및 음성 신호로 이해의 부족을 명백하게 나타내지 않는 경향이 있다. 이해

〈표 4-5〉 단순언어장애 아동의 언어 특징

구분	언어 특징
의미	• 어휘 목록이 적음, 더 느린 어휘습득, 더 적은 어휘 다양성 • 불완전한(표면적, 부분적) 낱말의 의미 • 새로운 어휘 습득 속도가 느리며 문맥 내에서의 새로운 어휘에 대한 더 많은 노출이 필요함 • 낱말찾기의 어려움을 보임(인출실패)
형태 · 구문	• 조사, 시제 오류 많음 • 같은 또래에 비해 더 짧은 발화길이 • 구문적으로 더 단순하고 제한된 변형 유형과 종속관계의 제한적 사용
화용	• 의사소통 개시 적음 • 대답하기 기능 많이 사용하였으나 진술, 설명, 승인 등의 기능은 낮음 • 또래의 대화 개시에 덜 반응적임 • 발화 상호작용 유지에 어려움(주제유지, 말 차례 유지 등) • 대화에 적절하지 않은 엉뚱한 말, 갑작스러운 주제 변화 보임 • 명료화 요구하기: 명백한 반응 보이지 못하고 이해가 부족함을 인식했어도 명료화 요구를 하지 않음 • 수정하기: 제한적인 레퍼토리를 사용, 동등한 구문적, 의미적 요소로의 대체를 거의 사용하지 않음

가 부족함을 인식했어도 명료화 요구를 하지 않는 경향이 있다. 이해하지 못했을 때 발화를 수정하는 경향이 있으며 수정 전략에서 제한적인 레퍼토리를 사용한다(김화수 외, 2017).

3. 지적장애

지적장애(Intellectual Disabilities)의 다양한 적응행동 문제 중 언어 및 의사소통 문제는 지적장애 의사소통 및 사회화에 큰 어려움으로 알려져 있다. 지적장애 아동들의 인지적 결함은 언어문제의 심각성과 높은 상관을 나타내며 지능지수가 낮을수록 언어의 문제는 더 심각해진다. 지적장애의 교육과 사회화를 위해 언어 진단 및 중재는 필수적인 요소이며 인지 능력을 고려한 언어진단이 필요하다. 2002년 AAID는 '정신지체는 지적 기능성과 개념적 · 사회적 · 실제적 적응기술로 표현되는 적응행동 영역에서 유의하게 제한성을 보이는 장애이다.'로 정의하였으나, 2010년 AAIDD는 지적장애로 용어를 전환하여 정신영역 중 지적능력에 보다 명확한 문제를 명칭에 제시하였고 지적장애의 진단 기준의 변화는 〈표 4-6〉에 제시하였다. 미국정신지체 협회(American Association on Mental Retardation: AAMR, 2002)에서는 정신지체로 명명하였으며, 진단 기준은 첫째, 지능지수 70 · 75 이하(평균 -2,SD 이하)이다. 둘째, 개념적, 사회적, 실제적 적응 기술 중 하나 또는 개념적, 사회적, 실제적 기술의 표준화된 측정의 전체 점수 중 하나가 평균 이하 표준편차 2이하로 나타나는 것이다(AAMR, 2002). 셋째, 이 장애는 18세 이전에 나타난다. 2010년 미국지적장애협회(American Association on Intellectual and Developmental Disabilities: AAIDD, 2010)에서의 지적장애(Intellectual Disabilities: ID)로의 명칭 개정이 이루어졌으며, 2002년의 진단기준과 동일하다.

지적장애의 정의를 적용하기 위해서는 5가지의 가정들이 전제되어야 한다. 첫째, 현재 가능성에서의 제한성은 그 또래와 전형적인 지역사회 환경의 맥락 안에서 고려되어야 한다. 둘째, 타당한 평가는 의사소통, 감각과 운동 및 행동

〈표 4-6〉 지적장애 정의 변천

연도 (명칭)	주요 내용		
	지능지수 절사점	적응행동	발생 시기
9차 1992 (정신지체)	70~75 이하의 지능지수 점수	• 상황의 요구에 따라 행동을 변화시키고, 환경에 적절하게 맞추어 가는 능력 • 열 가지 적응기술 영역 제시 • 지적 기능성의 제한성과 동시에 존재	임신~ 18세
10차 2002 (정신지체)	평균에서 2표준 편차 이하	• 일상생활에서 기능하기 위해 배워야 하는 개념적 · 사회적 · 실재적 적응 기술의 집합체	임신~ 18세
11차 2010 (지적장애)	평균에서 2표준 편차 이하	• 10차와 동일	임신~ 18세

출처: 송준만 외(2016).

요인에서의 차이뿐만 아니라 문화와 언어에서의 다양성도 함께 고려되어 실시되어야 한다. 셋째, 한 개인은 제한성만 갖고 있는 것이 아니라 동시에 강점도 갖고 있다. 넷째, 제한성을 기술하는 중요한 목적은 그 개인에게 필요한 지원이 무엇인지 파악하기 위해서다. 다섯째, 개별화된 적절한 지원이 장기간 제공된다면 지적장애인의 생활기능은 일반적으로 향상될 것이다(AAIDD, 2010). 이러한 전제는 언어진단에서도 적용되어야 하며, 지적장애 아동들의 장단점은 언어진단 및 중재 시에 충분히 고려되어야 한다.

지적장애의 언어발달 형태는 지능지수가 낮을수록 심각한 문제를 나타내며 중도 이하의 아동을 제외하고는 정신연령이 10세가 되기 이전까지는 말속도, 발화길이, 또는 발화량에서 차이가 있을 뿐 일반아동의 언어발달 형태와 매우 유사한 형태로 발달하다가 10세 이후가 되면 발달 형태에서도 차이를 나타내면서 일반 아동과 질적으로 다른 언어형태를 나타내는 것으로 알려져 있다(Owens, 2002). 음운론적 측면에서 인지능력 결함이 심할수록 발성이 적으며, 자음 산출이 적은 특성을 보인다. 일반아동에 비해 자음생략, 자음군축약 등의 비일관적인 조음오류가 빈번하다. 또한 낮은 음운인식능력을 보이며 음운인식

능력의 결함은 학령기 읽기 발달에 부정적인 영향을 미치는 것으로 보인다. 형태 · 구문론적 특성으로는 일반아동과 유사하지만 발달 속도는 느린 경향이 있다. 문장 길이와 복잡성도 느리지만 연령에 따라 지속적으로 발달함을 나타낸다. 그러나 정신연령이 동일한 일반아동에 비해서도 문장의 길이가 짧고 단순한 문장을 사용하는 특성을 나타낸다. 이러한 특성은 언어규칙을 일반화하는 능력의 결함 때문으로 보이며, 지적장애 아동이 언어규칙을 사용하기는 하지만 문법적 규칙보다는 낱말의 배열에 의존하여 경향을 나타낸다. 따라서 일반아동에 비해 문장 사용의 융통성이 부족한 언어적 구조를 나타낸다(McLeavey et al., 1982; 김영태, 2014 재인용). 의미론적 측면에서 적은 어휘량과 고정적이고 제한된 단어 의미를 사용하는 경향이 있다. 낱말습득이 느리고 다양한 의미적 단위를 사용하는데 어려움을 보인다(황보명, 김경신, 2010). 관용어 또는 비유어의 사용 및 이해에 어려움을 보인다. 화용론적 측면에서 지적장애 아동은 사회적 기능에서 결함을 나타내며 전제능력, 참조적의사소통능력이 지체되어 정신연령이 동일한 아동이 비해 관점파악 능력과 참조물을 구별하는 능력이 결여된다. 이와 관련된 명료화 능력, 명료화 요구하기 능력도 상대적으로 많이 결여되어

형태/구문론	음운론	의미론	화용론
• 문장이 짧고 단순한 문장 • 언어규칙 일반화 능력 결함 • 문법적 규칙보다 단어 배열 의존 경향 • 융통성이 부족한 언어적 구조 보임	• 발성이 적고 자음 산출도 적음 • 조음 오류 많음 • 자음 생략 빈번함 • 조음 오류가 비일관적임 • 낮은 음운인식 능력	• 낮은 수용언어 능력 • 낱말의 의미를 고정적으로 사용하는 경향 • 낱말 습득 지연, 다양한 의미적 단위 사용에 어려움 • 비유적 언어(관용어/숙어) 사용 및 이해 어려움	• 초기 낱말 산출 느리고 몸짓으로 대체하는 경우가 많음 • 대화의 소극적 태도 • 전제능력, 참조적 언어능력, 명료화요구 능력 결핍

[그림 4-3] 지적장애 아동의 언어발달 특성

있다. 지적장애 아동은 동일한 정신연령의 일반아동에 비해 대화 상대자의 정서상태를 판단하는 능력이 부족하기 때문에 대화 시 상대에게 부적절한 반응을 하기가 쉽고, 의사소통능력이 있음에도 불구하고 소극적인 대화 참여 형태를 나타내는 경향이 있다.

4. 자폐범주성장애

자폐범주성장애(Autism Spectrum Disorders: ASD)는 사회적 의사소통의 심각한 손상과 제한적인 홍미 및 행동을 나타내는 손상된 행동 특징들을 아우르는 포괄적인 용어이다. 자폐범주성장애(ASD) 아동들은 의사소통능력을 가지고 있으나 대부분 구어습득이 늦고(paul et al., 2007) 의사소통 의도가 제한되어 있다. 자폐범주성장애 아동들의 20~40%는 학령기 이후에도 여전히 언어이전기 의사소통 수준을 가지고 있다(Cliffrod & Dissanayake, 2008). 의사소통 발달의 지연은 자폐범주성장애를 인식하게 되는 주요 행동 특징이며 ASD 아동들의 주요 진단 내용이다. DSM-5의 자폐범주장애의 진단기준은 〈표 4-7〉에 제시하였다. 주요 진단 기준은 사회적 의사소통 및 사회적 상호작용, 반복적인 행동 양상에 기초하여 평가하게 된다.

〈표 4-7〉 DSM-5의 자폐스펙트럼장애 진단기준

A. 다양한 분야에 걸쳐 나타나는 사회적 의사소통 및 사회적 상호작용의 지속적인 결함으로 현재 또는 과거력상 다음과 같은 특징으로 나타난다.

1. 사회적-감정적 상호성의 결함(예, 비정상적인 사회적 접근과 정상적인 대화의 실패, 흥미나 감정 공유의 감소, 사회적 상호작용의 시작 및 반응의 실패)
2. 사회적 상호작용을 위한 비언어적인 의사소통 행동의 결함(예, 언어적, 비언어적 의사소통의 불완전한 통합, 비정상적인 눈 맞춤과 몸짓 언어, 몸짓이 이해와 사용의 결함, 얼굴 표정과 비언어적 의사소통의 전반적 결핍)
3. 관계발전, 유지 및 관계에 대한 이해의 결함(예, 다양한 사회적 상황에 적합한 적응적 행동의 어려움, 상상 놀이를 공유하거나 친구 사귀기가 어려움, 동료들에 대한 관심 결여)

현재의 심각도를 명시할 것:

심각도*는 사회적 의사소통 손상과 제한적이고 반복적인 행동 양상에 기초하여 평가한다.

B. 제한적이고 반복적인 행동이나 흥미, 활동이 현재 또는 과거력상 다음 항목들 가운데 적어도 2가지 이상 나타난다.

1. 상동증적이거나 반복적인 운동성 동작, 물건 사용 또는 말하기(예, 단순 운동 상동 증, 장난감 정렬하기, 또는 물체 튕기기, 반향어, 특이한 문구 사용)
2. 동일성에 대한 고집, 일상적인 것에 대한 융통성 없는 집착, 또는 의례적인 언어나 비언어적 행동 양상(예, 작은 변화에 대한 극심한 고통, 변화의 어려움, 완고한 사고방식, 의례적인 인사, 같은 길로만 다니기, 매일 같은 음식 먹기)
3. 강도나 초점에 있어서 비정상적으로 극도로 제한되고 고정된 흥미(예, 특이한 물체에 대한 강한 애착 또는 집착, 과도하게 국한되거나 고집스러운 흥미)
4. 감각 정보에 대한 과잉 또는 과소 반응, 또는 환경의 감각 영역에 대한 특이한 관심(예, 통증/온도에 대한 명백한 무관심, 특정 소리나 감촉에 대한 부정적 반응, 과도한 냄새 맡기 또는 물체 만지기, 빛이나 움직임에 대한 시각적 매료)

현재의 심각도를 명시할 것:

심각도*는 사회적 의사소통 손상과 제한적이고 반복적인 행동 양상에 기초하여 평가한다.

C. 증상은 반드시 초기 발달 시기부터 나타나야 한다(그러나 사회적 요구가 개인의 제한된 능력을 넘어서기 전까지는 증상이 완전히 나타나지 않을 수 있고, 나중에는 학습된 전략에 이해 증상이 감춰질 수 있다.)

D. 이러한 증상은 사회적, 직업적 또는 다른 중요한 현재의 기능 영역에서 임상적으로 뚜렷한 손상을 초래한다.

E. 이러한 장애는 지적장애(지적발달장애) 또는 전반적 발달지연으로 더 잘 설명되지 않는다. 지적장애와 자폐스펙트럼장애는 자주 동반된다. 자폐스펙트럼장애와 지적장애를 함께 진단하기 위해서는 사회적 의사소통이 전반적인 발달 수준에 기대되는 것보다 저하되어야 한다.

주의점: DSM-IV의 진단기준상 자폐성장애, 아스퍼거 장애 또는 달리 분류되지 않는 광범위성 발달장애로 진단된 경우에서는 자폐스펙트럼장애의 진단이 내려져야 한다. 사회적 의사소통에 뚜렷한 결함이 있으나 자폐스펙트럼장애의 다른 진단항목을 만족하지 않는 경우에는 사회적(실용적) 의사소통장애로 평가해야 한다.

다음의 경우 명시할 것:

지적 손상을 동반하는 경우 또는 동반하지 않는 경우

언어 손상을 동반하는 경우 또는 동반하지 않은 경우

알려진 의학적 · 유전적 상태 또는 환경적 요인과 연관된 경우

*심각도: 3단계(상당한 지원이 필요), 2단계(많은 지원이 필요) 1단계(지원이 필요)

출처: 권준수 외(2015).

5. 사회적(화용적) 의사소통장애

의사소통장애의 영역에 구조적인 언어영역이나 인지적 영역의 부족한 능력으로는 잘 설명되지 않는 사회적 의사소통의 결함을 DSM-5에서 사회적(화용적) 의사소통장애[Social(pragmatic) communication disorders]로 명시하였다. 사회적 의사소통장애는 언어적 또는 비언어적 의사소통의 사회적 규칙을 이해하고 따르거나, 듣는 사람이나 상황의 요구에 따라 언어를 변경하고, 대화를 나누고, 대화의 규칙을 따르는데 결함을 보이는 것이다. 즉, 효과적인 의사소통, 사회적 참여, 사회적 관계의 발전, 학업적 성취, 또는 직업적 수행에 있어 기능적

〈표 4-8〉 사회적(화용적) 의사소통 진단기준

A. 언어적 · 비언어적 의사소통의 사회적인 사용에 있어서 지속적인 어려움이 있고, 다음과 같은 양상이 모두 나타난다.
  1. 사회적 맥락에 적절한 방식으로 인사 나누기나 정보 공유 같은 사회적 목적의 의사소통을 하는 데 있어서의 결함
  2. 교실과 운동장에서 각기 다른 방식으로 말하기, 아동과 성인에게 각기 다른 방식으로 말하기, 그리고 매우 형식적인 언어의 사용을 피하는 것과 같이 맥락이나 듣는 사람의 요구에 맞추어 의사소통 방법을 바꾸는 능력에 있어서의 손상
  3. 자기 순서에 대화하기, 알아듣지 못했을 때 좀 더 쉬운 말로 바꾸어 말하기, 상호작용을 조절하기 위해 언어적 · 비언어적 신호를 사용하기와 같이 대화를 주고 받는 규칙을 따르는 데 있어서의 어려움
  4. 무엇이 명시적 기술이 아닌지(예, 추측하기), 언어의 비문자적 또는 애매모호한 의미(예, 관용구, 유머, 은유, 해석 시 문맥에 따른 다중적 의미)가 무엇인지를 이해하는데 있어서의 어려움

B. 개별적으로나 복합적으로 결함이 효과적인 의사소통, 사회적 참여, 사회적 관계, 학업적 성취 또는 직업적 수행의 기능적 제한을 야기한다.

C. 증상의 발병은 초기 발달 시기에 나타난다(그러나 결함은 사회적 의사소통 요구가 제한된 능력을 넘어설 때 까지는 완전히 나타나지 않을 수 있다).

D. 증상은 다른 의학적 또는 신경학적 상태나 부족한 단어 구조 영역과 문법 능력에 기인한 것이 아니며, 자폐스펙트럼장애, 지적장애(지적발달장애), 전반적 발달지연, 또는 다른 정신질환으로 더 잘 설명되지 않는다.

출처: 권준수 외(2015).

인 제한을 야기하게 된다. 사회적 의사소통장애는 4~5세 이후에서 진단되지만 이전의 언어발달 지체와 언어장애의 경험 등이 동반되는 것이 특징이며 ADHD, 행동문제, 특정학습장애 등이 흔히 동반되어 나타난다(권준수 외, 2015). 언어발달기부터 시작되는 것으로 보이며 일부 아동들은 시간이 흐르면 상당히 개선을 보이지만 나머지는 성인기까지 문제가 지속되기도 한다.

사회적 의사소통장애의 진단 특징은 다음과 같다. 첫째, 사회적 목적의 의사소통에 결함을 보인다. 둘째, 대화 상대자의 필요나 문맥에 따라 조율하는 의사소통능력에 결함을 보인다. 셋째, 대화와 이야기 규칙을 따르는 데 결함을 보인다. 넷째, 추론이나 상위언어능력이 필요한 간접적인 표현이나 속담, 농담, 비유어를 이해하는데 어려움을 보인다(김영태, 2014).

6. 언어학습장애

학습장애는 학교에서 기대에 미치지 못하는, 즉 연령 및 다른 능력에 비해서 예기치 못한 학습에 어려움을 겪는 것이다. 학습장애는 말하기, 듣기, 읽기, 쓰기, 추론, 수학적 능력 등의 사용 및 습득에서 유의한 어려움을 나타내는 문제를 가진 것을 일컫는 말이다. 원인으로 개인에 따라 차이는 있지만 중추신경 기능의 장애가 주 원인이라고 추정하며, 전 생애를 통해 발생한다. 학습과 관련된 자기조절행동, 사회적 지각, 사회적 상호작용과 같은 문제들이 학습장애와 동반되어 나타난다. 모든 학습장애가 언어에 근거한 것은 아니지만 학습장애를 지닌 아동들의 80%가 주로 읽기와 쓰기. 철자법의 언어기반 기능을 어려워한다(Paul & Norbury, 2014). 그래서 대부분의 학습장애 아동들은 문식성의 근본적인 결함으로 인해 읽기, 쓰기, 철자법 등에 영향을 미치는 언어학습장애(language learning disorders: LLD)라고 부른다(Paul & Norbury, 2014). 읽기, 쓰기, 또는 철자법 등이 구어능력의 기초에 의존하는 언어기반 기술이므로 이를 반영하기 위해 언어학습장애라는 용어를 사용하고 있다. 그러므로 언어학습장애는 일반적인 학습장애의 한 유형이라고 생각할 수 있다. 학습장애 국제협동위원회(National

Joint Committee on Learning Disabilities: NJCLD)와 미국교육청(U.S. Office of Education: USOE)에서 제시한 학습장애의 정의들은 다음과 같다.

〈표 4-9〉 학습장애의 두가지 주요 정의

NJCLD	USOE
• 학습장애는 말하기, 듣기, 읽기, 쓰기, 추론, 수학적 능력 등의 사용 및 습득에서 유의한 어려움을 나타내는 이질적 집단이다. • 개인에 따라 다르며 중추신경 기능의 장애가 원인으로 추정하며 전 생애를 통해 발생한다. • 자기조절행동, 사회적 지각, 사회적 상호작용과 같은 문제가 학습장애와 함께 나타나며, 학습장애만 단독으로 나타나지는 않는다. • 다른 장애 조건(감각손상, 정신지체, 심각한 정서적 혼란) 또는 외부적 영향(문화적 차이, 비효율적 교수 또는 적절하지 않은 교수) 등과 동시적으로 발생할 수 있지만, 이러한 조건이 직접적으로 영향을 미쳐 나타난 결과는 아니다.	• 기본 심리적 처리 과정 중 하나 또는 그 이상의 처리과정에서 나타나는 장애는 언어 사용, 언어 이해, 말하기, 쓰기 등과 관련되며, 지각장애, 뇌손상, 미세 뇌기능 장애, 난독증, 발달적 실어증 등과 같은 조건을 포함하는 읽기, 사고, 말하기, 듣기, 쓰기, 문자 쓰기, 수학적 계산을 하는 데 있어서 불완전한 기능을 보인다. • 이 용어는 시각, 청각, 운동장애, 정신지체, 정서장애, 환경적 · 문화적 · 경제적 불이익 등에 의해 주로 나타나는 학습문제를 포함하지는 않는다.

언어학습장애의 대부분은 읽기장애(reading disorder: RD)이다. 언어학습장애 아동들은 취약한 언어기술로 인해 읽기에 곤란을 겪게 된다. 학습장애 아동의 80%가 읽기 또는 이해에 어려움을 보인다(Paul & Norbury, 2014). 읽기장애는 주로 철자를 소리로 옮기고 단어를 만들기 위해 소리를 통합하는 과정의 오류이며 이를 난독증(dyslexia)이라고 한다. 난독증의 원인이 시각처리장애라는 증거는 매우 약하며, 난독증을 지닌 아동들이 음운인식, 음운기억, 부호화기술 등에 어려움을 있다. 해독과 읽기 이해 동시에서 어려움을 가진다(김화수 등, 2014). 반면에 특정이해결함(specific comprehension deficits)은 구어든 문어든 언어를 이해하는 능력에 영향을 주는 구어습득에서 오랜 기간 지체를 지닌 아동들에게서 보이는 전반적인 읽기장애이다. 읽기장애 아동들을 단순히 듣기이해와 해독의 두 가지 능력에 따라 네 집단으로 분류할 수 있다. 우선 해독에만 문제를 보이는 하위집단을 난독증(dyslexia)이라고 부른다. 듣기이해문제를 보이고 해독에

는 문제를 보이지 않는 아동들은 특정이해결함(specific comprehension deficit)이라고 한다. 해독과 듣기이해 모두에 결함을 보이는 아동들을 혼합성 읽기장애(mixed)라고 한다. 마지막으로 해독과 듣기이해가 좋은 읽기 부진아동을 비특정 읽기장애(nonspecified)라고 부른다(김정미 외, 2014). [그림 4-4]는 읽기 장애를 해독과 이해의 강점, 약점을 근거로 네 집단으로 나누어 제시하였다.

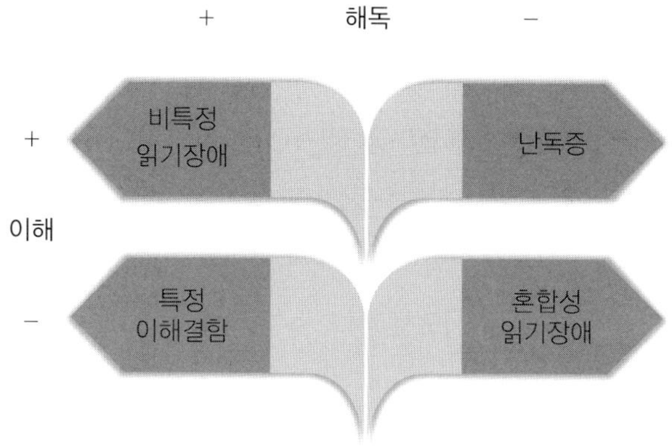

[그림 4-4] 읽기 장애 분류

요약

이 장에서는 언어발달장애의 개념과 언어적 구성요소, 그리고 이에 따른 결함특성을 살펴보았다. 또한 언어발달장애와 동반되는 장애 영역에 따라 각 장애 영역의 진단기준 및 발달특성을 살펴보았다. 이 장의 내용을 다음과 같이 요약할 수 있다.

1. 언어발달장애는 구어와 문어, 기타 상징체계의 이해와 사용 중 한 영역 이상에서 결함이 나타나는 것으로 또래에 비해 평균 이하 또는 평균적인 능력에서 일탈되어 언어 손상이 있는 것이다.
2. 언어는 형식, 내용, 사용의 세 가지 영역으로 구성되어 있으며, 언어발달장애의 언어특성을 언어의 구성요소에 따라 음운론적 결함, 형태론적 결함, 구문론적 결함,

의미론적 결함, 화용론적 결함으로 나누어 진단할 수 있어야 한다.

3. 말늦은 아동과 단순언어장애는 언어발달이 또래에 비해 지연되어 나타나는 언어장애 유형으로 정상발달 회복을 목표로 언어의 구성요소별 특성에 따라 적절한 진단이 필요하다.
4. 지적장애와 자폐범주성장애는 언어발달장애에 동반되는 장애군으로 지적장애는 인지발달지연을 동반한 언어장애의 특징을 보인다. 자폐범주성장애는 사회적 의사소통과 사회적 상호작용의 결함이 동반되는 언어장애가 나타난다. 이들 장애영역의 특성을 이해하고 언어진단 시 장애 특성에 따른 적절한 진단이 이루어져야 한다.
5. 사회적(화용적) 의사소통장애는 언어적 또는 비언어적 의사소통의 사회적 규칙, 상황에 적절한 언어의 변동, 효과적 의사소통 등의 기능이 제한된 언어발달장애이다. 구조적 언어영역이나 인지적 영역의 부족이 분명하지 않은 새로운 의사소통장애 영역이므로 언어진단 시 주의를 필요로 한다.
6. 언어학습장애는 말하기, 듣기, 읽기, 쓰기, 추론, 수학적 능력 등의 사용 및 습득에 어려움을 나타내는 학습장애의 유형이다. 학습장애의 80%는 읽기장애로 대부분 언어학습장애 아동들이 차지하고 있으며 아동들의 학습결함 특성에 따른 진단이 이루어져야 한다.

연습문제

1. 언어발달장애 아동의 발달장애 특성을 언어지체, 언어편차, 언어차이로 구분하여 설명할 수 있는가?
2. 언어 구성요소에 따른 언어 결함 특징을 설명할 수 있는가?
3. 언어발달장애와 동반된 장애 영역에는 어떤 장애들이 포함되어 있는가?
4. 언어발달장애가 동반되는 장애 영역에 따른 언어 결함 특성을 설명할 수 있는가?

☙ 참고문헌

권도하(2011). 언어치료학사전. 대구: 물과길.

권도하, 신후남, 이무경, 전희숙, 김시영, 유재연, 신명선, 황보명, 박선희, 신혜정, 안종복, 남현욱, 박상희, 김효정(2009). 언어치료학개론. 대구: 한국언어치료연구소.

김영태(2014). 아동언어장애의 진단 및 치료. 서울: 학지사.

김정미, 윤혜련, 이윤경, 정부자(2014). 언어와 읽기장애(제3판). 서울: 시그마프레스.

송준만, 강경숙, 김미선, 김은주, 김정효, 김현진, 이경순, 이금진, 이정은, 정귀순(2016). 지적장애아교육 2판. 서울: 학지사.

심현섭, 김영태, 김진숙, 김향희, 배소영, 신문자, 이승환, 이정학, 한재순, 윤혜련, 김정미, 권미선(2010). 의사소통장애의 이해 2판. 서울: 학지사.

이현정, 김영태, 윤혜련(2008). 담화유형에 따른 학령기 단순언어장애 아동의 구문사용 특성. 언어청각장애연구, 13(1). 103-121.

홍경훈, 김영태(2005). 종단연구를 통한 '말늦은 아동(late talker)'의 표현어휘발달 예측요인 분석. 언어청각장애연구, 10(1), 1-24.

황보명, 김경신(2010). 지적장애 아동 언어치료. 서울: 학지사.

American Associatin on Intellectual and Developmental Disabilities (AAIDD). (2010). *Intellectual disability: Definition, Classification , and system of support*. Washington, DC: Author.

American Association on Mental Retardation (2002). *Mental retardation: Definition, classification, and systems of supports* (10th ed.). Washington, DC: Author.

American Psychiatric Association (1995). 정신장애의 진단 및 통계 편람 제4판 (이근후 역). 서울: 하나의학사. (원전은 1994년 출판)

American Psychiatric Association (2015). 정신질환의 진단 및 통계 편람 제5판 (권준수, 김재진, 남궁기, 박원명, 신민섭, 유범희, 윤진상, 이상익, 이승환, 이영식, 이헌정, 임효덕 역). 서울: 학지사. (원전은 2013년 출판)

Clifford, S., & Dissanayake, C. (2008). The early development of joint attention in infants with autistic disorder using home video observations and parental interview. *Journal of Autism and Developmental Disorders, 38*(5), 791-805.

Gray (2005). Word learning by preschoolers with specific language impairment: Effect of phonological or semantic cues. *Journal of Speech, Language, and Hearing research, 48*, 1452-1467.

Lahey, M. (1988). *Language disorders and language development*. New York: Macmillan.

Leonard, L. B. (1998). *Children with specific language impairment*. Cambridge, MA: The MIT Press.

Olswang, L., Rodriguez, B., & Timlet, G. (1998). Recommending intervention for toddlers with specific language learning difficulties: We may not have all the answers, but we know a lot. *American Journal of Speech-Language Pathology, 7*(1), 23-32.

Owens, R. (2002). Mental retardation: Difference and delay. In D. K. Bemstein & E. Tiegeman-Farber (Eds.), *Language and communication disorders in children*. Boston: Allyn and Bacon.

Paul, R. (2007). *Language disorders from infancy through adolescence* (3rd ed.). St. Louis: Mosby Elsevier.

Paul, R., & Norbury, C. F. (2014). **언어발달장애 제4판** (김화수, 김성수, 박소현, 정부자, 이상경, 이은정, 권유진 역). 서울: 박학사.

Reed, V. A. (2017). **언어발달장애 기초 제4판** (김화수, 김성수, 이숙, 박주원, 박선화 역). 서울: 박학사. (원전은 2005년 출판)

Rescorla, L. (1989). The language developmental survey: A screening tool for delayed language in toddlers. *Journal of Speech and Hearing Disorders, 39*, 587-599.

Rescorla, L., Roberts, J., & Dahlsgaard, K. (1997). Late talkers at 2: Outcome at age 3. *Journal of Speech, Language, and Hearing Research, 40*, 555-566.

Watt, N., Wetherby, A & Shumway, S. (2006). Prelinguistic predictors of language outcome at 3 years of age. *Journal of Speech Language, and Hearing Research, 49*, 1224-1237.

제5장

언어이전기 언어발달장애 아동을 위한 진단 · 평가

박은실

◐ 이 장의 목표

- 언어이전기 수준의 언어발달장애 아동을 위한 진단·평가에 요구되는 요인을 설명할 수 있다.
- 언어이전기 수준의 언어발달장애 아동을 위한 평가내용을 이해하고 평가도구를 적용할 수 있다.
- 평가도구에 따른 결과를 해석하고 대상자의 의사소통능력 수준을 파악할 수 있다.
- 대상자의 의사소통능력 수준을 진단보고서 양식에 맞추어 작성할 수 있다.

핵심 용어

- **감각운동단계** 피아제의 인지발달 중 첫 번째 단계로 사물에 대한 아동의 인지능력에 초점을 두는 단계로 출생에서부터 2세까지 해당된다.
- **사물 영속성** 사물이 비교적 영원하며, 시야에서 보이지 않더라도 존재한다는 것을 자각하는 것. 관찰하는 조건이 다르더라도 어떤 사물이 지각적으로 동일한 것으로 남아 있다는 사물에 대한 성향이다.
- **상징놀이** 어떤 사물이나 행동을 다른 사물이나 행동으로 상징화할 수 있는 능력이다.
- **선별** 더 자세한 평가 여부를 받아야 하는지를 결정하기 위한 간단한 절차이다.
- **의도성** 말하는 사람의 마음에 있는 목적이나 목표이다.
- **인터뷰** 치료사나 전문가가 환자에 대한 사례사나 정보를 수집하기 위하여 환자나 가족과 가지는 과정이다.
- **자곤, 중얼거림** 문장의 억양 윤곽을 가지는 다양한 옹알이 흐름. 대략 9개월에 시작하여 18개월경에 끝나는 아동의 구두 언어행동으로, 의미 있는 연속된 구어와 비슷한 억양이 있는 다양한 음절을 포함한다.

I. 언어이전기 언어발달장애 개관

의사소통 문제를 보이는 많은 언어발달장애 아동들을 진단할 때 아동의 의사소통 수준에 따라 그 진단에 포함되는 내용들이 달라진다. 아직 구어를 산출하지 못하는 아동의 경우, 언어적 의사소통의 기저가 되는 구어 이전의 비언어적 의사소통능력 발달에서부터 아동연령 수준까지 언어능력의 결함 등을 광범위하게 평가하게 된다. 그리고 언어를 사용하지만 원활하게 의사소통하는 데 결함을 나타내는 아동들의 경우는 또래아동들의 언어발달 과정과 비교하여 평가하게 된다. 언어를 평가할 때 좀 더 구체적으로 언어를 하위 영역들로 나누어 각 영역별 언어결함을 자세하게 진단할 뿐만 아니라 의사소통능력 발달에 영향을 미칠 수 있는 언어 관련 요소들까지도 진단 · 평가하게 된다(권도하, 신명선, 김시영, 전희숙, 유재연, 안종복, 2005).

이 장에서는 언어이전기 수준을 보이는 언어발달장애 아동들을 위한 진단 · 평가에 대해 알아보고자 한다. 이를 위해 먼저 언어이전기에 발달하는 의사소통능력 및 언어 관련 요소들의 정상발달을 개괄적으로 이해하고자 한다. 다음으로 언어이전기 언어발달장애 아동의 진단 · 평가 과정과 평가내용에 대해 알아보고자 한다. 마지막으로 의사소통능력 평가를 위해 사용되는 평가도구와 평가결과 해석에 대해 알아보고자 한다.

1. 언어 및 의사소통을 위한 인지적 기초 능력

아동은 언어가 사물을 상징하며 그 언어를 사용하면 자신의 의사를 손쉽게 전달할 수 있다는 것을 인지적으로 깨달을 때 창조적인 언어를 사용할 수 있다(김영태, 2014). 언어가 발달하기 위해서는 인지발달이 선행되어야 한다는 Jean Piaget의 인지선행설에서는 인지적 능력이 획득되는 것은 언어습득의 필요충분조건이며 인지적 능력이 없이는 언어발달이 있을 수 없다고 강력하게 주장하고 있다(권도하 외, 2005). 즉, 감각-운동기에 발달되는 인지능력은 의사소통 발달에 영향을 미치며 언어적 의사소통을 위하여 인지적 기초 능력의 발달이 기초가 되어야 한다(권도하 외, 2012b).

의사소통능력 발달과 관련된 인지적 기초 능력의 발달은 0~2세인 감각-운동기 동안에 확립되며, 감각-운동기를 다시 여섯 단계로 나눌 수 있다. 여섯 단계는 ① 반사기(use of reflexes: 0~1개월), ② 일차순환반응기(primary circular reactions: 1~4개월), ③ 이차순환반응기(secondary circular reactions: 4~8개월), ④ 이차순환협응기(coordination of secondary circular reactions: 8~12개월), ⑤ 삼차순환반응기(tertiary circular reactions: 12~18개월), 그리고 ⑥ 표상과 예측기(representation and foresight: 18~24개월)이다(김영태, 2014). 많은 연구자들은 분명한 몸짓 의사소통을 나타내려면 적어도 4단계에 도달해야 하고, 한 단어와 초기 다단어 구조를 표현하려면 적어도 5단계나 6단계에 도달해야 한다고 하였다(Haynes & Pindzola, 2011). 언어발달과 관련이 있는 인지적 기초 능력에는 수단 · 목적 및 인과성 개념, 사물영속성 개념, 동작 및 소리 모방 능력, 도식 및 상징놀이 개념 발달 등이 포함된다(권도하 외, 2005).

일반적으로 구어 이전기 아동들의 의사소통능력을 평가하는 많은 검사지 항목들에서 이러한 인지적 기초 능력들을 검사하고 있다. 언어 및 의사소통과 관련된 인지적 기초 능력들이 모든 아동의 언어검사에 필수적이라고 할 수 없지만, 구어 이전기 아동의 의사소통능력을 검사하는 과정에서 이러한 인지적 능력을 검사하게 된다(권도하 외, 2005).

2. 언어이전기 및 초기 음운 발달

구어는 음성언어를 통해 의사소통을 실현하는 가장 효과적인 방법이다. 아동은 생득적인 언어기제와 조음기관의 해부 및 생리학적 발달, 대뇌신경계의 발달, 언어적 경험, 후천적인 학습 등의 상호작용을 통해 구어를 발달시킨다. 아동은 생후 1년간의 옹알이기를 거쳐 성인의 음운체계가 나타나는 음운 발달 단계를 시작하게 된다. 아동이 대략 50개 정도의 단어를 일관적으로 사용할 수 있는 수준이 되면 전체 단어를 표상하는 대신 여러 가지 음운들이 산출되고 복잡한 음절 구조를 사용하게 된다(권도하 외, 2012a).

1) 언어이전기 음운 발달

생후 1년 정도의 기간을 언어이전 단계라고 하고 이 시기에 아동들이 내는 소리들을 일반적으로 옹알이라고 표현한다. 이 시기의 아동들은 다양한 발성을 사용하고 성인과 비슷한 속도와 억양을 가진 CV음절의 긴 연속에 이르기까지 다양한 발성을 할 수 있다. 이 발성은 생리적인 울음이나 재채기 등의 반사적 발성과 성인의 언어와 유사한 목 울리기, 옹알이, 소리 지르기 등의 비반사적 발성으로 구분된다(권도하 외, 2012a에서 재인용). 언어이전기 음운 발달은 다음과 같다.

(1) 반사적 울기와 불수의적 소리

신생아는 반사적 울기, 트림, 재채기, 딸꾹질, 호흡과 빨기 등의 생리적인 반응에 수반되는 다양한 불수의적인 소리(vegetative sound)를 산출한다. 구강에서 나는 불수의적인 발성은 대개 소화 활동과 관련되고 모음과 유사한 소리를 발성하지만 불완전한 공명을 사용하여 한숨 같은 소리가 특징적으로 나타난다(권도하 외, 2012a).

(2) 목 울리기와 웃기

6~8주경이 되면 영아들은 목 울리는 소리를 내기 시작한다. 연구개 자음과 같은 소리, 그리고 원순후설고설 모음 /u/와 유사한 목울림 소리가 나타난다. 목 울리기(cooing)는 구강의 뒤쪽에서 만들어지는 발성으로 대개 편안함과 만족감을 나타내는 소리이며, 사회적 상호작용에서 특히 많이 나타난다. 월령이 증가됨에 따라 목 울리는 소리가 다양해지고 여러 모음 같은 소리가 결합된 소리도 산출하지만 성인의 산출과는 다른 형태이다. 영아들은 16주쯤 되면 소리 내어 웃는 행동이 나타나게 된다(권도하 외, 2012a).

(3) 발성놀이

16~30주 사이의 기간은 발성놀이기(Stark, 1986) 또는 확장기(Oller, 1980)라고 부른다(이현진, 권은영, 2016에서 재인용). 이 기간 동안 영아들은 더 다양한 모음 같은 소리와 자음 같은 소리를 낸다. 영아들이 점점 더 많은 소리를 자유자재로 낼 수 있게 되면서 여러 가지 소리들을 점점 더 길고 복잡한 흐름으로 연결하게 된다. 확장기 말경에 영아들이 내는 긴 소리의 흐름을 주변적 옹알이(marginal babbling)라고 부른다(이현진, 권은영, 2016). 주변적 옹알이는 성도 폐쇄와 함께 VC음절이나 CV음절에 가까운 모음과 유사한 소리를 산출하는 것으로, 후두와 구강기관의 조절능력이 발달함에 따라 물푸레질, 비명소리, 으르렁거리는 소리, 다양한 마찰소리(friction noise)를 낸다. 이 시기의 영아들이 사용하는 옹알이의 초기 자음은 양순음과 치조음 같은 구강 앞에서 나는 소리를 산출하고 음절성 발음에 근접한 소리가 출현한다.

(4) 중복옹알이

6~9개월경이면 영아들의 발성이 변하고 옹알이가 시작된다. 전문적으로 이야기하면 표준옹알이(canonical babbling) 또는 중복옹알이(reduplicated babbling)가 나타난다(Oller, 1986, 2000, Oller & Lynch, 1992, 이현진, 권은영, 2016에서 재인용). 표준옹알이에는 그 전에 나타난 발성과 달리 진정한 음절이 나타나는데, 이 음절들은 [dada]나 [nʌnʌnʌ]와 같이 자음과 모음의 동일한 조합의 반복이다. 영아가 의사전달을 위해 중복옹알이를 사용하는 것은 아니다(Stark, 1986, 이현진, 권은영, 2016에서 재인용). 표준옹알이의 출현은 말이 나타나기 이전 단계의 언어발달의 중요한 이정표이다. 모든 영아들이 옹알이를 하며 이 옹알이는 6~9개월 사이에 시작된다(이현진, 권은영, 2016).

(5) 비중복옹알이

표준옹알이가 출현하고 나면 비중복옹알이(nonreduplicated babbling) 또는 혼합옹알이(variegated babbling)가 나타난다. 이 기간 동안 영아들이 내는 모음과 자음의 범위는 훨씬 확장된다(이현진, 권은영, 2016). 표준옹알이는 자기 자극적 옹알이이고 성인과 의사소통할 때는 사용하지 않으나 비중복옹알이라고 부르는 혼합옹알이는 자기 자극적인 특성은 감소하고 성인의 말을 모방하는 놀이에서 사용하는 경향이 있다(권도하 외, 2012a). 말의 억양 굴곡(intonation contour), 즉 운율(prosody)이 더 두드러지게 나타난다. 일단 이 단계에 나타나는 비중복옹알이에 운율이 더해지면 영아들이 말하는 것처럼 들리지만, 자세히 들어 보면 단어가 없이 언어의 멜로디만 있음을 알 수 있다. 이렇게 단어가 없는 문장을 알아들을 수 없는 말(jargon)이라고 한다(이현진, 권은영, 2016). 영아가 자곤을 산출하는 것을 듣고 있으면 뜻을 이해할 수 있는 단어가 없어도 마치 질문, 감탄, 명령으로 들리는 착각을 할 수도 있다(권도하 외, 2012a). 즉, 이 발성은 '뜻을 알 수 없는 말'로 들리기도 하여 부모들은 진짜 말을 했다고 오해를 하기도 한다(김수진, 신지영, 2011). 이 시기의 영아는 억양, 속도, 강세 등의 준언어적 측면을 언어적 측면보다 쉽게 따라할 수 있으며, 8개월 된 영아도 성인의 발화 시 억양을 모방하는 것으로 나타났다(McLauglin, 2006, 권도하 외, 2012a에서 재인용).

영아들은 신경계의 발달과 청각적 경험 및 산출의 경험을 통해 보다 더 진어(true speech)에 가까운 발성을 산출하게 된다. 이 시기에 나타나는 영아들의 특징은 타인의 말을 듣고 즉각적으로 모방하는 행위, 즉 반향어(echolalia)를 사용한다는 것이다. 이러한 모방이 처음에는 제스처와 억양에 제한되어 나타나다가 점차적으로 자주 사용되는 단어에서 강세가 있는 음절을 모방하는 행동으로 발달한다. 언어이전기의 마지막 단계는 첫 단어를 사용하는 시기와 중첩된다(권도하 외, 2012a).

2) 초기 음운 발달

옹알이와 첫 단어가 나타나는 시기 사이에 많은 아동에게서 과도기가 발견되는데, 이 과도기에 있는 아동은 자기가 만든 단어를 사용하기도 한다. 아동은 이런 단어의 소리 흐름을 일관된 의미로 사용하지만, 그 언어에서 사용되는 단어의 소리가 아니다. 이것들을 원시단어(protoword), 감각운동적 형태소, 유사단어, 그리고 음성학적으로 일관된 형태(phonetically consistent forms: PCFs) 등으로 불렀다(이현진, 권은영, 2016에서 재인용).

옹알이 단계 이후 첫 단어가 나타나고 어휘 수가 급격히 증가하여 50개 정도의 단어를 산출하기까지의 시기는 대략 1~2세경이다. 이 시기의 아동들은 단어를 분화시키지 못하고 통단어로 습득하기 때문에 어휘들 간에 음운적인 관련성을 알지는 못한다. 또한 음소목록에 있는 소리로만 된 단어들을 선택하여 산출하며, 단어의 모든 음절을 말하기보다는 자신의 역량에 맞추어 줄여서 말한다. 예를 들면, '큰엄마'를 '컴마'로 '큰아빠'를 '카빠'로 음절축약(혹은 음소탈락)을 하기도 한다. 유아말로 대표되는 '아찌/아저씨' '함니/할머니' 등은 이 시기 유아들의 말소리 특징을 엿볼 수 있는 예이다(김수진, 신지영, 2007). 첫 단어는 개인 간에 차이가 있지만 일반적으로 1세경에 나타난다. 첫 단어에 나타나는 특징적인 소리들은 옹알이의 마지막 단계이거나 옹알이와 첫 단어 사이의 과도기에 출현했던 소리들이다. 첫 단어는 음소적으로 성인의 단어와 유사하여야 하고, 특정 상황이나 대상에 의미 있게 일관적으로 사용되어야 한다(권도하 외, 2012a). 첫 단어로는 '과자(/까까/), 밥(/맘마/), 위험해(/어-버/), 더러워(/지지/), 자(/낸내/)' 등과 같은 1~2음절의 단어들이 주로 출현하고, 음절 구조도 CV, CVCV, CVCV 반복, VCVC 등의 간단한 음절 구조로 되어 있다. 주로 사용되는 음소는 혀를 덜 사용하고 공기조절을 덜 필요로 하는 /p, b, d, t, m, n/ 같은 전설자음과 /g, k, h/ 같은 후설자음으로, 산출하기 쉬운 음소가 초기 단어에 나타난다고 한다(Gleason, 2005, 권도하 외, 2016에서 재인용).

3. 언어이전기 의사소통능력 발달

최초의 의사소통은 언어이전기에 몸짓, 발성, 얼굴 표정, 분위기 등이 중요한 역할을 하게 된다. 음성언어를 사용할 수 있는 영아 후기에도 의사소통능력은 제한되어 있으므로 주로 상황이나 몸짓, 발성 등과 같은 언어이전기 요소에 더 많이 의존하게 된다(권도하 외, 2012a).

의사소통능력은 태어나기 전부터 발달하기 시작하며 인지, 심리정서, 행동 및 사회성 발달의 중추가 된다. 생의 초기에 이루어지는 어머니와 영아의 상호작용은 영아의 언어 및 의사소통 발달의 기초가 된다(임영옥 외, 2009). 영아의 행동에 대한 양육자의 반응을 통해 영아는 의사소통의 결과를 먼저 경험하게 되고, 자신의 행동에 의사소통의 힘이 있다는 것을 깨달으면서 의도적 의사소통을 시작하게 된다. 외부 세계를 조절하고, 자신의 요구를 관철시키며, 자신이 표현하고자 하는 의도를 습득하게 되고 이를 몸짓, 표정, 소리 내기 등으로 표현하다가 언어로 의사소통의 수단을 바꾸게 된다. 언어를 습득한 이후에도 의사소통의 기능은 꾸준히 세분화되고 다양하게 발달한다(권도하 외, 2012a).

첫 단어가 출현하기 이전에 아동과 양육자와의 초기 상호작용을 통해 의사소통 의도(기능)를 획득하게 된다. 아동은 말을 사용하기 이전이라도 발성과 몸짓의 형태로 자신의 의도를 표현한다. 매우 어린 아동도 양육자와 응시하기, 응시철회하기, 소리 내기 등의 적극적인 행동을 하고, 양육자의 손짓이나 몸짓의 변화를 알고 반응할 수 있다(Stack & Shore, 1987: 권도하 외, 2012a에서 재인용).

초기 의사소통 기능 발달을 언향적 단계(perlocutionary stage), 언표내적 단계(illocutionary stage), 언표적 단계(locutionary stage)로 나눌 수 있다(권도하 외, 2012a).

(1) 언향적 단계

언향적 단계(perlocutionary stage: 출생~8개월)에서 영아는 성인의 얼굴과 소리에 주의를 기울인다. 영아의 반사적인 행동에 어른은 의사소통 의도가 있는 것처럼 해석하고 반응한다. 이 단계를 거치는 동안 울음이나 소리, 몸짓과 표정 등은 상호작용을 유지하는 것 이외에는 다른 의도는 없다. 울음은 일반적인 고통이나 불편함을 나타내지만 문제의 원인을 알려주지도 않고, 의도를 갖지도 않은 것이다. 영아의 행동에 대해 해석하는 방법을 양육자가 알게 되면서 소통이 점차 효율적이게 되고 상호작용의 예측 가능성이 높아지게 된다. 이 단계에서 아동은 원하는 대상을 향해 손을 뻗기 시작한다. 이때 손 뻗기(reaching)는 이후에 가리키기 몸짓이 된다.

(2) 언표내적 단계

언표내적 단계(illocutionary stage: 8~12개월)에서 영아는 자기의 의도를 소통하고자 관습적 몸짓과 소리 내기를 모두 사용한다. 이때 의도적 소통은 상대방과의 눈 마주치기에 수반되는 몸짓, 특정 의도에 대한 신호로 스스로 만든 일관된 소리(phonetically consistent forms: PCFs)와 억양 형태를 통해 나타난다. 하지만 다른 사람이 이해하지 못하면 아동은 자기 행동을 반복하거나 수정한다. 아동은 의도적인 행동을 통해 전달하려는 메시지가 상대방에게 전달되었는지를 확인하며 의사소통하려는 의도를 드러낸다.

(3) 언표적 단계

언표적 단계(locutionary stage: 12개월 이후)에서 아동은 자신의 의도를 표현하기 위해 몸짓으로 표현하던 기능을 이제는 몸짓과 함께 단어를 사용하게 된다. 함께 주의하는 환경에서 가리키기가 발달하고, 가리키기에 소리 내기가 동반되고, 소리 내기에서 명명하기로 발달한다. 똑같은 내용을 가리키는 데 단어를 사용할 수도 있고, 몸짓을 사용할 수도 있다. 처음에는 메시지 전체를 표현하는 데 사용되는 몸짓이 점차 메시지를 소통할 때 단서 또는 맥락으로 사용되고 가장 효율적인 의사소통 수단인 언어가 주요한 소통의 수단으로 자리하게 된다.

4. 사회성 및 놀이 발달

언어발달은 사회적인 관계에서 발달한다. 출생 시부터 아동은 시각적, 청각적, 촉각적 자극을 받으며 의사소통적인 상호작용을 한다. 그러므로 언어발달과 사회성 발달은 밀접한 관계가 있다. 사회성이란 사회적 행동이 사회화되어 있는 정도, 사회 참가의 정도, 인격의 특성을 의미한다. 이러한 사회성을 발달시키는 요인으로는 사회의식, 환경 등이 있다(권도하 외, 2012b). 출생 시 영아는 이미 대화체 행동의 여러 측면이 준비되어 있다. 예를 들면, 신생아는 눈 맞추기와 응시하기에 의하여 상호작용을 주도할 수 있다. 4개월경에는 성인이 보는 동일한 방향을 응시하기 시작하고, 9~15개월 사이에 좀 더 정확한 기술을 갖게 된다(이종숙 외, 2009에서 재인용). 성인도 아기의 시선을 따르고, 아기가 보는 것에 의견을 말하여 준다. 이러한 방식으로, 성인은 아기의 환경에 대하여 명명을 한다. 이러한 공동 주의(joint attention)는 아동이 언어적 정보를 제공하는 양육자와 함께 동일한 사물과 사건에 주의집중을 하는 것으로 초기 언어발달에 많은 기여를 한다. 이러한 경험을 한 영아와 걸음마기 영아는 좀 더 주의집중을 유지하며, 좀 더 언어를 이해하고, 초기에 의미 있는 몸짓과 말을 생성해 내고, 좀 더 빠른 어휘 발달을 보여 준다(Carpenter et al., 1998, Flow & Pick, 2003, Slvén, 2000, 이종숙 외, 2009에서 재인용).

놀이와 발달의 관계는 세 가지 관점에서 논의될 수 있다. 첫째, 성장하는 유아의 놀이행동은 유아 발달에 대한 창(window)으로서, 다양한 영역에서 유아의 현재 상태를 나타내 준다. 즉, 놀이는 단순한 발달의 반영이다. 둘째, 놀이는 발달적 획득의 표현과 공고화를 위한 맥락과 매체로서, 행동기술 또는 개념 획득으로 놀이는 발달을 강화한다. 셋째, 놀이는 발달적 변화의 도구로서, 유기체의 기능과 구조 조직에 질적인 향상을 초래하게 된다. 다른 말로 놀이는 발달로 귀착된다(신은수 외, 2005). 유아의 하루는 놀이의 연속이며, 그들이 하는 거의 모든 활동은 놀이가 된다. '유아는 놀면서 배운다.'는 말도 있듯이, 놀이는 유아의 생활일 뿐만 아니라 유아가 여러 가지 지식을 획득하는 수단이기도 하다. 성인의 시각에서 보면 놀이는 무의미한 것일 수 있지만, 놀이는 유아의 성장과 발달에 영향을 미치는 중요한 활동이며, 그들의 일이다. 유아는 자신의 생각과 감정을 쉽게 언어화할 수 없으므로 언어보다는 놀이에 의해 이를 더 적절하게 표현할 수 있으며, 놀이를 통해 새로운 지식을 쉽게 획득한다. 그 외에도 놀이는 또래와의 관계를 확장시키고 신체발달을 돕는 다양한 기능을 가지고 있다(정옥분, 2009).

영아기와 걸음마기 놀이의 사회적 특징은 놀이 상대자와의 협력을 통한 상호작용이 포함된다. 여기에는 대개 부모나 손위 형제, 친척 또는 관계는 없으나 친숙한 나이 많은 유아나 성인들이 해당된다. 영아와 다른 사람들은 서로 다른 사람에게 관심을 가지고 반응하면서 서로에게 몰입하게 된다. 이러한 상호적 참여에서 순서 교대하기가 나오는데, 이것은 주고받는 행동을 하기 전에 상대방이 행동을 수행하도록 기다리는 것이다. 일어서기, 놀잇감 흔들기, 또는 손 흔들기 등과 같은 의사소통(상호 교류적) 신호는 종종 한 사람이 순서를 기다릴 때 나타난다(신은수 외, 2005).

II. 진단 · 평가 과정과 평가내용

언어치료 절차 중 가장 중요한 절차인 진단 · 평가 과정은 언어재활사가 치료를 필요로 하는 대상자나 보호자(주 양육자)를 만나는 순간부터 시작된다(권도하 외, 2012b). 진단 · 평가는 언어재활사가 언어장애인이나 보호자에게서 얻은 정보가 무엇이며 그 정보를 어떻게 얻었는가에 대한 정보를 담고 있다. 또한 진단 · 평가 당시 언어장애인의 의사소통능력을 정확하게 파악하여 좋은 언어치료서비스의 출발점을 제공하기도 한다(권도하 외, 2012b).

의사소통 발달의 문제는 점진적으로 영유아의 사회, 정서, 행동, 전 학문 능력에 영향을 미친다(임영옥 외, 2009). 의사소통능력의 특정 구성요소에 대한 측정은 아동의 발달연령에서 일반적으로 기대되는 발달의 연속성과 대상 아동을 비교함으로써 이루어진다. 그러나 대다수 아동들의 의사소통은 개개인의 환경에 따라 더 복잡성을 띠기 때문에, 의사소통 발달의 문제를 확인하는 데 더 많은 주의와 노력이 필요하다(임영옥 외, 2009).

언어이전기 수준의 언어발달장애 아동을 위한 진단 · 평가 과정과 평가내용을 도식화하여 [그림 5-1]에 제시하였다. 평가방법에는 질문지, 체크리스트, 관찰, 검사 등의 방법이 사용될 수 있다. 질문지를 사용한 평가는 개방형 혹은 폐쇄형 질문에 대한 응답을 기록하여 그 내용에 따라 대상자의 의사소통능력을 살

평가 과정	평가내용
사전정보 수집	• 사례사 양식지 • 인터뷰(면담) • 다른 관련 전문가의 평가서 및 소견서
의사소통을 위한 생물학적 평가	• 청력 평가 • 조음기관의 구조 및 기능 검사 • 섭식 및 구강 운동 발달 평가 • 신경학적 및 의학적 평가
의사소통능력 평가	• 발성 및 구어 능력 • 인지적 기초 능력 • 의사소통 행동 평가 • 전반적인 행동 및 발달 • 사회-정서적 기초 능력 • 부모-아동 의사소통 및 상호작용 • 다문학적 평가
평가결과 해석 및 보고서 작성	• 결과의 종합 및 보고서 작성 • 언어재활목표 수립

[그림 5-1] 언어이전기 언어발달장애 아동을 위한 진단 · 평가 과정과 평가내용

펴보는 방법이다. 체크리스트를 사용한 평가는 질문 문항에 대한 반응 유무를 확인하고, 반응 유무에 따라 대상자의 의사소통능력을 살펴보는 방법이다. 관찰을 통한 평가는 대상자를 직접 혹은 간접적으로 관찰하여 대상자의 의사소통능력을 살펴보는 방법이다. 검사를 통한 평가는 표준화 검사를 실시한 후 획득 점수, 등가연령, 백분위수를 산출하여 그에 따라 대상자의 의사소통능력을 살펴보거나 비표준화 검사를 실시하여 대상자의 의사소통능력을 살펴보는 방법이다.

1. 사전정보 수집

사전정보 수집의 일반적인 목표는 문제에 대한 가족에 대한 인식과 가족의 강점 및 필요를 파악하는 것으로 부모(주 양육자)와 다른 전문가로부터 관련 정보를 수집한다(Haynes & Pindzola, 2011).

대상자의 배경정보 및 사례력(case history)에 대한 사전정보를 수집하는 방법에는 문서화된 사례사 양식지, 다른 관련 전문가의 평가서 및 소견서 등 부모보고나 관련 전문가의 보고를 통해 정보를 수집하는 방법과 인터뷰를 통한 방법이 있다(권도하 외, 2012b). 언어재활사는 가족에게서 사례력을 얻어야 한다. 언어재활사는 가족구성원이 아동에게 서비스를 제공하는 팀의 필수적인 구성원이며, 아동발달이라는 최상의 결과를 성취하는 데 도움을 줄 수 있는 특정한 정보와 통찰력을 유일하게 가지고 있다는 점을 확신시켜야 한다(임영옥 외, 2009). 언어재활사와 부모가 아동의 사례력에 관한 정보를 공유하는 것은 아동과의 양육적 상호작용에 대한 논의를 시작하는 데 도움을 준다. 특히 영아가 의도를 표현하기 전 단계나 전언어기에 있는 경우에 부모는 양육적 상호작용을 일반적으로 '의사소통이 이루어진다.'고 생각하지 않는다. 이러한 논의는 언어재활사에게 의사소통 방법(예: 눈동자 이동, 제스처, 얼굴표정, 발성)과 기능을 부모에게 설명할 수 있는 최적의 기회를 제공한다(임영옥 외, 2009).

2. 의사소통을 위한 생물학적 평가

의사소통을 위한 생물학적 평가의 일반적인 목표는 감각, 운동 및 구조적 기제가 구어를 뒷받침하고 있는지를 판단하기 위함이다(김민정 외, 2011). 진단 · 평가 시 언어의 모든 측면을 분석하는 것과 더불어 의사소통 기능과 관련이 있는 생물학적 평가 또한 포함되어야 할 필요가 있다. 언어재활사가 평가를 통해 정보를 직접 모으기도 하지만 다학문적 평가팀(multidisciplinary assessment team)에서 일부 필요한 자료를 제공받거나 평가를 의뢰할 수도 있다.

생물학적 평가에서 다루어져야 하는 부분들에는 청력, 조음기관의 구조와 기능, 섭식 및 구강-운동 발달, 신경학적 및 의학적 평가 등이 포함된다. 청력 선별검사에서 문제가 의심이 된다면 청각사에게 청력검사를 의뢰하여야 한다. 또 다른 평가는 조음기관의 구조와 기능에 대한 평가이며, 특히 표현언어에 문제가 있는 경우에는 필수적인 평가부분이다. 평가영역에는 얼굴의 대칭성, 치열, 입술, 혀, 턱, 연인두의 구조와 기능, 구어 산출 시 호흡, 발성, 공명 기능 등이 포함된다. 비구어적인 활동에서 구강-운동(oral-motor) 수행력을 살펴보는 것은 구어 문제가 구강근육조직의 빈약한 긴장도 혹은 자발적인 움직임과 관련이 있는지를 살펴보는 데 도움이 된다. 구강-운동 평가를 받은 아동들의 상당수가 언어산출을 방해하는 구어시스템의 구조와 기능에 '특별한 문제가 없음'으로 나타난다. 하지만 언어재활사들은 이러한 문제점들은 가끔 나타날 수 있으며, 문제점이 발견되었을 때 아동들이 그들의 의사소통적 잠재성을 극대화시킬 수 있도록 의료적 · 수술적 · 행동적 측면에서 이러한 문제점을 다룰 수 있어야 한다는 것을 기억해야 한다. 또한 섭식과 구강-운동 기술(oral-motor skills)에 대한 평가결과는 섭식치료의 필요 여부와 구강-운동 측면을 결정할 때 필요한 정보를 제공한다. 언어재활사는 아동들이 음식물을 섭취하는 것을 관찰함으로써 발달수준에 적절한 섭식 형태와 구강 움직임을 보이는지를 살펴볼 수 있다(Paul, 2007).

3. 의사소통능력 평가

의사소통능력 평가는 표준화 검사, 비표준화 검사, 관련 환경에 대한 평가가 포함된다. 먼저 표준화 검사를 실시하여 아동의 수행력을 규준 자료와 비교하여 문제 여부를 판단하게 된다. 다음으로 비표준화 검사를 실시하여 언어재활사의 도움에 반응하는 아동의 변화 가능성과 능력을 파악하고 실제 의사소통을 평가하여 특정 치료목표를 파악하게 된다. 마지막으로 관련 환경에 대한 평가를 실시하여 의사소통과 언어를 위한 환경적 필요, 치료 지원, 의사소통이나 사회 생활영역에서 성공을 방해하는 요소를 파악하게 된다(김민정 외, 2011).

언어장애 아동을 평가할 때에는 원인에 초점을 둘 수 있으며, 현재 언어수준이나 결함을 파악하기도 한다. 많은 언어발달장애 아동들의 공통적인 원인을 밝혀내는 것이 어렵고 한 가지 이상의 원인에 의하여 언어장애를 나타낼 수 있기 때문에 원인에 의한 평가에는 제한점이 있다(권도하 외, 2012b). 언어장애는 지적장애, 자폐범주성장애, 청각장애, 학습장애, 그리고 기타 다양한 기질적인 문제로 나타날 수 있다. 그러므로 언어재활사는 집단의 특성에 대해서 잘 알고 있어야 하며, 한 가지 평가방법만을 알고 고집하는 것은 바람직하지 못하다.

언어장애 아동의 각각의 원인을 고려하여 현재 언어수준이나 언어과정의 문제를 철저히 진단하여야 한다(권도하 외, 2012b). 의사소통을 위한 사회적 · 인지적 기초 능력이 부족한 무발화 아동들부터 언어학적으로 복잡한 접속문과 내포문을 사용하기는 하지만 문법적인 형태소들을 생략하거나 오용하는 아동들까지 언어수준과 심한 정도의 차이는 광범위하다. 그러므로 언어재활사는 어떠한 수준의 아동들도 진단 · 평가할 수 있는 준비가 되어 있어야 한다(권도하 외, 2012b).

언어이전기 아동을 대상으로 하는 진단 · 평가 시 언어능력뿐만 아니라 언어와 관련된 다른 영역들에 대하여서도 광범위한 지식이 필요하다. 언어의 직접적인 평가영역은 아니지만 사회성 발달, 인지발달, 놀이발달, 신경학적 결함, 운동 능력 등이 언어습득이나 언어결함과 관련된다. 그러므로 언어재활사는 이러한 영역들을 포괄적으로 이해하고 언어능력과 함께 종합적으로 평가할 수 있어야 한다(권도하 외, 2012b).

비구두 아동들은 발성(vocalization)과 제스처를 사용하며 아동의 보호자는 아동들이 환경을 조정하기 위해서 실제 언어사용을 하지 않는다고 보고한다(권도하 외, 2005). 따라서 비구두 아동을 다룰 때 언어능력을 검사하는 것은 사실상 어려우며 표준화 검사를 전적으로 사용하지 못할 경우 임상가는 보다 비공식적인 평가절차에 초점을 두어야 한다. 다음은 특별히 비구어 의사소통자의 평가에서 고려해야 할 중요한 영역이다(김민정 외, 2011).

- 일반적인 발달수준/적응행동

• 신체적 선행 요건(청각적, 신경학적, 내과적)
• 사례력(평가 질문지, 자세한 면담)
• 양육자-아동의 상호작용 분석
• 의사소통 의도의 목록(유형, 빈도, 수준)
• 발성 분석(음성적으로 일관된 형태의 사용, 음절구조, 음성 목록)
• 몸짓 분석
• 인지 분석(놀이 분석, 선별 과제, 공식 척도)
• 어휘 이해(부모 보고, 척도, 과제)

III. 진단 · 평가 도구

진단 · 평가의 최종 목적은 개개인의 의사소통능력에 대한 결론을 이끌어 내는 것이다. 결론을 도출하기 위해 수집된 정보를 통합하고 해석하는 방법과 접근법은 타당성과 신뢰성을 갖추고 있어야 한다(권도하 외, 2012b). 언어 평가도구들은 평가 과정에서 특정 기능을 충족시키기도 하지만 또한 한계점도 가지고 있다. 평가도구들은 이론적 토대가 다르고 평가영역 및 평가방향성도 다르기 때문에 언어재활사는 평가도구를 올바르게 인식하고 바르게 선택하여 사용할 수 있어야 한다.

언어기능(language functions)을 평가하는 방법에는 교육과정에 근거한 평가절차와 역동적 평가절차를 포함하여 표준화 검사(standardized test), 발달 척도(developmental scales), 비표준화 검사 혹은 준거-참조 절차(criterion-referenced procedures), 인터뷰와 질문지(interviews and questionnaires), 그리고 행동 관찰(behavioral observations) 등의 방법이 있다(Paul, 2007). 국내에서 사용되고 있는 표준화 평가 외에도 비표준화 평가, 비공식 검사, 행동 관찰 등 언어이전기 수준을 보이는 언어발달장애 아동을 위해 사용할 수 있는 평가도구들에 대해서 살펴보고자 한다.

1. 표준화 평가

언어기능을 평가하기 위해 가장 공식적이고 탈문맥적인 형식의 검사가 바로 표준화(standardized) 혹은 규준참조 검사(norm-referenced tests)이다. 표준화 검사의 장점은 정상발달에 대한 규준을 제시하기 때문에 아동 간의 의미 있는 수행 비교가 가능하며 상대평가에 대한 해석을 통해 언어치료의 필요성을 결정하는 데 매우 용이하다. 또한 명확한 실시방법과 채점 기준, 평가의 객관성, 타당도, 신뢰도를 갖추고 있다.

1) 영 · 유아 언어발달 검사

영 · 유아 언어발달 검사(Sequenced Language Scale for Infants: SELSI)는 생후 4개월부터 35개월 사이에 있는 영 · 유아의 언어발달 정도를 평가하기 위하여 고안되었다. 일차적으로 언어장애의 조기 선별을 목적으로 하기 때문에 아동의 발달을 잘 아는 부모나 주 양육자의 면담을 통해서 이루어진다. 검사의 결과를 통하여 언어발달의 지체 여부를 판단할 수 있으며, 특히 유아의 수용언어 및 표현언어 발달 간의 차이를 분석할 수 있다. 또한 본 검사의 문항들은 초기 유아의 인지개념 및 의미론적 언어능력, 음운론적, 구문론적 언어능력, 화용적인 언어능력을 두루 평가할 수 있도록 적절히 배치되었으며, 언어발달지체로 판정될 경우에는 각각의 영역별 평가에 의해 대상아동이 보이는 언어발달의 정도를 다각적으로 평가할 수 있으므로, 언어장애의 조기 선별 기능뿐 아니라 문제를 보이는 영역에 대한 구체적인 정보를 제공해 주는 기능도 포함하고 있다(김영태 외, 2014).

SELSI는 생후 4개월부터 35개월 사이의 정상발달 아동뿐 아니라, 언어발달지체나 장애를 나타낼 가능성이 있는 유아 및 아동들의 언어능력을 평가하는 데 사용할 수 있다. 특히 생활연령에 비하여 언어능력이 떨어지는 아동들의 언어발달 정도를 알 수 있게 해 주기 때문에, 단순언어장애, 지적장애, 자폐, 뇌성마비, 청각장애 및 구개파열 등으로 인하여 언어발달에 결함을 나타낼 가능성이 있는 아동들의 언어능력을 평가하는 데에 활용할 수 있다(김영태 외, 2014).

2) 한국판 맥아더-베이츠 의사소통발달 평가

한국판 맥아더-베이츠 의사소통발달 평가(Korean MacArthur-Bates Communicative Development Inventories: KM-BCDI)는 M-BCDI의 한국어 제작판으로 아동의 언어나 의사소통능력을 잘 알고 있는 주 양육자나 성인이 체크리스트를 보고 아동의 능력을 재인할 수 있도록 한다. 영아용과 유아용의 두 버전이 있으며, 영아용(8~17개월 수준용)에는 279개의 표현낱말(이해의 경우 284개)과 60항목의 제스처와 놀이(의사소통을 위한 제스처 사용 12개, 게임과 일상생활 6개, 사물 가지고 놀기 17개, 어른의 행동 모방하기 12개, 인형놀이 13개) 관련 문항이 포함된다. 영아용의 경우 표현낱말과 이해낱말에 대한 정보를 모두 포함한다(배소영, 곽금주, 2011). 유아용(18~36개월 수준용)에는 641개의 표현낱말과 문장표현 정도를 보는 항목, 5개의 문법사용 정도를 보는 항목, 32쌍의 문장쌍 항목으로 된 문법 부분이 포함된다. 유아용의 경우 표현낱말 위주의 정보를 제공한다. 원판 내용을 대표하는 내용으로 구성된 영아용 축약판과 유아용 축약판이 포함되어 있다(배소영, 곽금주, 2011).

3) 영유아 발달선별검사

영유아 발달선별검사(Korean Child Development Review-Revised: KCDR-R)는 0~6세 범위에 해당하는 아동의 발달지표를 제시하고 있으며 5개 발달영역에 걸쳐 총 113문항으로 구성되었다. KCDR-R은 부모질문지와 영유아발달표를 포함하고 있는 부모-보고의 영유아 발달선별검사이다. 부모질문지는 ① 아동정보, ② 6개 서술형질문과 ③ 25개의 문제항목으로 구성되어 있다. 부모는 6개 질문에 대해 자신의 생각을 서술하고 25개 문제항목들에 대해 해당하는 항목에 ✓ 표시하도록 한다. 영유아발달표는 전체 113문항이 5개 발달영역에 걸쳐 연령의 성숙에 따라 나열되어 있으며 사회성, 자조행동, 대근육 운동, 소근육 운동, 언어영역의 5개 척도에 대한 0~6세까지의 발달을 포함하고 있다. 아동의 현재 발달을 진단하기 위하여 부모와의 면담을 통하여 평가하거나 검사자가 직접 아동을 관찰하는 데 사용될 수 있다(김정미, 신희선, 2011).

4) 영유아 언어 및 의사소통 발달검사

영유아 언어 및 의사소통 발달검사(Korean adaptation of the LENATM developmental snapshot: K-SNAP)는 6~36개월까지의 영유아를 대상으로 간편하게 언어 및 언어발달 수준을 살펴볼 수 있는 도구이다. 52개의 설문문항에 대해 주양육자가 '예, 아니요' 중 하나를 택하여 답하도록 한다. 52개의 문항은 발성과 제스처, 단어 사용, 문장과 문법 사용 정도, 다양한 의사소통 상황에서 화용적으로 어떻게 상호작용하는지 살펴보는 문항들로 구성되어 있다(배소영, 윤효진, 설아영, 2017).

5) 영아선별 · 교육진단검사

영아선별 · 교육진단검사(Developmental assessment for the Early intervention Program planning: DEP)는 생후 0~36개월 사이에 있는 발달지체 영아나 장애 가능성이 있는 영아의 '대근육 운동기술' '소근육 운동기술' '의사소통' '사회정서' '인지' '기본생활' 등 6개 발달영역을 평가하는 데 사용할 수 있다. 이 검사는 ① 부모, 양육자, 교사가 직접 관찰해서 수행 여부를 검사, ② 대상 영아를 관찰한 경험이 없는 제3자의 평가자가 부모, 양육자, 교사를 대상으로 면접 질문을 통해 대상 영아의 현행 발달 수준을 검사할 수 있다(장혜성, 서소영, 하지영, 2011).

2. 비표준화 평가

정상발달에 대한 규준을 제시하고 있는 표준화 평가 외에도 공식적인 절차를 따르거나 혹은 비공식적인 절차를 따르는 비표준화 평가들이 있다. 이러한 평가들은 일상생활에서의 실제적인 언어 및 의사소통 행동을 관찰 가능하고 대상자의 약점뿐만 아니라 강점까지도 파악이 가능하다는 장점이 있으며, 또한 치료계획 및 치료방향으로의 연계 가능성이 높으며 질적인 평가가 가능하다. 이러한 평가에는 발달 척도(developmental scales), 준거-참조 절차(criterion-referenced procedures), 인터뷰와 질문지(interviews and questionnaires), 행동 관찰(behavioral observations) 등이 포함된다.

1) 상징놀이 평가

영 · 유아는 사물이나 사건에 대한 개념이 우선 형성되어야 하고, 그러한 사물이나 사건에 대한 개념이 형성된 후에는 차츰 그것을 대신하는 말이나 몸짓의 상징행동이 발달하게 된다(김영태, 2014). 많은 연구들은 언어발달을 위해 놀

〈표 5-1〉 상징놀이 검사 요약표

상징놀이 검사 요약표

아동명: ____________________

생년월일: ____________________

검사일: ____________________

단계	상징행동	빈도
초기 및 전환기	탐험적인 놀이(exploratory play)	
	전상징기적 행동(presymbolic scheme)	
	자동적 상징행동(autosymbolic scheme)	
상징행동기	단순 상징행동(single scheme)	
	단순 상징행동 조합(single scheme combination)	
	복합 상징행동 조합(multishcheme combination)	
계획적 상징행동기	물건대치 상징행동(object substitution)	
	대행자 놀이(agent play)	
사회적 역할놀이기	두 가지 사회적 역할놀이(play with two interacting roles)	
	세 가지 사회적 역할놀이(play with three interacting roles)	
	복합적인 사회적 역할놀이(play with intersection of agent roles)	
전체	가장 많은 행동(modal level of play)	
	최고 수준 행동(optimal level of play)	

출처: 김영태(2014).

이의 중요성을 언급하고 있다. 상징놀이는 상징기능 발달에 특히 중요하다. 아동이 한 사물을 다른 사물을 나타내기 위해 사용하듯이(예: 블록으로 전화기 대치) 말 또한 사물을 나타내기 위해 사용된다. 상징놀이의 발달은 언어발달과 관련이 있다(권도하 외, 2012b). 직접적인 언어평가가 어려운 무발화 아동이나 언어이전기 아동을 대상으로 놀이 특성을 살펴보고, 언어수준을 추론해야 하는 경우에 상징놀이 평가가 도움이 될 수 있다. 상징놀이 평가는 다양한 놀잇감을 제시한 후 아동이 보이는 비구어적 상징행동을 관찰한 후 기록한다. 아동이 보이는 비구어적 상징행동을 초기 및 전환기(탐험적인 놀이, 전상징기적 행동, 자동적 상징행동), 상징행동기(단순 상징행동, 단순 상징행동 조합, 복합 상징행동 조합), 계획적 상징행동기(물건대치 상징행동, 대행자 놀이), 사회적 역할놀이기(두 가지 사회적 역할놀이, 세 가지 사회적 역할놀이, 복합적인 사회적 역할놀이)로 나누어 기록한다.

2) 출생에서 5세까지 아동 행동 발달 관찰표

출생에서 5세까지 아동 행동 발달 관찰표(The Developmental Age Referenced Breakdown Assessment Schedules: DARBAS)는 100개 이상의 관찰표와 검사들에 수록되어 있는 행동 항목들을 모아서 만들어졌다. DARBAS는 대근육 운동, 소근육 운동, 인지(학습), 언어, 신변처리, 사회성의 6개 주요 영역으로 구성되어 있고, 165개의 하위 영역으로 나누어져 있다. 각 하위 영역은 한 기술의 시작에서부터 5세 이내에서 기능적으로 독립되는 데까지, 총 1,570여 개 항목을 포함한다. 모든 항목은 발달 연령 순으로 되어 있고, 그 연령은 각 항목이 '정상적으로' 성취되리라고 기대되는 시기를 나타낸다(김명순, 1990).

3) 의사소통 습득 기술 평가

의사소통 습득 기술 평가(Evaluating Acquired Skills in Communication: EASIC)는 3개월~6세의 심한 지적장애, 자폐성장애, 언어장애 아동에게 적용가능하며 연령에 따라 다섯 단계(언어 이전 단계, 언어 이해 Ⅰ, 언어 표현 Ⅰ, 언어 이해 Ⅱ, 언어 표현 II)로 나누어져 있다. 각 단계에 제시된 각각의 항목을 습득하는 정상 발달 연령 범위가 제시되어 있다. 다섯 단계 목록 중에서 한 가지 또는 그 이상을 사용하여 아동의 전체적인 의사소통 기능을 살펴볼 수 있고, 각 항목별 치료와 교육 프로그램을 계획할 수 있도록 구성되어 있다(황보명, 김경신, 2010).

〈표 5-2〉 EASIC의 단계와 평가문항

단계	평가문항
언어 이전 단계	감각자극, 사물의 개념, 수단-목적 관계, 동작모방, 짝짓기, 거부나 요구 나타내기, 이해와 몸짓으로 전달하기, 사회성, 비구두적 화용론적 기능 분석 등
언어 이해 I	명사 이해하기, 지시 따르기, 짝 맞추기, 그림 속 명사 이해하기, 동작 지시 따르기, 두 낱말로 된 구 이해하기, 위치와 장소에 관한 지시 따르기, 형용사와 속성 이해하기, 의문사 이해하기 등
언어 표현 I	명사 표현하기, 행위와 동사 표현하기, 없다/긍정/부정 표현하기, 장소와 위치부사 표현하기, 형용사와 속성 표현하기, 두 낱말의 구 표현하기, 의문사 표현하기, 사회적 상호작용하기, 화용론적 분석 등
언어 이해 II	명사와 대명사 이해하기, 동작 지시 이해하기, 세 낱말로 된 구 이해하기, 긍정과 부정 이해하기, 위치에 관한 지시 따르기, 단수와 복수 이해하기, 형용사와 속성 이해하기, 화폐 개념 이해하기, 범주화하기와 관련짓기, 의문사 이해하기 등
언어 표현 II	명사와 대명사 표현하기, 동사 표현하기, 긍정과 부정 표현하기, 장소와 위치부사 표현하기, 복수개념 표현하기, 범주와 명사 표현하기, 형용사와 속성 표현하기, 세 낱말의 구 표현하기, 범주화하기와 관련짓기, 사회적 상호작용, 순서화하기와 문장구조 사용하기, 화용론적 분석 등

4) 기능적 언어행동 검사

기능적 언어행동 검사(Pragmatics)는 연령제한이 없으며 '의사소통적인 기능/의도'와 '대화를 이끄는 능력' 두 영역으로 구성되어 있다. 검사 시 유의사항은 다음과 같다. ① 구두 반응을 요구하는 항목에서 나타내는 행동은 간단히 '행동수반'이라고 기록한다. ② 아동의 반응이 없거나 다시 요청할 경우, 반복 제시해도 된다. ③ 실제 검사에서는 진행을 순조롭게 하기 위해서 각 영역 내에서 제시 문항을 조정할 수 있다(황보명, 김경신, 2010).

〈표 5-3〉 기능적 언어행동 검사표

기능적 언어행동 검사표

아동명 : ______________________ 나이 : ______________

검사자 : ______________________ 검사날짜 : ______________

I. 의사소통적인 기능/의도(+/-)

평가 문항	+/-	아동의 언어	아동의 행동
1. 인사하기			
2. 물건 요구하기			
3. 행동 요구하기			
4. 정보 요청하기			
5. 물건에 대한 견해 표현			
6. 행동에 대한 견해 표현			
7. 사건 진술하기			
8. 예상하기			
9. 부정하기			
10. 가정하기			
11. 선택하기			
12. 설명하기			
13. 끝맺기			

II. 대화를 이끄는 능력(+/-)

평가 문항	+/-	아동의 언어	아동의 행동
14. 대답하기			
15. 자발적으로 대화에 참여하기			
16. 말하는 사람에게 주목하기			
17. 말차례 지키기			
18. 알려 주기			
19. 특정 주제에 대하여 이야기하기			
20. 주제 바꾸기			
21. 주제 유지하기			
22. 대화내용 질문하기			
23. 질문에 설명하기			
24. 부연설명 요청하기			
25. 부연설명하기			

출처: 김영태(1991); 황보명, 김경신(2010).

5) 의사소통 및 상징행동 척도

의사소통 및 상징행동 척도(Communication and Symbolic Behavior Scales: CSBS, Wetherby & Prizant)는 생후 2년 동안 아동이 매일 사용하는 의사소통과 관련된 내용을 평가한다. CSBS는 부모(양육자)와 아동 간의 상호작용 상황에서 양육자가 아동의 행동을 관찰하도록 한다. CSBS는 주로 의사소통 행동, 사회적 행동, 놀이 행동 등을 평가한다. 이 검사는 구조화되어 있으나 융통성이 있는 검사이며, 어린 아동의 언어적 · 비언어적 행동을 세 가지 방법으로 관찰한다. 첫째, 아동이 일상적인 상황에서 어떻게 의사소통하는지를 질문을 통해 평가한다. 둘째, 자연스러운 상호작용을 유도할 수 있는 편안하고 덜 구조화된 놀이활동 속에서 평가한다. 셋째, 평가자는 아동의 바람직한 행동을 이끌어 내기 위하여 구조화된 유도 방법을 사용하여 평가한다. 각 영역에서 나온 결과는 백분위점수로 변환되며, 의사소통 프로파일은 아동이 의사소통 영역과 상징놀이 영역에서 어떠한 강점을 가지고 있는지에 대한 정보를 제공하여 준다(김영태, 2014). CSBS는 미국에서는 규준참조(norm-referenced) 평가도구이지만, 국내에서는 아직 표준화 과정 중에 있는 평가도구이다(황보명, 김경신, 2010).

6) 보호자-아동 상호작용 특성 평가

언어발달은 사회적 맥락에서 이루어진다. 아동은 태어나면서부터 양육자와 상호작용하고 이 관계를 통해 수많은 시각적 · 청각적 · 촉각적 자극을 받는다. 특히 비구어, 한단어, 초기 다단어 수준의 아동은 주로 양육자와 상호작용하기 때문에 그들을 관찰하는 것이 더욱 중요하다. 양육자-아동 상호작용 평가의 두 가지 목적은 다음과 같다. 첫째, 아동이 편안하게 느끼는 상황에서 친숙한 누군가와 있을 때의 아동을 관찰하기 위함이다. 이때 아동 의사소통에 대한 최고의 표본이 얻어지는 경우가 많다. 둘째, 부모가 제공하는 언어 모델의 질을 관찰하기 위함이다. 연구에 의하면 양육자가 영아를 대할 때 여러 측면에서 그들의 의사소통 행동이 변화된다고 한다. 초분절적 측면에서 음성의 기본주파수를 높이고, 음도범위를 넓히고, 더 천천히 말하고, 첫 번째 강세를 두 배로 키우는 패턴을 사용한다. 양육자-아동 상호작용에서 아동의 사회적 행동 측면도 검사해야 한다. 또한 아동에게서 눈맞춤과 비구어적 교환 활동에 참여하고자 하는 의지가 관찰되어야 한다. 또한 다른 사람의 참여를 참지 못하거나 다른 사람을 찾지 않는 아동은 의사소통 체계가 아무 소용이 없다(김민정 외, 2011).

〈표 5-4〉 양육자-아동 상호작용 특성

아동명 : ________ 날짜 : ________ 연령 : ________

장난감, 장소, 상호작용자 : ________

[일반 변수]

	아니요	예
1. 쳐다보고 기다림으로써 의사소통을 촉진한다.	___	___
2. 행동이나 발화로 반응함으로써 의사소통을 강화한다.	___	___
3. 아동과 공동으로 참조한다.	___	___
4. 공동으로 참조하면서 성인과 아동이 번갈아 지시한다.	___	___
5. 현재 맥락(지금-여기)에 대해 이야기 한다.	___	___
6. 공동 참조에 상응하는 모델을 제때 제시한다.	___	___
7. 아동의 눈높이에서 말한다.	___	___
8. 아동의 발화나 의사소통 의도에 대해 올바른 해석을 한다.	___	___
9. 방해를 하거나 시간을 끌어서 의사소통 기회를 만들어 낸다.	___	___
10. 아동의 요구를 미리 예상함으로써 의사소통 시도를 감소시키지 않는다.	___	___

[언어 모델 변수]

	아니요	예
1. 문장 길이를 줄인다.	___	___
2. 문장 복잡성을 감소시킨다.	___	___
3. 발화를 자주 반복한다.	___	___
4. 발화를 변형시킨다(예: "공 던져, 그거 던져.")	___	___
5. 과장된 억양 패턴을 사용한다.	___	___
6. 주요 단어에 강세를 둔다.	___	___
7. 구체적인 고빈도 어휘를 사용한다.	___	___
8. 말을 너무 많이 하거나 대화를 주도하지 않는다.	___	___

9. 질문이나 지시를 지나치게 많이 하지 않는다.	___	___
10. 느린 말속도를 사용한다.	___	___
[가르치는 기술의 사용]		
1. 혼잣말하기(혼잣말 기법, self-talk)	___	___
2. 병행말하기(평행적 발화 기법, parallel-talk)	___	___
3. 확장하기(확장, expansion)	___	___
4. 의미 넓히기(확대, expatiation, enlargement)	___	___
5. 붙이고 자르기(문장의 합성 및 분리, buildup-breakdown)	___	___
6. 문장 변형하기(문장의 재구성, recast sentence)	___	___

출처: 김민정(2011); 황보명, 김경신(2010).

7) 발성 평가

언어이전기 아동의 진단 · 평가 시 발성의 발달 단계에 관심을 기울여야 한다. 발성 평가(vocal assessment)를 위해서는 '편안한 상태'에서의 발성 샘플을 수집해야 한다(Mitchell, 1997: Paul, 2007에서 재인용). 편안한 상태에서의 발성이란 아동이 각성 상태나 만족스러운 상태에서 발성한 소리가 포함되며, 이러한 소리는 기저귀 갈기, 음식 먹기, 혹은 놀이와 같은 친숙한 양육환경에서 전형적으로 들을 수 있다.

〈표 5-5〉 발성 발달 평가 양식

아동의 이름		생년월일		부모	
주소		전화번호			
단계	발성유형		직접 관찰	부모 보고	음성/코멘트
1단계 생후 2개월	갑작스러운 음도의 변화와 함께 울기, 극도로 높은 음도				
	불편해서 내는 소리				
	소화와 관련된 소리(트림, 음식 먹을 때 내는 소리)				
	감정을 자제하는 소리(끙끙거리는 소리, 한숨)				
	모음과 유사한 소리(i, I, e, ʌ, u, U, o, a)				

2단계 2~4개월	주로 모음을 산출, 약간의 자음 출현(주로 연구개음과 성문음)			
	울음소리가 현저히 감소(12주 이후)			
	자음과 모음이 결합된 소리 산출: 대부분 'coo'와 'goo'			
	'mmmmm'와 같은 기분 좋은 소리 산출			
3단계 4~6개월	자음-모음(CV) 음절 조합의 일관적인 산출			
	다른 사람과 옹알이를 번갈아 가며 모방			
	더 다양한 모음 산출			
	전설음인 파열음과 비음을 포함한 자음분절수의 증가			
	웃음의 출현(약 16주)			
	주로 전설음을 산출, 혀를 입술 사이로 진동시키며 내는 소리, 양순 전동음 산출			
	혼자서 장난감을 가지고 놀 때 억양(음도)의 변화가 나타남			
	고함소리, 비명소리, 낮게 으르렁거리는 소리 등 큰 음도의 변화			
4단계 6~10개월	표준옹알이 혹은 반복옹알이(CV 혹은 CVCV와 유사한 구조) 출현(예: [mama], [dada], [nʌnʌ])			
	억양의 일관적인 변화			
	초기 비반복적인 CV 구조 출현			
	약 10개월경 첫 낱말을 들었다는 부모의 보고			
	완전폐쇄자음을 가진 발화 산출(p, b, t, d가 가장 흔함)			
	'오!'와 같은 짧은 감탄사 출현			
5단계 10~12개월	변형된 옹알이 출현(중첩되지 않은 연속적인 음절)			
	문장과 유사한 억양과 함께 다양한 CV 혹은 CVC 구조 산출			
	CV 구조보다는 음절 산출			
	자곤(jargon), 초어(protowords), 혹은 음성학적으로 일관성 있는 형태(phonetically consistent forms) 출현			
	환경언어의 억양패턴과 일치하는 운율적 윤곽(prosodic contours)의 발달			
	의미 있는 첫 단어에 근접; 음운론적 과정이 단어근접에 영향을 줄 수 있음			

출처: Paul, R. (2007), p. 233.

Ⅳ. 평가사례 및 진단보고서

의사소통능력을 진단 · 평가한 후 평가내용과 평가결과 등을 문서로 작성할 수 있어야 한다. 진단 · 평가 사례를 다음과 같이 제시하였으니 언어이전기 수준을 보이는 언어발달장애 아동의 진단 · 평가 시 참고하길 바란다.

진단 · 평가 보고서

1. 일반적인 정보

대상자	홍○○(성별: **남**/여)	언어재활사	박○○
생년월일	2016년 05월 01일(02세 01개월)	평가기간	2018년 06월 01일~ 06월 20일
장애유형	R/O(언어발달지연)	작성일	2018년 06월 21일
정보제공자	아동의 어머니		

2. 배경정보

홍○○ 아동은 02세 01개월 남아로 또래아동에 비해 말이 늦다는 점을 주 호소로 본 기관을 방문하였다. 어머니의 보고에 의하면, 임신기간과 출산과정에서 특이한 사항은 없었다고 한다. 아동은 39주에 자연분만으로 출생되었으며, 출생 시 아동의 몸무게는 3.6kg이었다고 한다.

병력사항을 살펴보면, 출생 직후 신생아 황달을 앓은 적이 있었으나 현재 아동의 건강상태는 좋은 편이라고 하였다. 신체발달은 정상적으로 발달하였으며, 현재 또래아동들이 보이는 수준의 운동능력을 보인다고 하였다. 구어 및 언어발달을 살펴보면 10개월경 중복옹알이([바바바])를 산출하였으며, 첫 낱말을 말한 시기는 18개월로 '엄마'를 발화하였다고 한다. 현재 일상생활에서 적절한 눈맞춤이 가능하며 간단한 지시 따르기나 사물 지적하기 등은 할 수 있다고 한다. 현재 표현 가능한 단어는 '엄마'만 있으며, 주로 손짓과 무의미 발성으로 의사표현을 하고 자신의 의사전달이 되지 않으면 울거나 짜증을 많이 내는 편이라고 하였다. 아동이 관심을 보이는 활동은 블록놀이와 자동차놀이이며, 약간 소극적이며 낯을 가리는 편이라고 하였다. 2018년 03월부터 어린이집에 다니고 있으며, 또래아동들과는 잘 어울리는 편이며, 놀이 활동에도 잘 참여한다고 하였다.

3. 행동관찰 및 평가 시 대상자의 태도

대상 아동은 낯선 환경에 대한 거부감이 없는 편이며, 평가자가 제시하는 여러 가지 장난감 및 놀이에 흥미를 보이며 잘 참여하는 편이었다. 평가자가 아동의 이름을 부르면 쳐다보는 것은 가능하였으나, 평가자의 질문에는 반응하지 않고 놀이에만 집중하는 모습을 나타내었다. 자신이 가지고 놀고 싶은 장난감이나 선호하지 않는 장난감에 대해서는 몸짓, 혹은 발성을 동반한 몸짓으로 자신의 의도를 표현하였다. 예를 들면, 아동은 스스로 조작하지 못하는 장난감이 주어질 경우 평가자에게 장난감을 내밀거나 자신이 선호하지 않는 장난감이 주어질 경우 고개를 좌우로 흔들며 싫다는 의사표현이 가능하였다. 표준화 검사 시 집중하지 못하고 책상에 엎드리거나 손으로 눈을 가리는 모습을 나타내어 어머니의 보고에 따라 검사결과를 산출하였다. 그러나 자유놀이 상황이나 상징놀이 평가 시 상호작용을 먼저 시도하기도 하는 등 평가자와의 상호작용에 적극적인 태도를 나타내었다.

4. 실시한 검사

1) 영 · 유아 언어발달 검사(Sequenced Language Scale for Infants: SELSI)
2) 영유아 언어 및 의사소통 발달검사(Korean adaptation of the LENATM developmental snapshot: K-SNAP)
3) 한국판 맥아더-베이츠 의사소통발달 평가(Korean MacArthur-Bates Communicative Development Inventories: KM-BCDI)
4) 기능적 언어행동 검사(Pragmatics)
5) 상징놀이 평가(자동차놀이, 병원놀이, 피자만들기)
6) 양육자와의 상호작용 관찰

5. 평가결과

1) 구어능력

(1) 조음기관의 이상 유무

관찰결과, 휴식상태에서 얼굴의 대칭성, 입술모양에서 정상 소견을 나타내었으며, 음식물 섭취 및 발성 시 턱과 치아의 맞물림, 연인두의 구조와 기능, 호흡, 발성, 공명 등에 특이한 문제점은 발견되지 않았다.

(2) 조음음운

관찰결과, 주로 혼합옹알이나 자곤의 형태를 산출하며 산출 가능한 단어가 제한적이어서 조음음운에 대한 자세한 평가는 실시할 수 없었다.

(3) 음성 및 유창성

관찰결과, 발성 시 음성의 크기가 다소 작았으나 유창성의 문제는 발견되지 않았다.

2) 언어능력

(1) 수용언어

영 · 유아 언어발달 검사(SELSI) 결과, 수용언어 획득점수 45점, 수용 등가월령 24개월, 백분위수 10~15%ile로 평가되었다(부모 보고).

한국판 맥아더-베이츠 의사소통발달 평가(KM-BCDI, 유아용) 결과, 이해 낱말 원점수 280/641으로 평가되었다(부모 보고).

(2) 표현언어

영 · 유아 언어발달 검사(SELSI) 결과, 표현언어 획득점수 22점, 표현 등가월령 12개월, 백분위수 1%ile 미만으로 평가되었다(부모 보고).

한국판 맥아더-베이츠 의사소통발달 평가(K M-B CDI, 유아용) 결과, 표현 낱말 원점수 1/641, 백분위수 10%ile 미만으로 평가되었다. 문법 원점수 0/74, 백분위수 10%ile 미만으로 평가되었다(부모 보고).

3) 기타

영유아 언어 및 의사소통 발달검사(K-SNAP) 결과, 원점수 23, 백분위 8, 표준점수 79로 또래보다 느림(위험군)으로 평가되었다.

기능적 언어행동 검사(Pragmatics) 중 '의사소통적인 기능/의도' 평가문항만을 검사하였다. 검사결과, 평가자가 아동에게 전화기를 보여 주지 않고 "전화기 가지고 놀아요."라고 했을 때 아동은 반응 없이 평가자를 바라보았다. 평가자가 전화기를 제시하며 "이걸로 뭘 할까?"라고 묻자 아동은 버튼을 누른 후 귀에 가져다 대며 "엄마."라고 말하는 행동을 나타내었다. 아동에게 크레파스는 주지 않고 스케치북만 제시하며 "그림 그려 볼까?"라고 평가자가 말하자, 아동은 스케치북만 뒤적거리는 행동을 나타내었다. 아동에게 두 개의 크레파스 중 원하는 것을 묻자 한 가지를 선택하지 않고, 두 개의 크레파스를 모두 가져갔다. 아동이 색칠하고 있는 크레파스를 평가자가 빼앗으려고 하자 아동은 손에 힘을 주어 뺏기지 않으려는 의도를 나타내었다. 평가자가 고양이를 보여 주며 "강아지네."라고 하자 아동은 부정하지 않고 손을 내밀어 달라는 의사표현을 하였다. 물건에 대한 견해, 행동에 대한 견해, 사건 진술하기, 가정하기, 설명하기 평가문항을 실시하였으나 아동은 평가자의 질문에 적절한 반응을 나타내지 않았다. 마지막으로 활동을 마무리하면서 평가자가 고개를 숙이며 "안녕."이라고 끝맺기 인사를 하자, 아동은 배에 두 손을 올린 뒤 허리만 숙이는 모습을 나타내었다.

자동차놀이, 병원놀이, 피자만들기 활동을 통해서 대상 아동의 상징놀이를 평가한 결과, 물건에 대한 기능적인 사용을 이해하는 전상징기적 행동이 관찰되었다. 병원놀이에서 주사를 자신의 팔에 찌르는 흉내를 내기도 하고, 약을 먹는 흉내를 내는 등 자신의 몸을 중심으로 하는 자동적 상징행동과, 주사를 엄마의 팔에도 찌르거나, 자신이 약을 마신 후 엄마와 평가자에게도 약을 먹이는 흉내를 내는 등 단순 상징행동과 단순 상징행동 조합이 관찰되었다. 피자만들기 활동에서도 자신이 피자를 먹은 후 평가자와 엄마에게도 피자를 먹이는 흉내를 내는 등 단순 상징행동 조합이 관찰되었으나 일련의 행동 속에서 두 가지 이상의 상징행동을 보이는 복합 상징행동 조합은 관찰되지 않았다.

양육자와의 상호작용 통해 대상 아동의 의사소통 행동을 살펴본 결과, 양육자가 아동의 이름을 불렀을 때, 양육자를 쳐다보며 눈을 맞추며 반응하였다. 놀이상황에서도 일정 시간 동안 상대방과 함께 놀이에 참여하는 등 공동주의하기가 가능하였다. 원하는 물건에 대해서는 알아들을 수 없는 긴 소리와 함께 물건을 손으로 가리키는 행동을 나타내었다. 양육자가 좋아하는 장난감을 치우려고 하자, 양육자의 팔을 끌어당기는 등 거부하기 표현이 가능하였다. 대상 아동은 주로 알아들을 수 없는 긴 소리와 함께 몸짓을 동반하여 의사소통을 시도하였다.

6. 요약 및 권고

대상 아동은 전반적인 언어 및 의사소통 발달 수준이 또래아동들에 비해 느린 것으로 평가되었다. 특히 수용언어에 비해 표현언어의 차이가 큰 것으로 나타났다. 이 시기의 언어발달은 아동마다 개인차가 있으므로 특정 시기의 평가결과를 토대로 이후의 언어발달을 예단하기보다는 언어발달을 위한 중재와 함께 가정환경에서의 지속적인 추적관찰도 함께 이루어지길 권고한다. 대상 아동은 의사표현을 주로 몸짓을 동반한 무의미 발성으로 표현하고 있으며, 이로 인해 의사소통이 중단되고 짜증을 내는 상황이 빈번히 발생하고 있다. 따라서 일생생활 및 또래와 많은 시간을 보내는 가정과 어린이집에서 빈번하게 사용할 만한 어휘를 중심으로 표현어휘지도를 권고한다. 이와 함께 적절한 몸짓과 어휘를 사용하여 다양한 의사소통 기능인 요구하기, 반응하기, 거부하기, 선택하기 의도를 표현할 수 있도록 지도하기를 권고한다. 마지막으로 아동의 생활연령을 고려하여 직접적인 중재 외에도 양육자를 위한 상담 및 간접중재도 함께 이루어질 것을 권고한다.

요약

이 장에서는 언어이전기 수준을 보이는 언어발달장애 아동을 위한 진단 · 평가를 이해하고, 진단 · 평가 과정과 평가내용, 그리고 적용 가능한 평가도구와 결과해석에 대해 살펴보았다. 이 장의 내용을 다음과 같이 요약할 수 있다.

1. 아동의 언어수준에 따라 평가를 하게 되는 표적이 달라진다. 언어재활사는 어떠한 수준의 아동들도 진단 · 평가할 수 있는 준비가 되어 있어야 한다.
2. 언어이전기 수준을 보이는 언어발달장애 아동을 대상으로 하는 진단 · 평가 시 언어

와 관련된 다른 영역들에 대하여서도 광범위한 지식이 필요하다. 언어의 직접적인 평가영역은 아니지만 사회성 발달, 인지 발달, 놀이 발달, 신경학적 결함, 운동 능력 등이 언어습득이나 언어결함과 관련된다.

3. 주로 발성과 제스처를 사용하는 비구두 아동들을 다룰 때 언어능력을 검사하는 것은 사실상 어려우며, 표준화 검사를 전적으로 사용하지 못할 경우 언어재활사는 보다 비공식적인 평가절차에 초점을 두어야 한다.
4. 진단·평가 도구들은 평가 과정에서 특정 기능을 충족시키기도 하지만 또한 한계점도 가지고 있다. 평가도구들은 이론적 토대가 다르고 평가영역 및 평가방향성도 다르기 때문에 언어재활사는 평가도구를 올바르게 인식하고 바르게 선택하여 사용할 수 있어야 한다.
5. 표준화 평가는 정상발달에 대한 규준을 제시하기 때문에 아동 간의 의미 있는 수행비교가 가능하며 상대평가에 대한 해석을 통해 언어치료의 필요성을 결정하는 데 매우 용이하다. 발달척도, 준거-참조 절차, 인터뷰와 질문지, 행동관찰 등의 방법은 일상생활에서의 실제적인 언어 및 의사소통 행동을 관찰 가능하고 대상자의 약점뿐만 아니라 강점까지도 파악이 가능하다는 장점이 있다. 또한 치료계획 및 치료방향으로의 연계가능성이 높으며 질적인 평가가 가능하다.

연습문제

1. 언어이전기 수준의 언어발달장애 아동을 위한 진단·평가 시 고려해야 할 중요한 영역에는 어떤 것들이 포함될 수 있는가?
2. 감각-운동기 동안에 발달하는 인지적 기초 능력에는 어떤 것들이 포함되는가?
3. 언어이전기 수준의 언어발달장애 아동을 위한 표준화 평가와 비표준화 평가를 비교 설명할 수 있는가?
4. 진단·평가결과 해석을 통해 적절한 언어재활 목표를 선정하고, 목표 선정의 근거를 설명할 수 있는가?

참고문헌

권도하(2011). 언어치료학사전. 대구: 물과길.

권도하, 신명선, 김시영, 전희숙, 유재연, 안종복(2005). 언어진단법. 대구: 한국언어치료학회.

권도하, 이명순, 신후남, 신혜정, 정분선, 전희숙, 김효정, 고영옥, 곽미영, 최선영, 황하정(2012a). 언어발달. 서울: 박학사.

권도하, 장현진, 박은실, 전희숙, 신후남, 김시영, 신명선, 유재연, 손은남, 권미지, 강은희, 이옥분, 이명순, 박희정, 한지연(2012b). 언어진단법. 대구: 물과길.

김명순(1990). 출생에서 5세까지: 아동행동 발달 관찰표. 서울: 서울장애인종합복지관.

김수진, 신지영(2007). 조음음운장애. 서울: 시그마프레스.

김영태(1991). 구어-언어진단검사. 대구: 한국언어치료학회.

김영태(2014). 아동언어장애의 진단 및 치료. 서울: 학지사.

김영태, 김경희, 윤혜련, 김화수(2014). 영 · 유아 언어발달 검사. 서울: 파라다이스복지재단.

김정미, 신희선(2011). 한국판 영유아 발달선별검사. 서울: 학지사 심리검사연구소.

배소영, 곽금주(2011). 한국판 맥아더-베이츠 의사소통발달 평가. 서울: 마인드프레스.

배소영, 윤효진, 설아영(2017). 영유아 언어 및 의사소통 발달검사. 서울: 인싸이트.

장혜성, 서소정, 하지영(2011). 영아선별 · 교육진단검사. 서울: 학지사 심리검사연구소.

정옥분(2009). 아동발달의 이해. 서울: 학지사.

황보명, 김경신(2010). 지적장애 아동 언어치료. 서울: 학지사.

Berk, L. E. (2009). 아동발달(제7판) (이종숙, 이옥, 신은수, 안선희, 이경옥 공역). 서울: 시그마프레스. (원전은 2006년 출판)

Billeaud, F. P. (2009). 영아의 의사소통장애: 진단 · 평가 및 중재 (임영옥, 전병운, 조광순 공역). 서울: 박학사. (원전은 1993년 출판)

Haynes, W. O., & Pindzola, R. H. (2011). 언어장애 진단평가 (김민정, 한진순, 이혜란 공역). 서울: 학지사. (원전은 2003년 출판)

Hoff, E. (2016). 언어발달(제5판) (이현진, 권은영 공역). 서울: 박학사. (원전은 2013년 출판)

Johnson, J. E. (2005). **놀이와 유아교육** (신은수, 김은정, 안부금, 유영의 공역). 서울: 학지사. (원전은 1999년 출판)

Paul, R. (2007). *Language disorders from infancy through adolescence* (3rd ed.). St. Louis: Mosby Elsevier.

제6장

학령전기 언어발달장애 아동을 위한 진단 · 평가

황하정

◐ 이 장의 목표

- 학령전기 언어발달장애를 정의하고 언어영역별 결함 특성을 설명할 수 있다.
- 학령전기 언어발달장애 대상자의 언어 및 의사소통능력 평가내용을 나열할 수 있다.
- 표준화 및 비표준화 검사를 적용하여 학령전기 언어발달장애 대상자의 언어 및 의사소통능력을 평가할 수 있다.
- 평가도구에 따른 결과를 해석하고 대상자의 언어 및 의사소통능력 수준을 파악할 수 있다.
- 진단·평가 대상자의 의사소통 평가결과를 진단보고서 양식에 맞추어 작성할 수 있다.

➲ 핵심 용어

- **비표준화 검사** 언어장애 유무 선별 검사로는 부적절하지만, 아동의 문제점을 집중적으로 파악하고 분석하는 데 유용한 검사. 학령전기 언어발달장애 아동을 위한 대표적인 비표준화 검사로는 모방과제, 자발화 분석 및 이야기 평가가 있다.
- **선별검사** 언어 결함 유무를 살펴 좀 더 세밀한 평가가 필요한 대상을 판별해 내는 검사이다.
- **어휘다양도** 얼마만큼 다양한 단어를 사용하는가를 측정하는 의미론적 분석방법이다.
- **언어발달장애** 언어의 구성요소, 즉 내용, 형식, 사용 및 이들 조합의 이해 및 표현 발달이 지체되거나 편차되는 것. 또는 연령에 적합하게 말하기, 듣기, 읽기, 쓰기 발달에서의 결함이다.
- **의미관계 분석** 아동의 초기문장을 보다 의미 있게 분석하기 위해, 아동의 발화에서 나타난 각 단어들의 의미유형들 간 관계를 분석하는 의미론적 분석방법. 주로 2~4단어 조합 발화를 사용하는 대상자에게 적용한다.
- **자발화 분석** 대상아동과 검사자 또는 대화상대자와의 상호작용에서 나타난 아동의 자발화를 수집하여 아동의 표현언어능력을 의미론적·구문론적·화용론적으로 분석하는 비표준화 검사방법이다.
- **진단검사** 언어 결함의 정도 및 발달 수준과 특성을 파악하는 검사이다.
- **평균구문길이** 한 개의 형태소로 이루어진 발화를 제외하고, 총 형태소 수를 총 발화 수로 나누어 산출한 평균이다.
- **평균발화길이** 자발적인 발화의 길이를 측정하는 구문 발달 지표로, 분석에 적용하는 문법단위에 따라 평균형태소길이(MLU-m), 평균단어길이(MLU-w), 평균어절길이(MLU-c)가 있다.
- **표준화 검사** 대상자의 점수를 또래 연령 집단의 규준과 비교함으로써 대상자의 수준을 파악하는 검사로 표준화 과정을 거쳐 신뢰도와 타당도를 갖춘 검사이다.

앞서 언어이전기 수준의 언어발달장애 아동들을 위한 진단·평가에 관해 살펴보았다. 이 장에서는 한두 단어로 언어표현을 시작하는 아동부터 단어를 조합하여 문장으로 의사표현을 하나 또래에 비해 제한된 언어 및 의사소통능력을 보이는 학령전기 언어발달장애 아동의 진단·평가에 대해 살펴보고자 한다. 이 장의 내용은 언어 및 의사소통능력이 학령전기 수준에 있는 언어발달장애 아동의 진단·평가에 초점을 둔다. 이 장에서 다루는 내용은 언어에만 문제가 있는 단순언어장애 아동뿐만 아니라 학령전기 발달수준을 보이는 지적장애, 자폐범주성장애에게도 적용할 수 있다. 학령전기 언어발달장애 아동의 언어 진단·평가 과정 및 평가내용과 이 수준에서 적용 가능한 표준화 검사 및 비표준화 평가 방법과 사례를 다룰 것이다. 구어능력뿐만 아니라 읽기, 쓰기와 같은 문어능력 발달도 고려해야 하는 학령기 수준의 언어발달장애 아동의 진단·평가는 다음 장에서 다룰 것이다.

I. 학령전기 언어발달장애 개관

울기, 손 뻗기, 옹알이 등으로 의사표현을 하던 유아가 생후 10~15개월경이 되면 첫 단어를 산출하고, 대략 18개월경이 되면 50여 개의 표현어휘를 사용한다(권도하 외, 2011). 이 시기가 되면 어휘가 폭발적으로 늘어나고 문법적으로 불완전하지만 두 단어를 조합하여 표현하기 시작한다. 정상적인 언어발달을 하는 아동들은 학령전기에 언어를 구성하는 각 영역에서 많은 변화가 일어난다. 언어발달의 복잡성에도 불구하고 아동들은 빠르고 쉽게 언어를 습득해 간다(Kail, 2007). 비록 생활연령에 비해 언어발달이 제한되어 있지만, 구어표현이 가능한 학령전기 발달수준을 보이는 아동들을 대상으로 하는 표준화 검사 및 비표준화 평가방법들은 다양한 편이다. 아동의 실생활을 반영하는 언어 및 의사소통능력 평가를 위해서는 표준화 검사에만 의존하지 않고 자발화 표본분석과 같은 비표준화 평가를 함께 실시하여 종합적인 결과를 제시할 필요가 있다.

평가 결과를 바탕으로 중재방향을 수립하기 위해서는 언어의 각 영역이 비록 독립적으로 발달하는 것은 아니지만, 평가 결과를 언어영역별로 분류하여 전반적인 언어발달장애를 보이는지, 한 특정 언어영역에서 두드러진 문제를 나타내는지를 살펴보아야 한다. 학령전기 언어발달장애 아동이 나타내는 언어영역별 결함 특성을 의미 결함, 형태 및 구문 결함, 화용 결함으로 나누어 제시하였다.

1. 의미 결함

의미론은 언어의 내적인 내용을 다루는 분야이다. 언어를 사용하여 의사소통하기 이전인 생후 5~6개월경부터 아동들은 단어를 이해하기 시작하면서 수용언어가 발달한다. 이어 생후 12개월 무렵 첫 단어를 사용하면서 표현언어발달이 이루어지는데 어휘폭발기인 18개월 무렵까지는 서서히 어휘가 증가하다가 어휘폭발기 이후인 2~4세 사이 급성장을 한다(장선아, 김향희, 2001). 의미 발달은 수용 및 표현어휘 발달, 의미관계 발달, 인지와 관련하여 각 개념 발달 등과 관련된다. 학령전기 일반아동들은 어휘 발달에 있어 개별 어휘 발달뿐만 아니라 친숙한 상위 범주어, 반의어 개념 발달도 함께 이루어지기 시작한다. 또한 상위언어학적 지식의 발달로 친숙한 단어에 대해 주요 기능을 포함하여 단어 정의하기를 수행할 수 있고, 간단한 비유언어를 이해하고 표현할 수 있게 된다. 더불어 2~3세경 단어를 조합하여 초기 문장의 형태로 표현할 무렵, 아동들은 문법적으로 완전하지 못하나 단어조합에 있어 일관성 있는 의미관계로 표현한다. 2세 아동에게서 주로 나타나는 2단어 의미관계는 [대상-행위], [실체-서술], [배경(장소)-행위], [배경(부정)-서술]이며, 3단어 의미관계는 [실체-배경(장소)-서술], [대상-배경(도구)-행위], [행위자-대상-행위], [행위자-배경(도구)-행위] 등이 있다(김영태, 2014).

일반 아동의 의미 발달에 근거하여 볼 때, 학령 전 언어발달장애 아동의 의미론적 결함 특성은 표현 및 수용어휘 수 제한, 낮은 어휘다양도, 각 어휘 간 관계에 대한 개념 부족으로 인한 범주어, 반의어 등의 이해 및 표현 결함, 의미관계 유형의 제한 등이 있다. 따라서 언어평가 계획 시 이러한 각 요소들을 평가할 수 있도록 고려해야 한다.

2. 형태 및 구문 결함

형태론은 단어의 형태적 특성을 다루는 문법분야로 조사 및 어미 발달과 관련된다. 구문론은 단어를 배열하여 의미 있는 문장을 만드는 문법분야로 어순, 문장구조, 복문발달 등과 관련된다. 일반 아동들은 표현할 수 있는 어휘 수가 대략 50개 정도가 되는 18개월 무렵이면 두 단어를 조합하여 표현하기 시작한다. 이때 구문구조가 외현적으로 드러나기 시작하는 시기이다(배소영, 2006). 이 시기 이후 아동은 점차 다양한 문장구조를 표현하기 시작하며, 점진적으로 조사를 포함하여 문장을 표현하거나 어미를 활용하는 등 다양한 문법형태소 사용 능력이 발달하면서 보다 의미를 정확히 전달하고 긴 발화를 산출한다(하승희, 설아영, 소정민, 배소영, 2016). 2세경이 되면 연결어미 '-고'를 사용하여 간단한 접속문 형태의 복문을 산출하며 연령이 증가함에 따라 절을 포함하는 내포문 형태의 복문 산출도 점진적으로 발달한다. 또한 부정문, 사동문, 피동문 등의 다양한 문장형태에 대한 이해 및 표현 능력 발달이 학령전기에 시작된다.

이러한 형태 및 구문 발달에 결함이 있는 언어발달장애 아동은 문장을 구성하는 데 있어 어순오류를 나타내거나, 문법형태소를 이해하고 적절히 활용하여 사용하는 데 어려움이 있다. 문법형태소 사용 결함으로 인해 내용어만을 연결하여 문장을 만드는 전보문식 구어(telegraphic speech)를 오래 사용하며 전반적으로 발화길이도 짧은 양상을 보인다. 동사와 형용사의 어미 활용능력이 낮아 주로 단문으로 표현하며, 복문 이해능력에도 결함을 보인다.

3. 화용 결함

화용론에서는 다양한 의사소통 맥락 안에서 적절히 언어를 사용하는가의 측면을 다룬다. 의사소통 의도, 의사소통 기능 및 대화나 이야기 기술과 관련된다. 아동은 언어를 사용하여 의사소통하기 이전부터 몸짓이나 발성으로 초기 의사소통 의도를 표현한다. 이후 언어를 사용하여 의사소통을 하면서부터 다양한 대화기술을 습득한다. 학령 전기에 아동들은 화자와 청자의 역할에 맞게 대화 순서 지키기, 명료화 요구, 발화 수정과 같은 대화기술을 습득한다. 또한 대화 상대자의 사회적 지위나 상황에 따라 말하기 스타일을 변경하는 사용역(register), 자신이 전달하고자 하는 메시지에 대한 청자의 정보 보유 정도에 따라 제공하는 메시지를 조절하는 전제(presupposition) 능력, 청자와 화자의 역할에 맞게 특정 참조물에 대해 정보를 주고받는 참조적 의사소통능력을 발달시켜 나간다. 뿐만 아니라, 친숙한 사건을 순서대로 설명하거나 간단한 이야기를 재구성하여 전달할 수 있다.

화용 결함이 있는 학령전기 언어발달장애 아동은 대화순서 오류, 간접적인 메시지를 이해하거나 표현하는 데 어려움이 있으며 대화 시 명료화 요구, 발화 수정, 사용역, 전제 등의 대화기술을 적용하는 데 어려움이 있다. 또한 이야기 이해 및 표현에서도 결함을 보인다. 언어발달장애를 동반하는 지적장애나 자폐범주성장애 아동들은 의미, 구문, 화용 등 언어의 전반적인 영역에서 결함을 보이지만, 특히 인지, 언어, 사회-정서적 단서를 통합하여 적용하는 화용 능력의 결함이 두드러진다(Paul, 2007).

II. 진단 · 평가 과정과 평가내용

앞서 언어이전기 수준의 언어발달장애 아동을 대상으로 한 평가와 유사한 과정을 밟지만, 어느 정도 언어로 의사표현이 가능한 학령전기 수준의 언어발달장애 아동을 대상으로 할 경우 평가내용에서 차이를 보인다. 학령전기 수준의 언어발달장애 아동을 위한 진단 · 평가 과정과 평가내용을 개괄하면 다음 [그림 6-1]과 같다.

평가 과정	평가내용
배경정보 수집	• 사례사 수집(양식지) • 인터뷰(면담) • 다른 관련 전문가의 평가서 및 소견서
선별검사	• 표준화 검사를 통해 결함 여부 판단
진단검사	• 표준화 검사(전반적인 언어능력 검사 또는 언어영역별 검사) • 비표준화 검사(자발화 표본 분석, 준거참조 평가) • 문제 결함 특성 파악
평가결과 해석 및 보고서 작성	• 종합 결과 제시 및 보고서 작성 • 언어재활목표 방향 제시

[그림 6-1] 학령전기 수준의 언어발달장애 아동을 위한 진단 · 평가 과정과 평가내용

1. 인터뷰

언어발달 결함을 주호소로 임상현장을 방문하였을 때, 먼저 예비 대상자의 사례사 정보를 수집한다. 대부분의 임상현장에서는 대개 초기 상담지라고 불리는 사례사 양식지를 작성할 것을 요구하여 대상자의 기본 인적사항, 사례력, 가계력 등의 정보를 수집한다. 언어발달장애 아동을 대상으로 할 경우, 언어재활사는 양육자로부터 받은 사례사 정보를 바탕으로 인터뷰를 진행한다. 인터뷰를 하는 동안 언어재활사는 초기 상담지에 제시되지 않았거나 모호한 정보에 대해 명확한 답변을 요구하거나 향후 진행될 평가나 치료에 도움이 될 만한 부가정보

를 수집할 수 있다.

학령전기 수준의 언어발달장애 아동을 위한 초기 상담지 및 인터뷰에는 다음과 같은 내용이 포함된다(Haynes & Pindzola, 2008에서 재수정).

- 일반 정보(성명, 성별, 생년월일 등)
- 사례력, 교육력, 가계력
- 의사소통 발달을 위한 신체적 선행요건
  - 출생 및 일반 건강
  - 청력 상태
  - 신경학적 상태
  - 전반적인 발달
- 의사소통 발달을 위한 사회적 선행요건
  - 사회적 상호작용 빈도, 적절성
  - 비구어적 의사소통 행동
  - 관심 끌기
- 의사소통 발달을 위한 인지적 선행요건
  - 사물영속성, 모방, 수단-목적 개념
  - 상징놀이 발달
- 언어 및 의사소통 발달
  - 주 의사소통 수단
  - 일상적으로 사용하는 발화 수준
  - 추정하는 이해 및 표현어휘 수준

인터뷰에서 유의해야 할 사항은 사례사 정보에서 충분히 제공된 정보에 대해 불필요한 반복 질문으로 시간을 할애해서는 안 된다는 점이다. 예를 들어, 구어로 일상적인 대화를 상황에 맞게 적절히 수행하는 수준의 아동이라면 사회적 선행요건에 대한 인터뷰는 최소화할 필요가 있다. 언어재활사는 이처럼 선행 제공된 정보를 바탕으로 인터뷰 상대자를 고려하여 인터뷰 내용이나 질문방식을 조절할 수 있어야 한다.

2. 선별검사

사례사 정보와 인터뷰 내용을 바탕으로, 아동의 언어문제에 대해 보다 심도 있는 평가가 필요한지를 판단하기 위해 선별검사를 실시한다. 선별검사는 그 목적에 맞게 빠르고 간편하게 실시할 수 있어야 하고, 검사도구를 사용한 공식 선별검사의 경우 해당 검사결과를 정확히 해석할 수 있는 언어재활사가 실시하는 것이 바람직하다(김영태, 2014).

현재 우리나라에서는 영유아를 위한 표준화된 선별검사로 영 · 유아 언어발달 검사(SELSI; 김영태 외, 2014)가 개발되어 있지만, 학령전기 언어발달 수준에 해당하는 아동을 위한 표준화된 선별검사도구는 별도로 개발되어 있지 않다. 비공식적 방법으로 선별검사를 할 경우 아동 관찰과 언어발달 체크리스트를 이용하여 해당 연령에 준하는 발달 특성을 나타내는지 확인하거나, 문장 따라 말하기, 명명하기 등의 방법을 사용할 수 있다. 그러나 이러한 비공식적 결과만으로 언어문제 여부를 단정 지어 판단해서는 안 되며, 진단 · 평가를 의뢰하는 보조자료로 사용할 수 있다. 영어권에서 개발되어 있는 언어발달기 아동을 위한 표준화된 언어선별검사도구를 간략히 소개하면 다음 〈표 6-1〉과 같다.

〈표 6-1〉 영어권 언어발달기 아동용 표준화 언어선별검사도구의 예

검사(검사명, 저자, 연도)	해당 연령	평가영역
Bankson Language Screening Test-2판 (Bankson, 1990)	4~7세	수용 및 표현: 의미, 형태, 구문; 청지각과 시지각
Battelle Development Inventory Screening Test-2판(Newborg, 2004)	생후~8세	의사소통, 인지, 사회성, 적응-운동성
Denver II (Frankenburg et al., 1990)	2주~6세	언어, 표현-수용어휘, 개념, 사회성, 대근육 및 소근육 운동성

Early Screening Profiles(Harrison et al., 1990)	2~6;11세	인지, 언어, 자조 및 사회성, 운동성 프로파일; 조음, 가정보건 활동 조사
Fluharty Preschool Speech and Language Screening Test-2판(Fluharty, 2000)	3~6;11세	조음, 수용 및 표현언어, 복합언어
Joliet 3-Minute Speech and Language Screen(Revised)(Kinzier & Johnson, 1993)	유치원, 2, 5학년	구문표현, 수용어휘, 조음, 음성과 유창성
Kindergarten Language Screening Test-2판 (Gauthier & Madison, 1998)	3;5~6;11세	학습준비도

출처: Paul & Norbury (2007)에서 재수정.

III. 진단 · 평가 방법

언어 및 의사소통 진단 · 평가는 중재를 계획하기 위한 필수적인 사전단계이다. 진단 · 평가의 주목적은 아동의 현재 언어발달 수준을 측정하고 아동이 나타내는 언어 및 의사소통 특성을 파악하는 것이다. 이러한 초기 진단 · 평가 결과는 중재의 기초선을 수립하고 중재방향을 계획하기 위한 기초자료로 사용된다. 따라서 초기 진단 · 평가에서는 아동의 전반적인 언어 및 의사소통능력을 평가할 수 있어야 하고, 다양한 진단 · 평가 과정을 통해 중재 시 참고할 만한 아동의 상대적인 강 · 약점도 파악할 수 있어야 한다.

한편, 진단 · 평가는 중재가 제공되는 과정에서도 실시되는데, 이때는 중재를 통해 나타나는 언어발달 진전 정도를 살피고 중재방향을 유지 또는 수정할 필요가 있는지에 대한 근거를 마련하기 목적으로 이루어진다.

진단 · 평가방법은 크게 표준화 평가와 비표준화 평가로 나누어볼 수 있다. 먼저 학령전기 언어발달장애 아동을 위해 우리나라에서 개발된 표준화 검사를 소개하고, 비표준화 평가방법을 설명하고자 한다.

1. 표준화 평가

현재 우리나라에서 학령전기 발달 수준의 아동을 대상으로 한 표준화 검사가 다양하지는 않지만 언어의 전 영역에서 표현언어와 수용언어 발달수준을 평가하는 전반적 언어발달 검사, 그리고 언어의 각 개별 영역을 평가하는 언어검사들이 소수 개발되어 있다. 타당도와 신뢰도를 갖춘 표준화 검사는 아동의 언어발달 수준을 또래연령 아동의 발달규준과 비교할 수 있다는 장점이 있지만, 아동이 나타내는 문제영역을 보다 구체적으로 평가하고 특성을 파악하기 위해서는 비공식 검사를 함께 실시할 필요가 있다.

다음 〈표 6-2〉에 현재 우리나라에서 개발된 학령전기 수준의 언어발달장애 아동을 대상으로 실시할 수 있는 표준화 검사를 정리하여 제시하였다. 언어이전 수준부터 구어로 표현이 가능한 초기 언어발달기 아동에게 적용 가능한 영 · 유아 언어발달 검사(SELSI)와 한국판 맥아더-베이츠 의사소통발달 평가(KM-BCDI)는 앞서 언어 이전기 진단 · 평가에서 제시하였으므로 생략하였다.

〈표 6-2〉 학령전기 수준의 언어발달장애 아동을 위한 표준화 언어검사도구

학령 전 언어발달기 아동을 위한 표준화 검사	평가영역						규준 제시 연령
	수용언어			표현언어			
	의미	구문	화용	의미	구문	화용	
취학전 아동의 수용언어 및 표현언어 발달 척도 (PRES)	○	○	○	○	○	○	2~6세
수용 · 표현 어휘력 검사 (REVT)	○			○			만 2세 6개월~16세 이상 성인
구문의미이해력검사 (KOSECT)	○						만 4~9세(초등3)
언어이해 · 인지력검사	○						만 3~5세
언어 문제 해결력 검사 (상위 언어 기술)						○	만 5~12세

1) 취학전 아동의 수용언어 및 표현언어 발달 척도(김영태, 성태제, 이윤경, 2003)

취학전 아동의 수용언어 및 표현언어 발달 척도(Preschool Receptive-Expressive Language Scale: PRES)는 전반적인 언어능력, 즉 ① 인지개념 및 의미론적 언어능력, ② 조음 및 구문론적 언어능력, ③ 화용론적 언어능력을 수용 및 표현언어 측면 모두에서 평가하는 표준화 검사이다. 검사의 대상은 언어발달 수준이 2~6세에 해당하는 아동들로 정상 아동뿐만 아니라, 언어발달 지체나 장애를 나타낼 가능성이 있는 아동들이다. 앞서 4장에서 제시한 단순언어장애, 지적장애, 자폐범주성장애 등 언어발달장애를 동반하는 장애 아동들에게 적용할 수 있다.

검사문항은 수용언어와 표현언어영역 각각 45문항으로 총 90문항으로 구성되어 있다. 언어영역별로 살펴보면, 언어의 내용에 해당하는 의미론 관련 문항이 41문항, 형식에 해당하는 음운 및 구문론 관련 문항은 37문항, 사용에 해당하는 화용론 관련 문항은 14문항으로 구성되어 있다.

검사순서는 수용언어에서 표현언어 순으로 실시한다. 검사시작 전, 검사지침서를 통해 검사절차와 기초선, 최고한계선, 원점수 산출방법 등을 충분히 숙지하여야 한다. 검사결과를 통해 수용언어, 표현언어, 통합언어에 대한 언어발달 연령과 백분위 점수를 산출할 수 있다. 이러한 결과를 진단보고서에 기술할 때는 언어발달 연령, 백분위 점수의 산술적인 수치뿐만 아니라 결과분석에 대한 내용도 함께 제시할 것을 권고한다. 예를 들면, 아동의 전반적인 수용언어와 표현언어 발달의 차이, 각 언어영역별 발달 차이, (-)점수를 받은 항목의 특성, 검사 시 아동의 특이사항 등이 있다. 이 중 언어영역별 평가결과 분석의 경우, 평가에서 제시된 영역별 문항 수에서 차이가 있으므로 감안하여 조심스럽게 해석해야 한다.

2) 수용 · 표현 어휘력 검사(김영태, 홍경훈, 김경희, 장혜성, 이주연, 2009)

수용 · 표현 어휘력 검사(Receptive & Expressive Vocabulary Test: REVT)는 의미

론 영역에 해당하는 수용어휘력과 표현어휘력을 평가하는 표준화 검사다. 어휘력은 말하기, 듣기, 쓰기, 읽기 등 전반적인 언어능력과 밀접한 관련이 있는 언어능력의 기본이다. 따라서 어휘력을 평가하는 것은 아동의 언어발달 진단에서 기초 과정에 해당한다(김영태 외, 2009). 검사의 대상은 만 2세 6개월부터 만 16세 이상의 성인까지이며, 어휘 발달 정도를 측정하고자 하는 일반아동 및 성인, 여러 요인으로 인한 언어장애 위험군에 있는 아동 또는 언어발달장애를 동반하는 장애아동에게 실시할 수 있다.

검사문항은 수용어휘와 표현어휘 각각 185문항으로 명사(수용 53%, 표현 57.3%), 동사(수용 37%, 표현 31.35%), 형용사 및 부사(수용 10%, 표현 11.35%) 순의 비율로 구성되어 있다. 검사순서는 표현어휘부터 수용어휘 순으로 실시하며, 표현어휘 검사는 그림대면 이름대기 방식이며, 수용어휘 검사는 4개의 그림 중 검사자가 말해 주는 목표어휘 그림을 지적하기 방식으로 진행된다.

검사 결과, 정상 발달 여부 및 이탈 정도를 해석하기 위한 규준은 등가연령 규준, 백분위 규준, 평균 및 표준편차 규준을 제공하고 있다. 이러한 규준은 발달에 해당하는 등가연령, 또래집단 내에서의 상대적인 위치, 어휘 발달 지체 여부에 대한 정보를 제공한다. 이러한 결과를 진단보고서에 작성할 때는 규준점수와 함께 치료목표 수립에 도움이 될 만한 어휘력 정보, 즉 품사별 오류 빈도, 오반응 유형 분석 등의 부가적인 해석도 함께 기술할 것을 권고한다.

3) 구문의미이해력검사(KOSECT; 배소영, 임선숙, 이지희, 장혜성, 2004)

구문의미이해력검사는 만 4~9세(또는 초등학교 3학년) 정도의 구문이해력 범주에 속하는 일반아동 및 장애아동을 대상으로 구문의미이해력을 측정하는 표준화 검사다. 검사문항은 총 57문항으로, 크게 문법형태소에 초점을 맞춘 10문항, 구문 구조에 초점을 맞춘 28문항, 어휘 이해 및 비유나 유추적 의미에 초점을 맞춘 19문항으로 구성되어 있다. 검사자가 들려주는 문장을 듣고 3개의 그림 중 목표 문장에 해당하는 그림을 짚는 방식으로 실시된다.

검사 결과는 생활연령 또는 학년에 근거한 백분위 점수, 또래집단의 평균 및 표준편차 규준을 제공해 준다. 이러한 결과를 진단보고서에 작성할 때는 규준 점수와 함께 아동의 오반응 문항을 분석하여 구문 구조, 문법형태소, 의미 중 어느 부분에서 강 · 약점을 보이는지, 또래아동의 85% 이상이 맞힌 문항에서의 오반응 유무 등을 함께 제시하여 치료 중재계획 수립에 참고할 수 있도록 한다.

4) 언어이해 · 인지력 검사(장혜성, 임선숙, 백현정, 1992)

언어이해 · 인지력 검사는 학령전기 아동, 즉 3세에서 5세 11개월 수준에 해당하는 일반아동 및 언어문제를 동반한 장애아동의 언어 이해력 및 인지력을 측정하는 표준화 검사다. 검사항목은 의미론 영역의 수용언어능력을 평가하는 40문항으로 구성되어 있다. 검사방법은 검사자의 지시를 아동이 수행하거나, 검사자의 질문에 해당하는 그림 또는 사물을 지적하는 방식으로 진행된다.

검사 결과는 또래집단의 상대적인 위치를 제시하는 백분위 점수와 원점수가 속하는 발달수준을 제시하는 등가연령을 제공해 준다. 본 검사에서 등가연령은 1년 간격으로 제시되고 있어 정밀한 연령수준을 파악하는 데는 다소 제한이 있다.

5) 언어 문제 해결력 검사(배소영, 임선숙, 이지희, 2000)

언어 문제 해결력 검사는 학령전기부터 학령기에 이르는, 즉 5세부터 12세 아동을 대상으로 상위언어 기술을 측정하는 표준화 검사이다. 검사 목적은 특정 상황에서 대답하는 능력을 평가하여 언어를 통한 문제해결능력을 측정하는 것이다. 검사는 총 17개 장면의 상황 그림판에 대한 총 50문항의 질문으로 구성되어 있다. 17개 장면은 크게 가정 상황 11가지, 학교 상황 2가지, 공공장소 상황 4가지로 구성되어 있다. 50개 질문문항은 크게 세 범주, 즉 원인이유 범주 18문항, 해결추론 범주 20문항, 단서추측 범주 12문항으로 구성되어 있다. 검사자의 '왜' 또는 '어떻게' 질문에 아동이 대답하는 방식으로 실시되며, 아동의 반응을 기록하여 0, 1, 2점으로 채점한다.

검사 결과는 아동이 속한 연령집단을 기준으로 원인이유, 해결추론, 단서추측 각각에 대한 백분위 점수와 총점에 대한 백분위 점수를 제공해 준다. 범주별 백분위 점수는 절대적인 기준으로 해석하기보다 아동의 상대적 강약점을 파악하는 참고자료로 사용할 수 있다.

2. 비표준화 평가

1) 자발화 표본분석

초기 언어발달에서 학령전 언어발달 수준을 보이는 아동들을 대상으로 실시할 수 있는 대표적인 비표준화 평가방법에는 자발화 분석(spontaneous language sample analysis)이 있다. 자발화 분석은 선별보다 진단에 목적을 두는 평가방법으로 아동의 일상적인 표현언어능력을 평가한다. 자발화 분석을 통한 언어진단의 신뢰도를 높이려면 아동의 대표적인 자발화 표본을 수집하는 과정에서부터 검사자의 주의가 요구된다. 대표성 있는 발화를 수집하기 위해서는 자발성이 확보되어야 하는데, 이를 위해 검사자는 3가지 사항을 준수할 것을 권고한다. 즉, 대화를 하는 동안 아동이 검사자의 영향을 가급적 받지 않도록 ① 검사자의 통제를 줄이고, ② 부자연스런 유도를 줄이고, ③ 아동이 의식하지 않도록 진행해야 한다(Owens, 2014에서 재인용). 또한 대화 상대자와 상황이 다양할수록 대표성 있는 발화를 수집할 수 있다.

자발화 분석에 의한 평가는 모든 언어영역, 즉 의미론, 구문 · 형태론, 화용론 측면에서 분석이 가능하다.

(1) 의미론적 분석

자발화 표본의 의미론적 분석은 크게 ① 개별 의미유형 분석, ② 의미관계 분석, ③ 어휘다양도 산출이 있다. 의미론적 분석은 초기 단단어 또는 주로 의미적인 관계로 두세 단어를 연결하여 말하는 수준의 아동 발화를 분석하는 데 용이하다.

먼저 개별 의미유형 분석은 주로 단단어를 사용하는 아동의 발화를 분석할 때 사용하며 아동의 발화 중 어떠한 의미유형이 많이 나타나는지, 제한적으로 나타나는지 등을 분석하여 해당 연령의 일반아동 발달자료와 비교하여 그 결과를 제시한다. 의미관계 분석은 발화에서 나타난 개별 의미유형들의 관계를 분석하는 것이다. 문장 내 의미관계 분석은 주로 2~4단어를 연결하여 단문으로 표현하는 아동의 발화 분석에 사용된다. 의미관계 역시 또래아동의 발달준거와 비교하여 어떤 의미관계를 많이 사용하는지, 혹은 나타나지 않는지를 분석하여 결과를 제시할 수 있다. 이러한 결과는 아동의 중재계획 수립의 기초 자료로 사용할 수 있다.

김영태(2014)는 개별의미 유형을 체언부, 용언부, 수식부, 대화요소의 4개 영역으로 제시하고 있다. 구체적으로 살펴보면, 체언부에는 행위자, 경험자, 공존자, 소유자, 수혜자, 실체, 대상, 인용/창조물의 8개 항목이 있다. 용언부는 서술어에 해당하는 부분으로 행위(주로 동사)와 상태서술(주로 형용사), 실체서술(체언+서술격조사 형태의 서술어), 부정서술(서술어에 부정적 의미가 내포된 경우; 예: 싫다, 없다, 아니다)의 3개 항목이 있다. 수식부는 체언수식, 용언수식, 배경(주로 부사어)의 3개 항목이 있다. 그 외 문장 속의 다른 단어들과는 의미관계를 형성하지 않고, 독립적인 기능을 하는 의미들은 대화요소로 분류한다.

한편, 어휘다양도(Type-Token Ratio: TTR)는 아동의 발화를 단어단위로 구분한 뒤 전체 단어 수(Number of Total Words: NTW)에 대한 서로 다른 단어 수(Number of Diffferent Words: NDW)의 비율을 측정하는 수치로 NDW를 NTW로 나눈 값이다. 2~8세 아동들은 대략 .42~.50 사이의 어휘다양도를 보이므로, 어휘다양도가 .50보다 클 경우 대상아동은 어휘를 다양하게 사용하고 있다고 해석할 수 있으며, .42보다 낮을 경우 동일한 단어를 반복적으로 사용하는 경향을 보인다고 해석할 수 있다(Owens, 2014). 어휘다양도는 품사별로도 구분하여 제시할 수 있는데, 우리말의 품사를 기준으로 예를 든다면 〈표 6-3〉과 같다.

〈표 6-3〉 어휘다양도 분석의 예

문장 번호	아동발화	문장 번호	아동발화
1	수박 사러 마트에 가자.	6	포크로 먹어.
2	긴 바나나도 샀어.	7	둘이 같이 먹었어.
3	예쁜 새 옷도 샀지.	8	바나나 많이 먹었어.
4	와! 많이 샀다.	9	나도 많이 먹었어.
5	아빠 왔네.	10	많이 먹으면 배 아프지.

명사		대명사		수사		동사		형용사		관형사		부사		조사		감탄사	
수박	/	나	/	둘	/	사다	// //	길다	/	새	/	많이	// //	에	/	와	/
마트	/					가다	/	예쁘다	/			같이	/	도	///		
바나나	//					오다	/	아프다	/					로	/		
옷	/					먹다	// // /							이	/		
아빠	/																
포크	/																
배	/																

다른 단어 수(NDW)				전체 단어 수(NTW)			
명사	7	대명사	1	명사	8	대명사	1
수사	1	동사	4	수사	1	동사	11
형용사	3	관형사	1	형용사	3	관형사	1
부사	2	조사	4	부사	5	조사	6
		감탄사	1			감탄사	1

어휘다양도(TTR) = 다른 단어 수(NDW) / 전체 단어 수(NTW) = 24 / 37 = 0.65

〈표 6-3〉의 어휘다양도 분석 예에서는 어휘다양도가 0.65로 산출되었으므로 해당 아동은 전반적으로 어휘를 다양하게 사용하고 있다고 해석할 수 있다. 또한 각 품사별로 비교해 본다면, 아동은 다른 품사에 비해 동사에서 상대적으로 제한된 어휘를 반복적으로 사용하는 것으로 해석할 수 있다.

(2) 구문 · 형태론적 분석

자발화 표본의 구문 · 형태론적 분석에는 크게 3가지, 즉 ① 평균발화길이, ② 문법형태소 분석, ③ 문장유형 분석이 있다. 특히 평균발화길이는 복문 사용이 활발해지기 이전인 4세 이하 아동의 구문능력을 평가하는 데 유용한 측정치이다.

평균발화길이는 분석기준으로 삼는 문법단위에 따라 평균형태소길이(Mean Length of Utterance in morphemes: MLU-m), 평균단어길이(Mean Length of Utterance in words: MLU-w), 평균어절길이(MLU-c)가 있으며, 이외 하나의 형태소로 된 발화를 제외하고 두 개 이상의 형태소로 된 발화만을 분석하는 평균구문길이(Mean Syntactic Length: MSL)가 있다. 부가적으로 최장발화길이(Upper Bound Length: UBL)를 분석하기도 한다. 평균발화길이에 대한 분석 예시는 〈표 6-4〉와 같다.

〈표 6-4〉 평균발화길이 분석의 예

발화 번호	아동의 말	발화 번호	아동의 말
1	수박 사러 마트에 가자.	5	엄마
2	바나나도 있어?	6	바나나 먹었지.
3	예쁜 옷도 샀어.	7	포크
4	많이 샀다.	8	둘이 같이 먹었어.

발화 번호	형태소 분석	형태소 수	단어 분석	단어 수
1	수박/ 사/러/ 마트/에/ 가/자	7	수박/ 사러/ 마트/에/ 가자	5
2	바나나/도/ 있/어?	4	바나나/도/ 있어?	3
3	예쁘/-ㄴ/ 옷/도/ 사/-ㅆ/어	7	예쁜/ 옷/도/ 샀어	4
4	많/이/ 사/-ㅆ/다	5	많이/ 샀다	2
5	엄마	1	엄마	1
6	바나나/ 먹/었/지	4	바나나/ 먹었지	2
7	포크	1	포크	1
8	둘/이/ 같이/ 먹/었/어	6	둘/이/ 같이/ 먹었어	4
	총 형태소 수	35	총 단어 수	22

▶ 평균형태소길이(MLU-m) = (총 형태소 수) / (총 발화 수) = 35/8 = 4.38
▶ 평균단어길이(MLU-w) = (총 단어 수) / (총 발화 수) = 22/8 = 2.75
▶ 평균구문길이(MSL): 5번, 7번 발화 제외하고 형태소 단위로 분석 = 33/6 = 5.5
▶ 최장형태소길이: 7 ▶ 최장단어길이: 5

아동의 구문발달 정도를 대표하는 척도인 평균발화길이를 산출한 후에는 또래 발달 준거와 비교하여 결과를 해석한다. -1 표준편차 이상일 경우에는 정상발달 범주에 속하는 것으로, -1 표준편차에서 -2 표준편차에 해당할 경우에는 주의요망 또는 약간 지체의 가능성이 있는 것으로, -2 표준편차 미만일 경우에는 또래에 비해 평균발화길이가 짧은 것으로 구문발달 지체의 가능성이 높다고 해석한다.

두 번째 구문 · 형태론적 분석에는 문법형태소 분석이 있다. 우리말의 문법형태소에는 조사, 어미, 접사가 있다. 특히 문장에서 문법적 기능을 하는 조사와 어미는 아동의 구문 · 형태론 발달척도로 유용하다. 아동의 발화에서 나타나는 문법형태소를 분석한 뒤 또래아동의 발달 준거와 비교하여 결과를 제시한다. 〈표 6-4〉의 예시 발화에 나타난 문법형태소를 분석하면 〈표 6-5〉와 같다.

〈표 6-5〉 문법형태소 분석의 예

번호	발화	조사			어미				접사
		격조사	접속 조사	보조사	선어말 어미	종결 어미	연결 어미	전성 어미	
1	수박 사러 마트에 가자.	에				-자	-러		
2	바나나도 있어?			도		-어			
3	예쁜 옷도 샀어.			도	-ㅆ-	-어		-ㄴ	
4	많이 샀다.								이
5	엄마				-ㅆ-	-다.			
6	바나나 먹었지.				-었-	-지			
7	포크								
8	둘이 같이 먹었어.	이			-었-	-어			

문장 분석에서는 아동의 전체 발화 중에서 단문이나 복문이 차지하는 비율을 분석하거나, 문장 종결법에 따른 문장 틀의 다양성을 분석한다. 문장 분석을 위한 분석표의 예는 다음 〈표 6-6〉과 같다. 한국어의 문장 종결법에 따른 문장 틀은 평서문, 의문문, 명령문, 청유문, 감탄문 등 다섯 종류가 있다. 문장 분석에서는 아동 발화에서 나타나는 문장 틀이 주로 어떠한 유형인지, 어떠한 문장 종결 유형은 나타나지 않는지 등도 함께 분석할 수 있다.

〈표 6-6〉 문장 분석표

문장 분류			발화 번호	계
단문				
복문	접속문	대등 접속문		
		종속 접속문		
	내포문	명사절 내포문		
		관형절 내포문		
		부사절 내포문		
		서술절 내포문		
		인용절 내포문		

(3) 화용론적 분석

자발화의 화용론적 분석에서는 ① 발화의 자율성, ② 발화의 적절성, ③ 의사소통 기능을 분석한다. 문장의 자율성 분석은 아동 발화가 자발적인지, 모방 발화인지를 분석하여 아동이 얼마나 자율적으로 대화에 참여하는지를 살펴보는 것이다. 문장의 적절성 분석은 아동 발화가 선행발화나 문맥적으로 적절한지, 부적절한지를 분석한다. 세 번째로 의사소통 기능 분석은 아동의 발화 수준에 따라 의사소통 의도가 제한적인 아동에게는 초기 구어기능 분석, 의사소통 의도가 다양한 아동에게는 대화기능 분석을 한다.

2) 이야기 평가

한국어 이야기 평가(Korean Narrative Assessment: KONA; 권유진, 진연선, 배소영, 2018)는 표준화 검사는 아니지만, 학령전기 아동과 학령기 아동의 이야기 수준을 평가할 수 있는 준거-참조(Criterion-referenced) 검사도구이다. 학령전기 아동에게는 『그네 이야기』와 『공 이야기』 그림카드를 보여 주며 이야기를 들려준 후, 아동으로 하여금 이야기 다시 말하기를 요청함으로써 회상 산출된 이야기를 바탕으로 아동의 이야기 능력을 평가한다.

이야기 평가 영역은 크게 이야기 표현능력과 이야기 이해능력 평가로 나누어진다. KONA에서는 학령전기 아동의 이야기 표현 능력에 대한 만 4~6세의 또래 준거를 제시하고 있으며, 이야기 이해능력과 관련된 질문은 부록으로 제시하고 있다. 이야기 표현능력 평가에서는 세 가지, 즉 ① 이야기 구성, ② 결속표지, ③ 구문 및 문법형태소를 분석한다. 이야기 구성 영역에서는 아동이 이야기에 꼭 필요한 내용을 명확하고 응집력 있게 잘 표현하는지를 평가하기 위해, 이야기 문법 회상률(%), 이야기 구성점수를 분석한다. 결속표지 영역에서는 문장 간 의미적인 결속을 만들어 내는 장치인 결속표지의 사용능력을 평가하기 위해, 결속표지 사용 정확률(%), 적절한 사용 수, 부적절한 사용 수를 분석한다. 결속표지 유형에는 지시(reference), 대용(substitution), 접속(conjuction), 어휘적 결속(lexical cohesion), 생략(ellipsis) 등이 있는데(양수진, 2000), 특히 연결어미나 접속부사와 같은 접속표지 사용 능력을 평가함으로써 중재 방향을 담화수준에서 시작할 것인지, 문장수준에서 시작할 것인지를 결정하는 데 참고할 수 있다. 구문 및 문법형태소 영역에서는 MLTm(T-unit당 평균형태소길이), 문법형태소 오류율(%)을 분석한다. 보다 자세한 평가방법을 위해서는 KONA의 전문가 지침서를 참고하길 바란다.

IV. 평가사례 및 진단보고서

지금까지 학령전기 언어발달 수준을 보이는 아동의 진단 · 평가방법에 대해 알아보았다. 아동의 전반적인 언어 및 의사소통 평가 결과를 진단보고서로 작성할 때에는 실시한 각 표준화 검사의 규준에 따른 점수와 함께 아동의 상대적인 강 · 약점도 해석하여 제시한다. 또한 비표준화 검사에서 도출된 결과도 언어영역별로 구분하여 기술함으로써 향후 중재 방향 수립의 근거가 될 수 있도록 한다. 다음은 학령전기 언어발달 수준 아동의 평가 결과를 진단보고서로 작성한 예이다.

진단 · 평가 보고서

대상자	배○○ (남)	언어재활사	홍○○ (자격번호 제○○호)
생년월일	2014. 05. 29. (5세 1개월)	평가기간	2019년 07. 01~2019. 07. 05.
언어장애유형	언어발달장애	작성일	2019. 07. 08.

1. 배경 정보

배○○ 아동은 현재 5세 1개월 남자 아동으로, 또래아동과의 원활한 의사소통의 어려움을 주 호소로 본 기관에 평가를 의뢰하였다. 어머니와의 인터뷰 결과, 아동은 또래에 비해 말문이 늦게 트여 18개월경 첫 단어 '엄마'를 산출하였다고 한다. 어머니는 임신기간 및 출산 전 · 후 특이 사항이 없었다고 한다. 아동의 첫걸음마 시기는 13개월경이었으며, 기타 신체 발달, 정서 및 사회성 발달에 이상이 없었으나, 4세경 어린이집 담당교사로부터 또래에 비해 언어발달이 느리므로 전문가의 평가를 받아볼 것을 권유받았다고 한다.

아동은 4세경 대학병원 내 언어치료실에서 언어평가를 받았으며, 당시 또래에 비해 1세 6개월에서 2세 정도 언어 발달이 지체되므로 언어치료가 필요하다는 결과를 통보받았다고 한다. 이후 아동의 집에서 가까운 언어치료센터를 방문하여 언어치료를 시작하였으나 아동의 부적응으로 1개월 만에 종료하였다고 한다. 그 외 언어발달 관련 평가나 중재를 받은 경험은 없다고 한다.

아동은 현재 어린이집에 재원 중이며, 간단한 의사소통에는 어려움이 없으나 자신의 경험을 이야기하거나 긴 문장으로 표현하는 데 어려움이 있다고 한다.

2. 행동관찰 및 평가에 대한 태도

아동은 치료실 환경에 낯설어하며 어머니의 손을 잡고 입실하였으나, 얼마 지나지 않아 각 치료실을 신기한 듯 들여다보며 처음 보는 물건들에 대해 먼저 질문하기도 하였다. 평가에 대해 설명을 하자 적극적으로 참여하겠다는 의사를 표현하였다.

표준화 검사를 실시할 때 시간이 경과할수록 집중력이 떨어지는 모습을 보였으나, 검사자의 지시나 집중요청에 대해 대체로 잘 따르는 모습을 보였다. 아동은 자발화 수집을 위한 자유놀이 상황(블록 쌓기, 기차놀이, 그림책 보기)에 적극적으로 참여하였으며 어머니, 검사자와 자연스럽게 상호작용하였다. 아동은 대화 시 의사소통 순서 지키기가 잘 이루어졌으나, 발화의 대부분이 3~4어절 수준의 단문이었다.

3. 실시한 검사

1) 취학전 아동의 수용언어 및 표현언어 발달 척도(PRES; 김영태, 성태제, 이윤경, 2003)
2) 수용·표현 어휘력 검사(REVT; 김영태, 홍경훈, 김경희, 장혜성, 이주연, 2009)
3) 구문의미이해력검사(KOSECT; 배소영, 임선숙, 이지희, 장혜성, 2004)
4) 자발화 수집 및 분석

4. 검사에 따른 결과

1) 취학전 아동의 수용언어 및 표현언어 발달 척도(PRES; 김영태, 성태제, 이윤경, 2003)

아동의 전반적인 수용언어 및 표현언어 발달수준을 알아보기 위하여 PRES를 실시한 결과를 표로 제시하면 다음과 같다.

PRES	언어발달연령(개월)	획득 점수	백분위점수
수용언어	52	31	5%ile
표현언어	47	28	3~4%ile
통합언어	50	59	

PRES	언어영역별		
	인지/의미론	음운/구문론	화용론
수용언어	95.24% (20/21)	71.43% (10/14)	50.0% (1/2)
표현언어	81.82% (9/11)	82.35% (14/17)	100% (6/6)

위 표에서 제시한 바와 같이, 아동은 수용언어 및 표현언어 발달수준 모두 생활연령에 비해 약 1세 정도 지체되어 있다. 수용언어 검사의 최고한계선까지 수행을 언어영역별로 살펴보면, 인지/의미론 영역에서는 '계절 이해' 항목에서 (-)로 나타났으며, 음운/구문론 영역에서는 '복수 이해' '내포문 이해' '시제 이해' '사동/피동 이해' 항목에서 (-)로 나타났으며, 화용론 영역에서는 '간단한 은유 이해' 항목에서 (-)로 나타났다.

표현언어 검사의 최고한계선까지 수행을 언어영역별로 살펴보면, 인지/의미론 영역에서는 '낱말 회상' '낱말 정의' 항목에서 (-)로 나타났으며, 음운/구문론 영역에서는 '목적격 조사 사용' '사동사 사용' '/ㅅ, ㅈ/ 계열 소리 모방' 항목에서 (-)로 나타났다.

2) 수용 · 표현 어휘력 검사(REVT; 김영태, 홍경훈, 김경희, 장혜성, 이주연, 2009)

아동의 수용 및 표현 어휘력 수준을 알아보기 위하여 REVT를 실시한 결과를 표로 제시하면 다음과 같다.

REVT	원점수	등가연령	백분위점수	표준편차 점수
수용어휘력	43	4세 0개월~4세 5개월	10%ile 미만	-1*SD*~-2*SD*
표현어휘력	42	3세 6개월~3세 11개월	10%ile 미만	-2*SD* 미만

위 검사결과로 볼 때 아동의 수용어휘력과 표현어휘력 모두 생활연령에 비해 지체되어 있는 것으로 나타났다. 수용어휘력과 표현어휘력 모두 10%ile 미만이며, 표준편차 점수를 볼 때 수용어휘력은 약간 지체/유의 요망, 표현어휘력은 발달지체 수준에 해당한다. 품사별로 살펴볼 때, 수용어휘에서는 명사(84.85%) → 형용사/부사(66.67%) → 동사(57.89%) 순으로 정반응률이 높았으며, 표현어휘에서는 명사(88.57%) → 동사(62.5%) → 형용사/부사(20.0%) 순으로 정반응률이 높았다. 오류문항을 살펴볼 때, 또래아동의 85% 이상이 정답률을 보이는 항목 중 대상 아동이 오답을 보인 문항은 수용어휘에서는 32번 '재다'와 41번 '가득하다'였으며, 표현어휘에서는 42번 '주사위', 44번 '떨어지다'와 47번 '똑같다'였다.

3) 구문의미이해력검사(KOSECT; 배소영, 임선숙, 이지희, 장혜성, 2004)

아동의 구문의미이해력을 평가하기 위해 KOSECT를 실시한 결과를 표로 제시하면 다음과 같다.

KOSECT	원점수	백분위수	표준편차 점수
	11	17%ile	-1*SD*~-1.25*SD*
평가영역별 정답률	문법형태소 초점	구문구조 초점	의미 초점
	66.67% (2/3)	44.44% (4/9)	62.5% (5/8)

위 표에서 나타난 바와 같이 아동의 구문이해력은 백분위수 17%ile, 표준편차 점수 -1~-1.24 SD로 또래에 비해 지체된 것으로 나타났다. 구문의미이해력검사의 최고한계선 문항은 20번이었으며, 최고한계선까지의 정답률은 '문법형태소 초점 → 의미 초점 → 구문구조 초점' 항목 순으로 나타났다. 또래아동의 85% 이상이 정답률을 보이는 항목 중 대상 아동이 오답을 보인 문항은 3번 문항 '놀이터에는 나밖에 없다.'와 5번 문항 '친구가 휘둥그런 눈으로 소곤거리고 있다.'이었다.

4) 자발화 분석

일상적인 대화 시 아동의 전반적인 표현언어능력을 살펴보기 위해 블록 쌓기, 기차놀이, 그림책 보기 활동을 통해 자발화를 수집하여 분석하였다.

의미론적 분석에서 개별의미유형 분석 결과, 체언부에서는 '실체' 42.5%, '대상' 27.0%의 순으로 높은 출현빈도를 나타냈으며 '인용/창조물'은 나타나지 않았다. 용언부에서는 '행위' 40.54%, '상태서술' 29.73%, '실체서술' 24.3%, '부정서술' 5.41% 순으로 나타났다. 수식부에서는 '용언수식' 15.5%, '체언수식' 11.0% 빈도로 나타났으며, 배경에서는 '부정'이 21.3%로 가장 높은 빈도를 나타냈다. 문장 내 의미관계 분석 결과, 3단어 의미관계, 4단어 의미관계, 2단어 의미관계 순으로 출현빈도를 나타냈다. 3단어 의미관계에서는 '대상-배경-행위'와 '행위자-대상-행위'가 각각 22.5%로 출현빈도가 높았으며, 4단어 의미관계에서는 '행위자-대상-용언수식-행위'가 75%로 출현빈도가 높았다. 2단어 의미관계는 '대상-행위' 47.5%, '실체-서술' 24.7%의 순으로 나타났다. 어휘다양도(TTR) 분석 결과, 다른 단어 수(NDW)가 163, 전체 단어 수(NTW)가 348, 어휘다양도(TTR)는 0.47로 나타났다.

구문론적 분석에서 평균발화길이를 분석하여 김영태(2014)와 비교한 결과, 아동의 평균형태소길이(MLU-m)는 4.46, 평균단어길이(MLU-w)는 3.33, 평균어절길이(MLU-c)는 2.45로 나타나 모두 또래집단(60개월 기준) 내 -1SD~-2SD에 속하는 것으로 나타났다. 문법형태소 분석 결과, 조사 분석에서 격조사의 경우, 주격, 목적격, 부사격, 서술격, 호격 조사는 출현하였으나, 보격조사와 관형격조사는 나타나지 않았다. 접속조사는 구어체에서 주로 사용되는 '랑'의 형태로 출현하였다. 보조사는 '도'만 출현하였다. 어미 분석 결과, 문장종결어미, 연결어미, 선어말어미가 나타났으며, 전성어미는 나타나지 않았다. 접사 분석 결과, 부사화 접미사 '-이'가 1회 출현하였으며 그 외 접사는 나타나지 않았다. 단문 대 복문의 비율은 발화의 84.3%가 단문이었으며, 복문은 대부분 연결어미를 사용한 접속문이었다.

화용론적 분석 결과, 대부분의 발화가 자발적이었으며 선행발화에 연계되는 적절한 발화였다. 의사소통 기능별로는 '주관적 진술' 38.69%, '요구' 22.59%, '객관적 언급' 17.03%, '반응' 15.07%, '대화내용 수신표현' 4.32%, '대화내용 구성요소' 2.3%의 순으로 나타났으며, 그 외 농담이나 놀림의 표현은 나타나지 않았다.

5. 평가결과 요약

1) 언어능력

(1) 수용언어능력

표준화 검사에 의한 아동의 수용언어능력은 또래에 비해 발달이 지체된 것으로 평가되었다. PRES 결과 수용언어능력의 백분위 점수가 5%ile, REVT의 수용어휘력 결과 등가연령 4세 0개월~4세 5개월, 백분위 점수 10%lie 미만, 표준편차 점수 -1SD~-2SD로 나타났으며, KOSECT 결과, 백분위 점수 17%ile, 표준편차 점수 -1SD~-1.25SD로 나타났다.

(2) 표현언어능력

표준화 검사에 의한 아동의 표현언어능력은 또래에 비해 발달이 지체된 것으로 평가되었다. PRES 결과, 표현언어능력의 백분위 점수가 3~4%ile, REVT의 표현어휘력 결과 등가연령 3세 6개월~3세 11개월, 백분위 점수 10%lie 미만, 표준편차 점수 -2SD 미만으로 나타났다. 비공식 검사에 해당하는 자발화 분석 결과, 평균발화길이가 또래에 비해 다소 짧으며 전체 발화의 84.3%가 단문이었다.

2) 전반적인 의사소통능력

아동은 전반적으로 구어로 의사소통이 가능하였으며 의사소통 순서 지키기나 주제유지 능력은 양호하였다. 일상적인 대화에서 상호작용은 잘 이루어지나, 자신의 경험이나 일상적인 사건을 명확히 전달하는 데에는 어려움을 보였다.

3) 조음기관의 기능, 유창성 및 음성

아동의 조음기관 관찰 및 치료사의 지시에 따른 조음기관 협응능력을 살펴보았을 때 기질적 및 기능적 결함이 나타나지 않았다. 유창성과 음성 등의 기타 문제도 관찰되지 않았다.

6. 권고

아동은 전반적인 언어발달 수준이 생활연령에 비해 약 1세 정도 지체되어 있다. 수용언어와 표현언어 간 발달적 편차는 크지 않은 편이다. 아동의 생활연령을 고려할 때 사회화가 가속되는 시기이므로 전반적인 언어 및 의사소통능력 향상을 위한 언어중재가 필요할 것으로 사료된다. 전반적인 언어영역에서 지체된 양상을 보이므로 어휘력, 문법형태소 사용 및 구문 능력, 담화능력 향상을 목표로 한 언어치료가 제공되기를 권고한다.

요약

이 장에서는 학령전기 언어발달 수준을 보이는 언어발달장애 아동을 위한 진단·평가와 관련하여 평가 내용, 표준화 검사, 비공식 평가 실시방법에 대해 알아보고 결과를 해석하여 진단보고서로 작성하는 절차들을 살펴보았다.

1. 언어발달장애 아동의 진단·평가에서 어떠한 평가방법을 적용할 것인가를 결정하기 위해서는 사전 인터뷰를 통해 배경정보를 수집하고 수집한 정보를 바탕으로 검사도구 및 비공식 평가방법을 결정할 수 있어야 한다.
2. 구어를 사용하여 의사표현이 가능한 학령전기 언어발달장애 아동을 대상으로 진단·평가를 실시한 후에는 실시한 검사 결과들을 종합하여, 각 언어영역별로 분석하고 정리하여 기술할 수 있어야 한다.
3. 표준화 검사도구를 사용할 경우, 또래 일반아동의 여러 규준점수와 비교가 가능하고 수치화된 점수로 검사 대상 아동의 수준을 파악하는 데 용이하지만, 표준화 검사가 제한된 방식으로 진행되는 점을 고려한다면 대상자의 실생활에서의 의사소통을 반영하고 강·약점을 파악할 수 있는 비공식 검사를 함께 실시할 것을 추천한다.
4. 학령전기 수준의 언어발달장애 아동을 위한 표준화 검사를 실시하기 위해서는 기존 출시된 검사의 경우 지침서를 충분히 숙지하여 실시하며, 신규로 출시되는 검사일 경우, 실시 및 해석 방법에 대한 세미나 또는 워크숍에 참석하여 훈련받을 것을 권고한다.
5. 학령전기 수준의 언어발달장애 아동을 위한 비공식 검사 방법에는 자발화 분석 및 이야기 평가 등이 있다. 검사자는 대표성을 갖춘 발화를 수집하고 신뢰도와 타당도를 보완하기 위한 방법을 숙지해야 한다.

연습문제

1. 학령전기 언어발달장애 아동의 언어결함 특성을 언어영역별로 구분하여 설명할 수 있는가?
2. 학령전기 언어발달 수준을 보이는 언어발달장애 아동의 진단 · 평가를 위한 사전 인터뷰에서 고려해야 할 요소는?
3. 학령전기 언어발달 수준의 언어발달장애 아동을 위한 표준화 검사는?
4. 학령전기 언어발달 수준의 언어발달장애 아동을 위한 비공식 평가방법은?
5. 자발화 분석을 통한 평가에서 각 언어영역별 분석 지표는?

참고문헌

권도하, 이명순, 신후남, 신혜정, 정분선, 전희숙, 김효정, 고영옥, 곽미영, 최선영, 황하정(2011). 언어발달. 서울: 박학사.

권유진, 진연선, 배소영(2018). 한국어 이야기 평가. 서울: 인싸이트.

김영태(2014). 아동언어장애의 진단 및 치료. 서울: 학지사.

김영태, 김경희, 윤혜련, 김화수(2014). 영 · 유아언어발달검사. 서울: 파라다이스복지재단.

김영태, 성태제, 이윤경(2003). 취학전 아동의 수용언어 및 표현언어 발달척도(PRES). 서울: 서울장애인종합복지관.

김영태, 홍경훈, 장혜성, 김경희, 이주연(2009). 수용 및 표현어휘력 검사(REVT). 서울: 서울장애인종합복지관.

배소영(2006). 한국어 발달특성과 학령전기 문법형태소. 한국어학, 31, 31-45.

배소영, 임선숙, 이지희(2000). 언어문제해결력검사. 서울: 서울장애인종합복지관.

배소영, 임선숙, 이지희, 장혜성(2004). 구문의미이해력검사. 서울: 서울장애인종합복지관.

양수진(2000). 이야기 결속표지 발달: 4세, 6세, 8세 및 성인을 대상으로. 이화여자대학교 석사학위논문.

장선아, 김향희(2001). 정상아동과 말-언어장애아동의 수용 및 표현어휘력에 관한 연구-그림어휘력검사와 한국판 보스톤이름대기 검사를 중심으로. 언어청각장애연구, 5(2), 1-22.

장혜성, 임선숙, 백현정(1992). 언어이해 · 인지력검사. 서울: 서울장애인종합복지관.

하승희, 설아영, 소정민, 배소영(2016). 자발화 분석을 통한 만 2세 한국아동의 말-언어 발달 특성. Communication Sciences and Disorders, 21(1), 47-59.

Berk, L. E. (2006). *CHILD DEVELOPMENT*(7th ed.). Pearson Education: Allyn & Bacon.

Haynes, W. O., & Pindzola, R. H. (2008). *DIAGNOSIS AND EVALUATION IN SPEECH PATHOLOGY* (7th ed.). Pearson Education; Allyn & Bacon.

Owens, R. E. (2014). *LANGUAGE DISORDERS: A Functional Approach to Assessment and Intervention*(6th ed.). Pearson Education.

Paul. R. (2007). *Language disorders from infancy through adolescence* (3rd ed.). St. Louis: Mosby Elsevier.

Paul. R., & Norbury, C. F. (2013). *Language disorders from infancy through adolescence* (4th ed.). St. Louis: Mosby Elsevier.

Rovert, V. K. (2007). *Children and Their Development*(4th ed.). Pearson Education; Prentice Hall.

제 7 장

학령기 언어발달장애 아동을 위한 진단 · 평가

최선영

◐ 이 장의 목표

- 학령기 언어발달장애를 정의하고 설명할 수 있다.
- 학령기 언어발달장애 대상자를 위한 평가내용을 이해하고 평가도구를 적용하여 실시할 수 있다.
- 평가도구에 따른 결과를 해석하여 대상자의 의사소통능력수준을 파악할 수 있다.
- 대상자의 의사소통능력 수준을 진단보고서 양식에 맞추어 작성할 수 있다.

핵심 용어

- **문어** 일상적인 대화에서 쓰이는 말이 아닌 문장에서만 쓰는 말로, 읽기와 쓰기로 구성된다.
- **상위언어능력** 언어사용 그 이상으로 언어에 대해 생각하는 것을 말한다. 아동에게 단어를 소리 내어 발음해 보라고 하거나 문장을 그 구성요소로 나누어 분석하라고 하거나 이야기 요소를 완성하거나 언어의 규칙을 확인하라고 요구한다면 상위언어능력 사용을 요구하는 것이다.
- **음운인식** 구어에서 사용되는 여러 말소리를 지각하고 조작할 수 있는 능력을 말한다. 문장이나 낱말을 음절이나 음소(말소리)와 같이 더 작은 구어 단위로 나누거나(분절, segmentational), 말소리들을 결합하여 더 큰 구어단위를 만드는 것(합성, synthesis 또는 결합, blending), 그리고 특정 위치의 말소리나 음절을 구분하는 것(변별, discriminational) 등을 통해 평가할 수 있다.
- **주제 음영화** 대화 주제의 안정된 변화, 혹은 이전 주제의 어떤 요소에 새로운 주제를 연결하여 대화의 연속성은 유지하면서 주제를 자연스럽게 서서히 옮겨 가는 것을 말한다.
- **주제운용** 하나의 주제를 제시하였을 때 주제를 이탈하지 않고 주제에 적절하게 이야기하는 능력, 주제 개시, 주제 유지, 주제 전환 등의 능력이 포함된다.

I. 학령기 언어발달장애 개관

학령전기와 마찬가지로 학령기 의사소통장애를 진단 · 평가하기 위한 목적은 언어문제를 객관적으로 판별하고 그들의 언어적 강약점을 파악하는 것이다. 평가의 목적은 학령기와 학령전기가 동일하나 평가 내용과 절차에서 차이가 나타난다. 학령전기 언어장애는 주로 구어를 습득하는 데 장애를 갖는 아동을 중심으로 다루는 반면, 학령기 언어장애는 구어 습득에 장애를 갖는 경우는 물론 이로 인해 학습에 문제를 갖거나, 혹은 학령기에 습득하게 되는 읽기나 쓰기와 같은 문어영역에서 문제가 나타나는 경우를 포함한다(Wallach & Butler, 1984, 1994). 따라서 학령기 의사소통장애의 언어진단 및 평가 시 구어 이해 및 표현능력을 평가할 뿐만 아니라 읽기와 쓰기 같은 문어능력도 평가해야 한다. 더불어 의사소통 상황에서 요구되는 실제적인 구어기능은 물론 언어학습에 기초가 되는 상위언어능력에 대한 평가도 고려해야 한다(이윤경 외, 2010).

학령기 아동 집단 중에서 언어장애로 진단될 가능성이 높은 경우는 학령전기에 언어장애 병력이 있었던 아동, 학습 및 읽기 장애가 있는 아동, 행동, 정서, 사회성 문제가 있는 아동, 학업상 위험한 아동들이다. 특히 학령전기에 언어문제를 경험한 아동의 50% 이상은 언어문제를 경험하지 않은 아동보다 학업 및 언어문제를 보일 위험이 높게 나타났다. 이는 해당 아동의 언어능력이 '약하기' 때문이 아니라 학년이 높아질수록 교과과정의 요구도와 학업의 난도가 높아지며 교사의 언어복잡성이 증가되기 때문이다. 따라서 학령전기에 언어치료가 종료되었다 하더라도 국어, 쓰기, 읽기, 철자법, 수학 영역에서 언어 문제가 다시 발생할 가능성이 있다. 이에 따라 자연스럽고 일상적인 상황에서의 구어 의사소통능력의 평가와 함께 학령기에는 학교상황에서의 언어학습이나 교과과정을 중심으로 한 평가가 요구된다.

이 장에서는 학령기 의사소통장애 아동을 위한 선별검사, 공식 검사를 통한 평가, 비공식 검사를 통한 평가의 과정 및 평가내용에 대해 알아보고자 한다.

II. 진단 · 평가 과정과 평가내용

학령기 언어발달장애 아동을 위한 진단 · 평가 과정과 평가내용을 도식화하여 [그림 7-1]에 제시하였다.

평가과정	평가내용
사전정보 수집 및 선별평가	• 사례사 양식지 • 인터뷰(면담) • 다른 관련 전문가의 평가서 및 소견서
↓ 공식 검사를 통한 평가	• 구어영역 평가 • 언어영역 평가 • 문어영역 평가
↓ 비공식 검사를 통한 평가	• 의미 평가 • 음운 및 구문 평가 • 화용 평가 • 상위언어 평가 • 읽기 및 쓰기 평가
↓ 평가결과 해석 및 보고서 작성	• 결과의 종합 및 보고서 작성 • 언어재활 목표 수립

[그림 7-1] 학령기 언어발달장애 아동을 위한 진단 · 평가 과정과 평가내용

1. 사전정보 수집 및 선별검사

학령기 아동의 언어 습득 및 학습과 관련이 있는 발달력, 진단력, 치료 및 교육력, 가족관계 등의 정보를 수집한다. 현재 의사소통장애가 학령전기의 언어발달부터 지체되었는지 혹은 학령기에 접어들어 나타난 것인지를 살펴보기 위해 발달정보를 확인하여야 하며, 특히 학교에서의 의사소통능력이나 학습문제 여부, 또래관계 등의 학교생활과 관련된 정보도 수집하여야 한다.

학령전기에는 주로 양육자와의 상담이나 보고에 의해 아동의 전반적인 언어 문제와 관련된 정보를 수집하게 되는 반면, 학령기에는 양육자뿐 아니라 학급교사가 언어의 이상을 알아차리며 그것과 관련된 정보를 수집하게 된다. 특히 이 시기에는 학교에서 보내는 시간이 점점 늘어나며 의사소통 목적도 학업이나 학교생활과 관련된 것이 중요하게 간주되기 때문에 학령전기에 비해 일반교사나 특수학교에 의한 의뢰가 많을 수 있다. 조음이나 유창성, 심하게 목쉰음성을 내거나 언어의 한 요소를 생략하거나 잘못 사용하는 언어문제와 같은 비교적 확실한 것은 교사가 발견하기에 용이하지만 화용론과 상위언어 문제를 파악하는 것은 쉽지 않다. 교사는 아동이 무엇인가에 대해 명확하고 간단히 설명하지 못하거나 정보를 적절한 순서로 제시하는 데 어려움이 있는 경우, 지시를 이해하지 못하는 경우, 낱말찾기의 문제가 있는 경우, 재시도, 주저 등이 나타나는 경우, 부적절한 낱말을 사용하는 경우, 문법적으로 부정확한 문장구조가 나타나는 경우에 주의를 기울일 수 있다. 일관되게 학년 평균 이하, 한 학년 유급하는 등의 학업문제가 지속되는 아동, 학습장애로 진단된 적이 있고 학업곤란을 겪고 있는 아동, 읽기에서 뚜렷한 문제를 보이는 아동, 구어 의사소통이 어려운 아동을 언어치료 전문가에게 통상적으로 의뢰할 수 있다.

부모나 교사에 의해 의뢰된 아동을 대상으로 심화검사가 필요한지 유무를 결정하기 위하여 선별검사를 실시하게 된다. 우리나라에서는 복지관이나 지역아동센터에서 해당 지역의 아동을 대상으로 선별검사를 실시하는 경우가 있기는 하나 아직은 전체 아동을 대상으로 선별검사를 실시하는 경우는 드물다. 대체로 부모나 일반교사, 또는 관련 전문가가 선별검사를 의뢰하는 경우가 대부분이다. 현재 학령기 아동을 대상으로 '구문의미이해력검사'(배소영, 임선숙, 이지희, 장혜성, 2004), '언어 문제 해결력 검사'(배소영, 임선숙, 이지희, 2000), '수용 · 표현 어휘력 검사'(김영태 외, 2009) 등의 검사를 활용할 수 있다. 또한 특정 주제를 가지고 대화를 한다든가, 혹은 이야기를 말하도록 하는 등의 비공식 검사를 이용할 수도 있다. 아동이 대화를 하는 동안 대화의 주제를 잘 유지하지 못하거나,

대화 주제를 새롭게 시작 또는 전환하지 못하는 등 주제운용에 어려움을 보이거나, 적절한 이야기 구조를 갖추어 이야기를 산출하지 못하는 경우, 대화나 이야기 산출 시 어휘 산출 및 사용에 문제를 보이거나 또는 문법적 오류를 많이 보이는 경우에도 심화검사에 의뢰할 필요가 있다.

2. 공식 검사를 통한 평가

표준화 검사는 비표준화 검사에 비해 평가 절차의 타당도와 신뢰도를 갖추고 있고 평가 도구 및 절차가 정해져 있어 실시가 용이하다. 또한 일반아동에 대한 규준자료를 제시하고 있기 때문에 동일 연령대 아동과 비교하여 평가대상 아동의 언어능력 수준을 해석할 수 있다. 따라서 아동의 언어문제를 판별하고 정도를 가늠할 때 유용하게 사용할 수 있다(이윤경 외, 2010). 우리나라에서 학령기 아동을 대상으로 한 표준화 검사의 종류가 다양하지 않지만 최근 학령기 아동을 대상으로 검사도구가 활발히 개발되고 있다.

1) 구어 및 언어영역 평가

수용 · 표현 어휘력 검사(Receptive & Expressive Vocabulary Test: REVT)는 2세 아동부터 성인을 대상으로 수용어휘와 표현어휘 능력을 살펴보는 검사도구이다. 검사대상자의 어휘능력 지체 여부를 판단할 수 있고 어휘발달 연령과 생활연령과의 차이에 대한 정보를 제공하며 상대적인 어휘발달 수준을 알 수 있다.

학령기 아동 언어검사(Language Scale for School-aged Children: LSSC)는 학령기 아동의 언어능력을 전반적으로 평가하기 위한 검사도구로 11개 하위항목으로 구성되어 있다. 의미영역에서는 상위어 이해 및 표현하기, 반의어 표현, 동의어 표현, 문장 의미 이해를, 문법영역에서는 구문이해, 문법오류판단 및 수정, 복문산출을, 화용/담화 영역에서는 단락 듣고 이해하기, 청각적 기억에서는 문장 따라 말하기 항목을 평가한다. 이 검사를 통해 학령기 언어장애, 언어학습장애, 언어학습부진을 선별할 수 있으며 실제적인 구어기능뿐만 아니라 언어학습에 기초가 되는 메타언어능력과 학교 중심의 언어사용능력을 살펴볼 수 있다.

2) 문어영역 평가

국립특수교육원 기초학력검사(Korea National Institute for Special Education-Basic Academic Achievement Test: KISE-BAAT, 읽기)는 5세 0개월부터 14세 11개월을 대상으로 읽기학습에 부진이나 곤란을 나타내는 아동을 선별 또는 진단하고 부진을 나타내는 영역과 수준을 파악하는 검사이다. 이는 교육계획의 수립과 적용에 필요한 정보를 제공할 수 있으며 교육과정이 개정되더라도 계속 변하지 않고 사용할 수 있는 범교과적 접근방법 내용으로 구성되었다.

국립특수교육원 기초학력검사(Korea National Institute for Special Education-Basic Academic Achievement Test: KISE-BAAT, 쓰기)는 쓰기학습에 부진이나 곤란을 나타내는 아동을 선별 또는 진단하고 이들이 부진을 나타내는 영역과 수준을 파악하는 검사이다.

기초학습기능 수행평가체제: 읽기검사(Basic Academic Skills Assessment: BASA-Reading)는 읽기문제나 읽기장애를 보이는 학습장애를 평가하거나 중재를 통한 아동의 변화를 모니터링하는 데 활용할 수 있으며 초등학교 저학년 아동을 대상으로 검사할 수 있다. 이는 교육과정 중심 측정절차에 의해 제작된 검사도구로, 아동의 현재 읽기 수행수준을 평가할 뿐 아니라 교육적 의사결정을 위해 상대적으로 짧은 기간의 반복측정을 통해 학습능력 발달도 평가한다.

읽기 성취 및 읽기 인지처리능력검사(Test of Reading Achievement & Reading Cognitive Processes Ability: RA-RCP)는 초등학교 1~6학년 학생의 읽기 성취 및 읽기와 관련된 인지처리 능력을 측정하기 위한 검사이다. 이는 읽기 성취 영역과 읽기 인지처리능력의 점수를 확인함으로써 읽기장애(난독증)를 진단하도록 고안되었다. 특히 단어인지 읽기장애, 읽기유창성 읽기장애, 읽기이해 읽기장애, 중복 읽기장애와 같이 세분화된 읽기장애 진단이 가능하다. 읽기인지처리능력 검사에는 자모지식, 빠른 자동 이름대기, 음운기억, 문장 따라 말하기, 듣기이해, 어휘 소검사가 포함된다.

한국어 읽기검사(Korean Language-based Reading Assessment: KORLA)는 초등학교 1~6학년을 대상으로 한 한국형 읽기장애 평가도구이다. 이는 우리나라 아동의 읽기발달 특성과 발달적 언어 특성에 기초하여 개발되었으며, 학생의 읽기수준을 확인하고 하위영역별 강약점을 파악하여 읽기중재 방향 및 읽기중재 전후의 효과를 파악할 수 있다. 특히 평가 결과에 따라 4가지 읽기장애 하위유형(난독증, 비특정 읽기장애, 혼합형 읽기장애, 특정이해결함)으로 진단할 수 있다. 핵심검사와 상세검사, 선별검사로 구분하여 평가목적에 따라 활용할 수 있도록 하였는데, 핵심검사에는 해독과 읽기 이해, 문단글 읽기 유창성, 듣기 이해가 포함되며, 상세검사에는 음운처리능력과 쓰기능력 평가가 포함된다. 음운처리능력은 음운인식, 빠른 이름대기, 음운기억 측면에서 평가하며, 쓰기는 받아쓰기와 주제글쓰기 능력을 통해 평가한다.

3. 비공식 검사를 통한 평가

일반적으로 언어장애 증상은 나이가 들수록 잘 드러나지 않는다. 표준화 검사로는 학령기 아동에게 나타나는 미묘한 언어문제를 밝히기 쉽지 않다. 초등학교 수준의 학생이 여러 가지 표준화 검사를 통해 통과한다 하더라도 언어에 기초한 의사소통장애가 있을 수 있다. 공식 검사로 드러나지 않는 언어문제를 발견하기 위하여 그리고 공식 검사가 제공하는 정보 이상을 얻기 위하여 비공식 검사를 이용한다. Haynes과 Pindzola(2011)는 비표준화 평가에서 사용되는 공통적인 과제를 제시하였다. 변별(예: 가리키기, 만지기), 시연(예: 지시 따르기), 대화(예: 수정 요구하기), 판단(예: 맞다, 틀리다, 이상하다, 공손하다) 등과 같은 비표준화 과제를 이용하여 이해 언어능력을 평가할 수 있다고 하였다. 한편, 표현언어능력은 즉각 혹은 지연모방 유도, 자연스런 모델링, 문장과제, 자발적 말 유도 과제(예: 이름대기, 그림묘사하기, 장벽게임), 다시 이야기하기(바꿔 말하기), 이야기하기, 대화(정해진 형식), 자유놀이 등을 이용할 수 있다고 하였다.

비표준화 방법을 사용하여 언어평가를 할 때 자극과 과제를 고안해야 하며 학령기 아동의 경우 교과과정을 근거로 한 평가문항을 만들기 위해 초등학교 교과서나 참고서 등을 이용할 수 있다. 학령기 아동을 평가할 때 자연스러운 의사소통 환경에서 자발적인 대화 표본을 수집하거나 이야기 과제를 통해서 언어를 평가하거나 은유나 관용어 등의 표현이 포함된 이야기 맥락을 별도로 제작하여 비유언어에 대한 이해능력을 평가해야 한다. 또한 읽기에 통한 학습이 중요해진 시점에 있으므로 그들의 읽기능력도 평가해야 한다.

학령기 언어발달장애 아동의 중재목표 및 방향 설정과 중재효과 측정을 위해서는 특정 영역에서 대상자의 수행수준을 평가하는 준거참조(criterion-referenced) 검사가 유용하다. 최근에 개발되어 사용할 수 있는 검사도구로는 한국어 이야기 평가(Korean Narrative Assessment: KONA)가 있다. 아동의 언어능력을 평가할 때 단순히 어휘나 문장패턴을 이해하고 산출하는 것 이상으로 하나의 주제를 유지하면서 응집력 있게 표현하는 과정이 요구된다. 이 검사도구는 만 4~6세 학령전기 아동에게 그네 이야기, 공 이야기 그림을, 초등 1~6학년 학령기 아동에게 개구리 이야기 그림을 보여 주면서 이야기를 들려준 후 아동의 회상 산출능력을 바탕으로 이야기 능력을 평가하도록 고안되었다. 이를 통해 이야기 구성, 결속표지, 구문 및 문법, 이야기 비유창성 분석 등을 분석한다.

1) 의미 평가

학령기에는 학령전기보다 어휘 수가 증가할 뿐만 아니라 이미 습득한 어휘들의 의미를 보다 넓고 깊게 확장해 나간다. 교사의 지시 및 설명, 교과서 언어와 읽기를 통해 새로운 단어를 배우고 이미 알고 있는 단어들을 결합시켜 합성어를 만들거나 주어진 단어에 형태소를 첨가시키는지 살펴본다. 혹은 구조화시킨 놀이방식(예: '사이먼 가라사대' 게임)을 이용하여 낱말을 정의하도록 하거나 의심이 가는 낱말범주를 사용할 수 있는지 알아본다.

또한 학령기에는 은유(metaphor)나 직유(simile), 관용어(idiom), 속담(proverb) 같은 함축적인 의미가 담긴 표현이라든가 중의적인 표현의 이해 및 사용, 낱말 정의하기 능력 등이 더 발달된다. 또한 어휘가 필요한 상황에서 빠르고 정확하게 인출해 내는 낱말 찾기도 더 빠르고 효율적으로 이루어지게 된다. 그러므로 학령기에 필요한 비유언어, 한자어, 다양한 의문관형사의 이해와 표현도 살펴볼 수 있다.

2) 음운 및 구문 평가

학령기에는 음운산출과 더불어 음운기억과 음운인식이 중요하게 대두되며 읽기와 같은 문어발달과 밀접하게 관련이 있다. 이는 음운인식 평가, 무의미음절 따라말하기 과제 등을 이용하여 평가할 수 있다.

학령기의 구문발달에서 가장 큰 특징은 복문의 사용이 증가되고 다양한 연결어미를 사용하여 접속문을 산출하는 것이다. 또한 말에서보다 글에서 복합 구문이 더 쉽게 관찰되는데, 특히 설득글 쓰기에서 자주 나타난다. 설득문을 작성할 수 있다는 것은 높은 수준의 문법수준을 나타낸다고 볼 수 있다. 즉, 학령기에는 보다 복잡한 형태의 구문을 보다 적극적으로 사용하게 된다. 따라서 다양한 형태의 복문 사용률, 주절과 종속절의 사용, 종속절의 유형, 구문 표현 실수 등을 살펴볼 수 있다.

3) 화용 평가

학령기 동안의 가장 중요한 언어성장은 언어사용 측면이다. 학령기의 폭넓어진 경험과 더불어 대화 상대자의 연령, 관심, 사회적 지위, 인지적 수준, 대화상황 등을 고려한 적합한 대화주제의 개시가 가능해진다. 또한 주제 음영화(topic shading)의 발달이 두드러지는데, 자신이 속해 있는 언어 공동체의 언어사용 스타일을 학습하면서 대화 상대자의 사회적 지위, 연령, 성별, 인지적 능력 등을 고려한다.

학령기 아동의 의사소통 상황 환경은 가정이나 일상적인 경험과 관련된 것에서 벗어나게 된다. 즉, 학교생활이나 학생들의 경험 밖에 있는 것에 대한 탈문맥적(decontexualized) 이야기나 토론이 주를 이루게 된다. 또한 언어사용 환경의 변화로 인하여 집단 대 개인의 의사소통 상황이 보편적으로 나타나며 한 번에 한명의 화자만이 이야기하는 대화규칙에서도 변화가 나타난다. 따라서 학령기의 효과적인 의사소통자가 되기 위해서는 의사소통 주제를 적절하게 다룰 수 있는 주제운용 능력이나, 토론이나 설명 같은 보다 고차원적인 의사소통 기능들이 요구된다. 또한 의사소통 의도의 표현이나 의사소통 기능, 대화자 스타일, 타인의 설명이나 이야기 등을 이해할 수 있는지 살펴보는 것이 중요하다.

학령기 아동들은 교실수업이나 교과서, 또래친구들과의 대화를 통해 이야기에 자주 노출된다. 이야기는 단어, 문법형태소, 구문구조 등이 어우러져 구성된 복잡한 담화 장르로, 배경, 계기, 사건, 내적반응, 계획, 시도, 결과의 이야기 문법을 갖추고 있다. 연령이 증가할수록 이야기의 길이, 일화의 수, 내포된 일화 사용은 점진적으로 증가한다. 학령기에는 이러한 이야기 능력을 살펴볼 필요가 있다.

4) 상위언어 평가

상위언어 기술에는 음운인식, 의미인식, 화용인식이 포함된다. 음운인식에는 말소리와 말소리 결합규칙과 관련이 있으며 의미인식은 낱말의 정의나 동의어 및 반의어, 또는 낱말의 은유 등을 인식하는 데 기초가 되고 화용인식은 다양한 사회적 상황에서 언어가 어떻게 사용되는가를 이해하는 데 기초가 된다. 이를 기반으로 함축적인 표현을 이해하고 동일한 낱말이 다양한 의미로 사용되거나 다른 낱말들과 의미적으로 연관될 수 있으며 다양한 사회적 상황에서 언어가 각기 다른 형태로 사용되는지를 평가한다. 이처럼 상위언어 기술은 학령기 언어발달에서 중요한 역할을 담당하므로 학령기 언어장애 아동의 언어 문제를 이해하는 데 중요한 요소라 할 수 있다.

5) 읽기 및 쓰기 평가

학령기 언어에서 중요하게 고려할 것 중 하나는 구어와 문어의 관계이다. 특히 읽기와 쓰기는 언어 기반 활동이므로 이 영역은 언어치료사의 또 다른 관심영역이다. 읽기 이해나 쓰기 표현은 어휘력이나 구문능력, 담화능력 등의 언어능력을 필요로 한다. 읽기 평가는 공식 및 비공식 검사로 평가할 수 있다. 특히 학령기 아동의 경우 교과를 기초로 한 평가가 매우 중요하기 때문에 읽기영역의 평가가 반드시 포함되어야 한다. 읽기능력의 기저가 되는 음운인식 평가, 말소리, 낱자, 낱말, 구 문장, 단락 수준의 읽기, 쓰기에서는 받아쓰기, 짧은 글 짓기, 작문 평가를 실시할 수 있다.

학령기 언어발달장애 아동을 대상으로 실시할 수 있는 유용한 비공식 평가영역과 내용을 〈표 7-1〉에 참고하였다(권도하 외, 2014).

〈표 7-1〉 학령기 언어발달장애 관련 비공식 평가

평가영역	평가내용
음운론	• 특정 문맥 내에 포함된 발음하기 어려운 단어들을 산출하기 • 무의미단어 따라말하기 • 빠른 자동화된 이름대기 과제
의미론	• 단어 정의하기 • 한자어 이해 및 사용 • 동음이의어에 대한 이해 • 비슷한 말/반대말 이해 및 표현 • 비유언어 이해 및 사용: 직유, 은유, 관용어, 속담 등 • 어휘다양도(TTR) 분석
구문론	• 전체 발화에서 복문의 사용 비율 • 사동/피동문 이해 및 표현 • 문법 오류 판단 및 수정하기 〈이야기 회상 산출에 의한 구문평가〉 • 총 T-unit 수 • 총 종속절 수 • T-unit당 평균 종속절 수 • 평균 T-unit 길이 • MLTw(T-unit당 평균 단어 수) • MLTm(T-unit당 평균 형태소 수) • 문법형태소 오류율

<table>
<tr><td rowspan="2">화용론</td><td>대화</td><td>• 명료화 요구하기
• 대화 수정하기
• 대화 상대방에게 눈맞춤 및 집중하기
• 전제 능력
• 참조적 의사소통능력
• 주제 시작하기
• 주제 유지하기
• 대화 차례 지키기
• 대화 상대자에 따른 적절한 사용역(register) 능력
• 대화에 적절한 비구두 행동</td></tr>
<tr><td>이야기</td><td>〈이야기 이해〉
• 사실적 정보 이해력
• 텍스트 연결추론 이해력
• 빠진 정보 추론 이해력
〈이야기 표현〉
• 이야기 문법 전체 회상률
• 이야기 문법 종류별 회상률
• 완전한 일화 수
• 총 결속표지 사용수
• 적절한 결속표지 사용수
• 부적절한 결속표지 사용수
• 결속표지 정확률</td></tr>
<tr><td colspan="2">읽기</td><td>• 음소인식 평가
• 낱말재인 평가
• 읽기 유창성 평가
• 읽기 이해 평가</td></tr>
<tr><td colspan="2">쓰기</td><td>• 빈칸 채우기
• 선다형에서 바른 것 찾기</td></tr>
</table>

III. 평가사례 및 진단보고서

의사소통능력을 진단 · 평가한 후 평가내용과 평가결과 등을 문서로 작성할 수 있어야 한다. 진단 · 평가 사례를 다음과 같이 제시하였으니 학령기 언어발달장애 아동의 진단 · 평가 시 참고하길 바란다.

진단 · 평가 보고서

1. 배경정보

김○○ 아동은 초등학교 1학년 남아로 소극적인 성격을 가지고 있다. 어머니의 보고에 의하면 초등학교 등교거부로 인해 어려움이 있었고 새로운 친구와 사귀는데 시간이 오래 걸린다고 하였다. 학교에서 자기주장이나 발표를 하는데, 주저할 때가 많고 선생님의 질문이나 설명을 듣고 집에 와서 이야기 전달할 때 내용이 정확하지 않아 SNS나 전화로 친구 혹은 선생님께 다시 내용을 확인하는 경우가 있다고 한다. 읽기와 쓰기 능력이 또래보다 떨어지고 성인의 긴 말을 정확하게 이해하고 말할 때 문장의 길이가 길어졌으면 하는 기대로 언어치료를 의뢰하였다.

2. 진단 · 평가 및 결과

1) 수용 · 표현 어휘력 검사(Receptive & Expressive Vocabulary Test: REVT)

표현어휘력은 원점수 66점, 등가연령 6세 0~5개월(74개월)로 백분위 점수는 10~20%ile이다. 아동의 평가 결과를 또래의 평균 원점수 75.94점과 비교하였을 때 -1SD(68.06)~-2SD(60.18)로 또래연령 집단 내 관찰요망 수준에 속하는 것으로 나타났다. 또한 수용어휘력은 원점수 69점, 등가연령 6세 6~11개월(83개월)로 백분위 점수는 30~40%ile이다. 아동의 평가 결과를 또래의 평균 원점수 71.71점과 비교하였을 때 정상발달에 속하는 것으로 나타났다.

2) 학령기 아동 언어 검사(Language Scale for School-aged Children: LSSC)

전체 언어지수는 92, 백분위수 29.7로 '평균 하'에 해당하며 수용언어와 표현언어도 전체 언어지수와 비슷하게 나타나 '평균 하'에 해당하였다. 언어영역별로 살펴보았을 때, 의미는 언어지수 91, 백분위수 27.4, 문법은 언어지수 91, 백분위 27.4로 '평균 하'에 해당하였으며 특히 화용/담화는 언어지수 105, 백분위수 63.1, 청각기억은 언어지수 110, 백분위수 74.8로 평균보다 높은 '평균 상'에 속하였다. 하위검사 수행 결과, 문법을 측정하는 하위검사 중 문법 오류 판단, 문법 오류 수정에서 '평균 이하'로 나타났고 나머지 하위검사 영역에서는 평균에 속하였다. 복문을 산출하는 능력은 생활연령에 비해 낮지 않지만 문법 오류를 판단 및 수정 과제를 통해 문법 형태소 사용에 대한 이해와 표현 능력이 상대적으로 어려움을 갖는 것으로 나타났다.

3) 한국어 읽기검사(Korean Language-based Reading Assessment: KOLRA)
읽기지수 1(해독+읽기이해)과 2(해독+읽기이해+읽기유창성)에서 각각 44점, 49점을 보였으며 읽기지수 2의 학년지수는 1학년 평균에 미도달하는 것으로 나타났다. 읽기 · 언어지수 1(해독+읽기이해+듣기이해)과 읽기 · 언어지수 2(해독+읽기이해+읽기유창성+듣기이해)에서는 각각 표준점수 59점, 64점이며 읽기언어지수 2의 학년지수 또한 1학년 평균 미도달로 나타났다. 핵심검사에서 해독의 표준점수 36점, 문단글 읽기유창성 표준 점수는 61점, 읽기이해 표준점수는 9점으로 또래아동보다 어려움이 많이 나타났다. 반면, 듣기이해 표준점수는 92점, 백분위수 29%ile로 다른 핵심검사 결과보다 다소 높게 나타났다.

3. 권고
대상아동은 초등학교 1학년 남아로 수용어휘력, 화용/담화 능력 및 청각능력은 정상범주에서 떨어지지 않으나 표현어휘력, 문장수준에서의 수용 및 표현언어능력이 떨어지고 특히 문법 오류를 판단하고 수정하는 과제, 읽기쓰기 능력에 있어서 또래아동에 비해 떨어지는 것으로 나타났다. 초등학교를 입학하면서 학교적응 및 또래집단과의 관계형성, 교사의 지시를 이해하고 수행하는 데 어려움이 있으며 학년이 높아질수록 언어적 · 학습적인 측면에서 학년과 또래연령보다 떨어질 가능성이 있다. 학교 환경 및 교과서를 중심으로 한 학습 관련 어휘력 증진, 문장 수준에서 의미론, 구문/형태론적인 이해 및 표현 그리고 읽기쓰기에 대한 전반적인 중재가 요구된다.

요약

이 장에서는 학령기 언어발달장애 아동을 위한 진단 · 평가를 이해하고, 진단 · 평가 과정과 평가내용, 그리고 적용 가능한 평가도구와 결과해석에 대해 살펴보았다. 이 장의 내용을 다음과 같이 요약할 수 있다.

1. 학령기에 들어가서 직면하는 큰 변화는 주로 구어 중심의 의사소통을 사용하던 것

에서 문자를 매개로 하는 의사소통능력의 중요성이 증가된다. 의사소통 환경이 달라지는 것을 충분히 고려하여 진단 · 평가 도구들을 선정 및 검사하여 대상자의 언어특징과 중재절차를 계획한다.

2. 언어이전기 수준의 의사소통 발달이 학령기 언어발달과 무관할 수 없고 학령기에 언어사용 환경이 복잡해지면서 의사소통의 어려움은 더욱 가중된다. 학령전기 아동 언어발달뿐만 아니라 진단 · 평가 도구들에 대한 이해와 적용은 학령기 언어발달장애 아동을 이해하는 데 기초가 된다.
3. 최근 임상현장에서 학령기 언어장애 아동들이 차지하는 비율이 증가하고 있으며 언어재활사의 역할이 더욱 중요하다. 가정 구성원과 특수교사, 일반교사와의 협력적인 관계를 유지하며 학령기 언어장애 아동의 의사소통 특성을 파악하도록 노력한다.
4. 현행 아동 언어장애의 진단체계가 주로 학령전기 아동들을 대상으로 제시된 것으로 학령기 언어장애 아동들을 진단하기에 미흡하다는 문제점이 있으나 학령기 언어장애 개념을 확립하고 공식 및 비공식 평가체계에 대한 인식 및 장애유형을 고려한 평가가 요구된다.
5. 진단 · 평가 도구들은 모든 언어영역을 살펴볼 수 없다는 한계점을 가지고 있으며 학령기 언어발달장애를 대상으로 하는 진단 · 평가 도구들도 예외가 아니다. 이론적 토대가 다르고 평가영역 및 평가방향성도 다르기 때문에 언어재활사는 평가도구를 올바르게 인식하고 바르게 선택하여 사용할 수 있어야 한다.

연습문제

1. 학령기 언어발달장애 아동을 위한 진단 · 평가 시 고려해야 할 것은 무엇인가?
2. 학령기 언어발달장애 아동을 위한 공식 평가를 설명할 수 있는가?
3. 학령기 언어발달장애 아동을 위한 비공식 평가를 설명할 수 있는가?

4. 진단 · 평가결과 해석을 통해 적절한 언어재활 목표를 선정하고, 목표 선정의 근거를 설명할 수 있는가?

참고문헌

권도하(2011). 언어치료학사전. 대구: 물과길.

권도하, 신명선, 김효정, 박은실, 장현진, 신혜정, 황하정, 김수형, 이무경, 황보명, 박상희, 강은희, 손은남, 김영은, 이명순, 이옥분, 김선희, 황영진, 황상심(2014). 언어치료 임상방법. 대구: 물과길.

권도하, 신명선, 김시영, 전희숙, 유재연, 안종복(2005). 언어진단법. 대구: 한국언어치료학회.

권도하, 이명순, 신후남, 신혜정, 정분선, 전희숙, 김효정, 고영옥, 곽미영, 최선영, 황하정(2012). 언어발달. 서울: 박학사.

권도하, 장현진, 박은실, 전희숙, 신후남, 김시영, 신명선, 유재연, 손은남, 권미지, 강은희, 이옥분, 이명순, 박희정, 한지연(2012). 언어진단법. 대구: 물과길.

권유진, 진연선, 배소영(2018). 한국어 이야기 평가. 서울: 학지사 심리검사연구소.

김동일(2011). 기초학습기능 수행평가체제. 서울: 학지사 심리검사연구소.

김민정, 한진순, 이혜란 공역(2012). 언어장애진단평가(7판). 서울: 학지사.

김민정, 한진순, 이혜란 공역(2017). 언어장애진단평가(9판). 서울: 학지사.

김애화, 김의정, 황민아, 유현실(2014). 읽기성취 및 읽기 인지처리능력검사. 서울: 학지사 심리검사연구소.

김영태(2009). 수용 · 표현어휘력검사. 서울: 서울장애인종합복지관.

김영태(2014). 아동언어장애의 진단 및 치료(2판). 서울: 학지사 심리검사연구소.

박경숙, 김계옥, 송영준, 정동영, 정인숙(2005). 국립특수교육원 기초학력검사. 경기:국립특수교육원.

배소영, 김미배, 윤효진, 장승민(2015). 한국어 읽기검사. 서울: 학지사 심리검사연구소.

배소영, 임선숙, 이지희(2000). 언어문제해결력검사. 서울: 서울장애인종합복지관.

배소영, 임선숙, 이지희, 장혜성(2004). 구문의미이해력검사. 서울: 서울장애인종합복지관.

이윤경(2006). 학령기 아동언어장애 진단 및 평가에 관한 질적연구: 진단 및 평가 모형 정립을 위한 기초연구. 언어청각장애연구, 11(1), 30-50.

이윤경, 배소영, 권유진, 김민정, 박혜진, 서경희, 윤효진, 이옥분, 이은주, 정경희, 정한

진, 표화영 (2010). 언어치료 임상실습 이론과 실제. 서울: 학지사.
이윤경, 허현숙, 장승민(2016). 학령기 아동 언어검사. 서울: 학지사 심리검사연구소.

Haynes, W. O., & Pindzola, R. H. (2011). 언어장애 진단평가(김민정, 한진순, 이혜란 공역). 서울: 학지사. (원전은 2003년 출판)
Wallach, G. P., & Butler, K. G. (Eds.) (1984). *Language learning disabilities in school-aged children and adolescents*. Baltimore, MD: Williams & Wilkins.
Wallach, G. P., & Butler, K. G. (Eds.) (1994). *Language learning disabilities in school-aged children and adolescents*. NY: Macmillan College.

제8장

조음음운장애 진단 · 평가

김유경

I. 조음음운장애 개관

II. 선별

III. 인터뷰

IV. 표준화 검사

V. 비표준화 검사

VI. 평가사례 및 진단보고서

◐ 이 장의 목표

- 발음오류를 호소하는 대상자의 사례정보를 수집하고 조음음운 문제를 선별할 수 있다.
- 표준화 및 비표준화 검사로 조음음운 문제를 평가하여 대상자의 조음음운 발달을 설명할 수 있다.
- 검사결과에 기초하여 조음음운장애 진단보고서를 작성하고 조음치료의 필요성을 결정할 수 있다.

➡ 핵심 용어

- **관계분석** 조음오류를 성인의 발음과 비교하여 분석하는 방법이다. 표준화 검사는 관계분석으로 자음정확도, 모음정확도, 음운변동률(오류패턴), 음운목록을 분석한다.
- **기능적 조음음운장애** 조음문제를 일으킬 만한 기질적 원인이 뚜렷하지 않은 기능적 원인에 의해 조음음운에 주된 문제가 있는 경우이다.
- **단어단위분석** 음소단위로 오류를 분석하는 것이 아닌 단어단위로 오류를 분석하는 관계적 분석방법이다. 초기 음운발달기 아동에게 적절하며 PWC, PMLU, PWP 등을 분석한다.
- **독립분석** 조음오류를 성인과 비교하지 않고, 현재 할 수 있는 조음음운능력에 초점을 두고 분석하는 방법이다. 초기 음운발달기 아동에게 적절하며 음성목록, 음절구조목록 등을 분석한다.
- **말명료도** 화자가 말하고자 하는 의도를 청자가 이해하는 정도이다.
- **문맥검사** 오류를 보인 음소가 정확하게 산출될 수 있는 음성환경을 알아보기 위해 위치와 인접음을 다양하게 하여 오류음을 검사하는 것이다.
- **발달적 음운변동** 정상발달 과정에서 흔히 나타나는 음운변동으로, 보통 10% 초과 아동에게서 출현하는 변동으로 본다. 발달적 음운변동은 연령이 증가함에 따라 사라진다.
- **비발달적 음운변동** 정상발달 과정에서 흔히 나타나지 않는 음운변동으로, 10% 초과 아동에게서 출현하지 않는 변동으로 비정상적 오류이다.
- **오류패턴과 음운변동** 음운변동은 성인의 목표형태와 비교하여 음운이 변동된 현상에 보다 초점을 두며, 오류패턴은 아동의 음운체계를 지배하고 있는 음운변동에 초점을 둔 용어다. 궁극적으로 동일한 현상을 말한다. 음운변동 분석은 아동의 오류패턴을 찾기 위해 실시한다고 할 수 있다.
- **음성과 음성목록** 음성은 물리적으로 존재하는 말소리로 산출과정에 보다 관련된다. 음성목록은 산출한 말소리 목록으로 오류를 보인 말소리나 무의미한 말소리도 모두 포함한다.
- **음운과 음운목록** 음운은 심리적으로 존재하는 말소리로 입력과 출력과정에 보다 관련된다. 음운목록은 머릿속에 있는 추상적 음운을 온전하게 산출한 말소리 목록이다.
- **음운인식** 말소리 단위에 대한 인식으로 말소리의 구조를 조작할 수 있는 능력이다. 일반적으로 말소리를 변별, 분리, 합성, 탈락하는 과제로 평가한다.

I. 조음음운장애 개관

조음은 복잡한 운동이 연결되어 나타나는 말소리 산출 행동의 결과이다. 그렇다면 말소리의 산출은 어디서부터 시작되는 것일까? 일상대화에서 우리는 단어수준 이상의 언어학적 단위를 사용한다. 단어를 정확하게 조음한다는 것은 단어를 구성하고 있는 음운을 순서대로 정확한 음성으로 산출하는 것이다. 우리는 머릿속에 단어의 음운표상을 가지고 있는데, 조음하기 위해서는 먼저 말하고자 하는 단어의 음운표상을 찾아야 한다. 그런 다음 음운표상에 존재하는 여러 음운을 순서대로 산출하기 위해 말 운동을 프로그래밍한다. 말 운동 프로

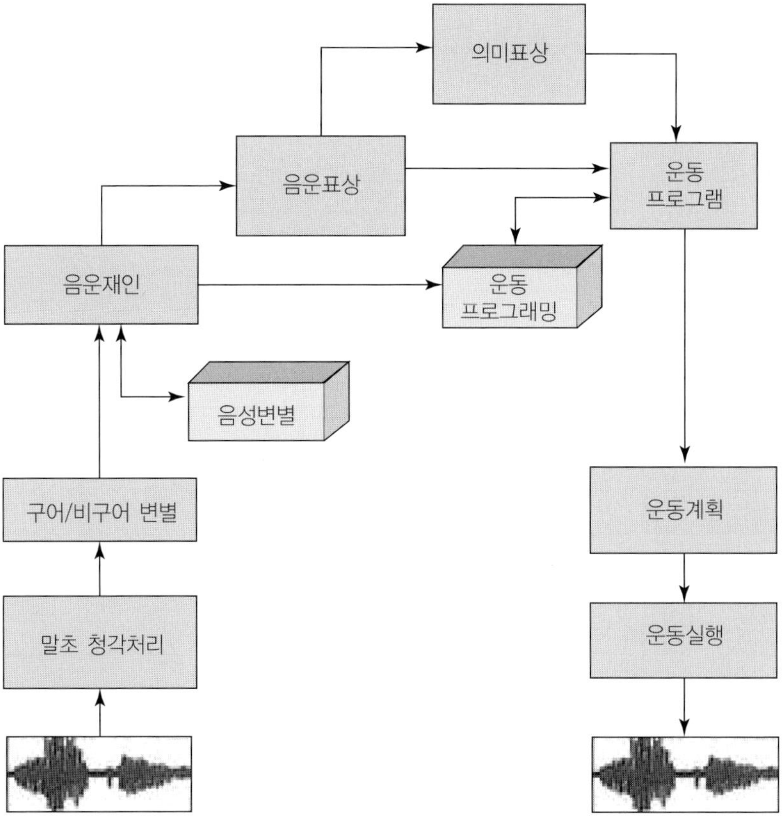

[그림 8-1] Stackhouse와 Wells(1997)의 말산출 모델

그램이 만들어지면 말산출 기관의 운동을 계획하는 단계를 거쳐 운동실행 단계에서 말산출 기관이 움직인다. 말산출 기관의 움직임은 호흡, 발성, 공명, 조음 기관의 동시적 조절과 조음자의 정확한 위치 잡기, 운동순서 지키기, 타이밍 맞추기, 힘과 방향 조절하기 등과 같은 복잡한 운동으로 나타난다([그림 8-1] 참조). 이러한 말산출 과정 중 어느 한 부분에라도 문제가 생기면 조음문제가 발생한다. 따라서 대상자의 조음문제를 이해하고 치료를 제공하기 위해서는 말산출 과정을 전반적으로 평가해야 한다.

그러나 조음음운장애 진단의 궁극적 목적은 조음문제의 기저를 찾는 것이 아니다. 진단은 조음음운장애의 유무를 판정하고 조음치료의 필요성을 결정하며, 조음음운장애의 유형 및 심한 정도 파악하여 치료의 방향을 권고하는 것이다. 따라서 이 장에서는 진단과정에 따른 평가를 중점적으로 제시하였다. 조음음운장애 진단과정에서 이루어지는 평가는 [그림 8-2]와 같다.

선별	• 진단검사의 필요성 확인
인터뷰	• 사례정보 수집 • 조음문제의 원인 관련 정보 수집 • 조음문제와 관련된 부차적 문제 확인 • 조음기관의 구조 및 기능 선별검사
표준화 검사	• 아동의 조음문제를 규준자료와 비교하여 판단 • 조음음운장애의 심한 정도 분석 • 자음정확도, 모음정확도, 음운목록, 음운변동 분석
비표준화 검사	• 말샘플 수집 및 분석(표준화 검사가 어려운 경우 반드시 실시) • 말명료도, 자극반응도, 문맥검사 등
관련 영역 평가	• 음운인식, 작업기억 등 음운처리 능력 • 읽기, 쓰기 능력 • 의사소통 태도 등

[그림 8-2] 조음음운장애 진단과정

II. 선별

선별의 목적은 조음음운장애 진단검사의 필요성을 결정하는 것이다. 즉, 선별검사는 진단검사를 시작하기 전에 실시하기 때문에 진단과정에 포함되지 않는다. 그러나 국내에는 조음음운 선별검사가 보편적으로 이루어지지 않아 임상현장에서는 선별검사 결과로 의뢰되는 아동보다 보호자나 교사의 관찰에 의해 조음음운 진단에 의뢰되는 경우가 많다. 이 경우 언어치료사는 보호자의 보고에 기초하여 인터뷰 과정에서 아동의 조음문제를 빠르게 확인하기 위해 선별검사를 실시하기도 한다.

발달기 아동에게 조음음운 선별검사가 보편화된다면 조음음운과 관련되어 나타날 수 있는 읽기 · 쓰기, 심리 · 정서, 사회성, 학습에서 등 이차적 문제의 발생을 최소화할 수 있을 것이다. 이에 유아와 아동 교육현장에서 조음음운 선별검사가 실시될 필요가 있으며, 비전문가들이 실시하고 결과를 산출할 수 있는 표준화된 조음음운 선별검사의 개발이 시급하다. 일반적으로 선별검사는 많은 대상자를 빠르게 평가하기 위해 5분 이내에 수행할 수 있는 간단한 검사가 적절하다. 다음은 국내 공식적 또는 비공식적 선별검사의 과제이다.

1. 공식적 선별검사

1) 한국어 표준 그림 조음 · 음운 선별검사

한국어 표준 그림 조음 · 음운 선별검사(The Korean standard picture of articulation and phonological test-screening test: KS-PAPT-S, 석동일 외, 2008)는 표준화된 선별검사로 그림을 보고 이름대기를 통해 30개의 단어를 말하게 하여 모음과 자음의 목록과 조음정확도를 분석하여 조음문제를 선별한다. 검사시간은 길지 않으나 진단검사와 유사하게 단어 수가 많은 편이며 결과 분석이 어려워 비전문가가 사용하기 힘들다.

2) 놀이동산 따라말하기 선별검사

비표준화된 선별검사로 발달적으로 어려운 음소와 음절구조를 포함하는 세 문장 따라말하기를 통해 5~6세 아동의 조음문제를 선별한다(김수진, 유하진, 2014). 다음의 3문장을 들려주고 따라 말하게 하여, 아동이 보인 오류 자음수와 오류 어절 수를 센다. 김수진(2016)은 5세 후반부터 6세 초반 아동 600명을 대상으로 선별검사를 실시한 결과, 오류 자음 수나 어절 수가 세 개 이상 나타난 경우 심화검사를 의뢰할 수 있다고 하였다(김수진, 한유진, 2015). 이 검사는 빠르고 간편하지만 공식적 규준이 제시되지 않았으며, 5세 이상 아동에게 실시할 수 있다.

- 자동차를 타고 놀이동산에 갔어요.
  [자동차를 타고 노리동사네 가써요]
- 호랑이 코끼리 사슴 같은 동물 친구들도 있었어요.
  [호랑이 코끼리 사슴 가튼 동물 칭구들도 이써써요]
- 왕자님 공주님이 된 것처럼 우리는 신이 났어요.
  [왕잔님 공준니미 됭(된) 거처럼 우리는 시니 나써요]

2. 비공식적 선별검사

비공식적 조음 선별검사는 자연스럽게 아동의 말을 유도하는 과제들로 실시한다. 치료사는 비공식적 선별검사를 할 때 아동의 말을 들어 보고 말명료도가 매우 낮거나 아동의 생활연령에서 완전습득해야 할 음소에 오조음이 나타나면 심화검사가 필요하다고 판단한다. 〈표 8-1〉은 김영태(1996)가 제시한 연령별 자음의 발달표이다. 해당 연령 아동의 25~49%가 정확히 음소를 산출하면 '출현연령', 50~74%는 '관습적 연령', 75~94%는 '숙달연령', 95~100%는 '완전습득연령'이다. 즉, 아동은 생활연령의 완전습득연령 음소들을 정조음해야 심층검사로 의뢰되지 않는다. 이러한 검사는 결과를 해석하는 데 전문지식이 필요하기 때문에 비전문가가 실시하기 어렵다. 다음은 비공식적 선별검사 과제의 예이다.

〈표 8-1〉 우리말 자음의 발달(김영태, 1996)

연령	음소발달단계			
	완전습득연령 95~100%	숙달연령 75~94%	관습적 연령 50~74%	출현연령 25~49%
2;0~2;11세	ㅍ, ㅁ, ㅇ	ㅂ, ㅃ, ㄴ, ㄷ ㄸ, ㄱ, ㄲ, ㅋ, ㅎ	ㅈ, ㅉ, ㅊ	ㅅ, ㅆ
3;0~3;11세	ㅂ, ㅃ, ㄸ, ㅌ	ㅈ, ㅉ, ㅊ, ㅆ	ㅅ	
4;0~4;11세	ㄴ, ㄲ, ㄷ	ㅅ		
5;0~5;11세	ㄱ, ㅋ, ㅈ, ㅉ			
6;0~6;11세	ㅅ			

- 아동에게 질문하여 대답하게 하기
  예: 이름, 유치원 또는 학교, 가족, 좋아하는 게임, 장난감 등에 대해 질문한다.
- 숫자, 무지개 색깔, 요일, 음계 등과 같은 자동구어 말하게 하기
  일 이 삼 사 오 육 칠 팔 구 십, 하나 둘 셋 넷 다섯 여섯 일곱 여덟 아홉 열, 빨 주 노 초 파 남 보, 월 화 수 목 금 토 일, 도 레 미 파 솔 라 시 도, 사십일 사십이 사십삼 사십사 사십오 사십육 사십칠 사십팔 사십구 오십
- 초기, 중기, 후기 발달음소가 포함되어 있는 낱말 혹은 문장 말하게 하기
  초기 발달 음소 포함 단어: 나무, 가방, 포도
  중기 발달 음소 포함 단어: 공책, 저금통, 종이컵
  후기 발달 음소 포함 단어: 신발, 선생님, 쓰레기통

III. 인터뷰

진단은 인터뷰를 통해 대상자의 정보를 수집하는 것에서부터 시작한다. 인터뷰를 할 때는 현재의 말산출 특성, 조음에 영향을 미칠 수 있는 요인, 조음문제와 관련된 부차적 문제를 파악해야 한다. 그런데 인터뷰는 단순한 정보 수집을 넘어 필요한 경우 말·언어문제의 선별과 상담을 포함하고 있기 때문에 여러

선행지식과 인터뷰를 이끌어 가는 의사소통 기술이 필요하다는 것을 명심해야 한다.

1. 현재의 말산출 특성

조음문제는 부모의 보고에 따르면 '발음이 어눌하다. 무슨 말을 하는지 알아듣지 못하겠다. 받침을 잘 못한다.' 등으로 표현된다. 재활사는 인터뷰 과정에서 보다 구체적으로 아동의 말산출 특징을 파악하기 위해 다음 질문들을 할 수 있다.

- 주로 틀리게 발음하는 단어들은 무엇이고 아이가 어떻게 발음하나요?
- 엄마는 아동의 말을 어느 정도 이해할 수 있나요?
- 엄마 이외 자주 만나는 사람(또래, 엄마 외 가족, 교사 등) 그리고 낯선 사람은 아이의 말을 듣고 얼마나 이해하나요?
- 틀린 발음을 수정해 주었을 때 아이가 발음을 고칠 수 있나요?
- 평소에 아이가 듣고 이해하거나 말할 때 혼동하는 단어들이 있나요?

2. 조음에 영향을 미칠 수 있는 요인

1) 원인

조음문제의 원인은 크게 기질적 원인과 기능적 원인으로 나눌 수 있다. 기질적 원인으로는 청력손실, 조음기관의 구조적 이상, 신경-근운동 이상 등이 있다. 기능적 원인은 명확한 기질적 문제가 없는데도 조음문제가 있는 경우로 언어발달 문제, 습관적 조음 오류 등이 대표적이다. 특히, 다른 문제없이 조음에만 문제가 있는 경우를 '기능적 조음음운장애'라고 한다(김시영, 2012; Pindzola et al., 2017). 조음문제의 원인은 대상자의 조음문제를 이해하는 데 정보를 주고 치료의 예후판단과 치료방법을 선택하는 데 고려되기 때문에 다음의 내용으로 살펴볼 필요가 있다.

- 발달력: 신체발달, 운동발달, 섭식발달, 언어발달, 인지발달
- 구강조음기관의 구조와 관련된 사항: 구개파열, 설소대 단축증, 혀 내밀기, 치아의 상태, 아데노이드 비대 등
- 다른 장애 여부: 언어장애, 청각장애, 지적장애, 자폐스펙트럼장애, 발달장애 등
- 진단력, 병력, 교육력, 가족 중 말 문제를 가진 사람의 여부 등

조음음운장애의 원인과 주요 특징

■ 기질적 원인

-청력손실: 청력손실 정도에 따라 자음뿐 아니라 모음과 초분절적 요소에서도 문제가 나타날 수 있다.

-조음기관의 구조적 이상: 설소대 단축증은 설정성 자질을 가진 말소리(치경음, 경구개음)에서 오류를 보이며, 아데노이드 비대증은 비음산출 시 과소비성 혹은 무비성과 같은 공명문제를 보인다. 구개파열은 조음문제뿐 아니라 공명문제를 같이 보이며, 필연적 오류, 발달적 오류, 보상적 오류로 나누어 말산출 문제를 살펴봐야 한다.

-신경-근운동 이상: 신경-근운동의 손상 정도에 따라 다르지만 호흡, 발성, 공명, 조음의 말산출 과정 전반에서 문제가 나타난다. 자음과 모음뿐 아니라 초분절적 요소에서도 문제가 나타날 수 있다. 그리고 명확한 근육의 마비, 약화는 없지만 심한 조음음운장애를 보이는 경우는 발달성 말실행증을 의심해야 한다.

■ 기능적 원인

기질적 문제없이 조음문제가 나타나는 경우로 특정음 오류부터 여러 말소리의 오류까지 다양한 조음문제를 보인다. 대표적인 기능적 원인으로 언어문제가 있다. 조음음운장애 아동의 절반 정도는 어휘평가에서 낮은 수행력을 보인다(Dodd, 2016). 그러나 언어장애 없이 조음음운장애만 있을 수도 있으며 이를 기능적 조음음운장애라고 한다.

2) 연령과 성별

연령은 조음뿐 아니라 아동과 관련된 모든 영역에서 발달적 문제의 여부를 파악할 때 고려해야 할 변수이다. 일반적으로 연령과 성별 정보는 대상자를 대면하기 전에 수집하는 것이 좋다. 조음발달은 7세까지 지속적으로 이루어지며 여아에 비해 남아의 조음발달이 느린 편이다. 조음문제는 또래아동과 비교하여 발달적으로 의미 있는 차이가 있는지를 밝히는 것이기 때문에 인터뷰를 할 때는 아동의 연령과 성별을 고려한 정보수집과 상담이 이루어져야 한다.

3) 언어환경

조음문제는 언어환경에 의해 후천적으로 나타날 수도 있기 때문에 인터뷰를 할 때 아동의 언어환경을 조사해야 한다. 주 양육자, 가족 중 말 · 언어에 문제가 있는 사람 그리고 양육과정에서 말 · 언어 발달을 저해하는 특이한 상황, 예를 들어 산후우울증, 부모의 부정적 양육태도, 아동의 학대 및 방임 등과 같은 문제는 아동의 말 · 언어 발달을 저해한다. 따라서 부모의 현재 및 과거의 심리적 · 정서적 상태, 양육태도 등을 살펴봐야 한다(백윤희, 정경희 2017; 이제영 외, 2011).

언어환경으로 인해 조음문제가 나타나는 또 다른 사례는 다문화가정 아동이다. 다문화가정 아동은 한국어를 정확히 발음하지 못하는 부모의 언어자극으로 인해 특이한 조음문제를 보일 수 있다. 따라서 조음문제를 보이는 다문화 가정 아동을 인터뷰할 때는 부모의 모국어 특성과 부모의 언어수준을 살펴봐야 한다. 반면, 조음문제가 지역의 방언에 의해 나타날 수 있는데, 이 경우는 방언의 특성을 살펴보고 조음문제가 아닌 차이로 해석해야 한다(김시영, 2012). 새터민의 조음특성 또한 이와 같은 맥락에서 조음문제가 아닌 차이로 보아야 할 것이다.

3. 조음문제와 관련된 부차적 문제

1) 심리 · 사회적 특성

아동은 조음문제 때문에 반복적으로 의사소통을 실패하거나 타인으로부터 자신의 말에 대한 부정적 표현을 듣게 되면 심리적 위축, 의사소통에 대한 공포, 좌절 등이 생길 수 있다. 이러한 경험은 아동의 자아존중감을 낮아지게 하고 부정적 의사소통 태도를 이끌 수 있을 뿐 아니라 아동의 치료 참여 동기를 저해할 수도 있다(조양아, 김유경, 2017). 따라서 인터뷰 과정에서 평가자는 아동이 자신의 조음문제를 인식하고 있는지의 여부와 조음문제가 아동의 의사소통태도나 심리 · 사회적 행동에 미친 부정적 영향을 알아볼 필요가 있다.

2) 문어의 발달

조음음운장애 아동은 학령기에 들어서면서 읽기, 쓰기에 문제를 보이는 경우가 많다(고유경, 김수진, 2010; 민종현 외, 2015; Gierut, 1998). 읽기와 쓰기에 어려움을 보이는 조음음운장애 아동은 또래에 비해 음운인식, 작업기억, 빠른 이름대기 등과 같은 음운처리 능력이 낮다고 보고되고 있다. 음운처리능력은 어휘학습과 읽기에 밀접하게 관련되는데, 이 중 음운인식은 읽기발달을 예측할 수 있는 중요한 변수이다. 많은 연구자들은 조음음운장애 아동의 조음음운 문제가 음운인식 발달을 저해할 수 있다고 주장한다(김문정, 석동일, 2007; Peterson et al., 2009). 따라서 인터뷰 과정에서 아동이 읽기와 쓰기에 특별한 어려움이 있는지를 살펴봐야 한다.

4. 조음기관의 구조 및 기능 선별

치료사는 조음기관의 구조를 육안으로 관찰하고 구어 및 비구어 운동능력을 평가하여 기질적 문제와 기능적 문제를 점검해야 한다. 일반적으로 살펴보는 구조와 기능 평가내용은 다음과 같다.

• 구조

입술(대칭성), 혀(표면, 설소대), 턱(교합), 치아(치열), 경구개(높이, 넓이), 연구개(대칭성, 목젖), 인두(인두벽, 편도 등)

- 기능
  - 구어 운동: 교대운동('퍼' 반복, '터' 반복, '커' 반복), 일련운동('퍼터커' 반복), /아, 아, 아/ 큰 소리 산출(연구개 운동), /a/ 혹은 /u/ 연장발성(연인두폐쇄) 등
  - 비구어 운동: 입술운동, 혀운동, 볼부풀리기 등

조음기관의 구조와 기능을 선별하기 위해 표준화 검사인 '조음기관 구조 · 기능 선별검사(Speech Mechanism Test: SMST)'(신문자 외, 2010)와 비표준화 검사인 '구강조음기관의 기능선별검사(Oral Speech Mechanism Screening Examination: OSMSE)'(St Louis & Ruscello, 1981)의 번역본을 사용할 수 있다. 그런데 SMST는 표준화 대상이 16세 이상이며, OSMSE는 비표준화 검사이기 때문에 아동을 대상으로 실시할 때는 선행문헌을 참고하여 결과를 해석해야 한다. 모음연장발성은 호흡과 공명을 평가할 수 있는 과업으로, 호흡능력은 최대연장발성 시간으로 평가하며, 공명은 콧구멍 막기를 통한 음질변화로 평가한다. 아동의 최대연장발성 시간은 평균 14초 내외인데 최대연장발성 시간이 7~8초 이상이면 호흡 때문에 발화에 어려움이 생긴다고 보지 않는다. 그리고 연장발성하는 동안 콧구멍을 막았다 뗐다 하더라도 소리의 변화는 없어야 한다. 성인의 교대운동은 초당 5~7회이며, 일련운동은 초당 3~7회인데 아동은 이보다 약간 더 느리다고 한다(김수진, 신지영, 2015). 조음기관의 구조와 기능 선별검사 결과, 아동이 의학적 처치나 진단이 필요한 기질적 문제가 의심된다면 관련 의학분과에 검진을 의뢰해야 한다. 예를 들어, 설소대 단축증, 아데노이드 비대, 점막하구개열 등은 이비인후과나 성형외과에서 정밀검사를 받도록 권고한다.

IV. 표준화 검사

조음음운장애 유무를 판정하기 위해서는 아동의 조음음운능력이 또래와 얼마나 차이를 보이는지 확인해야 한다. 또래와 조음음운능력을 비교할 때

는 자음정확도(percentage of consonant correct: PCC), 음운목록(phonological inventory), 오류패턴(error pattern)을 대표적으로 살펴본다. 표준화 검사는 연령과 성별에 따른 조음정확도의 규준이 마련되어 있고 3위치 혹은 4위치의 자음목록을 분석하기 때문에 빠르고 신뢰롭게 아동의 조음음운장애를 확인할 수 있다. 물론 최종진단은 조음음운장애의 유무 외에도 심한 정도와 구체적인 조음음운 수준을 평가하고 치료방향을 제안해야 하기 때문에 표준화 검사와 비표준화 검사 결과를 통합하여 도출해야 한다. 또한 말-언어능력이 낮아 표준화 검사를 실시하지 못하는 경우는 비표준화 검사만으로 조음음운장애를 진단해야 하는 경우도 있음을 염두에 두어야 한다.

1. 국내 표준화 검사들

국내 표준화 조음음운검사는 세 가지로, 각 검사의 특징은 〈표 8-2〉와 같다.

〈표 8-2〉 국내 표준화 조음음운검사

검사명	표준화 연령	검사내용	결과 분석	특징
우리말 조음·음운평가 (U-TAP)	2~6세	• 그림낱말검사 (30개 낱말) • 그림문장검사 (16개 문장)	• 자음정확도 • 모음정확도 • 3위치 자음목록 • 음운변동 분석	• 10개 단모음 분석 • 기계적 음운변동 분석과 발달적 음운변동 임의적 분석
한국어 표준 그림 조음음운 검사 (KS-PAPT)	3~6세	• 선별검사 (30개 낱말) • 정밀검사 (75개 낱말)	• 자음정확도 • 모음정확도 • 4위치 자음목록 • 음운변동 분석	• 7개 단모음 분석 • 정밀검사에서 음절 수에 따른 오류 분석 가능 • 기계적 음운변동 분석
아동용 발음평가 (APAC)	2;6~6;5세	• 단어검사 (37개 낱말) • 연결발화 검사 (8문장)	• 자음정확도(개정자음정확도) • 4위치 자음목록 • 음운변동 분석 • 말명료도 • 자극반응도	• 오류수로 원점수 산출 • 일반아동과 조음음운장애아동에게 빈번하게 나타나는 음운변동 임의적 분석

1) 우리말 조음 · 음운평가(김영태, 신문자, 2004)

우리말 조음 · 음운평가(Urimal-Test of Articulation and Phonology: U-TAP)는 최초로 표준화되어 출판된 조음음운검사로 표준화되기 전 '그림자음검사'라는 이름으로 임상현장에서 십여 년 동안 사용되다가 표준화 과정을 거쳐 2004년에 출판되었다. 「장애인복지법」 제32조와 같은 법 시행규칙의 '장애인 등록신청자 심사관련 서류'에 따르면 언어장애 중 조음장애를 평가하는데 사용할 수 있는 검사로 '그림자음검사, 3위치 조음검사, 한국어 발음검사'가 등록되어 있다. 이에 언어장애 등급 판정을 위해 진단이 의뢰된 경우 U-TAP 검사를 실시한다.

U-TAP은 30개의 낱말을 단어수준과 문장수준으로 말하게 하여 단어수준의 모음과 자음정확도, 문장수준의 모음과 자음정확도를 분석한다. 그리고 어두초성, 어중초성, 종성(3위치)에서 자음의 오류유형(생략, 대치, 왜곡)을 분석한 자음목록과 10개의 단모음목록을 보여 준다. 음운변동은 기계적 분석과 함께 발달적 음운변동을 확인할 수 있는 간략 음운변동을 제시하고 있어 임의적 분석 또한 할 수 있도록 두 종류의 음운변동 분석지를 제공하고 있다. 최근 U-TAP 2(김수진 외, 2018)의 개발이 진행되고 있어 머지않아 새로운 U-TAP을 볼 수 있을 것으로 여겨진다.

2) 한국어 표준 그림 조음음운검사(석동일, 박상희, 신혜정, 박희정, 2008)

한국어 표준 그림 조음음운검사(Korean Standard Picture Articulation and Phonological Test: KS-PAPT)는 선별검사와 정밀검사로 구성되어 있다. 30개의 단어로 구성된 선별검사로 아동의 조음문제를 선별한 후, 정밀진단이 필요한 경우 45개의 단어를 추가적으로 실시하여 자음정확도와 모음정확도를 분석한다. 어두초성, 어중초성, 어중종성, 어말종성(4위치)에서 자음의 오류유형(생략, 대치, 왜곡)을 분석한 자음목록과 7개의 단모음목록을 보여 주며, 1음절, 2음절, 다음절의 음절복잡성에 따른 오류를 분석한다. 단어 수가 많아 일관성이 낮거나 음절복잡성에 따라 오류를 보이는 대상에게 유용하게 사용할 수 있다. 음운변동은 한 단어에서 나타나는 모든 생략 및 첨가 변동과 대치변동을 체크하여 특정 음운변동이 나타날 수 있는 총 기회 중 실제로 나타난 횟수를 백분율하여 음운변동률을 계산하는 기계적 분석으로 살펴본다.

3) 아동용 발음평가(김민정, 배소영, 박창일, 2007)

아동용 발음평가(Assessment of Phonology & Articulation for Children: APAC)는 단어검사와 연결발화검사로 구성되어 있다. 37개의 단어와 8개의 문장으로 단어수준과 연결발화 수준의 자음정확도를 분석한다. 또한 왜곡을 맞게 채점하여 대치와 생략 오류만 반영하여 개정 자음정확도(PCC-Reviced: PCC-R)를 분석한다. 일반자음정확도는 조음음운발달이 또래에 비해 지체된 3~6세 아동의 진단에 유용한 반면, 개정 자음정확도는 생략과 대치를 주로 보이는 다양한 연령의 조음음운장애 진단에 유용하다(김민정 외, 2007; 김수진, 신지영, 2007). 자음목록은 KS-PAPT와 동일하게 4위치에서 자음의 오류유형(생략, 대치, 왜곡)을 분석하여 제시하며 모음은 별도로 분석하지 않는다. 음운변동은 발달적 음운변동과 조음음운장애 아동에게서 출현하는 비발달적 음운변동을 고려하여 구성되어 있으며, 한 단어에서 나타나는 여러 음운변동 중 오류의 공통점을 찾아 주된 변동을 선택하여 계산하는 임의적 분석으로 살펴본다. 그리고 3회 이상 나타난 음운변동을 오류패턴으로 인정한다. 그 외 규준은 제시되어 있지 않지만 자극반응도와 연결발화 수준에서 자음정확도, 말명료도를 분석할 수 있게 구성되어 있다.

2. 표준화 검사의 주요 분석 결과

세 가지 표준화 검사는 모두 그림 보고 단어 말하기 과업을 통해 말을 수집하며, 단어수준의 자음정확도, 음운목록, 오류패턴을 분석할 수 있게 개발되어 있다. 검사에 따라 모음정확도, 자극반응도, 말명료도 등도 분석하나 이는 비표준화 검사에서 살펴보겠다.

1) 자음정확도

자음정확도는 '산출해야 할 자음' 중에 '정확하게 조음한 자음'의 비율이다. 정확하게 조음하였는지는 검사자가 귀로 듣고 주관적으로 판단하며, 오조음한 자음은 오류분석(생략, 대치, 왜곡)을 위해 아동이 산출한 것을 그대로 전사해야 한다. 이는 결코 쉬운 일이 아니다. 전사 신뢰도를 높이기 위해서는 듣기 훈련과 경력 있는 전문가와 비교하며 전사하기를 연습할 필요가 있다.

오류유형
- 생략: 목표 단어에 있는 음소를 생략하여 산출하는 오류. 예: 호랑이[오앙이]
- 대치: 목표 단어에 있는 음소를 다른 음소로 바꾸어 산출하는 오류. 예: 땅콩[탕콩]
- 왜곡: 목표 단어에 있는 음소를 한국어 음소로 인정할 수 없는 음성적 오류를 범하여 산출한 것. 이는 한글전사가 어려워 정밀전사로 표현하는 게 용이하다. 예: 싸움[θㅏ움]

$$\text{자음정확도} = \frac{\text{정확하게 조음한 자음 수}}{\text{산출해야 할 자음 수}} \times 100$$

표준화 검사들은 각 단어의 자음 중 자음정확도를 계산할 때 반영되는 말소리가 미리 정해져 있다. 예를 들어, U-TAP 단어인 '가방'에서는 어중초성/ㅂ/와 종성/ㅇ/만 자음정확도에 반영된다. 따라서 어두초성/ㄱ/는 오조음해도 자음정확도에 영향을 미치지 않는다. 즉, 각 음운목록에서 정조음한 자음 비율로 자음정확도를 계산한다.

표준화 검사는 자음정확도의 연령규준을 제시하고 있어 퍼센타일을 산출할 수 있으며, 이를 통해 또래와 조음능력을 비교하여 장애를 판정할 수 있다. 일반적으로 장애판정은 원점수가 -2SD 이하에 포함되는 경우로 보는데, 조음음운장애의 진단은 -1.5SD를 적용하기도 한다(김수진, 신지영, 2007). 그리고 -1SD 이하인 경우는 약간의 조음문제가 있는 것으로 보고 음운목록과 오류패턴 등을 보다 면밀히 분석하여 아동의 조음문제를 해석해야 한다. 또한 조음정확도에 따라 〈표 8-3〉을 기준으로 조음장애의 심한 정도를 구분할 수 있으며, 권장되는 분석으로 진단을 위해 실시할 검사를 계획할 수 있다(김수진, 신지영, 2007; 김시영, 2012; 심현섭 외, 2012).

〈표 8-3〉 자음정확도에 따른 조음장애의 심한 정도와 권장하는 분석

심한정도	자음정확도	권장하는 분석
경도 (Normal∼Mild)	85∼100%	단어 · 문장 · 자발화 음소정확도(왜곡 포함)
중등도 (Mild∼Moderate)	65∼85%	단어 음소정확도 음운변동 문장 명료도 등
중도 (Moderate∼Severe)	50∼65%	
심도 (Severe)	50% 이하	독립분석: 음운목록, 음절구조 분석 관계분석: 음운변동, 단어 · 문장 명료도, PMLU 등

2) 음운목록

음운목록에는 자음목록과 모음목록 모두가 포함되나 세 검사는 공통적으로 3위치 혹은 4위치에서 자음목록을 분석한다. 자음목록은 아동의 조음오류를 한눈에 보여 주기 때문에 언어치료사는 조음방법, 조음위치, 발성유형에 따라 또는 단어 내 위치나 음절 내 위치에 따라 아동이 보이는 오류 유형을 빠르게 확인할 수 있다. 자음목록은 각 검사의 조음오류를 분석하면 도출되는 〈표 8-4〉와 같은 목록이다.

〈표 8-4〉 자음목록의 예시

위치	ㅁ	ㄴ	ㅂ	ㅃ	ㅍ	ㄷ	ㄸ	ㅌ	ㄱ	ㄲ	ㅋ	ㅈ	ㅉ	ㅊ	ㅇ	ㄹ	ㅎ	ㅅ	ㅆ
어두초성	+	+	+	+	+	+	+	+	+	+	+	ㄷㅈ (D)	ㄸㅉ (D)	ㅌㅊ (D)	+	−	+	ɕ(D)	ɕ(D)
어중초성	+	+	+	+	+	+	+	+	+	+	+	ㄷㅈ (D)	ㄸㅉ (D)	ㅌ	+	−	+	ɕ(D)	ㄸ
어중종성	+	+	+			+			−						+	ㄴ			
어말종성	+	+	+			+			+						+	+			

음영표시가 된 것은 말소리를 실현될 수 없는 칸을 의미하며, '+'는 정조음, '-'는 생략, 대치는 대치음, 왜곡은 최대한 왜곡형태를 기록하고 '(D)'로 표기하였다. 표준화 검사가 아니더라도 음운목록은 작성할 수 있다. 단, 비표준화 검사에서는 수집한 말샘플에 따라 4위치에서 모든 자음을 살펴보지 못할 수도 있다. 음운목록으로 아동의 조음문제를 평가할 때는 음소발달 연령을 고려하여 아동의 생활연령에서 문제가 되는 조음을 찾아야 한다.

3) 오류패턴

음운변동 분석은 오조음된 조음의 오류패턴을 발견하기 위해 실시한다. 어떤 아동의 조음오류는 무작위로 나타나지 않고 음운시스템 내에 조음오류를 지배하는 어떤 패턴에 의해 나타날 수 있다. 음운변동 분석을 하면 분절음 사이의 관계와 조음보다 높은 수준의 언어학적 체계에 대해 알 수 있다(김시영, 2012). 나아가 조음음운치료를 할 때 치료목표를 패턴으로 할 수 있게 도와주며, 패턴으로 접근하는 경우는 동일한 패턴의 오류가 감소하는 일반화가 나타나 치료의 효율성을 높일 수 있다(김수진, 신지영, 2007).

(1) 음운변동 분석

검사마다 분석하는 음운변동의 종류와 음운변동을 분석하는 방법은 다소 차이가 있다. 〈표 8-5〉의 세 가지 검사에서 분석하는 음운변동의 종류를 제시하였다. U-TAP과 KS-PAPT의 음운변동은 유사하여 KS-PAPT를 대표로 제시하되, U-TAP의 간략 음운변동은 별도로 제시하였다.

(2) 음운변동 출현율 또는 빈도 산출

음운변동 분석은 앞서 언급한 바와 같이 검사에 따라 기계적 분석 혹은 임의적 분석으로 이루어진다. 기계적 분석은 아래와 같은 공식으로 음운변동 출현율 산출한다. '출현 가능한 음운변동 수'는 각 검사지에 제시되어 있다.

〈표 8-5〉 음운변동의 종류

KS-PAPT & U-TAP		
생략 및 첨가 변동	음절 구조	음절감소
		초성생략
		종성생략
		첨가
	생략 방법	폐쇄음생략 마찰음생략 파찰음생략 비음생략 유음생략
	생략 위치	양순음생략 치조음생략 경구개음생략 연구개음생략 성문음생략
대치 변동	위치 변화	전방화 -치조음의 전방화 -경구개음의 전방화 -견구개음의 전방화 -성문음의 전방화
		후방화 -양순음의 후방화 -치조음의 후방화 -경구개음의 후방화 -연구개음의 후방화
		양순음화
		치조음화
		경구개음화
		연구개음화
		성문음화
		순치음화

U-TAP의 간략변동	
음절 구조 변동	음절탈락
	어중초성탈락
	어중종성탈락
	어말종성탈락
	유음탈락 -탄설음탈락 -설측음탈락
음운 대치 변동	탈유음화 -활음화 -비음화 -파열음화
	탈치경마찰음화 -파열음화 -파찰음화 -기타
	탈파찰음화 -파열음화 -기타

APAC	
전체 단어 변동	음절생략 · 축약
	어말종성생략(발)
	반복 · 자음조화(발)
	전형적 어중 단순화(발)
	비전형적 어중 단순화
	어두초성 생략
	첨가
	도치 · 이동
조음 장소 변화	연구개음의 전설음화(발)
	양순음화
	연구개음화
	성문음화
	치조마찰음의 치간음화(발)
	파찰음의 치간음화
	치조마찰음의 설측음화

대치변동	방법변화	파열음화
		마찰음화
		파찰음화
		유음화
		비음화
	동화	양순음동화 치조음동화 경구개음동화 연구개음동화 성문음동화 파열음동화 마찰음동화 파찰음동화 비음동화 유음동화 기식음동화 긴장음동화
	긴장도 변화	긴장음화
		이완음화
	기식도 변화	기식음화
		탈기식음화
	모음편차	

음운 대치 변동	연구개음 전방화
	자음동화 –순행 –역행
	평음과 격음의 경음화
	모음변동 –단모음화 –평순모음화

조음 방법 변화	유음의 비음화 · 파열음화(발)
	유음의 단순화(발)
	파찰음 · 마찰음의 파열음화(발)
	파찰음화 · 구개음화(발)
	탈비음화
	마찰음화
발성 유형 변화	긴장음화 · 탈기식음화(발)
	이완음화
	기식음화

(발): 2세가 보이는 발달적 음운변동

$$\text{음운변동 출현율} = \frac{\text{출현한 음운변동 수}}{\text{출현 가능한 음운변동 수}} \times 100$$

임의적 분석은 아동마다 오류의 공통점을 찾아 한 단어에서 나타나는 여러 음운변동 중 하나의 음운변동을 적용시켜 전체 음운변동의 빈도를 계수한다. 경우에 따라서는 하나의 대치에 여러 음운변동을 적용시키기도 한다. 그리고 3회 이상 나타난 음운변동을 오류패턴으로 보고 높은 빈도순으로 오류패턴을 분석한다. 이러한 음운변동의 임의적 선택은 오랜 임상경험이 있거나 연구경험이 있는 사람들에게는 납득할 만하지만 검사지침서만으로 이해하기 어려운 부분이 많아 초보 언어치료사에게는 어려움이 있다.

예: 사탕[카캉]
- 기계적 분석: 연구개음화, 연구개음동화, 파열음화, 파열음동화, 기식음화, 기식음동화 모두가 나타났다고 분석함.
- 임의적 분석: 아동이 다른 단어에서 연구개음화(포도[포고], 딸기[깔기] 등)를 주로 보인다면 '연구개음화'만 나타났다고 분석함.

(3) 음운변동 분석 결과 해석

음운변동 분석 결과를 해석할 때는 나타나는 음운변동의 유형과 음운변동 출현율을 살펴본다. 그리고 아동이 기능적 조음음운장애 아동이라면, 조음오류의 일관성 검사를 추가하여 Dodd(1995; Dodd, 2016에서 재인용)의 기능적 조음음운장애의 하위유형에 따라 분류할 수 있다.

① 음운변동 유형: 발달적 음운변동과 비발달적 음운변동

아동이 보이는 음운변동이 '발달적 음운변동'인지 '비발달적 음운변동'인지 분류해야 한다. 발달적 음운변동은 정상발달과정에서 나타나는 음운변동으로 연령이 증가함에 따라 사라진다. 비발달적 음운변동은 특이한 음운변동이라고도 하는데 정상발달과정에서 나타나지 않는 음운변동으로 어린 연령에서도 나타나지 않는다. 이는 각 검사지의 규준표를 보고 해석하면 되는데, 대부분 해당 연령에서 10%를 초과하는 아동이 사용하는 음운변동을 발달적 음운변동으로 보고, 10%를 초과하는 아동이 사용하지 않는 음운변동을 비발달적 음운변동으로 본다. 따라서 아동이 보인 음운변동이 발달적 음운변동이라면 연령에 적합한지를 살펴보고 오류패턴의 문제를 해석해야 하며, 아동이 보인 음운변동이 비발달적 음운변동이라면 연령과 관계없이 부적절한 오류패턴으로 해석한다. 즉, 아동이 정조음한 음소의 양과 목록이 또래와 비슷하더라도 오류패턴이 또래와 다르다면 정상적인 조음음운 발달을 보인다고 할 수 없다(김민정 외, 2007).

최근 U-TAP에서 추가한 간략변동은 발달적 음운변동만 반영한 것이므로 〈표 8-5〉의 간략변동에서 발달적 음운변동의 유형을 쉽게 확인할 수 있다. 그리고 〈표 8-5〉의 APAC의 음운변동에 2세에 나타나는 발달적 음운변동을 '(발)'로 추가 표기해 두었다.

② 음운변동 출현율

나타난 음운변동이 발달적 음운변동에 해당되더라도 또래아동에 비해 음운변동 출현율이 높다면 문제가 된다. KS-PAPT에서는 음운변동 출현율의 3~4세 평균을 제시하고 있어 출현율에 근거하여 치료의 필요성을 결정할 수 있다. 그리고 발달적 변동이지만 다음의 변동들은 조음장애아동들에게 특히 많이 나타나며 정상아동과 유의한 차이를 보이는 변동(김영태 외, 2007; 김시영, 2012)으로 높은 출현율을 보인다면 유의 깊게 살펴봐야 한다.

종성생략(14% : 71%), 비음생략(9% : 47%), 유음생략(10% : 38%), 연구개음생략(11% : 48%), 연구개음-전설음화(9% : 14%), 경구개음-전설음화(10% : 19%), 치조음화(10% : 17%), 이완음화(10% : 29%), 모음변이(7% : 23%)
* 괄호 안의 수치는 '정상: 조음장애아동'의 평균 음운변동 출현율이다.

③ 기능적 조음음운장애 하위 유형 감별

Dodd(2016)는 기능적 조음음운장애를 아래와 같이 네 가지 유형으로 감별하여 개별적인 중재계획에 반영하고 예후를 판단하여 체계적이고 효율적인 중재를 제공할 수 있다고 주장하였다.

- 조음장애: 일반적으로 /ㅅ/, /ㄹ/와 같은 특정음을 대치나 왜곡으로 오조음

한다. 자발과 모방, 독립음과 낱말수준 산출에 관계없이 말소리의 오류는 일관되게 나타난다.

- 음운지연: 아동이 보이는 오류는 발달적으로 나타나는 오류인데, 아동보다 어린 연령의 아동들에게서 나타나는 발달적 오류패턴을 보인다.
- 일관적 음운장애: 비발달적 오류패턴이 나타나며, 말소리의 오류는 일관적이다. 대부분의 아동은 비발달적 음운변동과 함께 생활연령에 적절하거나 지연되는 발달적 음운변동을 보인다.
- 비일관적 음운장애: 말소리의 오류가 비일관적이다. 25개의 동일한 그림을 세 번씩 이름 대기를 시켰을 때 아동의 음운체계에서 적어도 40%의 변이성을 보이는 경우이다. 즉, 동일한 어휘과제에서 다양한 오류 형태가 관찰된다. 비일관적으로 나타나는 정확하거나 부정확한 산출은 발달되는 음운체계를 반영하는 것으로 본다.

Dodd(2016)에 따르면 영어권의 기능적 조음장애 하위유형별 출현률은 조음장애가 14%, 음운지연이 56%, 일관적 음운장애가 12%, 비일관적 음운장애가 16%이다. 자음정확도는 지연, 일관적, 비일관적 순으로 점점 낮아지며, 비일관적 음운장애는 일관적 음운장애보다 낮은 어휘력을 보이는데, 표현어휘력에서 보다 큰 차이를 보인다고 한다(Dodd, 2016).

V. 비표준화 검사

아동이 몇 개의 말소리에서만 문제를 보이고 자극반응도가 있는 경우에는 표준화 검사만으로도 충분할 수 있지만, 많은 조음음운장애 아동은 보다 구체적으로 조음문제를 살펴봐야 할 필요가 있다. 비표준화 검사에는 자발화를 이용한 말샘플 분석, 말명료도 검사, 자극반응도 검사, 문맥검사 등이 있다. 비표준화 검사는 역동적 평가를 포함하고 있으며, 다양한 맥락에서 평가할 수 있기 때문에 아동의 조음문제에 대한 자세한 정보를 제공해 준다. 특히 조음음운 치료를 계획하고 예후를 판단할 때 유용하다.

1. 자발화를 이용한 말샘플 분석

자발화는 아동이 사용하는 자연스러운 맥락으로 일상생활에서 나타나는 조음문제가 반영되어 있다. 자발화 평가는 표준화 검사를 실시하지 못할 만큼 언어나 조음능력이 낮은 아동부터 조음문제가 경미하여 표준화 검사에서 일상생활 조음문제가 나타나지 않는 아동까지 광범위하게 요구된다.

1) 독립분석과 관계분석

아동의 말산출 수준에 따라 적절한 말샘플 분석 방법은 다르다. 언어나 조음능력이 낮은 아동은 산출할 수 있는 음운이 매우 제한적이기 때문에 '무엇을 말할 수 있는지?'를 평가하는 것이 효율적이다. 즉, 아동의 수행능력에 초점을 두고 아동이 산출한 자음과 모음, 음절구조, 음운배열, 초분절 등을 분석하는 독립분석(independent analysis)이 적절하다. 반면, 50개 이상의 단어를 말할 수 있는 아동은 성인의 발음과 비교하여 분석하는 관계분석(relational analysis)을 적용할 수 있다(김수진, 신지영, 2015). 독립분석의 결과로는 음성목록(phonetic inventories), 음절구조 목록 등이 있으며, 관계분석의 결과로는 자음정확도, 모음정확도, 말명료도, 음운목록, PWC, PMLU, PWP 등이 있다.

2) 초기 음운발달기 아동의 말샘플 분석

말늦은 아동이나 적은 단어를 산출하는 중도의 조음음운장애 아동은 주로 말샘플의 독립분석을 실시하는데, 이때 관계분석도 함께 실시하여 보다 많은 정보를 얻을 수 있다. 이 수준의 아동은 음운전략이 아닌 통단어전략으로 말을 한다. 이에 Ingram과 Ingram(2001)은 초기 음운발달기 아동에게 적절한 관계분석으로 단어단위분석을 제안하였다. 아동은 분절음을 거의 인식하지 못하고 통단어로 습득하기 때문에 정확히 산출한 단어 수의 비율(단어단위정확률, proportion of whole-word correctness: PWC)을 분석하는 것이 필요하다. 그리고 발달함에 따라 단어의 음절구조가 복잡해지고 음소 수가 증가하는 등 말소리의 복잡성이 증가하기 때문에 평균음운길이(phonological mean length of utterance: PMLU), 단어단위근접률(proportion of whole-word proximity: PWP) 등으로 조음음운발달을 평가할 수 있다.

초기 음운발달기 아동의 말샘플에서 주로 분석하는 것을 정리하면 다음과 같다.

- 음성목록, 음절구조목록
- 단어단위분석: PWC, PMLU, PWP
- 음운목록, 자음정확도, 모음정확도 등

(1) 음성목록과 음절구조목록

음운목록은 성인의 목표형태와 비교하였을 때 아동이 정확하게 산출한 말소리의 목록이다. 반면, 음성목록은 아동이 정확하든 부정확하든 산출한 말소리의 목록이다. 예를 들어, '가방[마망]'이라고 조음한 경우 음운목록에는 /ㅏ, ㅇ/만 포함되지만 음성목록에는 /ㅏ, ㅁ, ㅇ/이 포함된다. 초기 음운발달기 아동은 음운목록이 매우 제한적일 수 있기 때문에 음성목록으로 보다 많은 정보를 얻을 수 있다. 물론 아동이 일관성 있게 사용하고 있는 음운이 있다면 음운목록을 함께 분석해도 좋다. 음성목록과 음운목록은 변별자질의 습득을 평가하거나 아동의 음운체계에 작용하거나 작용하지 않는 규칙, 음소배열 제약(phonotatic constraints)을 파악하는 데 중요하다(Pindzola et al., 2017). 아동의 음소배열 제약 중 특정 음절구조를 산출하지 못하는 제약도 있다. 따라서 이 시기 아동은 음절구조분석으로 산출할 수 있는 음절수나 음절구조(V, CV, CVC, VV, CVCV 등)를 확인할 필요가 있다. 음성목록과 음절구조목록을 작성하기 위한 말샘플 분석 예시를 〈표 8-6〉에 제시하였다.

〈표 8-6〉 음성목록과 음절구조목록 작성을 위한 말샘플 분석의 예

	산출형태	의도[목표형태]	산출한 음성		음절수	음절구조
			모음	자음		
1	우우	우유[우유]	ㅜ		2	VV
2	아따	**	ㅏ	ㄸ	2	VCV
3	나나	안아[아나]	ㅏ	ㄴ	2	CVCV
4	…	…	…	…	…	…

(2) 단어단위분석

말샘플의 단어단위분석에서는 주로 단어단위정확률, 평균음운길이, 단어단위근접률을 살펴본다. 분석하는 단어는 성인 어휘에 한정하되 의성어나 의태어, 외래어는 포함하며, 모방 발화, 고유명사, 감탄사, 호응발화(응, 네, 어)는 제외한다(김수진, 신지영, 2015; 박현, 2010).

① **단어단위정확률**(PWC)

샘플단어 중 단어 전체가 정확하게 발음된 단어의 비율이다.

아동이 산출한 단어의 조음이 성인의 발음형태와 음 대 음 대응을 하였을 때 완전히 일치하면 1점, 하나라도 오조음되면 0점으로 처리하여 총점을 계산한다.

PWC = 정조음 단어 수(총점) / 전체 단어 수

② **평균음운길이**(PMLU)

산출한 단어의 음운복잡성에 대한 정보를 보여 주는 지표로 분절음의 수와 자음의 수가 복잡성에 반영된다. PMLU는 연구자마다 약간의 차이가 있는데, 다음과 같이 계산한다.

1단계: 산출한 자음과 모음에 1점씩 준다. 오조음된 자음과 모음 모두 1점을 주되 첨가한 분절에는 점수를 주지 않는다.

2단계: 성인의 발음형태와 음 대 음 대응을 하였을 때 정조음한 자음에 1점을 추가한다.

예) 나비[나니]: 4(분절당 1점) + 1(정조음 자음당 1점) = 5

엄마[맘마]: 4(분절당 1점, 첨가 제외) + 2(정조음 자음당 1점) = 6

없다[엄따]: 4(분절당 1점) + 1(정조음 자음당 1점) = 5

3단계: 각 단어의 점수를 모두 더하여 총점을 계산한다.

예) 5 + 6 + 5 = 16

4단계: PMLU = 총점 / 전체 단어 수

예) 16/3 = 5.3

③ **단어단위근접률**(PWP)

아동의 음운복잡성이 목표단어에 얼마나 근접하였는지를 보여 주는 지표로 성인이 산출한 PMLU와 아동이 산출한 PMLU를 비교한다.

PWP = 아동의 PMLU / 성인의 PMLU

예) 나비[나니] : 아동의 PMLU([나니])=5, 성인의 PMLU([나비])=6 → PWP= 5/6

(3) 음운목록, 자음정확도, 모음정확도 등

이상의 분석 외 관계적 분석으로 음운목록, 자음정확도, 모음정확도 등을 분석하여 아동의 조음음운능력을 살펴볼 수 있다. 단어단위 분석과 자음정확도, 모음정확도 분석의 예는 〈표 8-7〉과 같다.

〈표 8-7〉 말샘플의 단어단위분석, 자음정확도, 모음정확도 분석의 예

	산출형태	의도[목표형태]	자음정확도		모음정확도		PWC	PMLU[a]	PWP	
			정조음 자음 수	총 자음 수	정조음 모음 수	총 모음 수			아동 PMLU[a]	성인 PMLU
1	우우	우유[우유]	0	0	1	2	0	2[b]	2[b]	2[b]
2	아따	**	제외-	-	-	-	-	-	-	-
3	나나	안아[아나]	1	1	2	2	0	4	4	4
4	무	물[물]	1	2	1	1	0	3	3	5
5	함미	할머니[할머니]	2	4	2	3	0	7	7	11
계			4	7	6	8	0	16	16	22
			4/7×100		6/8×100		0/4	16/4	16/22	

a: 동일한 값임, b: 이중모음의 활용에 1점을 추가하지 않고 계산함.

3) 후기 음운발달기 아동의 말샘플 분석

표준화 검사가 가능한 아동은 일상대화에서 나타나는 조음문제를 살펴기 위해 말샘플 분석을 실시하는 경우가 많다. 연결발화를 수집하기 위한 가장 좋은 방법은 아동과 자발적인 대화를 하는 것이다. 치료사는 아동의 취미, 게임, TV 프로그램, 아동이 방문한 장소 등에 대해 개방형 질문을 하여 대화를 유도하고 아동의 말을 정확히 전사한다. 아동이 자연스런 대화에 어려움을 보인다면 그림 보고 말하기, 문장 읽기, 이야기 다시 말하기 등으로 샘플을 수집할 수 있다. 수집한 말샘플로는 연결발화 수준의 자음정확도, 오류패턴, 말명료도, 오류일관성 등을 평가한다. 자음정확도와 오류패턴은 〈표 8-8〉과 같이 표준화 검사와 동일한 방법으로 분석한다.

〈표 8-8〉 말샘플의 자음정확도와 오류패턴

의도 [목표형태]	어제 닌텐도 포켓몬스터 게임을 했는데 이* * * 잡았어요 [어제 닌텐도 포켄(켄)몬스터 께이믈 핸는데 이* * * 자바써요]
이해한 말 [산출형태]	어제 닌텐도 포켓몬스터 게임을 했는데 이* * * 다봤어요 [어데 닌텐도 폰켄몬트터 께이므 핸는데 이* * * 다바떠요]
자음정확도	= 19/24 × 100
출현 음운변동	어제[어데] **파열음화**, 치조음화 포켄몬스터[폰켄몬트터] **파열음화**, 기식음화, 첨가 께이믈[께이므] **유음생략**, 치조음생략, 종성생략 자바써요[다바떠요] **파열음화**(2), 치조음화
말명료도	음절단위명료도= 20/24 × 100 어절단위명료도= 5/7 × 100

2. 말명료도 검사

말명료도는 화자가 말하고자 하는 의도를 청자가 이해한 정도를 말한다. 의사소통의 궁극적 목적은 자신의 의도를 타인에게 전달하는 것이기 때문에 말명료도는 중요한 지표이다. 2세 아동의 말명료도는 낯선 사람이 거의 알아들을 수 없는 수준이지만 약 4세가 되면 낯선 사람도 아동의 말을 대부분 알아들을 수 있는 정도로 발달한다. 보통 말명료도는 말샘플을 수집하여 음절 또는 어절 명료도를 분석하거나 평정법으로 평가한다. 그 외 말명료도가 매우 낮은 경우는 폐쇄형 낱말 확인과제로 말명료도를 평가하기도 한다.

1) 음절/어절 말명료도

평가자는 문장단위로 아동의 발화를 듣고 이해한 대로 받아 적는다. 불명료하여 이해가 어려운 단어는 음절단위로 '*'을 표시한다(예시 참조). 아동이 말하고자 하는 의도와 평가자가 바르게 이해한 음절 또는 어절의 수를 센다.

$$\text{명료도} = \frac{\text{평가자가 바르게 받아 적은 음절(어절) 수}}{\text{화자가 의도한 음절(어절) 수}} \times 100$$

2) 평정법

보통 3, 5, 7, 9의 홀수 척도를 사용하는데, 다음에 APAC(김민정 외, 2007)에서 제시한 5점 척도를 제시해 두었다. 아동의 발화를 듣고 각 문장별로 명료도를 평정하여 전체 평균을 구해 평가할 수도 있으며, 아동의 전체 발화를 듣고 전반적인 명료도에 대해 평정하여 평가할 수도 있다.

- 명료하고 대부분 이해 가능함
- 불명료하나 대부분 이해 가능함
- 자주 되물어야 함
- 친숙한 사람만 이해함
- 친숙한 사람도 이해 불가능함

3. 자극반응도 검사와 문맥검사

자극반응도와 문맥검사는 오조음된 음소에 한하여 실시하며, 오조음된 음소가 정조음될 수 있는 자극이나 문맥이 있는지를 평가하는 것이다.

1) 자극반응도 검사

자극반응도는 오조음한 음소가 자극에 의해 정조음될 수 있는 능력을 말한다. 따라서 자극반응도 검사는 오조음한 음소에 대해 검사자가 촉진적 자극을 제공하였을 때 대상자의 산출에 미치는 영향을 평가한다. 일반적으로 다음의 자극들을 제공한다.

- 시범을 보여 주고 단어수준, 음절수준, 음소수준으로 따라 말하게 한다.

• 조음위치나 조음방법에 대해 시 · 청 · 촉각적 단서를 제시하거나 구체적으로 설명한다.

자극반응도가 있다는 것은 말소리 습득에 결정적인 방해가 되는 심각한 구조적 장애가 없으며, 치료효과가 긍정적일 수 있음을 의미한다. 또한 자극반응도가 좋은 말소리는 자연성숙으로 발달될 가능성도 높기 때문에 치료의 필요성을 결정할 때 자극반응도 평가는 중요하다(Pindzola et al., 2017).

2) 문맥검사

아동이 오조음한 음소에 자극반응도 없다면, 치료사는 여러 가지로 동시조음 문맥을 변화시켜 정조음을 유도할 수 있는 촉진문맥을 찾기를 희망한다. 말소리는 문맥에 따라 다르게 산출되기 때문에 오조음되던 음소가 특정 문맥에서 정조음될 수 있으며, 이러한 촉진문맥은 치료과정에서 목표음을 유도할 때 사용할 수 있다. 일반적으로 문맥검사는 목표음의 위치와 앞뒤 모음을 달리하여 〈표 8-9〉와 같이 무의미 음절과 단어 수준에서 평가한다.

〈표 8-9〉 문맥검사 양식의 예

음소	이			아			우			낱말
	어두	어중	어말	어두	어중	어말	어두	어중	어말	
ㅅ	시	이시		사	아사		수	우수		신발, 사탕, 숲 귀신, 인사, 박수
ㄹ	리	이리	일	라	아라	알	루	우루	울	리본, 라면, 루피 피리, 바람, 캥거루 불, 콜라*

* /ㄹ/가 연쇄되면 두 소리가 모두 설측음으로 실현될 수 있기 때문에 자음을 촉진문맥으로 고려하여 평가함.

VI. 평가사례 및 진단보고서

진단 · 평가 보고서

아동명	김○○ (남)	평가일	○○○○. ○○. ○○.
생년월일	○○○○. ○○. ○○.(6;4)	정보제공자	아동의 어머니
장애유형	기능적 조음음운장애	진단자	김○○

1. 배경정보

이 아동은 만 6세 4개월 남아로 발음이 부정확하다는 것을 주 호소로 본 센터를 방문하였다. 아동의 주 양육자는 어머니이며, 가족 중에 말과 언어에 문제가 있는 사람은 없다고 한다. 어머니의 보고에 의하면 자연분만으로 아동을 출산하였으며, 출생 직후 아동에게 특이한 떨림이 있어 유전자 검사를 받았으나 문제는 없었다고 한다. 아동의 신체 · 운동발달, 인지발달은 또래와 비슷하였으나, 4세경부터 말을 표현하는 데 또래와 차이가 느껴졌다고 한다. 아동은 6개월 전에 00병원에서 언어검사를 받은 적이 있으며, 검사 결과 표현언어능력이 또래에 비해 1년 정도 지체되는 것으로 나타났다고 한다. 현재 아동은 짧은 문장 읽기가 가능하지만 속도가 느리며, 이중모음이나 받침 소리에서 오류가 많다고 한다. 익숙한 단어쓰기와 보고 베껴쓰기는 가능하나 철자오류가 많으며 읽고 쓰는 것을 매우 싫어한다고 한다. 숫자는 1~100까지 순서대로 읽을 수 있으며, 20 이하의 더하기와 빼기를 할 수 있다고 한다. 어머니는 아동의 말을 듣고 이해하지만 선생님과 친구들은 아동의 말을 이해하는 데 어려움을 보인다고 한다. 아동은 자신의 발음오류를 알고 있는 것처럼 이해하지 못하는 말을 다시 되물으면 거부하거나 회피하는 모습을 자주 보이고 말할 기회에 적극적으로 반응하지 않는다고 한다. 또한 놀이상황에서 "못 해요."라는 표현을 자주하며 자신에 대해 부정적 태도를 보이는 것 같다고 하였다.

2. 검사 태도

그림을 보여 주고 말하기를 요구하자 매우 작은 소리로 말을 하며, 목소리가 작아 되물으면 말을 하기 싫다고 고개를 저었다. 아동이 좋아하는 장난감과 놀이로 검사를 유도하자 검사에 다시 참여하는 모습을 보였지만 의도적으로 큰 소리를 내거나 말을 하지 않고 몸짓으로 반응하여 검사에 비협조적이었다.

3. 실시한 검사

- 우리말 조음 · 음운평가(Urimal-Test of Articulation and Phonology: U-TAP; 김

영태, 신문자, 2004)
- 조음기관 구조 · 기능 선별검사(Speech Mechanism Test: SMST; 신문자, 김재욱, 이수복, 이소연, 2010)
- 말샘플 분석
- 행동관찰
- 자극반응도 검사
- 문맥검사

4. 평가결과

1) 청감각과 구강조음기관의 구조 및 기능

행동관찰 결과 아동은 작은 소리에 지속적으로 반응을 보였으며, 아동의 말 오류를 따라 말해 주면 자신이 말하고자 하는 소리가 아니라고 표현하는 모습을 보였다. 예를 들어, 아동이 '잘해'를 [다:해]라고 말하였을 때 검사자가 "다해?"라고 되물으면 아니라는 반응을 보였다. 이는 아동이 오류음에 대해 외부-내부 모니터링 능력을 가지고 있다고 볼 수 있다.

조음기관 구조 · 기능 선별검사(SMST)를 실시한 결과, 구강조음기관의 구조는 또래아동에 비해 큰 차이를 보이지 않았다. 현재 위쪽 앞니 하나가 빠져 있는 상태이다. 교대운동과 일련운동은 협조하지 않아 실시하지 못하였다.

2) 유창성 및 음성

행동관찰과 수집한 말샘플을 살펴본 결과, 음성과 유창성에서는 특이한 문제가 관찰되지 않았다.

3) 조음음운능력

(1) 자음정확도와 음운목록

우리말 조음 · 음운평가(U-TAP) 결과, 단어 수준의 자음정확도는 47%, 모음정확도는 100%를 보였다. 이는 6세 아동의 1%ile 이하(-2SD 이하)에 해당된다. 아동의 음운목록은 다음 표와 같으며, 자발화 샘플 분석결과 자음정확도는 40%, 모음정확도는 92%로 나타나 심도 조음음운장애로 평가되었다.

아동은 연구개파열음을 모두 초성에서는 전방화하여 치조음과 경구개음의 중간 소리로 산출하는 대치 또는 왜곡(대치된 왜곡) 오류를 보였다. 종성에서는 연구개파열음을 생략하였으며(책상[태ㄸㅉ ㅇ̥]), 연구개비음은 치조음으로 대치하였다(가방[ㄷ ㅈㅏ 반]). 경구개파찰음과 치조마찰음은 모두 치조파열음으로 대치 또는 왜곡(대치된 왜곡)하여 산출하였다. 치조유음은 초성에서는 생략하였으며, 종성에서는 비음으로 대치하였다(연필[연핀]). 자발화에서 아동은 이중모음을 단모음으로 발음하는 오류를 보였으며(사과[사가]), 자음의 오류형태는 U-TAP과 유사하게 나타났다.

위치	ㅁ	ㄴ	ㅂ	ㅃ	ㅍ	ㄷ	ㄸ	ㅌ	ㄱ	ㄲ	ㅋ	ㅈ	ㅉ	ㅊ	ㅇ	ㄹ	ㅎ	ㅅ	ㅆ
어두 초성	+	+	+	+	+	+	+	+	ㄷㅈ (D)	ㄸㅉ (D)	ㄷㅈ (D)	ㄷ	ㄸ	ㅌ	+	ø	+	ㄸㅉ (D)	ㄸ
어중 초성	+	+	+	+	+	+	+	+	ㄷ	ㄸㅉ (D)	ㄷㅈ (D)	ㄷ	ㄸ	ㅌ	+	ø	+	ㄸㅉ (D)	ㄸ
종성	+	+	+			+			ø						ㄴ	ㄴ			

(2) 오류패턴

U-TAP의 음운변동을 분석한 결과, 생략 및 첨가 음운변동에서는 유음생략이 44%로 가장 높았으며, 연구개음생략(18%)과 종성생략(16%)도 나타났다. 위치변동에서는 연구개음의 전설음화가 59%로 가장 높았으며, 치조음화(33%), 경구개음화(13%) 순으로 나타났다. 방법변동에서는 파열음화(19%), 파찰음화(11%) 순으로 높게 나타났다. 발성유형 변동에서는 긴장음동화가 22%로 나타났다. 아동은 자발화에서도 이와 동일한 음운변동을 보였다. 아동의 주된 오류패턴은 연구개음의 전설음화, 종성 연구개파열음의 생략, 초성유음의 생략, 유음의 비음화, 치경마찰음과 경구개파찰음의 파열음화로 해석되며, 이는 발달적 변동에 포함된다. (음운변동을 분석할 때 대치된 왜곡은 모두 대치로 반영하여 분석하였다.)

(3) 말명료도

아동과 검사자의 놀이상황, 아동과 어머니와이 놀이상황에서 수집한 50발화를 분석하였다. 아동의 말을 전사하고 의도를 파악한 후, 맥락을 모르는 치료사에게 문장별로 들려주고 받아쓰게 하였다. 어절단위 명료도는 67%로 평가되었다.

(4) 자극반응도과 문맥검사

자극반응도 검사와 문맥검사 결과 초성 /ㄱ/는 무의미 음절수준에서 전설고모음 /ㅣ/ 앞에서만 정확하게 발음할 수 있었으며, /ㅇ/은 단어수준에서 천천히 따라 말하기를 하면 3번 중에 2번 정확하게 발음할 수 있었다. 종성 /ㄱ/와 /ㄲ/, /ㅋ/, 경구개파찰음은 어떠한 자극과 문맥에서도 정확하게 발음할 수 없었다. 그러나 연구개파열음이나 치조마찰음을 산출할 때 오류음으로 /ㅉ/를 산출하는 모습이 관찰되었다. 치조마찰음은 음소수준에서 /ʃ/로 산출하였다.

5. 요약 및 권고

아동의 조음음운능력을 평가한 결과, 기능적 조음음운장애로 진단되었다. U-TAP 결과, 낱말수준 자음정확도는 47%으로 1%ile 이하의 조음능력을 보였다. 자발화의 말명료도는 67%로 대화상황에서 맥락이 적은 경우 의사소통 실패가 빈번하게 나타날 수 있는 수준으로 나타났다. 초성에서 연구개 /ㄱ, ㄲ, ㅋ, ㅇ/의 전방화, 유음 /ㄹ/의 생략 또는 대치(비음화), 치조마찰음 /ㅅ, ㅆ/과 경구개파찰음 /ㅈ, ㅉ, ㅊ/의 대치(파열음화) 또는 왜곡이 빈번하였으며, 종성에서는 /ㄱ/의 생략과 /ㄹ/의 대치(비음화)가 빈번하였다. 아동의 수용언어와 읽기 · 쓰기 발달은 또래와 비슷하나 표현언어가 1년 정도 지연되는 것으로 보고되었다. 청감각과 구강조음기관에 구조적이거나 기능적으로 특이한 문제가 관찰되지 않았다. 현재 아동은 자신의 말문제를 인식하고 낯선 사람과의 대화를 회피하고 의사소통 실패에 반응하는 태도가 소극적이므로 조속히 집중적인 조음음운 치료가 필요하다. 아동은 여러 말소리가 특정한 패턴을 가지고 오조음되기 때문에 오류패턴을 고려한 조음음운 치료를 통해 일반화를 촉구하고 치료효과를 극대화시킬 것을 권고한다.

요약

이 장에서는 조음음운장애의 선별, 진단과정, 진단 · 평가 도구와 방법에 대해 알아보았다. 조음음운장애 진단은 조음음운장애 유무 판정, 조음치료의 필요성 결정, 유형 및 심한 정도 파악, 치료방향 권고를 궁극적 목적으로 진단 · 평가 과정에 다음의 주요 내용들이 포함된다.

1. 조음음운장애 진단은 선별과 인터뷰, 표준화 검사와 비표준화 검사의 실시, 조음문제와 관련된 영역의 평가 과정으로 이루어진다. 생활연령, 원인, 심한 정도 등에 따라 대상자의 주요 문제를 평가할 수 있는 적절한 검사는 다를 수 있으며, 이는 치료사가 선정해야 한다.
2. 조음음운장애 선별을 위한 공식 검사와 비공식 검사 모두 국내에 보고되어 있다. 그러나 국내상황은 선별에 따른 문제의 발견보다 의뢰에 따른 조음문제의 선별이 보편적이기 때문에 인터뷰 과정에서 연령에 적절한 선별 과업으로 조음문제를 살펴볼 수 있어야 한다.
3. 표준화 검사를 실시하기 전에 인터뷰 과정에서 대상자의 말산출 특성, 조음에 영향을 미칠 수 있는 요인, 조음문제와 관련된 부차적 문제 등을 조사하고 조음기관의 구조 및 기능을 선별하여 진단을 계획한다.
5. 표준화 검사가 가능한 아동은 국내 조음음운 표준화 검사(U-TAP, KS-PAPT,

APAC)로 조음음운장애를 진단한다. 표준화 검사로 자음정확도, 음운변동률 등을 분석하여 기능적 조음음운장애의 하위유형을 감별하고 치료방향을 권고할 수 있다.

6. 비표준화 검사는 표준화 검사의 실시 여부와 관계없이 치료를 계획하고 보다 정확한 예후를 판단하기 위해 실시해야 한다. 비표준화 검사에는 자발화를 이용한 말샘플 분석, 말명료도 검사, 자극반응도 검사, 문맥검사 등이 있다.

연습문제

1. 조음음운장애를 선별하기 위해 연령대별로 평가해야 할 음소는 무엇이며 그 근거는?
2. 기능적 조음음운장애의 정의, 진단기준, 그리고 하위유형별 특징은?
3. 표준화 조음음운검사를 실시하여 알아볼 수 있는 조음음운 분석 지표는?
4. 발달적 음운변동과 비발달적 음운변동 유형은 무엇이며 그 근거는?
5. 표현어휘가 제한적인 조음음운장애 아동의 조음음운을 진단 · 평가하는 방법은?
6. 자극반응도, 문맥검사, 말명료도 검사의 목적과 실시방법은?

참고문헌

고유경, 김수진(2010). 기능적 조음음운장애아동과 일반아동의 음운인식과 읽기능력의 비교 및 상관. 언어청각장애연구, 15(2), 157-167.

김문정, 석동일(2007). 조음음운장애 아동의 연령, 조음능력, 글자읽기가 음운인식에 미치는 영향. 언어치료연구, 16(2), 45-57.

김민정, 배소영, 박창일(2007). 아동용 발음평가(APAC). 서울: 휴브알앤씨.

김수진(2016). 말소리장애 선별검사 개발 및 6세 아동의 출현율 조사. 언어청각장애연구, 21(4), 580-589.

김수진, 신지영(2007). 조음음운장애. 서울: 시그마프레스.

김수진, 신지영(2015). 말소리장애. 서울: 시그마프레스.

김수진, 유하진(2014). 5, 6세 아동을 위한 따라말하기 선별검사의 개발. 2014년 학술대회 발표논문집, 43-46. 한국언어청각임상학회.

김수진, 하지완, 김영태, 신문자(2018). 우리말 조음 · 음운평가 2의 항목 개발. 2018 한국언어청각임상학회 학술대회 발표논문집. 한국언어청각임상학회.

김수진, 한유진(2015). 따라말하기 선별검사의 타당도 및 언어장애 선별정확도: 컴퓨터를 활용한 5-6세용 놀이동산 문단. 언어치료연구, 24(4), 391-400.

김시영(2012). 제6장 조음장애. 언어진단법. 권도하 외(편). 대구: 물과길.

김영태(1996). 그림자음검사를 이용한 취학 전 아동의 자음 정확도 연구. 언어청각장애연구, 1, 7-33.

김영태, 신문자(2004). 우리말 조음-음운평가(U-TAP) 수정 · 보완판. 서울: 학지사.

김영태, 심현섭(2007). 조음음운장애. 서울: 박학사.

민종현, 이경재, 최성희, 최철희(2015) 학령기 말소리장애 아동과 일반 아동의 음운인식 및 쓰기능력. 언어치료연구, 14(4), 225-236.

박현(2010). 단어단위 분석에 의한 2~4세 아동의 조음음운 특성연구. 대구대학교 대학원 박사학위논문.

백윤희, 정경희(2017). 영유아 기질 및 어머니의 성격 · 양육태도에 따른 영유아 언어발달 차이. 유아특수교육연구, 17(3), 173-194.

석동일, 박상희, 신혜정, 박희정(2008). 한국어 표준 그림 조음음운 검사(KS-PAPT). 서울: 학지사.

신문자, 김재욱, 이수복, 이소연(2010). 조음기관구조기능선별검사(SMST). 서울: 학지사.

심현섭, 김영태, 이윤경, 박지연, 김수진, 이은주, 표화영, 한진순, 권미선, 윤미선(2012). 의사소통장애의 진단과 평가. 서울: 학지사.

이제영, 이경숙, 정유경, 신의진(2011). 산후 우울 성향 어머니와 6-8개월 영아의 상호작용 분석. 아동학회지, 32(3), 203-220.

조양아, 김유경(2017). 취학전 조음 · 음운장애 아동의 내면적 특성 연구: 5-6세 중심으로. 언어치료연구, 26(3), 65-77.

Dodd, B. (2016). 말소리장애 아동의 감별진단과 치료: 제2판. (하승희 역). 서울: 시그마프레스. (원전은 2005년에 출판)

Gierut, J. A. (1998). Treatment efficacy: Functional phonological disorders in children, *Journal of Speech Language, and Hearing Research*, *41*(1), S85-S100.

Peterson, R. L., Pennington, B. F., Shriberg, L. D., & Boada, R. (2009). What influences literacy outcome in children with speech sound disorder?. *Journal of Speech, Language, and Hearing Research*, *52*(5), 1175-1188.

Pindzola, R. H., Plexico, L. W., & Haynes, W. O. (2017). **언어장애진단평가**. (김민정, 한진순, 이혜란 역). 서울: 학지사. (원전은 2016년에 출판).

St Louis, K. O., & Ruscello, D. M. (1981). *The Oral Speech Mechanism Screening Examination (OSMSE)*. Baltimore: University Park Press.

Stackhouse, J., & Wells, B. (1997). *Children's Speech and Literacy Difficulties: A Psycholinguistic Framework*. London: Whurr.

제9장

음성장애 진단 · 평가

⋮

유재연

›

◐ 이 장의 목표

- 음성의 청지각적 평가를 할 수 있다.
- 음성의 음향학적 평가를 할 수 있다.
- 음성의 공기역학적 평가를 할 수 있다.
- 음성 관련 진단보고서를 작성할 수 있다.

➔ 핵심 용어

- **공기역학적 평가** 음성산출 시 공기의 양을 측정하는 것으로, 최대연장발성시간, 폐활량, 성문호기류율, 성문하압 등을 측정한다.
- **성대운동성 평가** 성대의 진동을 시각적으로 살펴보는 방법과 성문 사이에 흐르는 전류의 양을 측정하는 방법이 있다. 시각적 관찰은 후두내시경을 사용하고 전기성문도(EGG) 평가를 통해 성대의 개폐비율을 측정한다.
- **음성의 주관적 평가** 음성의 주관적 평가에는 크게 지각적 평가와 음성설문평가가 있다. 지각적 평가에는 시각적 · 청각적 · 후각적 평가 등이 있다. 이 중 청지각적 평가가 일반적으로 많이 사용되며 GRBAS 척도와 CAPE-V 등이 있다. 음성설문평가는 음성장애지수(VHI), 음성과 관련된 삶의 질(VRQOL) 등이 있다.
- **음성평가** 음성의 평가는 주관적인 평가와 객관적인 평가 또는 기기적 평가와 비기기적 평가 등이 있다.
- **음향학적 평가** 음성의 음도, 강도, 음질을 분석하는 것으로 주파수, 세기(intensity), 퍼터베이션 등의 파라미터를 사용하여 측정한다.

음성장애는 발성문제이나 공명문제를 포함한다. 음성은 구두언어인 의사소통의 메시지 전달에서 매우 중요한 역할을 한다. 음성평가는 직업적인 음성사용자의 전문적인 음성에서부터 의사소통이 어려운 음성에 대한 평가에까지 다양하게 이루어질 수 있다. 음성평가는 크게 주관적인 평가(비기기적 평가)와 객관적인 평가(기기적 평가)로 구분될 수 있으며, 가장 이상적인 음성평가는 이 두 가지 평가방법을 적절히 혼용해서 사용하는 것이다.

이 장에서는 우선적으로 음성장애의 관련된 기본적인 내용을 먼저 살펴본 후, 음성장애의 평가영역, 선별평가, 심화평가, 평가사례 및 진단보고서에 대해 설명하고자 한다.

I. 음성장애 개관

최근에 컴퓨터와 전자공학의 기술발달과 함께 음성 연구, 평가 및 치료 등에 많은 변화가 있었고, 오늘날에는 성대 메커니즘을 정확하고 세밀하게 이해하게 되었다. 이전에는 직접 눈으로 관찰할 수 없는 빠른 성대의 움직임을 관찰하는 것이 가능해지고 성대의 진동양상을 수치화하는 것이 가능한 장비를 음성 진단과 치료에 이용할 수 있게 되었으며, 음성에 대해 음성전문가뿐만 아니라 일반인들의 관심이 증가하게 되었다.

새로운 기기 사용과 연구들이 확산되었다 해도, 기기를 이용하지 못하던 시기에서도 매우 효과적인 임상절차들을 발전시켜 왔다는 사실을 간과해서는 안 된다. 대부분의 음성전문가들은 여전히 음성평가에 있어서 잘 훈련된 언어재활사의 듣기 기술과 판단이 가장 중요한 도구라고 믿고 있다. 음성진단은 다른 모든 임상활동에서처럼 주관적인 면과 객관적인 면이 결합되어 있으며, 언어재활사는 과학자의 객관성과 포도주 맛 감별사의 주관성 둘 다를 가져야 하고, 또 그러한 전문가적 정신을 사용할 수 있어야 한다. 이 장에서 음성평가의 객관적 방법과 주관적 방법 둘 다를 다룰 것이다.

1. 정상음성과 음성장애

음성에 대한 연구와 음성장애 치료에 있어, '정상음성'에 대한 기준은 매우 중요하다. 음성의 매개변수로는 음도, 강도(loudness), 음질이 포함되며, 여기에 유동성(flexible)을 포함하기도 한다. 우리는 주변에서 정상적이며 보편적인 음성을 주로 듣는데, 정상음성이 갖추어야 할 요소는 주변 사람들과 비슷한 수준의 음높이, 상황에 맞는 적절한 강도, 유쾌하고 자연스런 음질과 적절한 공명 등이 포함된다.

정상음성을 5가지 측면에서 특징지을 수 있다. 첫째, 정상음성은 들을 수 있을 만큼의 소리의 크기(강도)를 가져야 한다. 적절한 음성의 강도는 말의 명료도에 결정적인 영향을 미치는 요소이다. 또한 TV, 에어컨, 컴퓨터 자판 소리 등의 환경 소음 상황에서도 말의 의미가 잘 전달될 수 있을 정도의 음성강도를 유지하는 것 또한 중요하다. 둘째, 정상음성은 성대의 외상이나 후두 병변 없이 적절한 성대의 움직임을 통해 음성이 산출되어야 한다. 즉, 위생적인(hygienic) 음성이 산출되어야 한다. 정상음성이 산출될 때에는 음성 메커니즘의 손상이나 이상이 발생되지 않는다. 셋째, 정상음성은 음질이 깨끗하여 청자가 듣기에 불쾌감을 주지 말아야 한다. 넷째, 정상음성은 감정을 표현하는 데 적절한 유동성을 가져야 한다. 즉, 화자의 기분, 정서, 감정에 따라 음성이 적절히 변화될 수 있어야 한다. 마지막으로 정상음성은 연령, 성별, 체구 등에 적합한 음성이어야 한다. 요약하자면, 정상음성은 강도, 위생, 유쾌함(pleasantness), 유동성, 표상(representation) 등의 측면에서 평가되어지며, 이러한 다섯 가지 요소에 적합하지 않은 경우 음성장애로 판단될 수 있다.

2. 음성장애의 원인

음성장애 환자에 대한 정확한 통계수치는 연구마다 많은 차이가 있으나, 일반적으로 전체 인구의 5~10% 정도로 추정하고 있다. 아동과 성인의 음성장애 발생비율이 차이가 있을 수 있으며, 직업적인 요소도 음성장애의 발생률에 크게 영향을 미친다. 대중가수, 성악가, 교사, 전화 상담사, 성직자 등과 같이 음성을 직업적으로 많이 사용하는 사람의 경우에는 비직업적 음성사용자에 비해 음성장애 발생률이 높은 것으로 추정된다. 직업적 음성사용자의 경우, 음성장애는 음성의 남용이나 오용에 의해 주로 발생한다. 이러한 기능적인 음성장애 원인 이외에도 뇌손상, 파킨슨병, 뇌성마비, 다발성경화증 등의 신경학적 원인, 심리적인 원인 등으로 인해 음성장애가 나타날 수 있다.

일반적으로 음성장애의 원인으로는 세균전염 및 염증, 성대의 오용 및 남용, 양성 또는 악성종양, 신경근육질환, 심리적 상태 등이 있다. 그러나 음성장애가 진행되면서 위의 5가지 원인이 결합하여 작용하는 경우가 많다. 이처럼 음성장애의 원인이 다요인적이기 때문에 음성의 진단 및 치료에서는 기저요인에 대한 파악이 매우 중요하다(심현섭, 2004).

김광현(2003)은 음성장애의 병리를 성대의 불완전 폐쇄, 성대 점막의 경도(stiffness)와 유동성(mobility), 성대 간의 부조화 등의 3가지 측면에서 설명하였다. 음성장애가 있는 환자에게 후두경검사(laryngoscopy)나 스트로보스코프검사(stroboscopy)에서 흔히 관찰되는 성대의 불완전 폐쇄는 음성장애의 중요한 원인이다. 발성 시 성대 사이에 틈이 생기면 발성 중에 지속적으로 공기가 새어나가며 유출된 공기가 정상적인 음파의 주기에 영향을 주게 된다. 이러한 성대의 불완전한 폐쇄는 성문 사이의 공기의 속도를 빠르게 하며 이는 성대의 주기적인 진동을 방해하고 성문 수준에서의 소음이 발생하게 함으로써, 거칠고 기식화된 음성이 산출된다. 성대 점막의 경도와 유동성은 발성 시 적절한 성대의 접촉에 영향을 주게 된다. 성대의 근력이 떨어질 경우에는 성대는 펄럭이게 되고 반면에 지나치게 단단한 성대는 점막의 진동이 제한되어 발성의 범위가 줄어들게 된다. 또한 병적으로 성대의 긴장도가 높을 경우에는 긴장된(strained) 음성이 산출되게 된다. 정상적인 음성이 산출되기 위해서는 양쪽 성대의 움직임이 위상차 없이 대칭적으로 진동할 경우 가능한데, 양쪽 성대 간의 부피나 질량의 차이가 발생하게 되면 진동속도의 차이로 인해 두 성대 간의 위상차이가 발생하게 되어 거친(rough) 음성이나 이중음성(diplophonia)이 산출될 수 있다.

3. 음성장애의 유형

전통적인 관점에서 음성장애는 기능적 · 기질적 두 가지의 병인적 범주로 나누어진다. 기능적 음성문제는 음성의 남용과 오용과 관계가 있다. 기질적 음성장애는 후두의 구조 또는 기능문제로 초래된다. 또한 음성장애를 기능적, 신경학적, 기질적 측면의 원인에서 3가지 범주로 분류하기도 한다(〈표 9-1〉 참조).

〈표 9-1〉 음성 메커니즘의 오용, 신경학적 질환, 음성 메커니즘의 기질적 변화와 관련된 음성문제

기능적	신경학적	기질적
가성		성대구증
기능적 실성증		접촉성 궤양
기능적 음성장애		암
근긴장성 발성장애		선천성 기형
이중음성		백반증
성대비대	마비구어장애:	내분비선 변화
라인케씨 부종	ALS, MG, MS, MS, MD, PD	육아종
성대용종	본태성 진전	혈관종
성대결절	경직형 부전실성증	과각화증
외상성 후두염	성대마비	후두적출
가성대 발성장애		유두종
발성일탈		변성
음도일탈		위산역류증
		후두횡격막

II. 인터뷰

음성장애를 가진 환자에게 적절한 치료방법을 적용하여 최상의 결과를 얻기 위해 선행되어야 할 조건으로 정확한 진단이 필요하다. 후두질환 및 음성장애의 정확한 진단이 이루어지기 위해서는 음성장애 환자에 대한 충분한 자료수집과 동시에 음성산출에서의 호흡, 발성, 공명 등을 면밀히 검토해야 한다. 환자의 음성 관련 정보, 전반적인 신체 건강 상태, 생활양식, 가족력 등에 관한 정보는 음성장애의 진단, 치료, 치료 후 관리에 중요한 자료를 제공한다.

1. 설문

환자의 문제에 대한 설문조사를 통해 환자의 문제를 좀 더 쉽게 이해하고 좀 더 체계적인 치료접근법을 계획하는 데 도움이 될 수 있는 정보를 얻을 수 있다. 일반적인 설문에 포함되어야 할 내용은 〈표 9-2〉와 같다.

〈표 9-2〉 음성설문 내용

음성문제	과거 및 현재의 음성 증후, 발병 시기 및 기간, 질병의 진행 및 변화 과정, 이전의 평가 및 치료
의학적 측면	현재의 질병, 수술 경력, 사고 경력, 알레르기, 약물의 복용
음성 사용	지나치게 큰 목소리의 습관적 사용, 경직되거나 긴장된 목소리 사용, 음성 남용
음성 위생	흡연 및 음주, 카페인 복용, 식생활 습관, 스트레스 관리
가정 및 직장	유전적 요인, 가족관계 및 가정생활, 학력, 신상의 변화, 직업생활
발달 정보	청력상태, 대근육 및 소근육 운동발달, 언어발달, 인지발달
개인적 정보	성격, 타인과의 상호작용 패턴, 개인적 습관, 질병에 대한 반응

2. 상담

설문지나 사례 조사를 통하여 정보를 얻는 것 이외에 환자나 환자 의뢰자와의 직접적인 상담을 통해 환자의 음성문제를 보다 구체적으로 알 수 있다. 상담을 통해 부수적으로 환자의 음성에 대한 청지각적 평가 및 시각적 평가가 가능하며 환자와의 친밀감 형성에도 유용하다. 진단과정은 의뢰인이 제공한 문제에 대한 진술을 면밀히 조사하는 것으로 시작되며 4가지 관점(누가, 무엇을, 왜, 언제)에서 정보를 평가한다.

1) 의뢰자는 누구인가?

환자의 음성에 대해서 처음으로 불평을 나타낸 사람이 누구인가를 아는 것은 매우 중요하다. 치료 참여의 동기적인 관점에서 환자가 '최상의' 정보원이지만, 환자에게 중요한 영향을 미칠 수 있는 사람도 좋은 의뢰자가 될 수도 있다.

2) 보고된 문제점이 무엇인가?

의뢰인이 음성에 대하여 진술하는 문제점을 기술하는 것을 통해 언어재활사는 음성문제를 더 잘 이해하게 되며, 다른 사람에게 환자의 음성문제를 알리는 데 유용하다. 음성의 문제점을 알아보는 데 가장 좋은 방법은 음성장애를 가진 환자와의 직접적인 대화를 통해서 환자의 음성을 알아보는 것이다. 환자를 인터뷰할 때, 다음의 5가지 영역에 대해서 알아보는 것이 유용하다.

① "당신의 음성에 대해서 설명해 보세요": 환자가 사용하는 용어, 음성을 변화시키는 것으로 보이는 요인, 음성 특징들에서 변화를 일으킨 기타 정보 및 음성에 대해 관심을 가지게 하는 예민한 증후 등을 알아본다.

② "말할 때의 당신 음성에 대해 다른 사람들의 반응은 어떻습니까?": 환자가 솔직하게 대답할 분위기를 만들어 주는 것이 중요하다. 대개 환자들은 자신의 음성에 대해 타인이 별로 관심을 두지 않는다고 할 수 있다. 음성에

대한 타인의 반응은 직업적 · 사회적 측면에서 환자가 겪을 수 있는 음성과 관련된 스트레스에 대한 정보를 제시할 수 있다.

③ "당신이 음성문제가 어느 정도 심하다고 생각합니까?": 환자에게 자신이 느끼는 음성문제의 심각성을 '전혀 심각하지 않다.' '약간 심각하다.' '어느 정도 심각하다' '매우 심각하다' 등의 척도로 반응하도록 하여 음성문제에 대한 환자의 태도 및 반응을 알아본다.

④ "이 문제가 얼마나 당신을 괴롭힙니까?": ③번에서 알아본 내용과 함께 환자가 자신의 음성을 얼마나 바꾸고 싶어 하는지를 평가해 본다. 이 정보는 치료참여에 대한 동기와 치료의 예후와 매우 밀접한 관련이 있다.

⑤ "문제의 원인은 무엇입니까?": 언어재활사는 환자가 음성문제에 관해 가지고 있는 어떠한 생각에도 관심을 가져야 한다. 환자의 의견이 옳을 수도 있고, 만약에 환자가 잘못 생각하고 있다면, 차후의 상담과 교육을 통해 적절한 정보를 제공해야 한다.

III. 평가영역

언어재활사는 음성장애를 평가하고 치료하기 위해서, 음성장애를 분류하고 음성행동이나 증상을 알아보아야 한다. 음성평가의 전반적인 절차는 다음과 같다.

〈표 9-3〉 일반적인 음성평가 절차

사례사

절차

문서화된 사례사 검토

인터뷰를 통한 정보 수집

관련 전문가로부터의 정보

음성문제에 영향을 미치는 요인

환경적 및 행동적 요인
의학적 혹은 신경학적 요인
환자의 동기 및 관심

음성평가(음도, 강도, 음질, 공명)
절차
선별평가
일련의 발화과제
낭독
구어샘플링
S/Z 비율
연인두 기능
더 좋은 음성에 대한 자극성
음성분석기기의 사용

구강-안면 평가
청력평가
진단
환자에게 정보전달(문서 또는 인터뷰 등)

1. 음도

음도는 성대의 개폐속도와 직접적으로 상관이 있는 지각적인 현상이다. 음도는 계속적으로 또 물 흐르듯이 변하기 때문에 정확한 음도수준을 측정하는 것이 어려울 수도 있다. 언어재활사는 음도 특성을 파악하기 위해 몇 가지를 고려해야 한다. 첫째, 매번 말할 때마다 그 음성의 가장 효과적인 음도범위가 있을 것이다. 둘째, 각 음성은 음도변화의 범위가 있다. 셋째, 전후관계에 맞추어 말하는 동안에 습관적인 음도가 있으며, 이것은 특정한 개개인에게 가장 효과적인 음도수준과 일치할 수도 있고 그렇지 않을 수도 있다. 넷째, 다양한 요인들이 특정한 음성의 음도수준에 직접적인 영향을 미친다.

최적음도란 발화 시 가장 적절한 음도를 의미한다. 물론 최적음도를 결정하는 것이 그리 쉬운 일은 아니다. 최적음도란 것은 특정한 음도수준보다는 음성 메커니즘에서 가장 적은 근육 긴장과 가장 이상적인 음성이 산출되는 동안의 음도를 의미한다.

음도범위 평가는 최적음도수준 검사와 함께 실시될 수 있다. 음도범위를 통해 피험자의 호흡 및 후두 조직의 유연성과 조절능력에 대한 정보를 얻을 수 있다. 피험자가 산출할 수 있는 가장 낮은 음계와 가장 높은 음계를 피치파이프나 피아노를 활용하여 측정할 수 있으며, 음향학적 분석장비를 활용할 수도 있다.

습관적인 음도란 일반 발화에서 자주 사용되는 음도수준을 말한다. 습관적인 음도를 알아내기 위해서는 피험자의 가장 자연스러운 대화음성을 녹음하여 음 높이를 알아볼 수 있다. 피험자에 따라서 습관적인 음도가 최적의 음도일 수도 있지만, 그렇지 않을 수도 있다. 일반적으로 습관적인 음도평가에서 너무 높거나 너무 낮은 음도로 말하지는 않은가에 초점을 둔다.

성대의 부피(mass), 효과적인 성대의 개폐의 길이 및 성대의 긴장도 등은 음도수준에 직접적으로 영향을 미치는 요인이다. 기질적인 문제로 인한 음도의 변화를 알아보는 것뿐만 아니라 노래를 하거나 연설을 할 경우, 의도적으로 음도를 바꾸면서 말하는 것 또한 평가할 필요가 있다.

2. 강도

강도는 목소리의 크기이다. 매우 작거나 매우 큰 음성은 비정상적인 음성이다. 강도문제는 마비말장애, 성대마비, 성대남용, 경우에 따라 심인성장애 등을 나타내는 환자에게서 나타난다. 강도를 측정하는 데 몇 가지 염두에 두어야 할 내용은 다음과 같다.

첫째, 다양한 구어상황에서 피험자의 일반적인 대화 시의 강도를 측정해야 한다.

둘째, 환자가 낼 수 있는 가장 약한 강도에서 가장 강한 강도의 범위를 알아볼 필요가 있다.

셋째, 여러 가지 음도수준에서 강도의 범위를 측정해야 한다.

넷째, 음압측정기(sound level meter)나 음향학적 분석장비를 이용하여 피험자의 강도수준을 객관적으로 측정할 수 있다.

3. 음질

후두에서 만들어진 소리가 공명강에서 공명되고 증폭된 복잡한 물리적 현상을 음질이라 지각한다. 음질은 소음이 적을수록 배음이 많을수록 좋은 소리가 된다.

가장 평가하기 어려운 음성 특성이 음질이다. 음질은 발성 및 공명적인 특징을 모두 포함하며, 특정한 화자의 목소리에 대해서 일차적인 구분을 할 수 있게 하는 요소이다.

음질을 묘사하는 말로 수없이 많은 용어들이 사용된다. 여기에는 기식화된 음성, 둔탁한 음성, 가냘픈 음성, 어두운 음성, 무거운 음성, 허스키한 음성, 거친 음성, 억압적인 음성, 쉿소리 음성, 두꺼운 음성 등의 용어가 있다. 음질이상은 대부분의 음성장애에서 나타난다. 이 중 가장 일반적으로 나타나는 음질장애는 목쉰음성이다.

음질이 정상 혹은 비정상을 평가하는 것이 어려운 이유는 비정상의 음질을 판단하는 것이 매우 주관적일 수 있기 때문이다. 음질의 평가는 주관성이 강하기 때문에 아마도 음질평가는 지각적 평가 이외에도 음향학적, 생리학적 평가와 함께 포괄적으로 이루어져야 할 것이다.

IV. 선별검사

음성의 선별검사(screening test)는 보다 심도 있는 음성의 진단 및 평가가 필요한 대상자를 선별하기 위해 이루어진다. 따라서 선별검사는 음성의 문제가 정상범주에 포함되는지의 유무를 확인하는 절차이며, 추가적인 음성검사 및 치료의 필요성을 알아보는 절차이다.

음성 선별평가는 짧은 시간 내에 쉬운 과제를 사용하여 실시할 수 있다. 선별평가에서 대상자에 실시하는 과제는 다음과 같다.

- 다양한 길이의 단어를 모방하기
- 10까지 수 세기
- 알파벳 말하기
- 짧은 구문 말하기
- 2분 정도 길이의 대화
- /ㅏ/, /ㅓ/, /ㅣ/, /ㅜ/, /ㅐ/를 5초간 연장 발성하기

위에서 제시된 구어과제를 실시하는 동안 음도, 강도, 음질, 공명, 전반적인 음성상태 등을 점검해야 한다.

Boone과 McFarlane(2000)은 음성의 기본적인 파라미터를 측정하는 3점 평정척도를 고안하였다.

〈표 9-4〉 음성장애 선별평가를 위한 3점 평정척도

	−	정상	+
호흡	호흡당 말하는 단어 수가 적음	적절함	호흡당 말하는 단어 수가 너무 많음
음도	너무 낮음	정상	너무 높음
음도 억양	단음도	정상	지나친 음도 변화
강도	너무 작음	정상	너무 큼
음질	기식적인 음성	정상	거친 음성
공명의 수직적 위치 (구강 공명)	앞쪽 공명(아기 음성)	정상	뒤쪽 공명(지나친 구강-인두 공명)
공명의 수평적 위치	후두 위치	정상(구강 안)	높음, 비강 위치
비강 공명	무비성	정상	과다비성

V. 심화평가

음성 및 음성장애를 연구하는 많은 전문가들은 정상적인 음성 및 병리적인 음성의 특징을 알아보기 위해 여러 가지 음성 분석기기를 이용한다. 음성 분석기기를 통해 얻을 수 있는 객관적인 자료는 음성진단뿐만 아니라 음성치료 효과를 알아보는 데 매우 유용하다(유재연, 정옥란, 장태엽, 고도흥, 2003). 이 장에서는 최근 음성장애 임상현장에서 음성평가에 주로 사용되는 생리학적 평가, 음향학적 평가, 공기역학적 평가장비에 대해 알아보고, 음성의 주관적 평가방법에 대해 알아보고자 한다.

1. 기기적 평가

1) 생리학적 평가

(1) 후두내시경 검사

인간의 성대는 1초당 100~300회 정도의 빠른 속도로 개폐운동을 한다. 빠른 성대의 움직임을 육안으로 직접 관찰하는 것은 불가능하다. 이러한 빠른 성대 운동을 관찰하기 위해서는 특수한 장비를 이용하여야 하는데, 성대의 움직임을 관찰하는 검사법으로 후두스트로보스코피(화상회선경검사, laryngostroboscopy), 초고속영화촬영법(ultra high speed cinematography), 카이모그라피(kymography) 등이 있다. 후두내시경 검사를 통해 다음의 내용을 관찰한다.

- 기본진동수(기본주파수, fundamental frequency, F_0)
- 양측 성대의 대칭성(symmetry)
- 진동의 규칙성(regularity)
- 성문 폐쇄양상(glottic closure)
- 진폭(amplitude)

- 점막파동(mucosal wave)
- 진동이 없는 부위(non-vibrating portion)

(2) 전기성문도(EGG)

EGG(electroglottograph)는 옴의 법칙(Ohm's law)의 원리를 이용하여 성대가 진동할 때, 양쪽 성대를 통과하는 전기저항 정도의 변화를 관찰함으로써 성대의 움직임을 그래프를 통해 관찰하는 데 사용되는 기기이다. 전류의 양은 저항에 반비례한다는 옴의 법칙을 적용하여 갑상연골의 양측 편에 전극을 부착시켜 전류의 양을 측정하는 것을 통해 성대의 개폐 양상을 알아볼 수 있다. 발성 동안 성대가 폐쇄할 때에는 전류의 양이 증가하게 되며 외전되었을 때는 전류의 양이 줄어들게 된다. 따라서 전류의 양을 나타내는 그래프를 통해 성대의 접촉양상을 알아볼 수 있다. EGG는 비침습적이며 발성과정과 조음과정에 방해를 주지 않으면서 측정할 수 있어, 연장발성뿐만 아니라 대화 시의 성대 접촉양상을 파악할 수 있으며, 음성질환의 진단 및 예후판정 등에 유용하다. 일반적으로 EGG와 후두내시경검사를 함께 실시하면서 성대의 움직임을 시각적으로 관찰하는

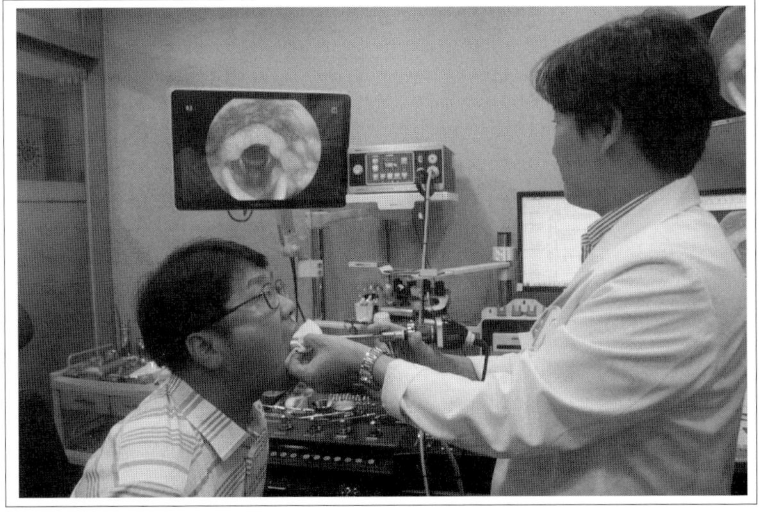

[그림 9-1] 후두내시경검사

것이 진단에 효과적이다.

2) 음향학적 평가

음성의 음향학적 분석장비를 통해 주로 주파수, 강도, 스펙트럼, 주파수변동률(jitter), 진폭변동률(shimmer), 배음 대 소음비(harmonicto noise ratio) 등을 측정한다.

(1) MDVP

최근 들어 가장 많이 활용되고 가장 많이 인용되는 음성 분석기구 중의 하나이다. MDVP(multi-dimensional voice program)는 음성을 다양한 측면에서 분석하는 것이 가장 큰 장점이다. '음성'의 특성이 매우 가변적이고 다변적임을 고려할 때, 이를 분석함에 있어 다차원적인 접근방법을 사용한다는 것은 매우 유용하고 MDVP의 정확하고 적절한 활용은 음성장애 환자의 병적 음성뿐 아니라 정상음성의 특성을 파악하는 데에도 도움을 줄 수 있다(표화영, 최홍식, 2001).

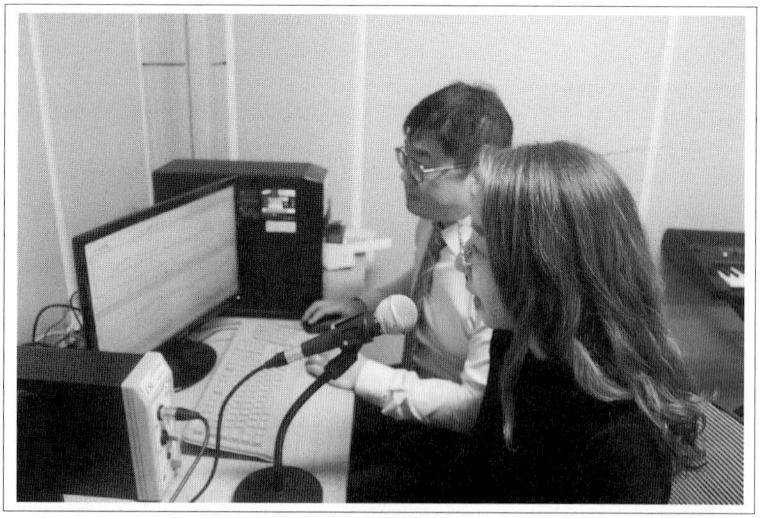

[그림 9-2] MDVP

(2) Visi-Pitch, Real Time Pitch

Visi-Pitch는 발성/발화 시 음원인 성대진동을 계량적으로 측정하여 음성분석을 하고, 언어치료 시 객관적인 데이터를 제공함으로 전 세계적으로 임상언어병리 연구와 언어치료 분야에서 가장 많이 사용되고 있는 장비이다(김현기, 2001). Visi-Pitch II의 기능은 언어 습득 훈련 기능, 음성 저장 및 음성 파라미터의 그래프 표시 기능, 분석 데이터값 표시 기능, 음성 재생 및 음성신호 편집 기능, 음성신호를 실제 시간상에서 그래프로 시각화하는 기능 등이 있다.

CSL(Computerized Speech Lab)의 하위 프로그램 중 Real Time Pitch는 실시간으로 음도와 강도의 변화를 제시해 준다. 이 장비를 통해 발화 시의 음도, 강도, 음도범위, 강도범위를 측정하는 것이 용이하며 목표수준을 설정하여 음도와 강도를 변화시키는 치료에도 활용된다.

(3) Praat

Praat는 Amsterdam 대학의 Paul Boersma가 개발한 음성 분석도구로서 현재까지는 공유프로그램이다. 아직까지 Praat는 공유 프로그램이지만 대형컴퓨터에서 사용되는 음성분석패키지에서 볼 수 있는 다양한 분석기능을 갖추고 있다. 특히 스크립트 언어로 되풀이되는 작업을 차례로 기록하여 실행할 수 있기 때문에 많은 자료를 분석할 때는 매우 편리하다.

(4) Nasometer와 Nasalview

비성 측정기는 사용이 간편하고 비침습적 방법을 사용하여 성인뿐만 아니라 아동환자들에게 이르기까지 검사 및 치료 장비로 활용된다. 비성 측정기는 구개열 환자, 악교정 환자, 마비말장애 환자, 음성장애 환자, 청각장애 환자 등 공명에 문제를 나타낼 수 있는 말장애 환자들의 비성치(nasalance)를 평가하고 치료하는 데 유용하게 사용된다(유재연, 2004).

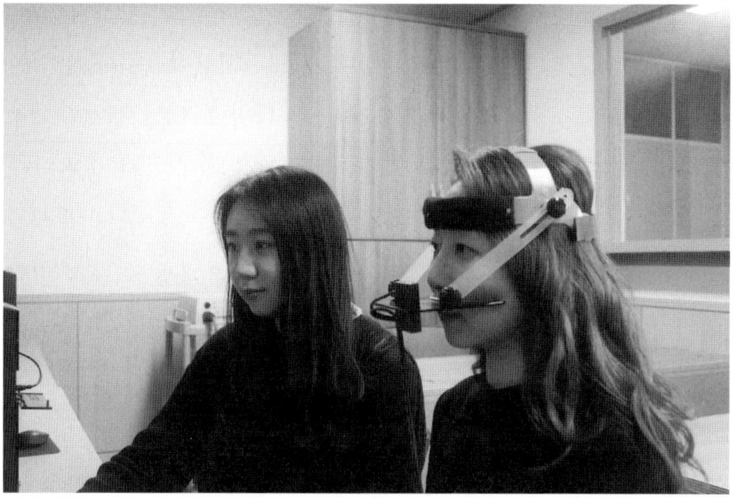

[그림 9-3] Nasometer

3) 공기역학적 평가

음성산출에서 호흡기능은 매우 중요하다. 호흡기능 평가에서 가장 일반적으로 측정되는 매개변수로는 1회 폐활량(tidal volume), 기능적인 잔기용량(functional residual capacity), 흡기용량(inspiratory capacity), 총 폐용량(total lung capacity), 폐활량(vital capacity) 등이 포함된다. 언어재활사 또는 음성언어전문가는 일반적으로 피험자의 음성에 대한 공기역학적 분석에서 성문하압(Psub), 성문상압(Psup), 성문저항(glottal impedance), 성문수준에서의 기류속도(volume velocity of airflow at the glottis) 등을 측정한다(유재연, 2004c).

음성의 공기역학적 검사에 가장 많이 사용되는 장비로 Phonatory aerodynamic system(PAS)가 있다. PAS II는 기류(airflow), 기압(air pressure), 음압(sound pressure), 음성효율성 등을 측정할 수 있다. 기류, 기압, 음압수준(SPL), 발성시간 등을 측정하여 그 결과를 정상치와 비교하므로 호흡 및 발성의 문제 유무, 원인 및 정도 등을 진단하고 치료 전후 검사를 통하여 치료에 대한 효과 및 변화를 측정하는 데 사용된다.

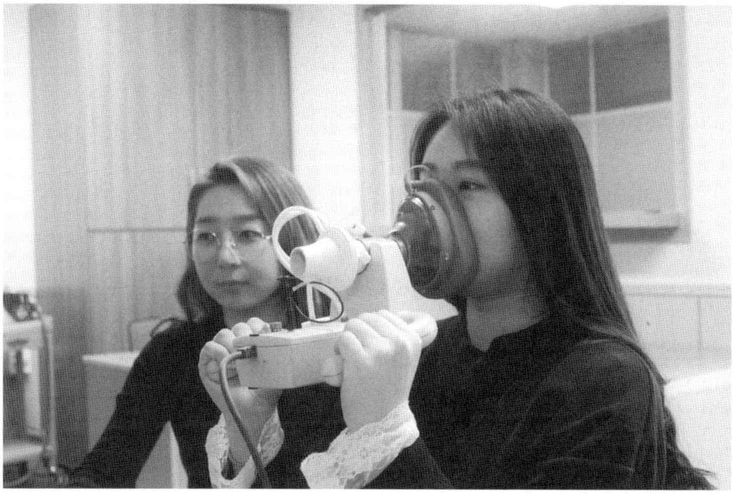

[그림 9-4] PAS

2. 비기기적 평가

1) 청지각적 평가

음성의 청지각적 평가는 넓은 의미에서, 음성의 정보전달 가능성이나 문제점의 검출, 발성 및 조음의 문제확인, 그리고 음성치료의 효과측정 등에 활용될 수 있으며, 음성 이상과 관련된 측면에서는 음도, 강도, 음질 등의 검사를 포함한다. 일반적으로 청지각적 평가를 통해, 생리학적인 음성기능과 청각적 평가결과를 관련시켜서, 언어재활사는 음성장애에 대한 중요한 정보를 얻을 수 있다. 이러한 음성의 청지각적 평가는 기기를 통한 결과와 함께 활용할 경우, 음성치료 측면에서 적절한 중재계획의 수립과 치료의 효용성을 평가하는 데 보다 객관적이고 효과적으로 이용될 수 있다. 음성의 청지각적 평가는 시 · 공간적 측면에서 크게 제한을 받지 않을 뿐만 아니라 경제적 측면에서도 이점을 가지고 있지만, 음성에 대한 보다 객관적인 자료를 얻는 데에는 문제점을 가지며, 검사자 내 혹은 검사자 간의 신뢰성 있는 결과를 얻는 데 제한점을 가진다. 따라서 음성의 청지각적 평가는 검사(평정)자의 지속적인 듣기훈련을 필요로 하며, 더 나아가 음성평정에 잣대가 될 수 있는 표준음성샘플 개발이 매우 중요하다.

또한 보다 정확한 청지각적 평가자료를 얻기 위해서는 고음질의 녹음장치가 필요하며, 소음이 차단된 공간에서 음성을 수집해야 한다.

〈표 9-5〉 음성의 청지각적 평가척도

음성 특성	등급			
목쉰음성(hoarse voice)	0	1	2	3
기식화된 음성(breathy voice)				
거친 음성(harsh voice)				
무력성 음성(asthenic voice)				
긴장성 음성(strained voice)				
심한 성대 접촉(hard glottal attack)				
음성 프라이(vocal fry)				
음도 일탈(pitch break)				
이중음성(diplophonia)				
과다비성(hypernasality)				
과소비성(hyponasality)				
발성 일탈(phonation break)				

Laver(1980)는 후두조절에 의해 생성될 수 있는 성질을 지성(modal voice), 가성(falsetto), 속삭이는 소리(whisper), 거센소리(harshness) 그리고 기식성(breathiness) 등으로 분류하였다.

한편, 후두 병변과 관련된 음질에 관하여 일본음성언어의학회는 애성도(grade of hoarseness: G), 조조성(rough: R), 기식성(breathy: B), 무력성(asthenic: A), 노력성(strained: S)의 5가지 속성으로 이루어진 GRBAS 척도를 제안하였다.

일반적으로, GRBAS 평가에서 평가되는 매개변수(R, B, A, S)의 특성을 생리학적 및 음향학적인 특성과 관련시켜 보면 다음과 같다.

Consensus Auditory-Perceptual Evaluation of Voice (CAPE-V)

이름: 검사일자:

다음 과제를 수행하는 동안 각 음질 관련 변수의 척도를 평가하시오.

1. 모음 /a/와 /i/를 각 3~5초간 연장발성
2. 문장 발화
   a. The blue spot is on the key again.
   b. How hard did he hit him?
   c. We were away a year ago.
   d. We eat eggs every Easter.
   e. My mama makes lemon muffins.
   f. Peter will keep at the peak.
3. 자발화(질문에 대한 답변): "당신의 음성문제에 대해 말해 주세요." 또는 "당신의 음성이 어떻게 기능하고 있는지 말해 주세요."

Legend: C = 일관된 I = 간헐적
MI = 약간 비정상적인 MO = 중간 정도로 비정상적인
SE = 매우 비정상적인

전반적인 중증도	경도	중등도	고도	C1/100
거친 음성	경도	중등도	고도	C1/100
기식성	경도	중등도	고도	C1/100
긴장성	경도	중등도	고도	C1/100
음도	경도	중등도	고도	C1/100
강도	경도	중등도	고도	C1/100
	경도	중등도	고도	C1/100
	경도	중등도	고도	C1/100

공명에 대한 소견: 정상기타(설명)

다른 증상(예: 이중음성, 음성 프라이, 가성, 실성증, 불안정 음도, 진전, 가래 끓는 소리, 기타

[그림 9-5] CAPE-V

거친 음성(rough)은 불규칙한 성대 진동운동과 관련이 있고, 음향학적으로는 후두 음원의 기본주파수 혹은 진폭의 불규칙한 흔들림과 기본주파수의 하강 그리고 낮은 주파수대의 소음 등과 관련이 있다. 기식성(breathy)은 발성 시 성문 간극(glottal gap)이 나타나며, 음향학적으로는 중음역 이하의 소음으로 나타난다. 노력성(strained)은 성대의 과긴장이 나타나며, 음향학적으로는 기본주파수의 증가와 고음역의 소음성분이 나타난다. 무력성(asthenic)은 성대가 얇고 질량이 이상하게 가볍거나 또는 성대의 긴장성이 떨어지는 경우이며 음향학적으로는 고음역에 조파성분이 적고, 그 대신에 약간의 소음 성분이 존재하거나 또는 기본주기와 진폭이 천천히 불안정하게 흔들리는 경우, 특히 기본주파수와 진폭이 원만하게 하강하여 발성이 끝나는 경우가 많다(일본언어음성의학회, 1996).

음성 청지각적 평가(Consensus Aditory-Prceptual Ealuation of Vice: CAPE-V)는 음도, 강도, 음질 그리고 공명 등을 시각적 아날로그 척도를 활용하여 음성을 평가한다.

Wilson(1987)은 음성의 청각적 분석을 위한 Buffalo Voice Profile을 개발하였다. 이 음성검사지에 포함된 검사항목으로는 음질(기식성, 목이 쉰), 피치(너무 높음, 너무 낮음), 비강공명(과다비성적, 과소비성적), 구강공명(throatiness), 호흡지원(호흡량), 후두근 긴장(과대긴장, 과소긴장), 음성남용(남용 빈도와 정도), 말하는 속도(너무 빠름, 너무 느림), 구어에 불안감(불안의 정도), 말명료도, 전체적인 음성 평정점수 등이 있으며, 각 측정변수는 5점 척도로 이루어져 있다.

Morrison, Ramage, Nichol, Pullan과 Salkeld(1994)는 음성의 청지각적 평가에서 음질과 관련된 매개변수를 음성시작(voice-onset features), 흡기(breath-intake), 안정성(stability), 성문개폐(valving), 음색(timbre), 공명(resonance) 등의 측면에서 음질을 평가할 수 있다고 제안하였다.

〈표 9-6〉 음질 측정 매개변수

특성	측정 매개변수
음성시작	성대접촉, 과다 성대접촉 시작, 과소 성대접촉 시작, 과대외전
흡기	흡기 시 후두천명, 가청흡기, 흡기발성
안정성	음의 떨림(tremolo), 진전, 피치일탈, 과대내전 발성 일탈, 과소내전 발성 일탈
성문개폐	기식성 발성, 무력성 속삭임 소리, 억압적인 목이 조이는 발성
음색 이상	거센 음성, 거친 음성, 음성 프라이, 이중음성
공명	과다비성, 비강기류 유출, 동화비성, 과소비성, 전공명(fronted resonance), 후공명(backed resonance)

2) 음성설문평가

음성장애지수(Voice Handicap Index: VHI)는 1997년 Jacobson 등이 발표한 설문지로 현재 환자 중심의 평가방법으로 널리 사용되고 있는 검사도구이다. VHI는 기능적인 측면(functional: F), 신체적인 측면(physical: P), 정서적인 측면(emotional: E)의 3가지 측면에서 각 10문항씩 총 30문항으로 구성되어 있고 음성평가대상자는 각 문항에 대해 0점에서 4점까지 5점 척도점수로 반응하도록 되어 있다. [그림 9-6]은 윤영선 등(2008)이 한국어로 번역한 한국어판 음성장애지수(Korean Voice Handicap Index: K-VHI)이다.

다음의 질문에 대해 본인이 느끼는 증상이 어느 정도인지 숫자에 동그라미(또는 V표)로 표시하십시오.

0=전혀 그렇지 않다. 1=거의 그렇지 않다. 2=가끔 그렇다. 3=자주 그렇다. 4=항상 그렇다

F1	목소리 때문에 상대방이 내 말을 알아듣기 힘들다.	0	1	2	3	4
P2	말을 할 때 숨이 차다.	0	1	2	3	4
F3	시끄러운 곳에서는 사람들이 내 말을 이해하기 어려워한다.	0	1	2	3	4
P4	하루 중에도 목소리가 자주 변한다.	0	1	2	3	4
F5	집 안 어디서든 내가 부르는 말소리를 가족들이 잘 듣지 못한다.	0	1	2	3	4

F6	목소리 때문에 전화통화를 가급적 줄인다.	0	1	2	3	4
E7	목소리 때문에 타인과 대화를 할 때 긴장을 한다.	0	1	2	3	4
F8	내 목소리 때문에 여러 사람이 모인 자리를 피하게 된다.	0	1	2	3	4
E9	내 목소리 때문에 사람들이 짜증이 날 것이다.	0	1	2	3	4
P10	사람들이 나에게 목소리가 왜 그러냐고 묻는다.	0	1	2	3	4
F11	내 목소리 때문에 친구, 친척 혹은 이웃들과 대화를 덜 하게 된다.	0	1	2	3	4
F12	얼굴을 마주 보고 대화할 때도 상대방이 다시 말해 달라고 한다.	0	1	2	3	4
P13	목소리가 갈라지고 탁하다.	0	1	2	3	4
P14	목소리를 내려면 힘을 주어야 나오는 것 같다.	0	1	2	3	4
E15	다른 사람들은 내 음성문제를 잘 이해하지 못한다고 생각한다.	0	1	2	3	4
F16	음성문제로 개인생활과 사회생활에 제한을 받는다.	0	1	2	3	4
P17	목소리가 언제쯤 맑게 잘 나올지 알 수가 없다(예측이 어렵다).	0	1	2	3	4
P18	목소리를 잘 나오게 하려고 음성을 달리 내보기도 한다.	0	1	2	3	4
F19	내 목소리 때문에 대화에 끼지 못하여 소외감을 느낀다.	0	1	2	3	4
P20	말할 때는 애를 많이 쓰게 된다.	0	1	2	3	4
P21	저녁이 되면 목소리가 더 잠긴다.	0	1	2	3	4
F22	음성문제로 인해 소득(수입)에 감소가 생긴다.	0	1	2	3	4
E23	내 목소리 문제로 속이 상한다.	0	1	2	3	4
E24	내 목소리 문제로 적극적이 못할 때가 있다.	0	1	2	3	4
E25	음성문제가 장애로(핸디캡으로) 여겨진다.	0	1	2	3	4
P26	말하다가 목소리가 나오지 않아 말을 이을 수 없을 때도 있다.	0	1	2	3	4
E27	사람들이 나에게 다시 말해 달라고 할 때 기분이 언짢다.	0	1	2	3	4
E28	사람들이 나에게 다시 말해 달라고 할 때 창피함을 느낀다.	0	1	2	3	4
E29	목소리 때문에 무능력하게 느껴져 자신감이 떨어진다.	0	1	2	3	4
E30	목소리 때문에 수치심을 느낀다.	0	1	2	3	4

[그림 9-6] 한국어판 음성장애지수

당신의 음성문제가 당신의 일상생활에 어떤 영향을 미치는지 알아보고자 합니다. 설문지에서 음성과 관련하여 발생할 수 있는 문제들을 찾고자 합니다. **지난 2주** 동안 음성이 어떤지를 생각해서 각 문항에 응답해 주시기 바랍니다. 옳고 틀린 정답은 없습니다.					
음성문제가 생겼을 때의 심각한 정도와 얼마나 자주 음성문제가 발생하는지를 고려해서 각 항목에 얼마나 "나쁜지(당신이 가지고 있는 문제의 정도가)"를 체크해 주십시오. 다음의 평가척도로 체크해 주시기 바랍니다.					
1=문제가 전혀 없다 2=약간 문제가 있다 3=중간 정도 문제가 있다 4=문제가 많다 5=문제가 더 이상 나쁠 수 없을 만큼 심각하다					
내 목소리 때문에 얼마나 큰 문제인가?					
1. 내 목소리 때문에 시끄러운 상황에서 크게 말하면 남들이 내 말을 잘 알아듣기 힘들어한다.	1	2	3	4	5
2. 말할 때 숨이 차고 숨을 자주 쉰다.	1	2	3	4	5
3. 때때로 말을 시작할 때 어떤 소리가 나올지 예측하기 힘들다.	1	2	3	4	5
4. (내 목소리 때문에) 때때로 불안하거나 당황스럽다.	1	2	3	4	5
5. (내 목소리 때문에) 때때로 우울해진다.	1	2	3	4	5
6. (내 목소리 때문에) 전화 통화하는 데 어려움이 있다.	1	2	3	4	5
7. (내 목소리 때문에) 직업이나 전문적인 일을 하는 동안 어려움이 있다.	1	2	3	4	5
8. (내 목소리 때문에) 외부로 나가 사회생활하는 것을 피하게 된다.	1	2	3	4	5
9. 남들이 이해할 수 있도록 반복해서 말을 해야만 한다.	1	2	3	4	5
10. 내 목소리 때문에 외출을 삼간다.	1	2	3	4	5

[그림 9-7] 음성 관련 삶의 질

지금까지 음성 평가방법을 음성 분석장비를 이용한 도구적 평가와 인간의 감각기관을 통한 지각적 평가로 나누어 살펴보았다. 기기를 통한 음성분석은 객관적이며 수량화할 수 있고, 자료를 보존할 수 있는 등의 많은 장점을 가지고 있다. 상대적으로 지각적 평가는 언어재활사의 주관적인 평가기술에 따라 평가결과가 달라질 수 있는 단점을 가지고 있다. 하지만 음성이라는 것을 단순히 기기만을 통해서 정확하게 파악하기란 힘든 일이다. 귀를 통해 측정할 수 있는 음질이나 음색의 작은 변화를 기기를 통해 정확하게 그 차이를 측정하는 것에는 다소 제한점이 있을 수 있다.

진단은 모든 치료의 시작점이다. 정확한 진단을 통해 체계적인 치료계획과 적절한 치료방법이 설정될 수 있다. 따라서 언어재활사는 음성분석에 있어 기기를 사용한 측정과 눈과 귀를 통한 지각적 음성평가의 기술개발에 끊임없이 노력해야 할 것이다.

VI. 평가사례 및 진단보고서

진단 · 평가 보고서

1. 배경정보

이름	노○○ (여성)	생년월일	1992. 7. 27.
진단명	양측성 성대결절	직업	유치원 교사
검사일	2018. 6. 7.	검사자	이○○

2. 평가결과

1) 음성인터뷰

① 음성문제에 대한 환자의 인식: 4년 전부터 목소리 변화가 나타났으며, 이전에는 목소리가 높은 편이었으나 현재는 목소리가 많이 낮아진 편이라고 함. 말할 때 음이탈이 자주 나타나고 주변 사람들이 목소리가 걸걸하다 또는 허스키하다라고 많이 말하는 편임. 목소리가 변한 후는 주로 낮은 음역대의 노래만 부르며 목소리 변화로 인해 스트레스가 많은 편임.

② 하루 동안 음성변화: 목소리는 오전보다는 오후, 저녁으로 갈수록 더욱 안 좋아지며 목소리를 많이 사용한 날 더 잘 안 나옴.

③ 음성치료 치료경험: 없음.

④ 환경적 요인: 유치원 교사로 1년 동안은 영아반을 교육하였으나 이후 4년 동안 6세 반을 맡으면서 목소리 사용량이 많아짐.

⑤ 발성 시 신체적 불편감: 고함치거나 큰 소리 낼 때 머리가 울리거나 힘이 많이 드는 편이며 불편함.
⑥ 성대남용: 말을 많이 하는 편이며 기침과 헛기침 자주 하는 편임.
⑦ 흡연과 음주: 흡연은 하지 않으며 음주는 주 2~3회 소주 두 병
⑧ 성대 오용: 기본적으로 목소리가 큰 편이며 외향적인 성격으로 말이 많은 편임.

2) GRBAS scale

Grade	0	1	2	③
Roughness	0	1	2	③
Breathiness	0	1	②	3
Asthenia	0	1	②	3
Strain	0	1	2	③

음성의 진단은 기기적 평가와 비기기적 평가의 결과를 토대로 이루어진다. 다음은 30세의 여성 유치원교사의 음성평가 결과이다.

3) 음성장애지수

음성장애지수					
다음은 목소리와 목소리가 생활 속에 미치는 영향을 설명하는 것들입니다. 여러분이 얼마나 자주 경험하는지를 동그라미로 표시해 주십시오.					
0= 결코 그렇지 않다 1= 거의 그렇지 않다 2=때때로 그렇다 3=거의 항상 그렇다 4=항상 그렇다					
Part I-F = 10점					
F1. 다른 사람들이 내 목소리 때문에 내 말을 알아듣기 어려워한다.	0	1	②	3	4
F2. 시끄러운 곳에서 사람들이 내 말을 이해하기 어려워한다.	0	1	②	3	4
F3. 집 안에서 가족을 부를 때 가족들이 내 말을 알아듣기 힘들어 한다.	0	①	2	3	4
F4. 전화통화를 하고 싶지만 피하게 된다.	0	①	2	3	4
F5. 내 목소리 때문에 사람들이 많은 곳에 가는 것을 꺼리는 경향이 있다.	⓪	1	2	3	4

F6. 내 목소리 때문에 친구, 이웃이나 친척들과 상대적으로 덜 이야기한다.	0	①	2	3	4
F7. 얼굴을 마주 보고 말할 때에도 상대방이 못 알아듣고 말한 것을 반복해 달라고 한다.	0	1	②	3	4
F8. 내 목소리 때문에 나의 일상생활이나 사회활동에 어려움을 겪는다.	0	①	2	3	4
F9. 내 목소리 때문에 대화에 끼어들지 못한다는 느낌을 갖는다.	ⓞ	1	2	3	4
F10. 내 목소리로 인해 내 수입에 영향을 받는다.	ⓞ	1	2	3	4
Part Ⅱ-P = 22점					
P1. 말할 때 숨이 찬다.	0	①	2	3	4
P2. 내 목소리는 하루에 시간에 따라 변한다.	0	1	②	3	4
P3. 사람들은 내게 "목소리에 무슨 문제가 있어요?"라고 물어본다.	0	1	②	3	4
P4. 내 목소리가 갈라지고 탁하게 들린다.	0	1	2	3	④
P5. 목소리를 내기 위해 힘을 줘야 된다고 느낀다.	0	1	2	3	④
P6. 내 목소리가 언제 명료하게 들릴지 예측하기가 힘들다.	0	1	2	③	4
P7. 내 목소리를 변화시키기 위해 노력한 적이 있다.	0	①	2	3	4
P8. 나는 말할 때 많은 노력이 필요하다.	0	1	②	3	4
P9. 저녁에 내 목소리가 더 나빠진다.	0	1	②	3	4
P10. 말하는 도중에 내 목소리가 "지쳐서" 나오지 않을 때도 있다.	0	①	2	3	4
Part Ⅲ-E= 14점					
E1. 내 목소리 때문에 다른 사람들에게 말할 때 긴장하게 된다.	0	①	2	3	4
E2. 사람들이 내 목소리를 거슬려 한다.	0	1	②	3	4
E3. 다른 사람들이 내 목소리 문제를 잘 이해해 주지 못한다.	0	1	②	3	4
E4. 내 목소리 문제 때문에 화가 난다.	0	1	②	3	4
E5. 내 목소리 문제 때문에 덜 외향적이다.	0	①	2	3	4
E6. 내 목소리로 인해 나는 장애가 있다라고 느낀다.	0	①	2	3	4
E7. 사람들이 다시 말을 해 달라고 할 때마다 비참하다.	0	①	2	3	4
E8. 사람들이 다시 말을 해 달라고 할 때마다 당황스럽다.	0	①	2	3	4

E9. 내 목소리로 인해 무능력하다고 느낀다.	0	①	2	3	4
E10. 내 목소리 장애가 부끄럽다.	0	1	②	3	4
VHI 총 점수 46					

4) MDVP

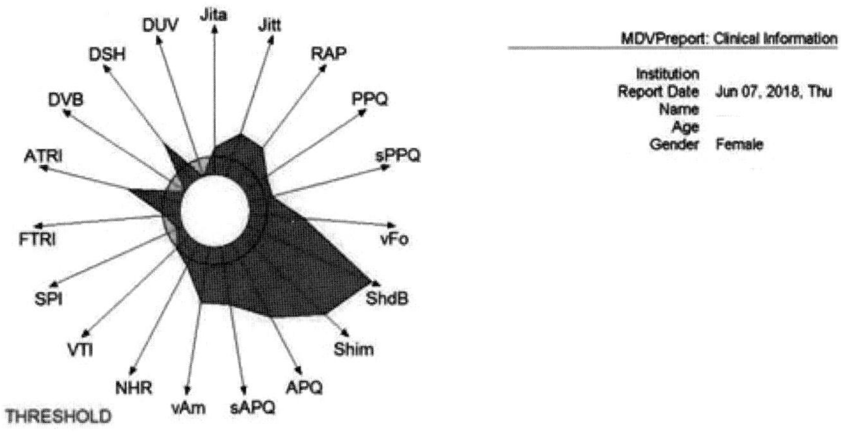

5) PAS

파라미터	측정값	단위	규준값
Expiratory Airflow Duration	2.88	sec	8.3
Mean SPL	74.44	dB	77.7
Mean Pitch	195.15	Hz	212.5
Phonation Time	9.44	sec	22.0
Mean Expiratory Airflow	0.12	Lit/sec	0.13
Aerodynamic Efficiency	505.7	ppm	103.66

3. 결론 및 권고

성대결절로 인해 목쉰음성을 호소하고 음성의 사용이 많아질수록 목소리가 더 좋지 않은 유치원 교사에게는 음성위생을 준수하도록 상담해야 하고, 과기능적 음성산출을 줄이기 위해 총체적 음성치료를 활용한 주 3회의 음성치료가 요구된다.

MDVPreport: Voice Report

Parameter	Name	Value	Unit
Average Fundamental Frequency	Fo	209.378	Hz
Mean Fundamental Frequency	MFo	209.141	Hz
Average Pitch Period	To	4.781	ms
Highest Fundamental Frequency	Fhi	254.555	Hz
Lowest Fundamental Frequency	Flo	177.259	Hz
Standard Deviation of Fo	STD	6.990	Hz
Phonatory Fo-Range in semi-tones	PFR	7	
Fo-Tremor Frequency	Fftr	2.198	Hz
Amplitude Tremor Frequency	Fatr	11.429	Hz
Length of Analyzed Sample	Tsam	1.032	s
Absolute Jitter	Jita	124.064	μs
Jitter Percent	Jitt	2.595	%
Relative Average Perturbation	RAP	1.637	%
Pitch Perturbation Quotient	PPQ	1.255	%
Smoothed Pitch Perturbation Quotient	sPPQ	1.362	%
Fundamental Frequency Variation	vFo	3.339	%
Shimmer in dB	ShdB	2.685	dB
Shimmer Percent	Shim	24.441	%
Amplitude Perturbation Quotient	APQ	14.240	%
Smoothed Ampl. Perturbation Quotient	sAPQ	13.599	%
Peak-to-Peak Amplitude Variation	vAm	25.247	%
Noise to Harmonic Ratio	NHR	0.263	
Voice Turbulence Index	VTI	0.060	
Soft Phonation Index	SPI	4.618	
Fo-Tremor Intensity Index	FTRI	0.799	%
Amplitude Tremor Intensity Index	ATRI	13.754	%
Degree of Voice Breaks	DVB	0.000	%
Degree of Sub-harmonics	DSH	35.294	%
Degree of Voiceless	DUV	0.000	%
Number of Voice Breaks	NVB	0	
Number of Sub-harmonic Segments	NSH	12	
Number of Unvoiced Segments	NUV	0	
Number of Segments Computed	SEG	34	
Total Number Detected Pitch Periods	PER	214	

요약

이 장에서는 음성진단에서 사용되는 방법에 대해 알아보았다. 음성은 주관적인 평가와 객관적인 평가로 나눌 수 있고 또는 비기기적 평가와 기기적 평가로 나눌 수도 있다. 주관적 평가는 지각적 평가와 음성설문지 평가로 이루어지고 기기적 평가는 성대운동성 평가, 음향학적 평가, 공기역학적 평가 등 있다. 언어재활사는 주관적 그리고 객관적 평가방법에 대해 숙지해야 하며 평가결과에 따라 효과적인 치료방법을 결정해야 한다.

1. 음성장애의 원인은 기능적, 기질적, 신경학적 등의 병인에 따라 분류할 수 있다.
2. 음성진단의 절차는 인터뷰, 선별, 음성설문, 심화검사 등으로 구성된다.
3. 주관적인 평가는 주로 청지각적으로 대상자의 음성을 듣고 음도, 강도, 음질을 평가

한다. 대표적인 검사방법으로는 GRBAS 척도, CAPE-V 등이다

4. 자기보고식 음성설문은 대상자가 직접 자신의 음성에 대해 평가하는 것으로 VHI, V-RQOL 등이 있다.
5. 음향학적 평가는 음도, 강도, 음질 등을 평가한다. MDVP, Praat, Real time pitch 등을 활용하여 기본주파수, 음성강도, 주파수변동률, 진폭변동률, 소음 대 배음비 등을 측정한다. 음성에서의 비강공명의 정도를 알아보기 위해 Nasometer II를 사용하여 비성치(nasalance)를 측정한다.
6. 공기역학적 평가는 PAS를 사용하여 폐활량, 성문하압, 최대연장발성시간, 평균호기율, 음성효율성 등을 측정한다.
7. 음성설문평가는 대상자가 직접 자신의 음성을 평가하는 것으로 VHI, V-RQOL 등을 사용하여 본인의 음성에 대한 핸디캡 정도와 음성과 관련된 삶의 질을 알아본다.

연습문제

1. 음성장애의 유형 중 병인에 따라 기능적 · 기질적 · 신경학적 음성장애로 분류한다면?
2. 음성 인터뷰에 포함되어야 하는 내용은?
3. 청지각적 평가로 주로 사용되는 음성평가방법은?
4. 음성평가에서 음향학적 평가항목은?
5. 음성평가에서 공기역학적 평가항목은?
6. 음성설문지 평가인 VHI의 평가항목은?
7. 음성설문지 평가인 V-RQOL의 평가항목은?
8. 음성진단평가 결과에 포함해야 할 내용은?

참고문헌

고도홍, 김현기, 김형순, 양병곤, 정훈, 유재연, 황영진, 허승덕, 안종복, 이옥분, 하승희, 이현정, 한지연, 전희정, 박희준, 박소형, 장효령, 심희정, 신희백(2001). 음성언어의 측정, 분석 및 평가. 서울: 학지사.

김광현(2003). 음성장애의 기초. 권도하 편, 언어치료의 기초. 한국언어치료학회.

김현기(2001). Visi-Pitch 작동 및 활용법. 고도홍, 정옥란 외 공편, 음성 및 언어 분석기기 활용법. 서울: 한국문화사.

대한후두음성언어의학회(2016). 후두음성언어의학. 범문에듀케이션.

심현섭(2004). 음성장애의 정의 및 유형. 고도홍 편, 2004 언어 · 청능장애 여름연수회, 한국언어청각임상학회.

안철민(2004). 음성질환의 진단과 치료. 서울: 도서출판 대한의학서적.

유재연(2004). 대중가수 음성의 음향학적 특성분석, 미간행. 대구대학교 대학원 박사학위 청구논문.

유재연, 정옥란, 장태엽, 고도홍(2003). MDVP와 Praat, Dr.Speech 간의 음향학적 측정치에 관한 상관연구, 음성과학, 10(3).

유재연, 황영진, 한지연, 이옥분(2014). 음성과 음성치료. 서울: 시그마프레스.

윤영선, 김향희, 손영익, 최홍식(2008). 한국어판 음성장애지수(Voice Handicap Index, VHI)의 타당도 및 VHI-10의 임상적 유용성. 언어청각장애연구, 13(2), 1-26.

이무경(2000). 임상적 음성평가. 권도하 편, 언어치료. 한국언어치료학회.

일본음성언어의학회(1996). 음성검사법(기초편) (안회영 역). 서울: 군자출판사.

표화영, 최홍식(2001). 음성 및 언어 분석기기 활용법. 서울: 한국문화사.

Boone, R. B., & McFarlane, S. C. (2000). *The voice and voice therapy (6th ed.)*. Boston: Allyn & Bacon.

Laver, J. (1980). *The phonetic description of voice quality*. London: Cambridge University Press.

Morrison, M., Ramage, L., Nichol, H., Pullan, B., & Salkeld, L. (1994). *The Management of voice disorders, London*: Chamman & Hall Medical.

제 10 장

유창성장애 진단 · 평가

김효정

I. 인터뷰

II. 선별

III. 진단 · 평가 과정

IV. 평가도구

V. 평가방법

VI. 평가결과 해석 및 진단

VII. 평가사례 및 진단보고서

◐ 이 장의 목표

- 유창성장애 진단의 목적과 절차를 설명할 수 있다.
- 유창성장애 진단도구를 열거할 수 있다.
- 유창성장애의 외현적 및 내면적 측면을 평가할 수 있다.
- 유창성장애 평가결과를 해석할 수 있다.
- 유창성장애 사례의 진단보고서를 작성할 수 있다.

➲ 핵심 용어

- **구어속도** 말의 빠르기를 측정하는 수치로 전체 말한 음절수를 비유창성을 포함한 말한 시간으로 나누어 분당음절수(syllables per minute: SPM)를 측정한다.
- **구어자연성** 말의 운율 등이 얼마나 자연스러운가를 주관적으로 측정한 값으로, 말더듬 중재에서 획득한 유창한 말의 자연스러운 정도를 평가한다.
- **말더듬 음절 백분율** 말더듬 빈도를 측정하는 수치로 전체 음절 중 말더듬이 나타난 음절의 비율이다.
- **말더듬 지속시간** 말더듬 빈도를 보완하는 측정방법으로 말더듬의 지속시간을 측정한다. 말더듬 심한정도 측정 검사(SSI-4; Riley, 2009)의 경우, 가장 긴 3개의 말더듬 지속시간의 평균을 측정한다.
- **말더듬 형태** 말더듬 빈도를 보완하여 말더듬의 심한 정도를 측정하는 하나의 방법으로 말더듬 형태에 따라 점수를 부여한다. 유창성 인터뷰(FI; Ryan, 2001)에서는 단어전체반복, 단어부분반복, 연장, 막힘/투쟁으로 갈수록 심한 형태로 분류한다.
- **병리적 비유창성** 일반인들에게는 자주 발견되지 않는 비유창성 유형으로 긴장이 수반되거나 불수의적이며, 단어단위 이하의 반복, 연장, 막힘 등이 포함된다.
- **신체적 수반행동** 말더듬과 동반되어 나타나는 소리나 얼굴, 머리, 손발의 불필요한 움직임을 말한다.
- **정상적 비유창성** 일반인들에게 자주 발견되는 비유창성의 유형으로 긴장이 수반되지 않으며, 삽입, 구반복, 수정, 미완성구 등이 포함된다.

유창성장애는 말의 흐름, 속도, 운율, 타이밍과 같은 유창성의 요소가 정상범주를 벗어나는 구어장애이다. 가장 전형적인 유창성장애는 발달성 말더듬이다. 발달성 말더듬 이외에도 속화나 신경인성 말더듬, 심인성 말더듬과 같은 비전형적인 유창성장애가 있다. 임상현장에서 가장 빈번하게 만나게 되는 발달성 말더듬의 진단 · 평가 과정에 대하여 먼저 살펴보고자 한다. 발달성 말더듬은 언어가 발달하는 시기에 말더듬이 시작되어 호전과 악화를 반복하면서 점차 심해지며, 시간이 지날수록 비유창성에 대처하기 위한 이차행동들이 발생한다. 의사소통에 대한 심리 태도가 부정적으로 변화되고 이러한 부정적 정서가 발달성 말더듬을 더욱 복잡하게 만드는 경향이 있다. 이와 같은 특성을 가진 발달성 말더듬의 진단평가에서 주의해야 할 사항은 다음과 같다.

첫째, 유창성장애는 연령에 따라 그 특성이 매우 다르다. 따라서 진단 · 평가의 목적과 내용도 연령에 따라 차이가 있어야 한다. 말더듬이 시작된 지 오래지 않은 아동의 평가에서는 정상적 비유창성인지, 병리적인 비유창성인지를 구분할 수 있어야 하고, 또한 자연회복의 가능성이 있는지 등을 판단할 수 있어야 한다. 청소년기 이후에는 말더듬이 심화되어 심리태도의 문제가 보다 심각해질 수 있으므로, 구어 유창성의 평가와 더불어 심리태도적 측면에서의 평가가 중요하다. 말더듬 성인은 구어의 비유창성이라는 주된 문제 이 외에도 수반행동이나 심리태도의 측면에서 어려움을 보이기도 한다. 따라서 구어의 비유창성뿐만 아니라 수반행동이나 심리태도적 측면의 평가도 필요하다.

둘째, 유창성장애는 감별진단이 필요한 경우가 종종 있다. 말더듬과 속화의 특성을 구분하여 진단할 수 있어야 한다. 말더듬이나 속화 중 하나의 특성만 보이는 경우도 있으나, 말더듬과 속화가 공존하는 경우도 있다. 속화는 빠른 구어속도와 함께 나타나는 여러 가지 구어적, 언어적, 의사소통적 측면에서의 문제를 함께 갖고 있는 유창성장애 유형이다. 유창성장애의 유형에 따라 중재방법이 달라지기 때문에 감별의 과정이 반드시 필요하다. 또한 발달기 이후 특정 시기에 특정한 원인으로 말더듬이 발생하는 후발성 말더듬을 발달성 말더듬과 감별할 수 있어야 한다. 후발성 말더듬에는 신경학적 손상으로 인한 신경인성 말더듬과 심리적인 스트레스로 인한 심인성 말더듬이 있다. 이들 역시 그 특성과 중재가 매우 상이하므로, 진단과정에서 감별이 중요하다.

셋째, 말더듬은 상황에 따라 매우 가변적이다. 개인에 따라 말하는 상황, 대화 상대자, 주제 등에 따라 말더듬이 심해지기도 하고 약해지기도 한다. 경우에 따라서 가정이나 사회에서는 많이 더듬지만 치료실 내에서 평가를 할 때에는 말더듬이 전혀 나타나지 않는 경우도 있다. 이러한 특성으로 인하여 평가의 결과가 피검자의 말더듬을 대표하는 결과인지 의심스러울 수 있다. 따라서 말더듬 진단평가에서는 다양한 상황과 구어과업을 포함하려고 노력해야 하고 필요하다면 다른 상황에서의 발화를 녹음 또는 녹화하도록 요청하여 평가에 포함시키는 경우도 있다.

말더듬 진단 · 평가에 있어서 이상의 유의점들을 고려하여 인터뷰, 선별, 진단 · 평가의 실시, 평가결과해석, 진단보고의 일련의 과정을 진행하여야겠다.

I. 인터뷰

유창성장애 진단 · 평가 과정에서 인터뷰는 대상자의 말더듬에 대한 간접적 혹은 직접적 정보를 획득하는 과정으로, 이를 바탕으로 대상자를 파악하고 더 나아가 유창성장애 진단의 계획을 수립하는 데 목적이 있다.

유창성장애를 위한 인터뷰의 대상은 말더듬 아동이나 성인, 부모나 보호자 또는 형제 등이 될 수 있다. 아동의 경우 주로 부모나 보호자가 되고, 성인의 경우 본인이 인터뷰의 주요 대상이 된다.

인터뷰의 형식은 사례사 양식을 활용한 구조화된 인터뷰부터 자유로운 형식으로 대화를 하며 정보를 주고받는 비구조화된 인터뷰와 두 형식을 절충한 형태가 있다. 어떠한 형태를 선택하더라도 인터뷰의 목적인 정보의 수집 및 대상자가 궁금한 부분에 대한 정보제공의 목적을 모두 이룰 수 있어야 한다. 국내 표준화된 검사도구인 파라다이스 유창성 검사 II(P-FA-II, 심현섭 외, 2010)에 포함된 사례면담지를 활용하여 인터뷰에 임할 수도 있다. 말더듬 아동의 부모와 인터뷰를 할 때, 주요 질문들은 다음과 같다(Guitar, 2018).

- 아동을 임신하였을 때 또는 출산할 때 문제가 없었는가?
- 아동의 언어발달은 어떠하였는가?
- 아동의 운동발달은 어떠하였는가?
- 가족 중 언어장애가 있었는가?
- 아동의 비유창성을 언제 처음 감지하였는가?
- 아동이 말을 더듬기 시작할 때, 특별한 일이 있었는가?
- 말더듬을 감지하였을 때 말더듬의 형태는 어떠하였는가?
- 말더듬이 감지된 이후 변화가 있었는가? 그리고 어떤 변화였는가?
- 아동이 자신의 비유창성을 감지하는가?
- 아동이 말더듬을 예상하고 단어를 바꾸어 사용하는가?
- 말더듬이 예상될 때, 특정상황에서 말하기를 피하는가?
- 부모들은 말더듬의 원인을 무엇으로 생각하는가?
- 부모는 아동의 비유창성에 대해 어떻게 느끼는가?
- 아동의 비유창성에 대해 부모가 어떻게 대처하였는가?
- 아동은 말더듬 치료를 받은 적이 있는가? 만약 있다면 결과는 어떠하였는가?
- 아동이 가장 많이 더듬는 상황과 가장 적게 더듬는 상황은 언제인가?
- 아동이 형제자매나 또래들과 어떻게 어울리는가?
- 아동의 기질은 어떠한가?
- 아동의 일상적인 하루는 어떠한가?
- 아동의 말더듬에 대해 꼭 이야기하고 싶은 것은 무엇인가?

학령기 아동의 경우에는 부모 인터뷰와 더불어 아동과의 인터뷰를 실시할 수 있고, 이를 통해 아동의 말더듬의 형태, 빈도, 수반행동 등에 대한 정보를 확인할 수 있고, 말더듬에 대한 아동의 생각과 태도를 확인할 수 있다.

말더듬 성인 인터뷰에서는 다음과 같은 질문을 하며 인터뷰를 진행할 수 있다.

- 언제부터 더듬기 시작했는가? 그 이후 변화가 있었는가?
- 자신이 말을 더듬게 된 원인이 무엇이라고 생각하는가?
- 가족 중에서 말을 더듬는 사람이 있는가?
- 말더듬 치료를 받은 적이 있는가? 어떤 치료를 얼마 동안 받았으며, 효과는 어떠하였는가?
- 최근 말더듬이 변하였거나 원인이 바뀌었나?
- 치료를 받으려는 이유는 무엇인가?
- 말더듬이 더 심할 때와 덜 심할 때가 있는가? 어떤 경우인가?
- 말을 더듬을 것 같은 상황을 피하는가? 어떤 경우인가?
- 말을 더듬을 것 같을 때 피하는 특정 단어가 있는가?
- 말더듬을 시작되었을 때 그 말더듬을 끝내기 위해 도피행동을 사용하는가?
- 말더듬이 학업이나 직업에 영향을 주었는가? 어떤 영향인가?
- 말더듬이 다른 사람들과의 관계에 영향을 주었는가? 어떤 영향인가?
- 말더듬에 대한 생각이나 느낌, 태도는 어떠한가?
- 다른 사람들이 당신이 말을 더듬는 것에 대해 어떻게 생각한다고 보는가?
- 말더듬 치료를 받는 것에 대해 가족들은 어떻게 생각하는가?
- 말더듬에 대해 더 이야기하고 싶은 것이 있는가?

이상과 같은 질문과 인터뷰를 통해 대상자의 말더듬에 대한 정보를 수집할 뿐만 아니라 말더듬과 수반행동에 대하여 관찰할 수 있다. 간혹 자신의 말더듬이나 수반행동을 인식하지 못한 경우가 있으므로 인터뷰에서 대답하는 내용과 실제 관찰 내용을 비교하여 판단할 필요가 있다.

II. 선별

유창성장애의 선별과정은 정상적 비유창성을 보이는 아동과 병리적인 비유창성이 의심되는 아동을 판별하는 과정이다. 특히 언어발달 시기에 있는 취학 전 아동의 경우 정상적으로 비유창하기 때문에 병리적인 비유창성과 구별하는 것이 쉽지 않다. 아동과 대화를 시도하면서 말하기에서 나타난 비유창성의 정도에 따라 보다 자세한 유창성장애 진단검사를 실시할 수 있다. 다만, 유창성장애의 경우, 상황에 따라 비유창성이 가변적으로 나타나므로 실제 선별과정에서 비유창성이 나타나지 않으나, 부모는 아동이 흥분을 하거나 화가 날 때 비유창성이 나타난다고 보고하는 경우가 있다. 따라서 기타의 언어장애와 달리 유창성 장애의 경우에는 간단한 선별과정에서 말더듬이 나타나지 않았다고 해서 유창성장애를 완전히 배제할 수 있는 것이 아니므로 간단하지만 다면적인 선별과정이 필요하다.

아동의 기본정보(이름, 주소, 전화번호, 다니는 유치원/학교, 반, 가족 등)에 대하여 질문하기, 혼자 말하기(동화 이야기, TV프로그램, 놀이터 등) 유도, 이야기 다시 말하기, 전화하기, 아동의 말에 반박하기 등의 절차를 통해 말더듬을 선별과정을 실시할 수 있다.

유창성장애의 선별기준으로는 Adams(1977)의 100단어당 비유창한 단어 수가 10개 이상, 비유창성 지속시간이 1초 이상, 단어부분반복의 단위반복수가 3회 이상, 발화 시작 시 긴장 수반, 단어부분반복에서 모음의 변이가 있을 때 말더듬으로 볼 수 있다는 기준을 활용할 수 있다. Ryan(2001)은 비유창성의 형태를 삽입, 수정, 쉼, 미완성구, 구반복은 정상적 비유창성(nonfluency)으로 반복, 연장, 막힘은 병리적 비유창성(dysfluency)으로 구분하기도 하였다.

III. 진단 · 평가 과정

진단이란 인터뷰와 선별과정을 포함하여 대상자와 대상자의 환경에서 수집한 다양한 정보로부터 결과를 도출해 내는 종합적인 과정이라 할 수 있다. 진단 · 평가는 인터뷰와 선별과정을 통해 유창성장애가 의심되어 보다 정밀한 검사가 필요하다고 판단되는 경우에 실시하는 일련의 평가과정을 말한다. 진단과정의 목적은 유창성장애 혹은 말더듬인지 아닌지를 결정하고, 말더듬의 특성이나 유형을 확인하고, 이를 바탕으로 말더듬 치료의 방향을 설정하는 것을 목표로 한다.

진단 · 평가 과정으로는 먼저 인터뷰와 선별과정에서의 정보를 바탕으로 진단평가의 방향과 계획을 수립한다. 대상자의 연령이나 배경정보에 따라 평가대상, 평가영역, 평가내용, 평가도구 등을 결정한다. 평가대상은 얻고자 하는 정보에 따라 말더듬 아동이나 성인이 될 수도 있고, 양육자나 가족, 교사 등이 될 수도 있다. 평가영역은 외현적 특성 평가로 구어 유창성 평가, 수반행동 평가 등이 있고, 내면적 특성 평가로 인지적 평가나 정서적 평가, 태도 평가 등이 있다. 평가영역이 결정되면, 각 영역에서 평가내용을 결정하고, 평가내용을 검사할 수 있는 표준화 혹은 비표준화 검사도구를 결정한다.

수립된 진단 · 평가의 계획에 따라 진단평가를 실시하고, 평가결과를 산출하고, 해석한다. 이러한 검사결과를 바탕으로 진단평가 보고서를 작성하는 일련의 순서로 진단 · 평가 과정을 진행할 수 있다.

IV. 평가도구

유창성장애 진단 · 평가를 위한 평가도구는 국내에서 표준화된 도구와 그렇지 않은 도구들이 있다. 또한 구어 유창성을 평가하는 도구와 심리태도를 평가하는 도구들이 있으며, 아동용 평가도구와 성인용 평가도구 등이 있다.

1. 말더듬 정도 측정 검사

Riley(2009)의 말더듬 정도 측정 검사(Stuttering Severity Instrument: SSI-4)는 학령전기, 학령기, 성인용으로 구분되어 있다. 읽기, 말하기의 간단한 절차를 통해 구어샘플을 수집하여 말더듬 빈도, 지속시간, 신체적 수반행동을 측정하여 전체적인 심한 정도를 평가한다. 비교적 짧은 시간에 간단하게 평가할 수 있는 평가도구이다. 말더듬 빈도는 전체 말한 음절 중 더듬은 음절의 백분율을 측정하고, 말더듬 지속시간은 가장 긴 3개의 말더듬 시간의 평균을 산출한다. 신체적 수반행동은 안면, 머리, 사지의 움직임과 주의를 끄는 소리를 각각 0~5점 척도로 평가한다. 3가지 하위점수의 총점으로 백분위수와 심한 정도를 산출한다. 이 검사도구는 외국에서 표준화되었으나, 국내의 자료는 아니므로 제시된 규준과 비교하기에 어려움이 있으나, 대상자의 진전을 평가하거나 일반적인 유창함의 준거에 도달 여부 등은 확인할 수 있다.

2. 파라다이스 유창성 검사

파라다이스 유창성 검사(Paradise-Fluency Assessment: P-FA; 심현섭, 신문자, 이은주, 2010)는 유창성장애 여부와 장애의 정도를 파악하고, 유창성 문제를 평가・진단할 수 있는 도구이다. 이 검사는 취학전 아동, 초등학생, 중학생 이상으로 나누어 검사문항이 개발되어 있다. 또한 구어 유창성 평가와 수반행동 평가, 의사소통태도 평가를 실시하여 전반적인 유창성을 평가할 수 있다. 구어과제는 필수과제와 선택과제로 구성되어 있다. 취학전 아동의 필수과제는 문장그림, 말하기 그림, 그림책이며, 초등학생의 필수과제는 읽기, 이야기 그림, 말하기 그림이며, 중학생 이상의 필수과제는 읽기, 말하기 그림, 대화이다. 결과분석은 비유창성 형태를 정상적인 비유창성(ND)과 비정상적인 비유창성(AD)으로 나누어 횟수를 기록한 후, ND는 비율을 점수로, AD는 비율에 1.5점을 가산하여 점수로 산출하고 ND 점수와 AD 점수를 합하여 총 점수를 산출한다. 수반행동은 세분화하지 않고 전체적인 5점 척도로 산출한다. 의사소통태도 평가가 포함되어 있어 말더듬의 내면적 측면에 관한 평가도 가능하다. 의사소통태도 평가는 취학전 아동을 제외한 초등학생과 중학생 이상에서 실시하도록 되어 있다. 이를 통해 비유창성 점수, 수반행동 점수, 의사소통태도 점수 각각의 백분위수와 심한 정도를 산출할 수 있다. 이 검사도구는 외현적 특성과 내면적 특성을 비교하여 평가할 수 있고, 이를 바탕으로 임상적 결정을 내릴 수 있는 것이 장점이다.

3. 유창성 인터뷰

유창성 인터뷰(Fluency Interview: FI; Ryan, 2001)는 모든 연령층을 대상으로 10개의 구어과업을 통하여 말더듬을 진단하는 양식으로, 10가지 다른 구어과업(자동구어, 모방, 읽기, 그림명명, 혼자 말하기, 독백, 질문과 대답, 대화, 전화, 자연스런 상황 등)을 통해 구어샘플을 수집한다. 이 중에서 읽기, 독백, 대화 샘플을 통하여 말더듬 비율, 구어속도, 말더듬 형태를 분석한다. 말더듬 비율은 분당 더듬은 음절수로 측정하고, 구어속도는 분당 읽거나 말한 음절수를 측정한다. 말더듬 형태 분석은 단어전체반복, 단어부분반복, 연장, 막힘 및 투쟁으로 갈수록 심한 형태이다. 이 검사의 경우 다양한 구어과업에서 비유창성을 분석함으로써 상황에 따른 유창성 정도를 확인할 수 있고, 치료계획을 수립하는 데 도움이 된다.

4. 한국 아동용 말더듬 검사

한국 아동용 말더듬 검사(Korean Childhood Stuttering Test: KOCS; 신명선, 김효정, 장현진, 2019 예정)는 말더듬 아동용 검사도구로, 4~12세 아동을 대상으로 하고 있으며 구어 유창성평가와 관찰평가로 구성된다. 구어 유창성평가는 그림 빨리 명명하기, 문장 모방하기, 구조화된 대화하기, 이야기하기의 4개의 과업으로 구성되며, 명명하기 과업을 제외한 나머지 과업에서는 아동발화의 첫 세 어절에서 나타난 반복과 연장/막힘의 유무에 따라 1점씩 부과하는 방식으로써 말더듬 평가에서 전체 음절 수를 셀 필요가 없다는 장점이 있다. 구어 유창성에서 평가하지 못하는 수반행동과 심리태도에 관한 부분을 관찰평가에서 측정하도록 하고 있다. 관찰평가는 구어 유창성 관찰척도와 수반행동 관찰척도로 각 10문항으로 구성되어 있고, 이에 대한 평가는 부모, 치료사, 교사가 실시한다.

5. 의사소통태도 검사

말더듬인의 내면적 특성 중 하나로 말더듬인의 말, 의사소통, 화자로서 자기 자신에 대한 태도를 평가하는 검사이다. 주로 청소년 이상 성인을 대상으로 검사를 하나, 학령기나 취학전 아동에 대한 의사소통태도 검사의 필요성도 제기되고 있다. Erickson(1969)의 의사소통태도 검사(S-24)와 P-FA-II에 포함된 의사소통태도 검사(심현섭 외, 2010), 한국판 의사소통태도 검사(K-S-20; 김효정, 권도하, 2005), 학령기 아동을 위한 태도 평가(A-19; Guitar & Grims, 1977), 의사소통 태도 평가(Communication Attitude Test: CAT; Brutten & Vanryckeghem, 2007), 3~6세 아동에게 실시할 수 있는 취학전 말더듬 아동을 위한 의사소통태도 검사(KiddyCAT; Vanryckeghem & Grutten, 2007) 등이 있다.

6. 말더듬지각 검사

말더듬지각 검사(Perceptions of Stuttering Interventrory: PSI; Woolf, 1967)는 말더듬인이 자신의 투쟁, 회피, 예기를 어느 정도 지각하는지를 평가하는 검사도구로, 수반행동에 대한 지각을 평가한다. 핵심행동과 두려움(공포)의 반응인 투쟁과 회피라는 수반행동을 평가할 수 있다. 국내에는 한국판 말더듬지각 검사

(Korean Stuttering Perception Inventory: KSPI; 김효정, 2013)가 개발되었고, 비유창성, 긴장, 도피, 회피에 대한 지각정도를 평가할 수 있도록 평가를 구성하였다. 청소년용 행동 지각 검사 Behavior Checklist(BCL; Brutten & Vanryckeghem, 2007)는 50개 문항으로 신체적 수반행동과 회피행동에 대한 지각정도를 검사할 수 있다.

7. 말하기효능감 검사

말더듬 성인용 자아효능감 검사(Self-Efficacy Scale for Adult Stutters: SESAS; Ornstein & Manning, 1985)는 50가지의 말하기 상황에서 접근 효능감과 말하기 효능감을 평가하는 도구이다. 말하기 상황에 대한 접근태도와 말하기 능력에 대한 확신 정도를 측정할 수 있다. 국내 성인을 대상으로 개발한 검사는 말하기 효능감 검사(Speaking Self-Efficacy Scale: SSES; 신명선 외, 2013)로 32개의 말하기 상황을 대상 범주, 장소 범주, 말하기 유형 범주로 구분하여 하위 평균점수를 산출할 수 있도록 하여 대상에 대한 위계, 장소의 대한 위계, 말하기 유형에 대한 위계가 있는지 확인하고, 이에 따라 치료의 순서를 결정할 수 있는 정보를 제공한다. 청소년용으로 SSC-ER(Speech Situation Checklist-Emotional Reaction; Brutten & Vanryckeghem, 2007)과 SSC-SD(Speech Situation Checklist-Speech Disruption; Brutten & Vanryckeghem, 2007)는 말하기 상황 체크리스트로 50개 상황에 대하여 ER에서는 공포를, SD에서는 구어의 어려움을 5점 척도로 응답하도록 하고 있다. 상황에 대한 공포의 정도와 비유창성 정도에 따라 위계화하여 치료의 순서를 정하는 데 도움이 될 수 있다.

8. 말더듬 예측 검사

Cooper가 1973년에 개발한 만성화 예측 체크리스트(Chronicity Prediction Checklist)는 아동 말더듬의 지속 여부를 판단하기 위한 검사이다(Cooper &

Cooper, 2003). 검사의 문항은 아동의 말더듬의 병력, 태도, 행동적 측면의 반응을 기반으로 0~6점은 회복 가능성, 7~15점은 지속적 모니터링이 필요함, 16~27점은 만성 가능성을 예측한다. 말더듬 예측 검사(Stuttering Prediction Instrument for Young Children: SPI; Riley, 1981)에서도 말더듬의 가계력, 말더듬에 대한 아동의 반응, 단어부분반복과 연장의 심한 정도를 점수화하여 말더듬의 회복과 지속을 예측한다. 말더듬 아동의 평균은 22.2이고, 비유창성이 회복된 아동의 평균은 6.17이다.

V. 평가방법

1. 구어 유창성 평가방법

말더듬의 핵심이라고 할 수 있는 구어 유창성에 대한 평가에서는 대상자의 발화에 나타난 비유창성의 빈도, 형태, 지속시간, 구어속도, 구어자연성 등을 측정한다.

1) 구어샘플 수집

구어 유창성 평가를 위하여 먼저 어떤 구어과제를 통해서 구어샘플을 수집할지를 결정해야 한다. 가장 많이 사용되는 구어과제는 읽기, 대화, 독백이다. 표준화된 검사도구의 경우, 제시하는 구어과제와 자료들에 차이가 있으나 대체로 이 3가지를 포함하는 경우가 많다. 읽기 과제의 경우 다른 두 과제와 비교하였을 때 사고로부터 언어를 생성하는 과정이 포함되지 않으므로 비교적 쉽고, 대체로 덜 더듬는다. 그러나 단어 대치와 같은 회피를 빈번하게 하는 대상자의 경우, 회피를 할 수 없게 되므로 독백이나 대화보다 더 많이 더듬는 경우도 있다. 독백의 경우 어떠한 주제로 말을 하게 하느냐에 따라 난이도에 차이가 있을 수 있고, 대상자가 내성적이거나 익숙하지 않은 주제의 경우, 충분한 양의 발화를 수집하지 못할 수도 있다. 대화가 다른 두 과업에 비해 대상자의 일상적인 구어를 가장 잘 반영하는 형태이지만, 화자와 청자의 역할이 계속 바뀌기 때문에 말한 시간을 나누어 측정해야 하는 불편함이 있다. 기타 구어과제를 유도하는 과업으로는 자동구어, 그림 명명하기, 그림 설명하기, 질문하기와 대답하기, 전화하기 등이 있다. 또한 가정에서 말하는 장면을 녹음이나 녹화한 자료가 있다면 구어샘플로 사용할 수 있을 것이다.

구어 비유창성을 측정 또는 분석할 수 있을 만큼의 적절한 양의 구어샘플이 필요하다. 대화상황에서는 300~400개 음절 또는 200~265개 단어, 읽기상황에서는 200개 음절 또는 130개 단어를 권고하였다(Guitar, 2014).

2) 구어 비유창성 측정변수

(1) 비유창성의 빈도

비유창성의 빈도는 말더듬 진단 평가뿐 아니라 정상 말더듬 아동과 경계선 말더듬 아동을 구분하기 위한 감별 평가에서 중요한 평가요소이다. 빈도 계산하는 방법으로는 100단어당 더듬은 횟수, 1분 동안 더듬은 횟수, 100음절당 더듬은 음절 수(말더듬 음절 백분율, %SS)로 측정할 수 있고 이 중 말더듬 음절 백분율(%SS)이 많이 사용되고 있다.

비유창성의 횟수를 측정하는 방법에도 여러 가지가 있다. 먼저 말더듬의 횟수, 정상적 비유창성의 횟수, 총 비유창성 횟수를 세기도 하고, 반복의 횟수와 같이 특정 말더듬 형태의 횟수만을 세기도 한다. 말더듬 횟수를 측정할 때 한 단어에서 혹은 한 음절에서 여러 형태의 말더듬이 함께 복합적으로 나타날 경우, 이를 한 번만 계수하는 경우(단수 계수)도 있고, 나타난 말더듬의 형태만큼 계수하는 경우(복수 계수)도 있다. 평가도구의 지침에 따라 계수방법이 달라진다.

이상의 빈도를 측정하기 위해서는 100단어나 100음절을 기준으로 하는 경우, 말한 단어 수나 말한 음절 수를 측정하는 것이 중요하다. 삽입한 음절이나 회피를 목적으로 포함한 음절 등은 원래 목표한 발화가 아니기 때문에 말한 음절 수를 셀 때 포함시키지 않는다.

(2) 비유창성의 형태

비유창성은 형태에 따라 말더듬으로 간주되는 것과 정상적 비유창성으로 간주되는 것으로 나뉜다. 연구마다 약간의 차이는 있지만, 다음절 단어반복, 구 반복, 삽입, 수정, 미완성구는 일반적으로 정상적 비유창성에 포함시키는 반면, 단어부분반복, 일음절 단어반복, 연장, 막힘 등은 말더듬 혹은 병리적 비유창성에 포함시킨다. 비유창성의 형태는 말더듬 빈도를 계수할 때, 계수에 포함시킬지 여부를 결정하는 데 이용되고, 검사도구에 따라 병리적 비유창성에 가중치를 부여하기도 하고(P-FA-II, 심현섭 외, 2010), 가장 심한 비유창성 형태에 따라 점수를 차등 부여(FI, Ryan, 2001)하기도 한다.

(3) 비유창성의 지속시간

말더듬의 지속시간은 비유창성 형태와 함께 빈도를 보완하여 말더듬의 심한 정도를 판단하는 요소가 된다. 가장 일반적인 방식은 구어샘플 중 가장 심한 말더듬 3개의 시간의 평균을 측정하는 방법이다(Guitar, 2014; Myers, 1978; Reily, 2009; Van Riper, 1982). 말더듬의 지속시간은 말더듬 심한 정도 검사(SSI-4; Reily, 2009)에서 사용된다.

(4) 구어자연성 평가

말더듬 중재 이후 새롭게 확립된 구어가 비유창성이 없음에도 불구하고 기계적이고 부자연스럽게 들리는 경우가 종종 있다. 구어가 얼마나 자연스럽게 들리는가를 측정하는 척도로 구어자연성(speech naturalness) 평가는 Ingham 등(1985)이(매우 자연스러움에서 매우 부자연스러움까지) 9점 등간 척도로 측정하도록 제시하였다.

(5) 구어속도 평가

구어속도 평가는 읽기와 말하기에서 측정할 수 있고, 이는 말더듬 평가와 속화 평가에 모두 사용될 수 있다. 구어속도 평가를 위해서 시간 측정과 말하거나 읽은 음절 수 혹은 단어 수의 계수가 필요하다. 구어속도는 분당 단어 수, 분당 음절 수, 초당 음절 수 등의 단위로 나타낼 수 있고, 분당 음절 수(syllables per minute: SPM)가 자주 사용되고 있다.

2. 수반행동 평가방법

말더듬에 수반행동으로는 도피행동과 회피행동이 있다. 이러한 도피행동과 회피행동은 전체적인 말더듬의 심한 정도와 진행 정도를 판단하는 데 영향을 준다. 도피행동 중 외현적으로 보이거나 들리는 행동은 정도를 관찰하여 척도 점수로 평정하는 경우가 많다. 회피행동의 경우 외적으로 관찰되는 경우도 있지만 말을 하지 않거나 다른 말로 대치를 하는 경우에는 평가자가 평가하기 쉽지 않다. 회피행동의 경우, 자기보고식의 평가로 측정하는 경우가 많다. 이러한 도피행동과 회피행동을 평가하는 도구로는 말더듬지각 검사(PSI; Woolf, 1967)가 있다.

3. 심리태도 평가방법

말더듬에 수반되는 것이 외현적인 행동만 있는 것은 아니다. 불안과 좌절과 같은 내면적인 심리태도도 수반된다. 일반적으로 심리태도의 문제는 주로 학령기와 청소년, 성인기 말더듬 평가에 포함되어 있으나, 취학전 아동을 위한 심리태도 평가들도 소수 제시되고 있다. 심리태도 평가는 말더듬인의 정서적 측면, 인지적 측면, 이 둘을 아우르는 태도적 측면을 평가할 수 있는 도구들이 있다. 대부분의 검사는 말더듬 본인이나 보호자나 교사가 보고하는 형식을 갖추고 있다.

4. 감별진단

대부분의 말더듬은 언어발달시기에 말더듬이 시작되어, 시간이 지날수록 서서히 심해지는 발달성 말더듬(developmental stuttering)이다. 이러한 전형적인 말더듬과는 다른 형태의 말더듬으로, 아동기 이후인 청소년기나 성인기에 갑작스럽게 말을 더듬게 되는 후발성 말더듬이 있다. 이러한 후발성 말더듬의 원인은 신경학적 원인과 심리적 원인으로 구분할 수 있다. 이러한 후발성 말더듬과 발달성 말더듬의 감별이 필요하다. 또한 말더듬과 함께 유창성장애에 포함되는 속화는 말이 빠르고 비유창한 것으로 말더듬의 특성과 감별할 필요가 있다.

1) 신경인성 말더듬

발달기 이외에도 신경계의 병변으로 갑자기 비유창성을 나타내는 후발성 말더듬으로, 신경인성 말더듬은 발달성 말더듬과 구분되는 특성을 보이고 있다. 발달성 말더듬이 상황이나 스트레스의 정도에 따라 비유창성의 정도가 비일관적인 반면, 신경인성 말더듬의 경우, 전반적으로 상황의 영향을 적게 받고 비교적 일관적인 특성을 보인다. 몇몇 자극요소가 변경되더라도 말더듬의 빈도에 큰 영향을 미치는 않는 것 같다. 신경인성 말더듬의 특성으로 내용어뿐만 아니라 기능어에서도 말더듬이 발생한다. 또한 어두나 문두에서만 말더듬이 나타나는 것이 아니라 어중, 어말에서도 발생할 수 있다. 자신의 비유창성을 지각하며 괴로워하지만, 발달성 말더듬에서 보이는 긴장, 공포, 불안 등을 보이지 않으며 심한 수반행동을 보이지 않는다. 같은 문단을 반복해서 읽을 때 일어나는 적응효과가 신경인성 말더듬에서는 잘 나타나지 않으며, 말더듬 빈도가 대상, 상황, 시간압박, 문법적 복잡성에 큰 영향을 받지 않는다(Helm-Estabrooks, Geschwind, Freeman, & Weinstein, 1999; 신명선, 2006).

2) 심인성 말더듬

심인성 말더듬도 발달기 이후 어느 특정 시점에서 갑작스럽게 시작된 말더듬이다. 심인성 말더듬은 가변적이고 비일관적인 발달성 말더듬보다 더 많은 비일관성을 보이고, 때로는 이러한 변화가 극적으로 나타나기도 한다. 발달성 말더듬이 가벼운 형태의 말더듬에서 심한 형태로 진행하는 것과 달리, 처음부터 심한 막힘과 같은 말더듬 형태를 보이기도 한다. 특히 긴장을 동반한 투쟁행동이 주로 나타난다.

심인성 말더듬의 특성으로는 갑작스럽게 발생하고, 과도한 심리적 스트레스 사건과 관련하여 발생한다. 또 비유창성의 빈도가 유창성 유발조건의 영향을 받지 않으며, 말더듬에 대해 무관심한 태도를 보인다. 단어 및 상황에 대한 회피행동을 보이지 않는다. 특이한 점은 발화 시 문법적 오류를 보이며, 기능적인 원인으로 인하여 증상이 매우 가변적이며, 한두 회기의 행동치료로 극적인 변화를 보이기도 한다. 신경인성 말더듬과 마찬가지로 반복해서 읽었을 때 비유창성이 감소하는 적응효과가 나타나지 않는다. 안면 찡그림과 같은 과도한 도피행동을 보이기도 한다(Baumgardner, 1999).

3) 속화

속화는 말더듬과 함께 유창성장애의 대표적 장애 중 하나이다. 속화와 말더듬은 둘 다 비유창하지만 많은 측면에서 차이가 있다. 속화는 말이 지나치게 빠르며, 조음오류, 문법오류, 단어인출의 어려움을 나타낸다. 속화에서 나타나는 비유창성은 말더듬보다 긴 단위의 반복이 많은 반면, 말더듬은 작은 단위의 반복이 많다. 빠른 속도로 발화하다 보니 조음이 부정확하고, 발화의 명료도가 낮다. 자신의 구어속도나 비유창성에 대하여 잘 지각하지 못 한다. 따라서 발달성 말더듬에서 보이는 예기, 공포, 불안, 회피 등의 현상은 나타나지 않는다. 속화치료에서는 오히려 자각을 증가시키는 훈련을 하기도 한다.

VI. 평가결과 해석 및 진단

표준화된 검사도구를 이용하여 평가하는 경우, 검사도구에서 제시하는 규준과 비교하여 결과를 해석할 수 있다. 평가를 통하여 유창성장애 여부, 유창성장애의 유형, 유창성장애의 원인, 유창성장애의 심한 정도 등을 확인하고 진단을 내릴 수 있다. 비공식 검사를 사용할 경우 분명한 판단의 기준은 없으나, 일반적으로 알려져 있는 규준과 비교하여 해석을 시도할 수 있다. 또한 개인내적 비교로 치료 전과 중, 후의 차이를 반복적으로 비교하여 진전을 확인할 수 있다.

아동의 경우, 평가결과를 바탕으로 유창성장애 유무뿐만 아니라, 정상적 비유창성인지 말더듬인지를 구분해야 하고, 말더듬이 경계선 말더듬이라면 자연회복의 가능성이 있는지를 판단할 수 있어야 한다. 아동이 말더듬으로 판단된다면 경계선 말더듬, 초기 말더듬, 중간 말더듬 중 진행단계가 어디인지를 판단할 수 있어야 하고, 구어에 나타나는 비유창성의 정도, 구어 과업에 따른 비유창성의 차이, 심리태도적 측면에서의 문제가 있는지 유무 등을 확인한다. 말더듬 치료계획을 수립할 수 있을 만큼 충분한 정보를 제공할 수 있어야 한다.

성인 말더듬의 경우, 구어 비유창성 검사의 결과와 심리태도 검사의 결과가 반드시 일치하지 않을 수 있다. 구어 비유창성은 심하지 않게 측정되었으나, 심리태도의 결과가 심각하게 측정되었다면 내면화된 말더듬을 의심할 수 있다. 반대로 심리태도적 측면에서 문제는 심각하지 않으나 비유창성이 많다면 속화나 속화와 말더듬이 함께 나타나는 경우를 의심할 수 있다. 이와 같이 외현적 측면과 내면적 측면의 평가결과를 비교하여 치료의 방향과 접근방법을 선택하도록 제안을 할 수 있다.

진단의 목적에는 치료의 예후를 결정하는 것도 포함한다. 말을 더듬기 시작한 아동의 경우, 성인의 경우보다 치료의 효과는 좋은 편이다. 특히 아동이 공포와 회피 반응을 나타내기 전, 부모가 상담에 호의적일 때 효과가 좋다. 아동 말더듬 치료의 예후는 말더듬 더듬기 시작한 후 경과기간이 짧을수록, 비유창성의 빈도의 변화가 없이 일정하거나 증가할 경우, 예후가 좋지 않다. 남아인 경우와 가족력이 있는 경우도 예후가 좋지 않다. 말더듬의 경과기간이 3년을 넘어가면 예후가 좋지 않다. 비유창성이 정상적 비유창성 형태보다 병리적 비유창성의 형태인 경우 예후가 좋지 않으며, 전체 심한 정도가 심할수록 말더듬이 지속될 가능성이 높다. 동반장애가 있는 경우 예후가 좋지 않으며, 아동이 말의 어려움에 대하여 덜 인식하고, 의사소통 행동에 긍정적일수록 예후가 좋다.

성인의 경우, 다른 조건이 동일할 때, 심하게 더듬는 경우가 경미한 경우보다 예후가 좋다. 변화에 대한 동기가 있는 경우, 치료에 대한 동기가 삶의 중요한 경험(승진, 진학, 결혼 등)과 관련되는 경우, 예후가 좋다. 연령은 청소년은 저항적이며 40대 이후의 대상자도 치료효과가 좋지 않다. 여성이 남성보다 치료가 어렵다. 더듬지 않는 말의 운율성이 적절할 때 예후가 좋다. 말더듬의 형태가 주로 막힘인 경우보다 반복인 경우 진전이 빠르며, 만성적인 회피를 보이는 사람보다 도피를 보이는 사람이 치료가 수월하며, 내면화된 말더듬의 경우 치료에 저항적이다. 동반문제가 없는 경우가 예후가 좋으며, 이전 치료의 실패 경험이 있는 경우 예후가 좋지 않으며 집중적 치료가 가능할 때, 포괄적 프로그램에 참여할 수 있을 때 예후가 좋다고 한다.

VII. 평가사례 및 진단보고서

1. 아동 말더듬 사례

진단 · 평가 보고서

1. 일반적인 정보

성명	OOO(남)	생년월일	2012. O. O.(5;7)
검사자	OOO	검사일	2018. O. O.
진단명	아동 말더듬	검사기관	OOOOO

2. 배경정보

아동은 말더듬을 주호소로 센터에 내원하였다. 어머니의 보고에 의하면 아동은 말이 늦었고, 4세경 발화가 길어지면서 말더듬이 시작되었다고 보고하였다. 말을 더듬은 지 1년이 넘었으나, 개선되지 않고 오히려 말더듬이 심해지는 것 같고 내년에 초등학교를 입학해야 해서 치료실을 방문하였다고 한다. 가족 중에 아버지가 어릴 때 말을 더듬었다고 하고 지금은 거의 더듬지 않는다고 한다. 말더듬의 유형은 반복과 막힘이라고 하였다. 아동의 자신의 말더듬을 인식하고 있으나 크게 게의치 않고 하고 싶은 말은 하는 것 같다고 하였다. 유치원에서도 말더듬이 자주 나타난다고 한다.

3. 행동관찰

아동은 처음에는 말을 하지 않거나 작은 목소리로 대답하였으나, 금방 친해지면서 발화도 많아지고, 목소리도 커지면서 짧은 막힘이 자주 발견되었다. 막힐 때 얼굴을 찡그리는 도피행동이 나타났으나 곧 막힘이 끝나고 말을 할 수 있었고, 크게 힘들어하지 않는 것처럼 보였다. 놀이를 하면 흥분하자 말더듬의 빈도가 높아졌다.

4. 진단결과

아동의 말더듬을 평가하기 위하여 파라다이스 유창성 평가(P-FA-II, 심현섭 외, 2010)를 실시하였고 결과는 다음과 같다.

필수과제에서 ND 점수 7.0, AD 점수 89.5, TD 점수 97.5로 백분위수는 90~100%ile에 해당하였고, 말더듬 정도는 심함으로 평가되었다. 수반행동은 1점으로 70~80%ile에 해당하고 심한 정도는 중간으로 평가되었다.

비유창성 유형 중에 막힘을 포함한 비운율적 발성의 빈도가 가장 높게 나타났고, 3회를 넘는 삽입이 다음으로 높게 나타났다.

5. 요약 및 권고

아동의 평가결과 말더듬의 심한 정도는 '심함'으로 평가되었고, 말더듬 진행단계는 초기 말더듬으로 판단된다. 자신의 유창성을 인식하고는 있으나 부정적인 정서는 나타내지 않는 것으로 보고되었다. 아동의 구어 유창성을 개선하기 위한 말더듬 직접 중재를 권고한다.

2. 성인 말더듬 사례

진단 · 평가 보고서

1. 일반적인 정보

성명	OOO(남)	생년월일	1994. O. O.(24세)
검사자	OOO	검사일	2018. O. O.
진단명	발달성 말더듬	검사기관	OOOOO

2. 배경정보

현재 대학을 휴학 중이고, 취업 준비를 하면서 말더듬도 치료하기를 원하였다. 어릴 때부터 말을 더듬었으나 말더듬이 시작된 시기는 정확히 모른다고 하였고, 스스로 말더듬을 인식한 시기는 초등학교 수업시간에 책을 읽을 때였다고 한다. 가족 중에 말을 더듬는 사람이 없다고 하였고, 발표를 할 때 불안이 심해지고, 심하게 더듬으며, 여러 사람에게 말하는 상황이 힘들어서 피한다고 한다. 말이 잘 안 나오는 단어는 조금씩 변하는 데, 요즘은 모음으로 시작하는 단어가 잘 안 된다고 한다. 이전에 고등학교 때 1개월 정도 치료실을 다닌 적이 있었으나 일이 있어서 중단하였다고 한다.

3. 행동관찰

인터뷰를 하는 동안 주로 막힘이 관찰되었고, 막히는 단어 앞에서 조음포즈가 나타나고 다시 호흡을 해서 단어를 시도하는 경향이 자주 관찰되었다. 이때 호흡하는 소리가 들리며 두 번째 시도에서도 막히는 경우가 가끔 있었다. 막힘에서 빠져나올 때 머리를 끄덕이는 행동도 눈에 띄었다. 질문에 대하여 간단하게 대답하는 편이었다.

4. 진단결과

1) 말더듬 평가

말더듬 평가를 위하여 SSI-4를 실시하였고 결과는 다음과 같다.

읽기에서 7.3%SS, 말하기에서 19.1%SS였고, 말더듬 지속시간은 2.4초였고, 수반행동은 얼굴 움직임 3점, 머리 움직임 3점, 동반소리 2점으로 8점이었다.

말더듬의 심한 정도는 중등도-심도로 평가되었다.

2) 의사소통태도 검사(S-24)

의사소통태도 검사는 24점/19점으로 의사소통태도가 매우 부정적인 것으로 나타났다.

3) 말더듬지각 검사(PSI)

투쟁 17점, 회피 16점, 예기 9점으로 투쟁과 회피가 심한 것으로 나타났다.

4) 말더듬 성인용 자아효능감 검사(SESAS)

50개의 말하기 상황에 대한 접근 효능감은 67.2%로, 유창성 효능감은 60.4%로 말하기 상황에 대한 접근 효능감과 유창성 효능감이 모두 낮게 측정되었다.

5. 요약 및 권고

평가결과 말더듬의 심한 정도는 '심함'으로 평가되었고, 말더듬 진행단계는 진전된 말더듬 단계로 판단된다. 구어 유창성의 문제뿐만 아니라 의사소통태도, 말더듬지각, 자아효능감이 모두 부정적으로 평가되어 구어 유창성과 수반행동뿐만 아니라 심리태도적 측면을 함께 개선할 수 있는 말더듬 중재가 요구된다.

요약

이 장에서는 유창성장애의 진단에 관하여 목적과 절차, 진단도구, 평가 요소, 평가결과의 해석과 진단사례 등에 대하여 다음과 같은 내용을 제시하였다.

1. 유창성장애의 진단은 다른 의사소통장애와 달리 아동과 성인의 평가에 차이가 있고, 구어 유창성이라는 측면과 함께 심리태도적 측면의 평가를 실시해야 하며, 유창성장애의 하위유형 간 감별평가 등이 필요하다.

2. 말더듬 아동의 부모나 말더듬 성인과의 인터뷰를 통해 말더듬의 시작, 외현적 및 내면적 증상, 변화, 대처방안 등에 대한 정보를 수집한 후 평가의 구체적인 계획을 수립한다.
3. 간단한 구어 과업을 통해 유창성 장애를 선별하고, 정밀 유창성 진단평가의 여부를 결정한다.
4. 말더듬 평가도구에는 말더듬 정도 측정 검사(SSI), 파라다이스 유창성 평가(P-FA), 유창성인터뷰(FI), 한국 아동용 말더듬 검사(KOCS) 등이 있고, 내면적 검사로 의사소통태도 검사, 말더듬지각 검사, 말하기효능감 검사 등이 있다.
5. 구어 유창성을 평가하기 위한 측정변수로는 비유창성의 빈도, 형태, 지속시간, 구어속도, 구어자연성 등이 있다.
6. 감별진단과정에는 발달성 말더듬과 신경인성 말더듬, 심인성 말더듬, 속화 등의 감별이 있다.
7. 평가결과를 바탕으로 말더듬 진단, 말더듬의 진행 정도, 유창성장애의 하위유형 등을 확인하고, 이를 바탕으로 진단보고서를 작성한다.

연습문제

1. 유창성장애 진단 시 유의점은?
2. 유창성장애의 진단절차는?
3. 유창성장애 인터뷰를 통해서 수집해야 할 정보는?
4. 유창성장애에 외현적 및 내면적 특성을 평가할 수 있는 평가도구는?
5. 구어 유창성 평가를 위하여 구어 샘플을 수집하는 기준은?
6. 구어 유창성을 평가할 수 있는 측정변수는?
7. 말더듬과 신경인성말더듬, 심인성말더듬, 속화의 감별진단 요소는?

참고문헌

권도하, 김시영, 김효정, 박진원, 신명선, 안종복, 장현진, 전희숙, 정훈(2012). 유창성장애. 서울: 학지사.

권도하, 장현진, 박은실, 전희숙, 신후남, 김시영, 신명선, 유재연, 손은남, 권미지, 강은희, 이옥분, 이명순, 박희정, 한지연(2012). 언어진단법(개정판). 대구: 물과길.

김효정(2013). 한국말더듬지각검사 개발 연구. 언어치료연구, 22(1), 191-205.

김효정, 권도하(2005). Erickson의 의사소통 태도 척도(S-24)의 국내 적용을 위한 타당도 및 신뢰도 연구. 음성과학, 12(4), 227-236.

신명선(2006). 신경인성과 발달성 말더듬의 비유창성 특성 비교. 대구대학교 대학원, 박사학위 논문.

신명선, 전희숙, 김효정, 장현진(2013). 말더듬 성인용 말하기 효능감 검사의 표준화 연구. 언어치료연구, 22(4), 105-121.

신명선, 김효정, 장현진(2019 출판예정). 한국 아동용 말더듬 검사. 서울: 학지사.

심현섭, 신문자, 이은주(2010). 파라다이스 유창성 진단검사 II. 서울: 파라다이스 복지재단.

Adams, M. (1977). A clinical strategy for differentiating the normally nonfluent child and the incipient stutter, *Journal of Fluency Disorders*, *2*, 141-148.

Baumgartner, J. M. (1999). Acquired psychogenic stuttering. In R. Curlee (ed.), *Stuttering and related disorders of fluency* (2ed ed., 269-288). New York: Thieme.

Brutten, G., & Vanryckeghem, M. (2007). *The Behavior Assessment Battery for school-aged children who stutter.* San Diago: Plural Publishers.

Cooper, E. B., & Cooper, C. S. (2003). *Cooper personalized fluency control therapy for children-Clinician's manual* (3rd ed.). Austin: Pro-ed.

Erickson, R. L. (1969). Assessing communication attitudes among stutterers. *Journal of Speech and Hearing Research*, *12*, 711-724.

Guitar, B. (2018). 말더듬: 본질 및 치료에 관한 통합적 접근 (안종복, 김시영, 김효정, 박진원, 신명선, 장현진, 전희숙, 정훈 공역). 서울: 박학사. (원전은 2013년 출판)

Guitar, B., & Grims, S. (1977). *Developing a scale to assess communication attitudes in children who stutter.* Paper presented at the annual meeting of the American Speech Language-Hearing Association, Atlanta.

Helm-Estabrooks, N., Geschwind, N., Freeman, M., & Weinstein, C. (1999). Stuttering: Disappearance and reappearance with acquired brain lesions. *Neurology*, *36*, 1109-1112.

Ingham, R. J., Gow, M., & Costello, J. M. (1985). Stuttering and speech naturalness: Some additional data. *Journal of Speech And Hearing Disorders*, *50*(2), 217-219.

Myers, F. L. (1978). Relationship between eight physiological variables and severity of stuttering. *Journal of Fluency disorders*, *3*, 181-191.

Ornstein, A., & Manning, W. (1985). Self-efficacy scaling by adult stutterers. *Journal of Communication Disorders*, *18*, 313-320.

Riley, G. (1981). *Stuttering Prediction Instrument for Young Children*. Austin: Pro-ed.

Riley, G. (2009). *Stuttering severity instrument for children and adults* (4th ed.). Austin: Pro-ed.

Ryan, B. (2001). *Programmed therapy for stuttering in children and adults*. Springfield: Charles C. Thomas.

Van Riper, C. (1982). *The Nature of Stuttering* (2nd ed.). Englewood Cliffs: Prentice Hall.

Woolf, G. (1967). The assessment of stuttering as struggle, avoidance, and expectancy. *British Journal of Disorders of Communication*, *2*, 156-171.

제 11 장

청각장애 진단 · 평가

권미지

◐ 이 장의 목표

- 청각장애 대상자의 초기 인터뷰를 진행할 수 있다.
- 주관적 청력검사와 객관적 청력검사에 대해 설명할 수 있다.
- 청능검사에 대해 이해하고, 실시할 수 있다.
- 청각장애 진단보고서를 작성할 수 있다.

핵심 용어

- **말지각 발달 검사** 만 3세부터 12세까지 아동의 말지각 발달에 관한 정보를 제공해 줄 수 있으며, 청각장애 아동들의 수준을 파악하여 청능훈련의 계획이나 진전평가에 활용할 수 있다.
- **순음청력검사** 전기적으로 발생시킨 순음을 사용하여 청각장애의 유무와 청각장애의 유형 등을 알아보는 주관적인 검사이다.
- **EARS-K** 인공와우 아동 수술 전후의 청능 평가 및 수술 이후 아동의 청능 발달을 평가하기 위한 검사도구로 폐쇄형(closed-set)에서 개방형(open-set)으로 진행되며 청능훈련의 단계에 따라 아주 낮은 수준에서부터 높은 지각 수준까지 평가하도록 구성되어 있다.
- **SPICE** 말소리 지각 평가 및 훈련 프로그램으로 탐지(detection), 초분절적 지각(suprasegmental perception), 모음과 자음 지각(vowel and consonant perception), 연결된 구어(connected speech)로 구성되어 있다.

I. 청각장애 개관

언어치료 현장에서 청각장애 아동을 만나기 위해서는 여러 가지 용어들에 대해 미리 숙지하여야 한다. 인공와우, 보청기, 조기선별, 조기진단, 조기재활 등의 다소 생소한 용어들이 생각날 수 있다. 청각장애인이 사용되는 보조기기, 즉 보청기나 인공와우는 일차적으로 소리를 듣게 하는 기능을 한다. 보청기나 인공와우는 소리를 듣지 못하는 청각장애인들에게 소리를 듣게 해 줄 수 있는 보장구이다. 이러한 보장구 처방 이후에 말소리의 존재를 아는 탐지과정, 소리의 차이를 아는 변별과정, 어떤 소리인지 아는 확인의 과정, 자신의 어휘목록과 비교하여 의미를 이해하는 이해의 과정을 거쳐 복잡한 말소리를 인식하게 되는 언어재활과정이 진행된다. 이러한 청각장애 아동의 재활은 조기접근과 끊임없는 언어 및 청각 재활팀들과의 상호협력을 통하여 한 명의 청각장애 아동을 사회인으로서 성장시키게 된다.

1. 청각장애 초기상담

아동이 청각에 장애가 있는지를 아는 것은 언어발달뿐만 아니라 사회성 발달 및 사회 적응에 매우 중요하다. 또한 조기에 아동의 청각장애를 선별한다면 그만큼 부모와 교육 및 치료 전문가가 아동의 능력 계발을 위하여 해 줄 수 있는 일이 더 많을 것이고 아동도 자신의 능력을 최대한 계발시킬 수 있는 더 큰 가능성을 가지게 된다.

청각장애인의 교육 및 재활에 있어서는 장애발생 측면의 언어습득 전후에 따라 재활의 방향 및 예후가 결정된다고 볼 수 있다. 조기선별을 위한 병원에서의 청각 선별검사 후, 전반적인 청각적 기능과 언어적인 기능을 파악한 후 재활세팅에 참여하게 된다. 청각장애인들의 언어진단을 위해서는 청각장애의 원인, 각 기준에 따른 유형과 특성 및 청각검사도구들에 대한 이해들이 선행되어야 한다. 언어치료 초기상담에서 추가적으로 알아보아야 할 구체적인 내용을 청각 관련 사항과 구어 및 언어발달사로 나누어 다음과 같이 제시하였다.

〈표 11-1〉 청각 관련 초기상담 내용

■ 청력 관련 사항 (* 해당사항에 체크하거나 빈칸에 작성해 주십시오.)

1) 진단	년 월 일 병원 (담당의사:)
2) 청력손실시기	선천성 난청□ 후천성 난청□
3) 청력손실원인	3)-(1) 외이의 원인 이개질환□ 외이도질환□ 고막질환□ 기타( )□
	3)-(2) 중이의 원인 중이염□ 이관협착증□ 이경화증□ 고실경화증□ 기타( )□
	3)-(3) 내이 및 청신경 질환 유전성 난청증후군□ 뇌수막염□ 풍진□ 모자 혈액부적합□ 미숙□ 이경화증□ 기타( )□
	3)-(4) 기타 청각장애 원인 약물□ 소음성□ 외상□ 전신질환청□ 메니에르병□ 돌발성□ 노인성□ 기타( )□
4) 청력손상부위	4)-(1) 우 전음성□ 감각신경성□ 중추성□ 혼합성□ 기능성□
	4)-(2) 좌 전음성□ 감각신경성□ 중추성□ 혼합성□ 기능성□
5) 인공와우 수술 유무	우이(右耳)수술(개월)□ 좌이(左耳)수술(개월)□ 무□
	병원: 수술집도의:
6) 보청기 착용 유무	양이(양□ 좌이(左耳)□ 우이(右耳)□ 미착용□)
	착용시기: 타입:
7) 청력손실형태	5)-(1) 우 수평형□ 저음 장애형□ 고음 점경형□ 고음 급추형□ Dip형□ 곡형□ 산형□ 전농□ 고주파수형□
	5)-(2) 좌 수평형□ 저음 장애형□ 고음 점경형□ 고음 급추형□ Dip형□ 곡형□ 산형□ 전농□ 고주파수형□

8) 청력손실 정도 (ISO 기준)	6)-(1) 보청기 미착용 시 우이(右耳): dB, 좌이(左耳): dB
	6)-(2) 보청기 착용 시 우이(右耳): dB, 좌이(左耳): dB
9) 진행성 여부	안정되어 있다□ 진행되고 있다□

■ 구어 및 언어 발달사항

1. 일반적인 사항 (* 해당사항에 체크하거나 빈칸에 작성해 주십시오.)

1) 울기 및 웃기	웃기: 개월, 울기: 개월
2) 초어	시기: 개월, 예:
3) 첫 발화	어휘: (개월)
	구: (개월)
	문장: (개월)
4) 아동의 언어문제 인식	시기: 개월
	원인:
5) 타인과 의사소통	구어□ 몸짓□ 발성□ 수화□ 기타( )
6) 대화 가능한 사람	아버지□ 어머니□ 형제 · 자매□ 친척□ 낯선 사람□ 친구□
7) 아동의 자기의 언어 · 청력문제 인식	깨닫고 있다□ 깨닫고 있지 않다□
8) 가족 중 청력손실자 유무	유□(아동과의 관계:) 무□

2. 청력 관련 사항 (* 해당사항에 체크하거나 빈칸에 작성해 주십시오.)

1) 환경음에 대한 반응	1)-(1) 가정 음악□ 전화벨□ 현관 벨□ 노크소리□ 종이 찢는 소리□ 진공청소기□ 세탁기□ 접시 부딪히는 소리□ 가위소리□ 믹서□
	1)-(2) 실외 사이렌□ 비행기□ 자동차 경적□ 발자국□ 새소리□ 개 짖는 소리□
	1)-(3) 사람 이야기소리□ 재채기소리□ 기침소리□ 웃는 소리□

2) 음성에 대한 반응 (유도 및 반응)	2)-(1) 조용한 상태에서 청각만으로 자신의 이름을 호명하였을 때 반응을 한다.□
	2)-(2) 아동은 타인이나 물체에게 말을 한다.□
	2)-(3) 아동은 타인의 주의를 끌기 위해 음성을 사용한다.□
	2)-(4) 문맥이나 메시지에 따라 아동의 음성이 변한다.□
	2)-(5) 아동과 친숙하지 않은 사람의 말을 아동이 이해할 수 있다.□
	2)-(6) 아동은 배경소음이 있어도 청각만으로 자신의 이름에 스스로 반응한다.□

II. 진단 · 평가 목적

인공와우 이식수술이 늘고 각종 청각 관련 보장구 및 기기들이 발달함에 따라 이전에 비하여 청각장애 진단 및 평가에 많은 도움이 되고 있다. 또한 이러한 것들을 바탕으로 장애의 조기 발견과 보장구 발달로 고도의 청각장애 아동들도 이전에 비하여 의사소통 측면의 발달에 도움이 되고 있다.

청력 측정과 평가는 청각사가 주로 담당하는 영역이지만, 청력손실은 의사소통 기능을 개발하거나 유지하는 데 직접적으로 영향을 미치기 때문에 언어재활사는 환자의 청각능력에 관심을 가져야 한다. 청각장애가 있다면 가능한 한 빨리 선별 및 진단되어서 필요한 전문적인 서비스를 받는 것이 아주 중요하다. 청각검사를 통하여 다음을 알 수 있다.

첫째, 평균청력손실치의 평가
둘째, 청력형의 평가
셋째, 어음변별력 및 어음청취력 평가

특히 다음과 같은 영역에서 청력손실의 영향에 대해 많은 관심을 가지고 진단에 임하여야 한다.

첫째, 의사소통능력의 평가
둘째, 의사소통장애의 진행과 유지 평가
셋째, 적절한 청각재활치료의 선택
넷째, 의사소통의 발달 평가

III. 진단 · 평가 내용 및 방법

청각장애 아동의 진단은 듣기능력과 의사소통적인 측면의 전반적인 부분을 이해하고 평가하여야 한다. 또한 청각장애 특성을 이해하고 듣기, 언어, 인지, 의사소통 측면을 살펴보아야 한다.

1. 청각검사

대부분의 청각장애아동들은 주로 유아기에 청각적 진단을 받게 된다. 때때로 학령기나 아동기가 되어서 학습적인 문제가 동반되어 병원을 찾는 아동들도 있지만 이것은 매우 드물다. 따라서 유아기에 이루어지는 청각검사와 재활과정에 이루어져야 하는 청각적 검사들에 대해서 살펴보면, 크게 주관적 검사와 객관적 검사로 나누어 볼 수 있다. 주관적 검사는 아동이 소리에 직접 반응하도록 하거나 아동의 반응을 관찰하는 방법으로 아동의 능동적인 참여가 필요하다. 객관적 검사는 아동의 능동적 참여를 필요로 하지 않고 검사 결과를 객관적으로 분석할 수 있는 간접적인 청력검사이다. 이 장에서 소개하는 청력검사는 청각검사지침(대한청각학회, 2008)을 참고하여 소개하였다.

1) 주관적 검사

(1) 순음청력검사

순음청력검사(pure tone audiometry)는 전기적으로 발생시킨 순음을 사용하여 청각장애의 유무와 청각장애의 유형 등을 알아보는 검사다. 가청 주파수 범위(20~20,000Hz) 중 언어인지와 언어이해를 고려하여 250Hz부터 8,000Hz까지, 소리크기는 가청 범위(dynamic range)를 고려하여 -10dB HL부터 최대 130dB HL까지 검사한다. 검사결과, 기도청력과 골도청력 및 청력도를 통한 평균청력손실치 산출이 가능하다.

① 기도청력 검사

소리는 외이, 중이, 내이, 청신경을 통하여 청피질에서 인식하게 되는데, 이 경로에서 어느 부위에 장애가 있게 되면 기도청력이 떨어지게 된다. 검사방법은 상승법과 하강법이 있다. 어느 절차를 사용할 것인가는 전적으로 검사자가 어떤 절차에 더 익숙한가에 달려 있지만 상승법이 자주 사용된다. 상승법은 들리지 않는 낮은 강도의 음으로부터 시작하여 차츰 높은 강도의 음을 들려주어 듣기 시작하는 최소한의 수준을 찾는 방법이다.

② 골도청력 검사

골도 이어폰을 사용하여 진동이 직접 두개골을 통하여 내이에 전해지게 되면 그 진동과 같은 주파수의 순음이 들려진다. 이 진동을 점점 작게 하여 최소가청역치를 구한다. 외이, 중이에 장애가 있고 내이의 기능이 정상인 경우, 기도청력은 떨어지나 골도청력은 거의 정상적으로 나타난다. 내이에 이상이 있고 외이, 중이가 정상인 경우에는 기도청력이나 골도청력이 거의 같게 나타난다.

순음청력검사를 통하여 평균 청력손실치를 계산하고자 할 때에는 청력도에 나타난 검사 결과를 기초로 주요 말 주파수인 500Hz, 1,000Hz, 2,000Hz에서의 역치를 합하여 3으로 나눈 3분법이 있다. 이 외에도 4분법이 있는데, 이는 1000Hz에서의 역치를 한 번 더 더해 주고 평균을 낸 값으로 주로 많이 사용되는 것은 3분법이다. 이 평균 청력손실치는 나중에 어음청력 검사의 결과와 비교하는 데 유용하게 쓰일 것이고 또 청각장애의 정도에 따라 청각장애를 분류할 때 기준으로 사용되고 있기 때문에 중요하다. 청각장애의 정도에 따라 정상, 경도 청각장애, 중도 청각장애, 중등도 청각장애, 고도 청각장애, 그리고 최고도 또는 농으로 구분할 수 있다.

(2) 어음청력검사

청각에 문제가 있는 사람들은 자신의 말뿐만 아니라 주위 사람들의 말을 이해하는 데도 어려움을 느낀다. 청각장애인이 언어를 인지하고 이해하는 능력은 진단목적 이 외에도 치료방법의 결정과 결과 판정 및 사회적응능력을 평가(진단)하는 데 도움이 된다. 어음청력검사(speech audiometry)는 일상생활에서 의사소통능력을 이해하는 데 유용한 검사이며, 환자는 검사자가 제시하는 말소리를 듣고 따라서 말하는 방법으로 진행된다. 어음청취역치 검사(Speech Reception Threshold test: SRT)는 표준화된 이음절 단어를 이용하여 인지할 수 있는 가장 낮은 역치를 평가한다. 어음탐지역치(SDT) 검사는 말의 출현을 겨우 탐지하고 그것을 말이라고 확인할 수 있는 최저수준의 음의 강도이다. 어음명료도 검사(Speech Discriminationt: SD)는 어음에 대한 변별력을 측정하며 의사소통의 장애 정도, 보청기의 적응 및 선택 등에 필요한 정보를 제공한다.

(3) 행동관찰을 통한 청각검사

객관적인 청력검사로 주파수별 정확한 청력손실 정도를 확인하는데, 충분한 정보를 얻기 힘들기 때문에 반드시 행동관찰을 통한 청력검사(Behavioral testing)를 실시해야 한다. 또한 이러한 평가는 주관적인 평가가 어려운 유소아 아동을 대상으로 실시한다. 경험이 있는 청각사의 반복적인 시도를 통해 신뢰성 있는 청력정보를 얻어야 한다. 행동관찰청력검사(Behavioral Observation Audiometry: BOA), 시각강화청력검사(Visual Reinforcement Audiometry: VRA)와 놀이청력검사(Play Audiometry: PA) 등이 있다.

2) 객관적 검사

(1) 임피던스검사

임피던스검사(impedance test)는 소리에너지에 대한 중이의 저항을 측정하여 중이 기능을 평가하는 것으로 고막운동성계측(tympanometry), 등골근 반사역치검사(stapedial reflex threshold test), 등골근 반사소실검사(stapedial reflex decay test), 이관기능검사(eustachian tube function test) 등이 있다.

(2) 이음향방사

이음향방사(otoacoustic emission)는 신생아 선별검사에 주로 사용된다. 와우의 외유모세포 활동에 의해 발생되는 에너지로 외부의 소리가 대뇌청각중추까지 전도되는 방향과는 정반대로 와우에서 발생하여 외이도 쪽으로 누설한 에너지를 기록한다. 자극음 없이 와우에서 생성되어 외이도로 방사되어 감지되는 자발 이음향 방사(spontaneous otoacoustic emissions)와 음자극으로 발생되는 유발 이음향방사(evoked otoacoustic emissions)로 나누어진다.

(3) 청성뇌간유발반응검사

청성뇌간유발반응검사(ABR)는 소리 자극 후 10ms 이내에 청신경 원위부에서 하구(inferior colliculus) 사이의 뇌간영역에서 나타나는 5~7개의 정점(positive peak)과 골(negative trough)을 기록하는 검사로 청각평가뿐 아니라 소뇌교각종양이나 다발성 경화증과 같은 신경학적 진단 및 신생아 선별 청력검사 등에 유용하게 이용되고 있다. 또한 뇌간유발반응검사 시 뇌에서 일어나는 전기적 반응활동이 수면이나 마취상태 동안 지속되기 때문에 행동검사에서 역치측정이 불가능한 생후 4, 5개월 유아에게 실시할 수 있다.

(4) 청성지속반응검사

청성지속반응검사(Auditory Steady-State Response: ASSR)는 지속적인 자극음에 대한 청각전달로의 지속적인 반응을 나타낸다. 청성지속반응은 주파수 특이적인 청력역치를 제공하며, 70Hz 이상의 변조주파수를 적용할 경우 수면에 영향을 받지 않으며, 최대 자극강도가 120dB HL 이상으로 고도 혹은 심도 난청 평가에 유용하다.

2. 듣기 수행력의 평가

청각장애 아동은 보장구 착용을 통하여 듣기능력의 향상에 도움을 받는다. 이때 언어치료사는 아동의 듣기 수행능력을 평가하여 듣기수준에 대한 진단과 그에 맞추어 청능훈련을 계획하게 된다.

청각장애 아동에게 사용할 수 있는 듣기능력의 평가도구로는 CAP, IT-MAIS, EARS-K, SPICE 등이 있다. 또한 최근에 국립특수교육원에서 개발한 말지각 발달검사(KNISE-DASP)가 있다. 이러한 검사도구는 검사상황이나 자연스러운 놀이상황에서 환경음 및 말소리 감지평가를 실시한다.

말소리를 인지하는 단계에서는 청각적인 지각하는 정도를 크게 탐지(감지), 변별, 인지 혹은 확인, 이해 단계에 따라 살펴보아야 한다. 각 청각적 지각단계에 말소리가 제시되는 환경에 따라 말소리의 수준, 즉 음소, 단어(어두, 어중, 어말), 문장(문두, 문중, 문미), 단락, 대화 수준으로 구분하여 평가되어야 한다. 이러한 검사단계를 기초로 하여 나누어진 것이 EARS-K(이상흔, 박미혜, 허명진, 2003)이다.

청능단계에서 탐지, 변별, 확인, 이해단계로 구분할 수 있다. 아동이 소리를 듣고 두리번거리거나 눈동자의 움직임을 경직되거나 하는 등의 반응을 보인다면 탐지단계이다. 변별단계에서는 소리를 듣고 같음과 다름을 구별하며, 확인단계에서는 제한된 단서 속에서 소리를 듣고 인지한다. 단서가 제시되지 않은 상황 속에서 소리를 인지하는 것은 이해단계이다(Cooper, 1991).

1) CAP(Categories of Auditory Performance scales; Yang et al., 2004)

일상생활 중에서 나타나는 아동의 수행력을 간단하게 평가할 수 있고 결과에 대해 누구나 쉽게 이해할 수 있는 장점이 있다. 표준화되어 사용되지는 않으며 참고자료로 활용이 가능하다.

〈표 11-2〉 CAP score의 정의

CAP score	작업적 정의
0	환경음에 무반응 보청기를 잘 착용하고 있는 상황에서 청각장애 아동이 환경음에 대해 자발적인 반응을 보이지 않는 경우이다.
1	환경음에 반응 청각장애 아동이 가정, 학교, 언어치료실, 야외와 같은 장소에서 약 6개 이상의 환경음에 자발적으로 반응을 보이는 경우이다. 이때의 반응은 단순한 감지 반응을 말한다.
2	말소리에 반응 청각장애 아동이 30~60cm 정도 떨어진 거리에서 누군가가 일상대화 수준으로 말하는 간단한 지시를 듣고 따를 수 있는 경우이다.
3	환경음 인지 청각장애 아동이 일상생활에서 약 6개 이상의 환경음(예: 초인종 소리, 전화벨 소리, 부모의 목소리, 자동차 소리 등)을 듣고 해당 환경음을 확인하는 경우이다.
4	말소리 변별 청각장애 아동이 듣기만으로 일관적으로 Ling sound에서 두 개 이상의 말소리를 변별할 수 있는 경우이다.
5	입술단서 없이 일상대화 문장을 이해 청각장애 아동이 익숙한 상황에서 입술단서 없이 일상대화를 이해하는 경우이다.
6	입술단서 없이 친숙한 사람과 대화 청각장애 아동이 조용한 장소에서 입술단서 없이 부모나 선생님과 같은 친숙한 사람들과 자연스럽게 대화를 하는 경우이다.
7	친숙한 사람과 전화 청각장애 아동이 친숙한 사람과 전화 상황에서 이야기를 주고받을 수 있는 경우이다.

2) IT-MAIS(Infant Toddler Meaningful Auditory Integration Scales; Zimmerman-Phillips et al., 1997)

환경 소리를 듣고 반응하기와 듣고 모방하려는 발성 산출, 말 속에 내재된 억양이나 목소리 톤으로 반응하기 등 일상생활 속에서 영유아의 행동을 보고 관찰한 내용을 기록하며 반응하는 것으로 활용된다.

3) EARS-K(Evaluation of Auditory Response to Speech; 이상흔 외, 2003)

인공와우 아동의 수술 전후의 청능 평가 및 수술 이후 아동의 청능발달을 평가하기 위한 검사도구는 검사지침서와 그림자료의 두 부분으로 구성되어 있다.

EARS-K의 하위검사는 다음에 제시된 것처럼 모두 9개로서 Speech Test가 7개, 질문지가 2개이다. Speech Test는 직접 대상에게 실시하는 검사이며, 질문지는 대상아동의 부모나 담당교사와 직접 인터뷰를 하여 평가하는 것이다. 검사는 폐쇄형(Closed-set)에서 개방형(Open-set)으로 진행되며 청능훈련의 단계에 따라 아주 낮은 수준에서부터 높은 지각 수준까지 평가하도록 구성되어 있다. Open set은 "너 집이 어디야?" 등과 같이 이루어지는 주관식 문항의 검사이며, Closed-set은 보기가 제시되어 반응할 수 있는 검사이다. 모든 검사는 AO(Auditory Only) 상황으로 실시하는 것을 원칙으로 하며, 시각적인 단서를 배제하기 위해 가리개 판을 사용한다.

EARS-K는 정해진 검사 순서가 없다. Closed-set에서부터 Open-set으로 실시할 수도 있고 어려운 것에서부터 쉬운 것으로 실시할 수도 있다. 검사의 순서를 다양하게 변화시켜 검사에 대한 아동의 주의를 유지하고 동기를 유발시킨다. 검사의 특정수준은 동일한 회기에 반드시 끝까지 실시하여야 한다. 검사를 끝까지 실시하지 못한 경우에는 이유를 기록한다. 이것은 결과를 평가하는 데 도움이 될 것이다. 또한 검사불능(CNT)이라고 기록하는 것보다 검사가 안 되는 이유를 기록한다. 정해진 회기 내에 제시된 모든 검사를 실시하도록 한다(박미혜, 2007). 이 장에서 설명은 박미혜(2007)의 'EARS-K에 대한 개관과 활용' 부분에서 인용하였다.

(1) LiP(Listening Progress Profile)

〈표 11-3〉 LiP

목적	소리 및 말소리에 대한 전반적인 청지각능력 발달평가
대상	모든 연령(연령이 어리면 탐지만 가능)
검사도구	평가지(다양한 환경에서 실시 후 보고)
실시방법	실시방법에 제시되어 있는 대로 검사자가 직접 관찰하여 평가한다. 아동의 협조가 부족하여 직접 관찰할 수 없으면 부모에게 질문하여 평가할 수 있지만 간접관찰로 기록한다. 환경음에 대한 평가지는 부모에게 제시하여 작성한다. 모두 계산하여 LiP profile에 따른 점수로 환산하여 옮겨 적는다. '탐지'와 '확인'으로 나누어 점수를 기록한다. 검사는 무작위로 실시하고, 아동의 수준에 맞추어 검사의 순서를 수정하여도 상관없다.
채점	각 항목마다 최고 5회까지 제시한다. 만약 아동이 처음 3회 연속해서 정반응하면 2점이다. 5회 계속 실시하고 2회 이상 정반응하면 1점, 기타는 0점이다. 신뢰할 수 있는 정확한 반응이 반복하여 나타나면 2점을 준다. 만약 지속적이지는 않으나 간혹 반응이 나오면 1점으로 채점한다. 반응이 없다면 0점이다.

(2) MTP(Monosyllable-Trochee-Polysyllable)

〈표 11-4〉 MTP

목적	서로 다른 음절형태를 확인할 수 있는 능력과 동일한 음절형태 단어 중에서 정확한 단어를 확인하는 능력 평가
대상	2세 이상
검사도구	12개, 6개, 3개의 그림자료
실시방법	문항은 아동이 추측할 수 없도록 무작위로 제시한다. 일반적으로 검사는 1회기당 한 단계만을 실시한다. 그리고 아동의 검사점수가 최고(ceiling)에 이르면 계속 실시하지 않는다. 즉, 3개의 선택 혹은 6개의 선택 문항에서 최고점에 이르면 더 많은 선택문항을 가진 다음 단계로 넘어간다. 예를 들어, 6개의 선택문항에서 아동이 100% 정반응을 하면, 다음 회기에서 12개의 선택문항을 실시한다. 그러나 이것은 검사자가 판단하며, 아동의 흥미와 시간이 남아 있다면 같은 회기 동안 계속하여 실시할 수도 있다.

(3) Closed-set Monosyllabic Words

〈표 11-5〉 Closed-set Monosyllabic Words

목적	친숙한 1음절 단어 확인 능력의 평가
대상	3세 이상
검사도구	12개의 그림자료, 4개의 그림자료나 4개의 실물과 1개 보조사물
실시방법	검사 전 연습을 실시한다. 아동은 그림을 지적하거나 단어를 분명하게 반복해야 한다. 검사자는 아동의 수준에 따라 4개 문항 혹은 12개 문항 중에서 적절한 문항을 선택한다. 언어수준이 낮은 아동은 가정에서 단어를 연습할 수 있도록 그림을 복사해 줄 수 있다. MTP와 동일하게 아동에게 친숙한 단어를 사용해야 하며, 검사자가 먼저 아동에게 단어를 말해 주어야 한다. 이는 아동의 부정확한 말명료도와 검사자가 의도하지 않는 다른 단어로 잘못 말하여 발생될 수 있는 문제를 피할 수 있다. 검사의 실시 시 그림을 아동의 앞에 제시하고 아동에게 들은 단어를 지적(반복 말하기, 수화)하게 한다. 검사자는 그림(보조사물)을 재배치하여 아동이 항상 선택의 기회를 동일하게 갖도록 한다. 검사는 독화 없이 청각만으로 이루어진다. 단어는 한 번씩만 제시한다.

(4) Closed-set Sentences Test

〈표 11-6〉 Closed-set Sentences Test

목적	상호조음(co-articulated)이 되는 친숙한 단어 확인 능력의 평가
대상	4~5세 이상
검사도구	그림자료
실시방법	그림자료를 아동에게 제시하고 각 항목이 무엇인지 말해 주어 검사에 사용된 어휘를 익히도록 한다. 검사자는 한 번에 1개의 칸에 있는 어휘를 말한다. 아동에게 검사하는 방법을 이해시킨다. 처음에는 2개의 칸을 사용하여 연습한다. 치료사는 아동에게 2개의 단어를 들려주고 해당하는 그림을 지적하거나 따라 말하게 할 수 있으나, 그림을 지적하는 방법이 가장 좋다. 아동이 2개의 칸을 정확하게 할 수 있으면 3개나 4개로 증가시켜 연습한다. 만약 아동이 검사방법을 제대로 이해하지 못하면 검사자나 보조자가 시범을 보여 준다. 검사 실시 시 검사자는 아동 앞에 Matrix를 제시하고 들은 대로 문장이나 단어를 지적하도록 한다. 검사는 청각만으로 실시하며, 각 문장은 한 번만 제시한다. 기억을 잘하지 못하는 아동일 경우에만 문장을 반복해 준다. 단, 이렇게 한 경우에는 반응기록지에 기록해 둔다. 검사회기당 하나의 수준만을 검사하도록 한다. 다음 회기에는 수준을 낮추거나 올려서 실시한다.

(5) Open-set Monosyllabic Words

〈표 11-7〉 Open-set Monosyllabic Words

목적	1음절 단어의 인지(recognize) 능력의 평가
대상	4~5세 이상
검사도구	1음절 단어 10개로 구성된 목록(2개)
실시방법	검사자는 각 단어를 제시하고 아동으로 하여금 반복하도록 한다. 검사는 반드시 청각만으로 한다. 단, 연령이 아주 어리거나 단어를 반복하지 못하는 아동은 검사자의 말을 반복할 수 있도록 연습시킨다. 연습을 할 때는 시각적인 단서를 사용할 수 있으나 검사를 실시할 때는 시각적 단서를 사용해서는 안 된다. 아동의 반응이 맞고 틀림에 대해서는 어떠한 피드백도 주지 않는다. 아동의 반응에 대해 정확한 음소와 단어를 채점한다. 모방에 의한 반응인지 아동이 단어를 이해하는지 기록한다.

(6) GASP(Glendonald Auditory Screening Procedure)

〈표 11-8〉 GASP

목적	간단한 질문을 인지하는 능력의 평가
대상	4세 이상
검사도구	연습문장 2개와 검사문장 10개
실시방법	검사방법에 대해 설명하고 연습문장을 실시한다. 필요하면 검사문장이 아닌 다른 문장을 사용하여 부가적인 설명을 해 준다. 검사자는 문장을 제시하고 아동은 문장을 반복하여 말하거나 질문에 대한 답을 할 수 있다. 모른다고 대답한 것은 정답으로 간주하지 않는다. 검사는 청각만으로 실시해야 하며, 각 문장은 1회씩만 제시한다.

(7) Language Specific Sentences

〈표 11-9〉 Language Specific Sentences

목적	Open-set의 문장을 인지하는 능력의 평가
대상	5세 이상
검사도구	문장 10개
실시방법	검사자는 아동에게 친숙한 문장을 듣게 될 것이라고 설명한다. 필요하다면 검사에 포함되지 않은 문장을 제시해도 된다. 문장을 1개씩 제시하고 아동으로 하여금 잘 생각해 보도록 한다. 검사는 독화 없이 청각만으로 실시하고, 한 번만 제시한다. 가능하면 문장을 쓰도록 하는 것도 바람직하다.

(8) MAIS(Meaningful Auditory Integration Scale)

〈표 11-10〉 MAIS

목적	인공와우를 사용하는 일에 대한 자신감을 평가
대상	인공와우를 사용하는 모든 아동
검사도구	부모용 및 교사용 질문지
실시방법	부모에게 어음처리기를 착용하는 아동의 습관에 대해 질문한다. 또한 아동이 환경음을 어느 정도 인식하는지 그리고 아동이 환경음에서 얼마나 많은 정보를 얻을 수 있는지 질문한다. 질문지는 인터뷰 양식을 사용한다. 검사자는 질문을 읽어 주고 부모의 대답에 따라 채점한다. 교사용 질문지는 모든 회기에 교사가 직접 기입하도록 할 수 있으나, 수술 전 평가인 경우에는 검사자가 직접 상담을 하면서 평가하는 것이 더욱 좋다. 이것은 척도법으로 채점한다.

(9) MUSS(Meaningful Use of Speech Scale)

〈표 11-11〉 MUSS

목적	아동의 음성조절능력, 언어와 비슷한 소리의 산출능력 및 의사소통 전략 평가
대상	모든 인공와우 사용 아동
검사도구	부모용 및 교사용 질문지
실시방법	질문지는 상담지(interview) 양식을 사용한다. 부모용 질문지는 질문의 내용을 부모에게 직접 읽어 준 다음 부모의 대답을 정확하게 평가하여 기록한다. 재검사인 경우는 질문지를 우송하여 부모가 직접 기입하도록 할 수 있다. 교사용 질문지는 모든 회기에서 교사가 직접 기입하도록 할 수 있으나, 수술 전 평가인 경우에는 검사자가 직접 상담을 하면서 평가하는 것이 더욱 좋다. 척도법으로 채점한다.

4) SPICE

Moog 등(1995)은 Speech Perception Instructional Curriculum and Evaluation(SPICE)라는 말소리 지각 평가 및 훈련 프로그램을 이용하여 청각장애인의 집중적인 청능훈련을 강조하였다.

전체 프로그램은 탐지(detection), 초분절적 지각(suprasegmental perception), 모음과 자음 지각(vowel and consonant perception), 연결된 구어(connected speech)로 구성되어 있다. 다음은 SPICE 각 단계에 대한 설명이다.

일반적으로 청능훈련은 최적의 듣기상황에서 시작하여 점차적으로 듣기상황을 일반화시킴으로써 난이도를 조절하게 된다. 치료상황 역시 전체 난이도를 고려하여 폐쇄형에서 점차적으로 개방형으로 진행한다. SPICE를 통하여 청각장애인의 청능수준에 대한 평가가 모두 끝나면 장기 · 단기 목표를 계획하고 주간목표를 선택하여 목표에 도달하기 위한 치료활동들을 선택하여 실시하게 된다.

SPICE 각 항목에 대해 간략하게 살펴보면, 탐지단계는 듣기목표를 제공해 주는 첫 단계이다, 아동이 단어, 구, 문장에서 말소리의 차이를 지각할 것을 기대하기 전에 음의 유무에 대해 인지하는 단계이다. 다양한 말소리 자극에 주의하여 듣고 일관된 반응을 나타내어야 하고 말소리의 시작과 끝을 알아야 한다. 초분절적 지각 단계는 아동이 말소리에 반응할 수 있고, 음의 시작과 끝을 지적할 수 있을 때, 두 자극에 대한 변별을 할 수 있다. 초분절적 지각 단계의 과업은 장음과 단음의 대조와 같이 가능한 한 차이가 큰 음을 선택하여 짝을 이루며 점차적으로 대조 짝의 난이도를 조절하는 단계로 이루어진다. 아동이 두 자극을 변별할 수 있으면 세 자극, 네 자극으로 자극의 수를 첨가한다. 자극은 지속시간, 강세, 억양에 따른 초분절적인 차이를 고려하여 선택한다. 모음과 자음 지각 단계의 목표는 아동이 지속, 강세, 억양이 같고 다만 모음과 자음이 다를 때, 자극 사이에서 목표 단어를 지각하는 것이다. 청력손실 정도에 따른 아동들을 고려하여 아동의 특성에 맞는 어휘를 선택하여야 하며, 일반적으로 저주파수대의 에너지가 많은 음소를 고주파수대의 에너지가 약한 음소에 비해 먼저 치료음소로 선택하여 실시하게 된다. 연결된 구어는 모음과 자음 지각단계의 수행수준이 50% 이상 실시하게 되면 병행할 수 있다.

〈표 11-12〉 SPICE 단계

1단계	탐지	말소리 탐지	어떠한 말소리라도 탐지 자신의 이름 탐지 6음을 탐지
		말의 시작과 끝 인지하기	연장된 모음이나 마찰음 반복된 CV 음절 연속적인 말
2단계	초분절적 지각	지속이 다른 두 자극 변별	장음과 단음 장음과 반복된 음 문장과 단어, 문장과 구 음절 수가 다른 두 단어 익숙한 두 노래
		지속이 다른 세 자극 확인	장음, 단음, 반복된 음 문장, 단어, 구 세 문장 음절 수가 다른 세 단어 익숙한 세 노래
		지속이 다른 네 자극 확인	음절이나 지속이 다른 문장 음절이나 지속이 다른 단어 익숙한 네 가지 노래
		지속만 다른 핵심단어를 문장에서 확인	핵심단어가 끝에 있는 문장 핵심단어가 중간에 있는 문장 핵심단어가 두 개 있는 문장
3단계	모음과 자음 지각	6음 확인	두 음 네 음 여섯 음
		모음과 자음이 다른 단어 확인하기	자음과 모음이 다른 두 단어 자음과 모음이 다른 네 단어 자음과 모음이 다른 여섯 단어
		단어에서 모음지각	두 단어 네 단어
		단어에서 자음 지각	두 단어 네 단어 여섯 단어

4단계	연결된 구어	문맥에서 핵심단어 확인	핵심단어가 끝에 있는 문장 핵심단어가 중간에 있는 문장 핵심단어가 두 개 있는 문장
		실행된 문장 확인	정확하게 반응하기 반복하기
		그림문맥을 이용하여 대화	정확하게 반응하기 반복하기
		친근한 주제에 대해 대화	질문에 대답하기 대화하기
		연결된 담화 그대로 반복하기	읽어 준 문장 반복하기 질문에 대답하기

SPICE는 평가지, 비디오, 시각차단판, 장난감, 그림카드로 구성되어 있으며 평가지는 아동의 현재 청능능력을 평가하여 치료의 시작점을 제시하며, 치료계획을 수립하고, 수립한 치료목표의 진전을 측정하는 데 도움을 준다.

5) 말지각 발달 검사

말지각 발달 검사(Korea National Institute for Special Education-Developmenal Assessment of Speech Perception: KNISE-DASP)는 만 3~12세까지의 아동의 말지각 발달에 관한 일관되고 타당한 정보를 제공해 줄 수 있다. 또한 말지각 발달 단계의 위계에 따라 개발되었으므로, 청각장애 아동들의 수준을 파악하여 청능훈련의 계획이나 진전평가에 활용할 수 있음은 물론 개별화 교육계획을 수립하기 위한 교육목표의 설정과 교수방법 등에 효과적으로 적용할 수 있는 말지각 발달 검사도구이다.

KNISE-DASP의 구성은 8개로 구성되며, 각 하위검사는 제시방법(Open/Closed)과 난이도(Easy/Hard)를 고려하였고, 각 검사들은 2종 이상의 동형검사로 구성되었다. 수준에 따라 그림판 및 실물도구가 포함되어 있다.

- Ling 6음 검사

- 단어패턴인지 검사
- 문장인지 검사
- 문장기억 · 순서화 검사
- 자 · 모음 검사
- 단어인지 검사
- 문장이해 검사
- 이야기 이해 검사

3. 말 · 언어 · 인지 · 의사소통의 평가

청각장애에서 가장 중요하게 생각되고 있는 부분 중 하나는 조기진단과 조기재활치료이며, 그 중요성이 점차 강조되고 있다. 청각장애 아동들의 경우 주로 보청기나 인공와우로 재활을 시도하며, 청능에 대한 평가와 함께 전반적인 의사소통에 대한 평가도 함께 이루어져야 한다. 2005년부터 인공와우 시술에 대한 보험이 적용되고 2009년에 양이 인공와우 이식과 인공와우 외부기기에 대한 내용이 추가되면서 양이청취에 대한 부분이 강조되고 있다. 어린 청각장애 아동들의 경우, 검사 환경 및 조건, 검사자의 영향을 많이 받고 주의집중력이 짧으므로 검사를 시행하기 어려울 수 있다. 그러므로 자연스러운 놀이상황에서 듣기평가와 함께 말소리 모방능력, 언어이전 단계의 기술, 발성이나 옹알이 등을 관찰하여야 한다. 또한 그 밖에 재활에 영향을 미칠 수 있는 운동, 인지, 사회성 등의 전반적인 발달과 행동을 평가하여야 하며 필요한 경우 중재를 받아야 한다.

청각장애 아동이라고 하여 청각검사 및 진단에만 의존하여서는 안 된다. 청각적인 검사뿐 아니라 언어적인 부분에서 듣기 수행력 못지않게 전반적인 의사소통에 대한 부분들도 고려되어야 한다. 즉, 진단 및 재활에서 유의해야 할 부분은 청능과 의사소통 부분을 둘 다 고려하여야 한다는 것이다. 또한 재활을 계획하는 데 가장 중요한 것은 단순한 소리 듣기가 아님을 숙지하여야 한다. 즉, 언어의 다양한 영역인, 형태적, 의미적, 화용적인 활용 역시 중요하다. 따라서 언어발달 지체 아동들에게 사용하는 일반적인 의사소통 평가와 동일하게 사용된다. 그러나 청각장애 아동을 평가하는 것은 단순한 검사결과로 이루어지는 단면적인 것을 평가하기보다는 전반적인 것을 보고 평가할 수 있어야 할 것이다. 전반적인 것을 평가하는 것에는 부모의 보고가 매우 중요하다.

청각장애아동은 청각적 결함으로 인해 표현능력의 명료도가 낮아진다. 그 명료도의 문제가 의사소통에 어느 정도의 영향을 주는지를 파악하고 지도하기 위해 정확한 검사가 반드시 이루어져야 한다. 조음능력의 검사에는 우리말 조음 · 음운평가(U-TAP; 단어, 문장), 한국어표준발음검사(단어, 문장), 한국표준어음검사(단어) 등의 검사도구를 이용할 수 있다. 또한 음성 · 음향학적 검사를 사용하여 모음 포먼트에 대한 변화를 측정하거나, 억양의 변화나 비성도를 측정하여 청각장애 아동들의 음성에 대한 평가도 실시할 수 있다.

청각장애 아동은 어휘이해력의 문제로 발어산출이 매우 어려울 수 있다. 따라서 대부분 모방으로 검사가 이루어져 자음의 정확도가 실제 부모나 주위사람들과 대화할 때보다 높게 나타날 수 있다. 검사자는 자신의 검사결과에 기초하는 것뿐만 아니라 치료하면서 오류로 나타나는 문제를 항시 기록하여야 한다. 이 기록은 재활단계를 계획하는 데 큰 도움이 된다. 청각장애 아동들에게 강조되어야 하는 것은 검사결과에 기초하여 지도계획을 수립하더라도 발달하는 아동의 변화를 수시로 기록하고 3~6개월 간격으로 주기적인 재평가가 이루어져 재활계획의 타당성을 확인하여야 할 것이다(허명진, 2009). 또한 청각장애 아동들의 경우 어느 한부분에 치우친 평가가 아닌 모든 의사소통의 전 영역을 고르게 평가하도록 유의하여야 한다. 검사 시 필요하다면 글자자극을 함께 제시하여 평가하되, 이러한 경우 진단 · 평가 요약부분에 평가 진행 시의 자극에 대하여 기록하여 청각장애 아동의 전반적인 언어평가에 도움을 줄 수 있다.

IV. 평가사례 및 진단보고서

진단 · 평가 보고서

1. 일반적인 정보

성명	○○○ (여)	생년월일	○○○○년 ○월 ○일(6;9)
장애유형	청각장애로 인한 언어발달 지체	치료사	○○○
진단기간	○○○○~○○○○	작성일자	○○○○

2. 배경정보 및 행동관찰

1) 배경정보

어머니의 보고에 의하면, 아동은 출산 전 · 후에 특이한 사항이 없었으며, 제왕절개로 태어났다고 한다. 아동은 15개월경, 초어(바나나)가 출현하였으나, 2세경 언어가 지체되고 청각적 반응이 느리다고 의심되어, ○○대학 병원에 진단을 의뢰하였다고 한다. ABR 진단검사 결과, 아동은 양이가 90dB에서 무반응으로 나타나 감음신경성 청각장애로 진단받았다고 한다. 또한 순음청력검사 결과, 아동의 좋은 쪽 귀의 청력이 105dB이었다고 한다. 아동은 ○○년 5월(생후 23개월)부터 양이에 보청기를 착용하였으나, 소리에 대한 청각적 반응이 거의 나타나지 않아 ○○년 11월 6일(생후 29개월) ○○ 병원에서 좌측에 인공와우(Nucleus CI-24) 이식수술을 받았다고 한다. 수술 후, 아동의 청력손실치는 좌측 30dB, 우측 130dB라고 한다. 현재 아동은 좌측 귀에는 인공와우를 착용하고 있으며, 오른쪽 귀에는 보청기를 착용하고 있다고 한다.

아동의 주 양육자는 어머니이며, 아동은 일상적인 대화 시, 타인에게 부자연스러운 억양과 문법순서로 발화하여 의사소통에 어려움이 있다고 한다.

2) 행동관찰

아동은 친숙하지 않은 음에 대해 자발적으로 탐지를 하여 반응을 보이며 자 · 모음 변별이 가능하다. 아동은 친숙한 단어 확인은 모방 가능하지만, 청각적 자극만을 제시하였을 경우에는 복잡한 질문에 대한 인지능력이 떨어졌다.

아동은 경쟁심이 강하고, 자신의 주장을 강하게 내세우는 편이다. 아동은 자신의 언어 문제를 깨닫고 있으며, 그로 인해 발화 시 자신감이 부족하다. 아동의 불명료한 발음으로 인해 타인들과의 의사소통이 원활하게 이루어지지 않는 경우가 많다.

아동은 치료활동 시, 자신의 반응에 대한 치료사의 반응을 살핀다. 아동은 낯선 사람과도 금방 친해지며 낯선 상황에 빠르게 적응하고 또래들과도 잘 어울린다. 아동의 치료시간 동안 주의집중 시간은 15분 정도로 짧은 편이다.

3. 검사도구 및 결과

1) 취학전 아동의 수용언어 및 표현언어 발달 척도

	언어발달연령(개월)	획득점수	백분위점수(%ile)
수용언어	70개월	44점	
표현언어	76개월	48점	
통합언어	73개월	46점	

검사 결과, 아동의 생활연령 81개월에 비해 수용언어 70개월로 11개월 지체되었고, 표현언어 76개월로 5개월 지체되었으며, 통합언어능력에서는 73개월로 8개월 지체되었다. 아동의 수용 언어연령과 표현 언어연령은 6개월 차이가 났다.

취학전 아동의 수용언어 및 표현언어 발달 척도의 백분위점수 산출은 6세 5개월까지 산출이 가능하므로 아동의 수용언어, 표현 언어, 통합언어능력의 백분위점수를 비교할 수 없다.

2) 구문의미이해력검사

원점수	25점	
백분위수	연령규준	21%ile
또래집단의 평균 및 표준편차	연령규준(6개월 집단)	평균: 38
		표준편차: 9
원점수로 나타난 대상아동의 표준편차	연령규준(6개월 집단)	표준편차: -1.5 ~ -1.25

검사 결과, 아동은 원점수 25점을 획득하였으며, 연령규준에 의한 백분위수는 21%ile로 나타났다. 원점수로 나타난 대상아동의 표준편차(6개월 집단 기준)는 -1.5와 -1.25 사이로 약간 지체되었다.

3) 언어 문제 해결력 검사

	원점수	백분위수
원인이유	6	29~44 %lie

해결추론	8	59~71 %ile
단서추측	5	29~72 %ile
총점	19	53~61 %ile

검사 결과, 아동은 원인이유에서 6점을 획득하여 평균점수(4점)에 2점이 높게 나타났으며, 해결추론에서는 8점을 획득하여 평균점수(7점)에 비해 1점 높게 나타났다. 단서추측에서는 5점을 획득하여 평균점수(7점)보다 2점 낮게 나타났다. 아동은 총 19점을 획득하여 또래아동이 획득한 평균점수(19점)와 동일하게 나타났다.

4) 자발화 샘플분석

아동의 자발적인 표현언어능력을 평가하기 위하여 시계 보고 이야기하기, 손 인형을 이용한 쇼핑놀이를 통하여, 30분간 아동의 발화를 유도하였고, 총 100발화를 수집하여 분석하였다.

<table>
<tr><th></th><th colspan="4">분석결과</th></tr>
<tr><td rowspan="2">구문론적</td><td>구문능력 평가</td><td colspan="3">의문문의 산출빈도가 가장 높았으며, 그다음으로 평서문, 절의 명사절 순으로 산출빈도가 높게 나타났다.</td></tr>
<tr><td>문법적 형태소 평가</td><td colspan="3">3세 수준의 목적격(-을/를)이 산출빈도가 가장 높았고, 다음으로 주격(-은/는)을 많이 산출하였다. 하지만 아동의 발달단계인 6세의 형태소는 가정(-면)에서만 두 문장을 산출하였다.</td></tr>
<tr><td rowspan="11">의미론적</td><td>의미론적 관계 평가</td><td colspan="3">단단어 수준에서는 실체의 서술이 많이 나타났고, 두 단어관계 수준에서는 대상+행위의 사용이 가장 많이 나타났다. 세 단어 관계에서는 대상+배경+행위가 가장 많이 나타났다.</td></tr>
<tr><td rowspan="10">어휘 다양도</td><td>명사</td><td>47</td><td rowspan="10">0.33(어휘다양도)</td></tr>
<tr><td>대명사/의문사</td><td>12</td></tr>
<tr><td>동사</td><td>34</td></tr>
<tr><td>형용사</td><td>2</td></tr>
<tr><td>관형사</td><td>1</td></tr>
<tr><td>부사</td><td>13</td></tr>
<tr><td>조사</td><td>15</td></tr>
<tr><td>수사</td><td>3</td></tr>
<tr><td>감탄사</td><td>1</td></tr>
<tr><td>총 다른 단어의 수</td><td>128</td></tr>
</table>

5) 청각 언어 재활을 위한 평가 가이드(EABS-K)

		정반응 비율	정반응 수
MPT	[12]Pattern	95.83%	23/24
	[12]Word	95.83%	23/24
Closed-set Monosyllabic Words	[12]	100%	24/24
Closed-set Sentences Test	[A]	100%	60/60
	[B1]	91.11%	82/90
	[B2]	100%	120/120
	[C]	92.50%	111/120
Open-set Monosyllabic Words	Phoneme	73.33%	44/60
	Words	75%	12/20
GASP		90%	9/10
Language - Specific Open-Set Sentences	Words	91.81%	101/110
	Sentence	83.33%	25/30

	Result	부모용	
		정반응 비율	정반응 수
MAIS	Reliance Score(질문 1~2)	75%	6
	Alerting Score(질문 3~6)	93.75%	15
	Mean Score(질문 7~10)	87.5%	14
	계		35

	Result	부모용	
		정반응 비율	정반응 수
MUSS	Voice Control(질문 1~3)	91.66%	11
	Speech Sounds(질문 4~8)	90%	18
	Communication Strategy(질문 9~10)	87.5%	7
	계		36

(1) MTP(Monosyllable-Trochee-Polysyllable)

아동의 서로 다른 음절형태를 확인할 수 있는 능력과 동일 음절형태를 갖는 단어 중에서 정확한 단어를 확인할 수 있는 능력을 평가한 결과, 12개의 서로 다른 Pattern과 Word 모두에서 95.83%의 정반응을 보였다.

(2) Closed-set Monosyllabic Words

아동의 친숙한 1음절 단어를 확인하는 능력을 평가하는 검사 결과, 12개의 검사문항에서 100% 정반응을 보였다.

(3) Closed-set Sentences Test(Speech Perception Test for Hearing-Impaired Children)

아동의 상호조음(co-articulated)이 되는 친숙한 단어를 확인할 수 있는 능력을 평가한 결과, 수준 [A], [B2]에서는 각각 100%의 정반응을 보였고, 수준 [B1]에서는 91.11%의 정반응을 보였다. 수준 [C]에서는 92.50%의 정반응을 보였다.

(4) Open-set Monosyllabic Words

아동의 1음절 단어의 인지능력을 평가한 결과, Phoneme에서는 73.33%, Words에서는 75%의 정반응을 보였다.

(5) GASP(Glendonald Auditory Screening Procedure)

아동의 간단한 질문에 대한 인지(recognize)능력을 평가한 결과, 90%의 정반응을 보였다.

(6) Language-Specific Open-set Sentences

Open-set의 문장을 인지(recognize)하는 능력을 평가한 결과, Words는 91.81%, Sentence에서는 83.33%의 정반응을 보였다.

(7) MAIS(Meaningful Auditory Integration Scale)

아동은 보청기를 사용하는 일에 대한 평소의 습관이나 환경음의 인식 정도, 화자의 차이를 변별하는 등의 자신감을 평가한 검사에서 35점을 획득하였다. 아동의 보청기 착용 습관에 대한 결과에서는 100%를 보였다. 아동의 환경음 탐지에 대한 결과에서는 93.75%를 보였다. 아동의 환경음 변별에 대한 결과에서는 83.33%를 보였다.

(8) MUSS(Meaningful Use of Speech Scale)

아동은 보청기를 사용한 후 음성조절능력, 언어와 비슷한 소리를 산출능력 및 의사소통 전략을 평가한 검사에서 36점을 획득하였다. 아동의 음성조절능력에 대한 결과에서는 91.66%를 보였다. 아동의 언어와 비슷한 소리를 산출해 내는 능력에 대한 결과에서는 90%를 보였다. 아동의 의사소통 전략에 대한 결과에서는 87.5%를 보였다.

6) 우리말 조음 · 음운평가(U-TAP)-단어수준 · 문장수준

	자음정확도	모음정확도
낱말수준	37 / 43	9 / 10
	86.047%	90%
문장수준	38 / 43	9 / 10
	88.372%	90%

검사결과, 낱말수준에서 아동의 자음정확도는 86.04%, 모음정확도는 90%로 산출되었다. 문장수준에서의 자음정확도는 88.37%, 모음정확도는 90%로 산출되었다.

아동의 자음정확도는 문장수준보다 낱말수준에서 유사한 차이였지만 더 낮게 산출되었다.

아동은 6세 아동의 자음정확도 평균(97.15%)과 비교해 볼 때 약간 지체된 편이다(6세 아동의 평균 표준편차는 3.20이다).

음운 변동 출현율은 연구개음의 전설음화(35.29%), 치조음화(20%), 치조음동화(16.66%), 비음동화(15%), 유음생략(11.11%), 이완음화(9.09%), 치조음의 후설음화(8.33%), 경구개음화(6.66%), 폐찰음화(6.66%), 연구개음생략(5.88%), 종성생략(5.26%), 파열음생략(4.34%), 치조음생략(4.16%), 양순음화(3.51%), 초성생략(3.33%) 순으로 나타났다.

4. 진단결과

1) 언어

(1) 수용언어

PRES 검사 결과, 아동의 수용어휘력은 70개월로 생활연령에 비해 11개월 지체되었다. 아동은 시제 이해와 사동/피동 이해, 소유대명사 '내/네'의 구별과 간접적인 표현 이해, 관형구 이해, '전/후' 이해, 설명문 이해(상황), 어려운 낱말을 이해하는 데 어려움을 보였다.

언어 문제 해결력 검사 결과, 아동은 또래아동의 평균점수와 동일한 점수(19점)를 획득하였으나, 학습된 상황을 표현하는 인상을 받았다.

구문의미이해력검사 결과, 아동의 구문의미이해력은 -1.5~-1.25SD로 약간 지체된 것으로 나타났으며, 아동은 의미적 요소와 관련된 문항보다는 문법적 요소(문법 형태소, 구문 구조)와 관련된 문항에 더 어려움을 보이는 것으로 나타났다.

(2) 표현언어

PRES 검사 결과, 아동의 표현어휘력은 76개월로 생활연령에 비해 15개월 지체되었고,

문장모방과 셈의 단위 사용, 피동사 사용, 복문 사용, 어미 활용, 어려운 낱말 정의에서 어려움을 보였다.

언어 문제 해결력 검사 결과, 아동은 또래아동의 평균점수와 동일한 점수(19점)를 획득하였으나, 문제해결은 구두로 표현하는 데 어려움을 보였으며, 문장의 끝을 맺지 못하는 경향을 보였다. 검사자의 질문을 듣고 대답하기보다는 그림을 보고 문장을 나열하는 식의 표현을 사용하였다.

자발화 샘플분석 결과, 아동은 주로 2어문, 3어문으로 대화를 하며, 간헐적으로 4어문을 구사하나 문법적 오류가 빈번히 나타났다. 특히, 사건전개 설명에 어려움을 보였다. 표현어휘력 또한 어휘다양도 평가 결과, 어휘 다양도가 낮게 나타나 수용어휘력과 많은 차이를 보였다. 특히, 아동은 수용어휘 수준에 비해 문법형태소의 사용빈도가 매우 낮은 것으로 나타났다.

2) 청능

아동은 EARS-K 검사 결과, 자발적으로 환경음을 탐지하고 변별을 할 수 있었다. 아동은 모든 Closed-set에서 자·모음의 음향학적 차이를 변별하여 단어를 확인할 수 있었으나 Open-set에서는 단어를 확인하는 데 어려움을 보였다. 특히, 낯선 어휘나 사용빈도수가 낮은 어휘를 확인하는 데 더욱 어려움을 보였다.

문장수준에서 아동은 Closed-set과 Open-set 모두에서 4개의 핵심단어가 포함된 문장을 확인하여 이해하는 데 어려움을 보였다. 특히, 배경소음이 있는 상황과 낯선 주제에서 많은 어려움을 보고하였으며, 이러한 어려움은 의사소통 상황에도 나타나 긴 이야기나 낯선 주제의 대화를 청각적으로 이해하지 못하는 것으로 평가된다.

3) 조음

U-TAP 검사 결과, 아동의 자음정확도는 낱말수준에서 86.04%, 문장수준에서 88.37%로 평가되었다. 음운변동률은 연구개음의 전설음화(35.29%), 치조음화(20%), 치조음동화(16.66%), 비음동화(15%), 유음생략(11.11%), 이완음화(9.09%), 치조음의 후설음화(8.33%), 경구개음화(6.66%), 폐찰음화(6.66%), 연구개음생략(5.88%), 종성생략(5.26%), 파열음생략(4.34%), 치조음생략(4.16%), 양순음화(3.51%), 초성생략(3.33%) 순으로 나타났다.

오류의 발생빈도로 보았을 때, 연구개음의 전설음화가 17회 중 6번으로 가장 높게 출현하였다. 연구개음의 전설음화가 나타난 6회 중 종성/ㅇ/을 /ㄴ/으로 대치한 경우가 6회로 오류의 패턴 모두 이 패턴으로 나타났다.

검사 결과, 또래의 아동들과 큰 차이는 보이지 않았지만, 타인과의 대화 시에 대화의 상대가 아동의 구어를 명확히 알아듣기 힘든 경향을 보였다.

5. 요약 및 권고

아동은 Closed-set에서의 문장과 Open-set에서 단어와 문장을 확인하는 데 어려움을 보였다. 그리고 이러한 어려움은 배경소음이 있는 상황과 낯선 주제에서 더욱 보고되었다. 따라서 우선적으로 Open-set 상황에서 자 · 모음의 음향학적 특징을 정확하게 확인하여 단어나 문장을 확인하고 이해할 수 있도록 청능훈련을 할 것을 권고한다. 또한 아동은 2개 이상의 문장으로 구성된 이야기를 청각적으로 듣고 이해하는 데 어려움을 보고하였으므로 이야기 상황의 주제를 설정하여 청능훈련을 실시할 것을 권고한다. 이 활동을 통해 현재 아동이 어려움을 보고하는 이야기 진술능력 또한 향상시킬 수 있기를 기대한다.

아동은 표현어휘력에 비해 수용어휘력이 지체되는 것으로 평가되었으며, 특히 문법형태소와 구문 구조, 설명 이해하기에 어려움을 보이는 것으로 평가되었다. 따라서 다양한 문법형태소의 사용을 향상시켜 이를 구문적으로 표현할 수 있도록 지도하여야 하며, 구문구조의 형태를 학습하게 할 것과 설명 듣고 이해하기 능력을 향상시킬 것을 권고한다.

아동의 조음 검사 결과에서는 또래아동과 큰 차이를 보이지 않았으나, 타인과의 대화 시에 원활한 의사소통이 이루어지기 위해서 아동의 조음능력을 향상을 위한 지도가 필요하다. 특히 아동은 종성/ㅇ/을 /ㄴ/으로 대치하는 연구개음의 전설음화가 많이 출현하므로 전통적 기법을 사용한 조음치료를 권고한다. 이와 더불어 아동이 오조음한 경우 치료사가 주의를 주어 아동 스스로 조음에 유의하여 말할 수 있도록 할 것을 권고한다.

요약

이 장에서는 청각장애 진단평가를 다루었다. 청각장애는 임상현장에서 다루기 까다로운 집단으로 분류된다. 다른 장애에 비하여 감각기관, 즉 청각기관의 손상에 기인하기 때문이다. 청각장애를 정확히 이해하기 위해서는 청각장애의 평가방법과 분류법을 숙지하여야 한다. 청각장애의 다양한 원인과 정도 및 손상 부위에 따른 정확한 진단은 청각장애의 적절한 치료방법을 선택하기 위하여 필요하며 치료예후 및 청능재활을 위해서도 필수적이다. 또한 진단에 따른 청능의 상태를 고려하여 전반적인 언어발달 부분에 대한 치료계획 수립과 평가가 지속적으로 이루어져야 한다. 또한 최신의 청각 보조기기에 대한 내용들을 언어치료사는 숙지하고 전문적인 지식을 함양하여야 한다. 이 장에서 알아야 할 핵심적인 내용은 다음과 같이 요약할 수 있다.

1. 청각장애 초기 인터뷰에서는 청각장애 원인, 유형, 보장구 등의 전문적인 질문을 통해 언어진단 및 재활에 도움이 될 만한 정보를 수집한다.
2. 주관적 청력검사와 객관적 청력검사에 대해 구분하고 청각장애인의 청력검사지를 보고 듣기 수준을 파악할 수 있어야 한다.
3. 청각장애인의 듣기 수행력 평가를 위한 다양한 검사도구를 이해하고 진단 평가를 실시하여 청능단계 수준을 파악하여야 한다.
4. 언어, 청능, 조음 등의 전반적인 의사소통 수준의 진단검사를 실시하여 청각장애인의 의사소통을 증진시킬 수 있는 언어재활 목표를 수립하여야 한다.

연습문제

1. 주관적 청력검사와 객관적 청력검사의 차이를 설명할 수 있는가?
2. 듣기 수행력의 청능평가 종류는 어떤 것들이 있는가?
3. 청각장애 환자에게 EARS-K, 말지각 발달 검사를 실시할 수 있는가?
4. 청각장애 진단보고서를 작성할 수 있는가?

참고문헌

권도하(1999). 언어장애진단법. 대구: 한국언어치료학회.

대한청각학회(2008). 청각검사지침. 서울: 학지사.

박미혜(2007). EARS-K에 대한 개관과 활용. 제36회 언어치료 연수회. 한국언어치료학회, 33-46.

석동일, 박상희, 허승덕, 이규식, 신혜정, 박희정, 이상희, 김수진(2007). 청각학개론. 대구: 대구대학교출판부.

이규식, 석동일, 국미경, 강창욱, 이상희, 박상희, 윤미선, 신혜정, 박희정, 박미혜(2006). 청각장애아동 언어지도와 치료방법. 대구: 대구대학교출판부.

이상흔, 박미혜, 이달희, 허명진(2006). 아동청능재활. 경기: 양서원.
이상흔, 박미혜, 허명진(2003). 청각언어재활을 위한 가이드: EARS-K. 대구: 청하출판사.
최성규(2001). 한국표준어음검사. 대구: 도서출판 특수교육.
한국청각장애자 복지회 편(1991). 청각장애 편람. 서울: 도서출판 특수교육.
한국특수아동학회(2002). 특수아동의 진단 · 평가의 방법 및 실제. 부산: 서림 문화사.
허명진(2009). 병원 현장에서의 청각장애언어치료. 제39회 언어치료 연수회. 한국언어치료학회, 37-48.

Allum, J. H. J., Greisiger, R. S. S., & Carpenter, M. G. (2000). Auditory perception and speech identification in children with cochlear implants tested with the EARS protocol. *British Journal of Audiology. 34*, 293-303.

Bess, F. H. (Ed.)(1988). *Hearing impairment in children*. Parkton, MD: York Press.

Bess, F. H., & Humes, L. E. (1990). *Audiology: The fundamentals*. Baltimore: Williams & Wilkins.

Cooper, J. C. Jr. (1991). Hearing in the elderly-the framingham cohort, 1983-1985: Part II. Prevalence of central auditory processing disorders. *Ear and Hearing, 12*(5), 304-311.

Gstottner, W. K., Hamzavi, J., Egelierler, B. & Baumgartner, W. D. (2000). Speech perception performance in prelingually deaf children with cochlear implants. *Acta Otolaryngol, 120*, 209-213.

Gstottner, W. K., Hamzavi, J., Egelierler, B., Baumgartner, W. D., & Carpenter, M. G. (2000). Auditory perception and speech identification in children with cochlear implants tested with the EARS protocol. *British Journal of Audiology, 34*(5), 293-303.

Gstottner, W., Hamzavi, J., Baumgartner, W. D., Egelierler, B., & Adunka, O. (2000). Hor-und sprachdiskriminationsleistungen pralingual ertaubter cochlear-implantierter kinder. *Wien Klin Wochenschr, 112*(11), 492-497.

Hamzavi, J., Baumgartner, W. D., Egelierler, B., Franz, P., Schenk, B., & Gatoettner, W. (2000). Follow up of cochlear implanted handicapped children. *Journal of Paediatric ORL, 56*(2), 169-174.

Hamzavi, J., Franz, P., Baumgartner, W. D., & Gstottner, W. (2001). Hearing performance in noise of cochlear implant patients versus severely-profoundly hearing-impaired patients with hearing aids. *Audiology, 40*(1), 26-31.

Hannley, M. (1986). *Basic principles of audiologic assessment.* Boston: Little, Brown and Co.

Hegde, M. N. (1991). *Introduction to communicative disorders.* Austin, TX: PRO-ED.

Jerger, S., & Jerger, J. (1981). *Auditory disorders: A manual for clinical evaluation.* Boston: Little, Brown and Co.

Kiefer, J., Gall, V., Desloovere, C., Knecht, R., Mikowski, A., & Von llberg, C. (1996). A follow-up study of long-term results after cochlear implantation in children and adolescents. *Eur Arch Otorhinolaryngol, 253*(3), 158-166.

Martin, F. N. (1990). *Hearing and hearing disorders.* In G. H. Shames & E. H.

Martin, F. N. (1991). *Introduction to audiology*(4th ed.). Englewood Cliffs, NJ: Prentice-Hall.

Moog, J. S., Bildenstein, J., Davidson, L. (1995). *Speech perception Instructional Curriculum and Evaluation(SPICE).* St Louis: Central Institute for the Deaf.

Northern, J. L. (Ed.). (1984). *Hearing Disorders*(2nd ed.). Boston: Little, Brown and Co.

Northern, J. L., & Downs, M. (1991). *Hearing in children*(4th ed.). Baltimore: Williams & Wikins.

Oller, D. K., & Eilers, R. E. (Eds.). (1988). Tactile artificial hearing for the deaf. In F. H. Bess(Ed.), *Hearing impairment in children*(pp. 310-328). Parkton, MD: York Press.

Yang, H. M., Lin, C. Y., Chen, Y. J., Wu, J. L. (2004). The auditory performance in children using cochlear implants: effects of mental funcion. *International Journal of Pediatric Otorhinolaryngology, 68*(9), 1185-1188.

제 12 장

신경언어장애 진단 · 평가

이명순

Ⅰ. 신경언어장애 진단 · 평가 요소

Ⅱ. 진단 · 평가 개관

Ⅲ. 진단 · 평가 절차

◐ 이 장의 목표

- 신경언어장애 진단 · 평가 요소를 설명할 수 있다.
- 신경언어장애의 진단 · 평가 목적과 팀접근 시 언어재활사의 역할을 설명할 수 있다.
- 신경언어장애 진단 · 평가절차를 설명할 수 있다.
- 각 장애별 주요 검사도구에 대해 설명할 수 있다.

➲ 핵심 용어

- **무시** 시각 검사상에는 이상이 없으나 편측의 시각, 청각, 촉각적 자극을 무시하거나 인식하지 못하며, 이는 자신의 신체에서도 나타난다. 주로 우반구 손상 환자들의 좌편무시 현상이 매우 두드러지며 일상생활에서 다양하게 영향을 받는다.
- **실어증** 후천적인 좌반구 국소 뇌손상(예: 뇌졸중)으로 인해 언어이해와 표현의 장애가 나타나며 유형은 유창성 실어증인 베르니케 실어증, 연결피질감각 실어증, 전도성 실어증, 명칭 실어증, 비유창성 실어증인 브로카 실어증, 연결피질운동 실어증, 전반 실어증, 연결피질 혼합 실어증이 있다.
- **외상성 뇌손상** 추락, 사고 등의 외상으로 인한 뇌손상으로 인해 지남력, 기억, 주의력 등의 다양한 인지장애와 더불어 의사소통장애가 나타난다.
- **우반구손상증후군** 우반구 손상으로 인해 주의력 결함, 무시 등의 인지장애와 비유 및 은유어 이해 결함, 운율장애, 화용장애 등 일련의 증상이 나타난다.
- **작업기억** 정보들을 일시적으로 보유하고, 각종 인지적 과정을 계획하고 순서 지으며 실제로 수행하는 작업장으로서의 기능을 수행하는 단기적 기억
- **치매** 진행성 뇌질환(예: 알츠하이머병)으로 인해 기억력 감퇴, 지남력 감퇴, 주의력 결함 등의 다양한 인지기능이 퇴행되고 이에 따라 일상생활의 독립성을 상실하게 되며, 언어 및 의사소통능력 또한 퇴행된다.

I. 신경언어장애 진단 · 평가 요소

신경언어장애가 있는지를 알아보기 전에 의사소통, 언어, 인지에 대한 기초 지식을 이해하고 있는 것이 중요하며 대뇌에서 언어를 이해하고 표현하는 과정을 지원하는 언어 및 인지 프로세스에 대해 파악하여야 한다. 언어로 의사소통하기 위해서는 복잡한 정신 프로세스가 이루어져야 가능한데, 이는 언어 프로세스뿐만 아니라 언어를 지원하는 부가적인 인지 프로세스도 상위언어 활동으로서 관여한다.

1. 언어 요소

언어는 의미를 표현하기 위한 상징과 그 상징을 규칙에 따라 조합하여 사용하는 공유 신호이며(Owens, Metz, & Hass, 2003), 구어(예: 듣기, 말하기), 문어(예: 읽기, 쓰기), 또는 비구어 및 제스처(예: 얼굴 표정, 제스처, 수화)) 등 다양한 양식들로 언어를 나타낼 수 있다. 언어 메시지 전달의 여러 양식에 관계없이 언어 상징들(예: 소리, 철자, 단어, 신호)이 어떻게 조합되고 연속되는가에 따라 전달하는 의미는 다양해질 수 있다. 신경언어장애는 언어 프로세스의 기능 손상 또는 언어 프로세스 연합 작용의 문제일 수 있기 때문에 임상가는 평가와 치료 시 대뇌의 언어 프로세스에 대해 이해하고 있는 것이 중요하다. 신경계의 언어 프로세스는 구어, 문어, 제스처 등의 다양한 언어양식의 이해와 산출에 관련된 특정 언어기능 프로세스와 이들의 다차원적인 연결망으로 구성된다.

기본적인 언어 프로세스를 살펴보면 다음과 같다. 음운 프로세스는 음운정보의 처리와 해석이다. 여기에서 입력된 구어신호를 단어, 음절, 소리들로 변별하고 초분절적 특성들(예: 강세 음절/비강세음절)을 분석하여 구어 어휘 지식 창고인 입력 음운 어휘사전(lexicon)으로 보낸다. 음운 프로세스는 철자 프로세스와 상호 연결되어 있다.

어휘-의미 프로세싱은 이전에 들었거나 말한 적이 있는 음운 입력 어휘사전과 출력 음운 어휘사전, 이전에 읽었던 문어를 저장하는 입력 철자 어휘사전과 출력 어휘사전과 연관된다. 또한 우리가 습득했던 사물, 행위, 사람, 정서, 경험 등이 상위연관, 동등연관, 하위연관 등의 관계 정보의 신경망으로 구성되어 있다. 사물 명칭에 대한 문어자극과 사물의 그림자극 연결에 어려움을 겪고 있지만, 시각 능력과 청각 이해력이 좋고(의미적 수준의 문제와는 다름) 소리 내어 읽을 수 있다면 환자는 입력 철자 어휘사전 수준에서 문제가 있다고 할 수 있다.

화용 프로세싱은 다양한 의사소통 상대자와 맥락 또는 환경(예: 가정에서 저녁

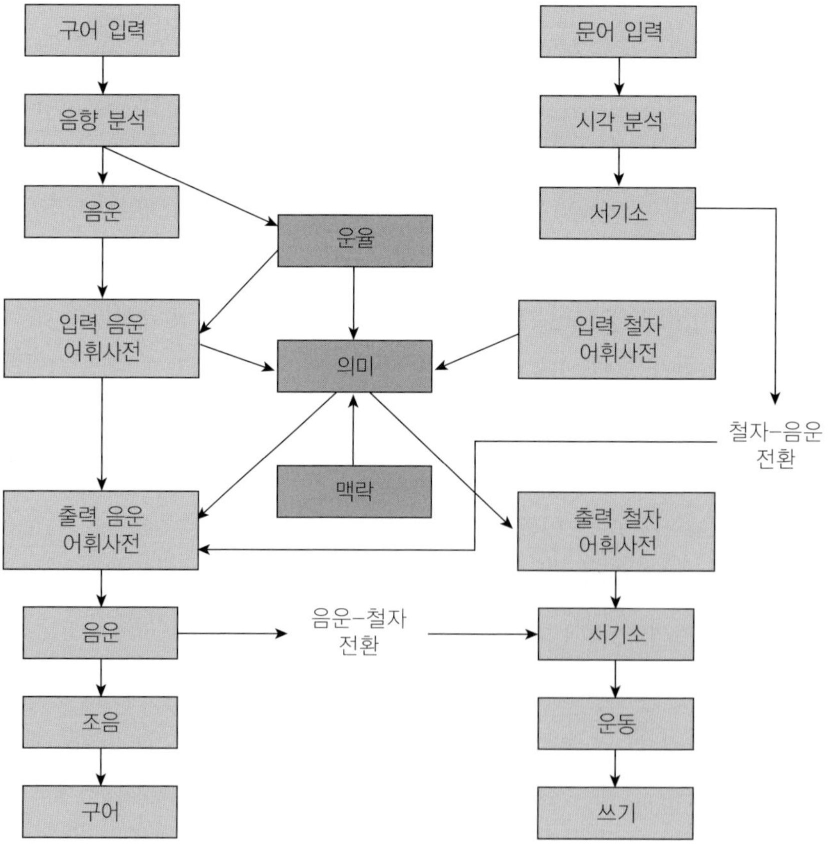

[그림 12-1] 언어 프로세스(Martin, 2003)

식사/교회 예배 시간 동안, 일대일의 대화 환경, 행복한 경우/슬픈 경우)에 맞추어 언어를 조절한다.

2. 인지 요소

인지는 감각정보를 전환, 해독, 저장, 인출하고, 모든 정신 프로세스와 관련되어 있으며, 우리가 환경을 이해하고 상호작용할 수 있도록 적절하게 대처할 수 있도록 한다(Guilford & Hoepnerr, 1971). 언어, 주의력, 기억, 집행기능은 복합적 차원으로 다양한 하위요소들을 구성하고 있으며, 이 기능들은 신경구조들과 경로 면에서 상당히 중첩 연결되어 있고 서로의 기능을 촉진시키기 때문에 이러한 구조들이나 경로들 중 하나라도 손상되면 신경언어장애뿐 아니라 인지기능장애로 나타날 수 있다. 주의력은 지속적 주의력, 선택적 주의력, 분할 주의력 등의 하위요소가 있고 기억은 시간에 따라 장기기억과 단기기억으로 나뉘며, 특성에 따라 일화기억, 절차기억, 어휘기억, 작업기억 등이 있다. 집행기능은 다른 인지적 기능들을 통제하는 심리적 기능으로, 계획, 행동의 개시와 종료, 추상적

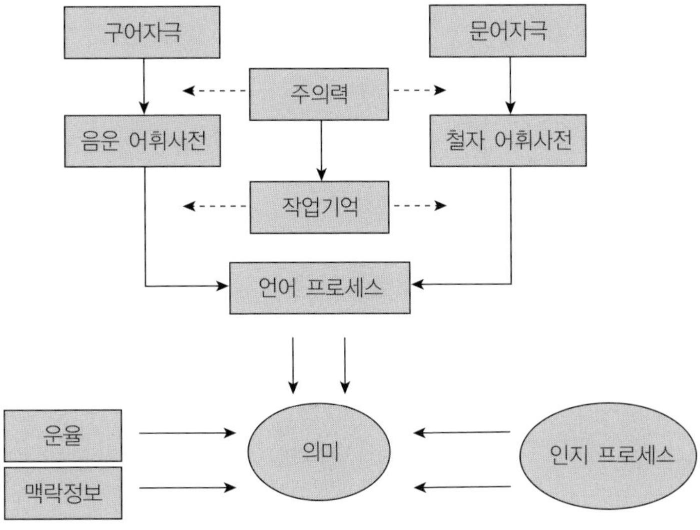

[그림 12-2] 언어와 인지 관계

또는 개념적 사고, 행동 규칙의 습득, 부적절한 행동의 통제, 적절한 감각정보의 선택 등을 담당한다. 따라서 인지기능과 하위요소들을 이해한다면, 신경언어장애의 평가 및 적절한 치료에도 도움이 될 것이다.

치매환자의 주요 손상은 이러한 인지기능의 수준에서 발생하고, 의사소통 문제는 직접적인 언어 결함이라기보다는 인지기능 손상으로 인해 파생된 결과이다(Bayles, 2003). 주의력과 같은 인지기능의 결함은 기술의 재습득이나 보상전략의 습득 시 학습에 영향을 미치기 때문에 재활의 예후에 영향을 준다(Murray, 2004).

3. 감각 요소

청각, 시각, 촉각의 문제는 의사소통 또는 인지능력 검사 시 환자의 수행력에 부정적인 영향을 줄 수 있다. 신경언어장애는 고령의 환자들이 많으므로 노인성 난청과 외상성 뇌손상 및 감염(예: 뇌막염) 등으로 인한 청각문제가 병행된다(Cohn, 1999). 따라서 임상가는 청각장애 여부를 알아보기 위해서 언어 또는 인지 검사 전에 청각평가를 확인해야 한다.

시각결함이 신경언어장애인들에게서 자주 나타난다. 환자들은 근시, 노안(예: 노인 관련 시각문제), 백내장 또는 시력감퇴 등의 시각문제를 발병 전에 가지고 있을 수도 있고, 시야제한(예: 좌측 반맹 또는 우측 반맹), 안구진탕증, 복시 또는 시신경염(다발성 경화증 등에서 발견되는 시각장애)처럼 시야결함을 나타낼 수도 있다(Granadier, 2000; Rathore, Hinn, Cooper, Tyroler, & Rosamond, 2002). 임상가는 시야가 제한되는 환자에게 시각적 오류를 일으킬 가능성을 낮추기 위해서 수평배열보다는 수직배열로 시각 자극을 제시해 준다.

마지막으로 많은 환자들이 온도, 통증, 촉각 또는 운동을 감지하는 문제를 나타낸다. 실제로 뇌졸중 환자들의 40~60%가 어느 정도 체성감각장애를 나타낸다(Rathore et al., 2002). 이러한 문제들이 신체의 한 편에만 영향을 준다면, 그 환자는 편무감각증(hemianesthesia)으로 진단될 것이다. 임상가가 촉각단서나 피드백을 제공하는 데 있어서 촉각결함은 상당히 부정적인 영향을 미칠 것이다.

예를 들면, 임상가가 환자의 손을 만져서 주의집중을 시키려고 할 때, 좌편 무감각증이 있는 우반구 뇌졸중 환자인 경우는 환자의 오른손을 만져야 할 것이다.

4. 운동 요소

운동능력은 의사소통능력에 직 · 간접적으로 영향을 줄 수도 있으며(예: 운동구어, 쓰기, 제스처하기, 얼굴표정), 언어검사와 인지검사의 반응요구에 대한 수행력(예: 가리키기 반응에 대한 속도와 정확성)과도 연관된다. 신경언어장애 환자가 나타낼 수 있는 대표적인 운동능력 장애는 구어실행증과 마비성구어장애로 구어산출에 직접적인 영향을 주며, 그 외 사지와 신체운동의 장애 또한 의사소통 수행력에 영향을 줄 수 있다.

II. 진단 · 평가 개관

신경언어장애를 평가하는 임상가들은 다양한 환경(예: 응급실이 있는 병원, 요양병원 및 시설, 재가 방문 치료)에서 환자들과 접할 수 있다. 환자들은 실어증, 우반구 손상(right hemisphere damage: RHD), 치매, 외상성 뇌손상(traumatic brain injury: TBI)이며, 장애 정도의 수준과 발병 후 시간이 다양하다. 이 장은 이들을 평가하기 위해서 신경언어장애 기초지식과 검사지침 및 해석에 대한 정보를 담고 있다. 이 장을 통해서 신경언어장애는 무엇인가, 일반적인 평가의 목적과 세부 평가의 목적은 무엇인가 등의 질문에 답을 구할 수 있을 것이다.

1. 평가의 목적

신경언어장애 평가는 환자의 언어기능에 영향을 미칠 수 있는 복합적인 요인(예: 환경적 지원에 대한 양)과 능력(예: 언어 및 인지 기술)에 대한 계획을 의미한다. 평가의 일반적인 목표는 의사소통 강점과 약점을 양적 및 질적으로 규정하고, 수반 장애의 유무와 그 영향력을 알아내며, 치료목표를 세우고 회복과 치료결과에 대해 예측할 수 있는 정보를 모으는 것이다(Murray & Chapey, 2001).

평가목표는 다양한 치료 및 검사환경, 환자와 관련된 요인들에 영향을 받는다. 예를 들면, 응급치료실에서의 평가는 재활치료실이나 재활시설 및 전문요양원의 환자들, 재가방문서비스를 받는 환자들에게 제공되는 것과는 다를 것이다. 응급치료실의 평가목표는 신체 정상 유무(예: 연하 장애의 여부와 심한 정도), 기본적 의사소통 문제(예: '예/아니요' 반응에 대한 신뢰성 측정, 운동 구어 장애와 언어 장애의 유무), 간병인 교육과 상담에 대한 필요성에 초점을 맞추지만, 재활에서의 평가목표는 더 포괄적이고 특정 언어능력과 인지능력들에 대한 자세한 평가가 포함되어야 한다. 임상가는 평가목표를 세울 때 환자와 관련된 기타 요인들(예: 병변 위치, 대뇌 손상의 상태, 간병인의 지지)을 고려해야 한다. 우반구 뇌졸중 환자를 평가할 때, 항목(예: 시공간 기술, 상위 수준의 언어 이해력)은 좌반구 뇌졸중 환자를 평가할 때의 항목(예: 문법산출, 기본적 청각 이해력)과 다르고 발병 전 환자의 능력에 대한 정보(예: 문식력, 주로 사용하는 언어의 수와 유형)도 평가 시 고려되어야 한다.

2. 팀 접근과 역할

의료서비스는 다양한 전문가들과 협력을 형성하고 팀 접근법이 최적의 방법이라고 하기 때문에(Langhome & Ducan, 2001), 평가를 계획할 때, 임상가는 의료팀에서 자신의 역할을 고려하는 것이 중요하다. 왜냐하면 팀의 구성은 치료환경에 따라(예: 재활병동 vs. 요양시설), 환자에 따라(예: 혼수 상태 환자 vs. 경미한 외상성 뇌손상 환자) 다양할 수 있기 때문에, 임상가는 의료팀 내에서 자신의 역할을 파악하는 것이 중요하다.

〈표 12-1〉 성인 언어장애 의료팀 접근 시 포함되는 전문 분야

전문 분야	책임
청각학	청각능력과 균형/현기증 문제를 평가한다. 적절한 보청기와 교육/상담을 제공한다.
행동심리학	행동문제를 개선시키고 행동수정 프로그램 개발 및 실행을 모니터링한다.
임상/재활 심리학	심리사회적 상태(예: 우울, 슬픔, 불안)와 환자와 가족의 욕구를 평가한다.
신경심리학	지각, 주의집중, 기억, 수행 기능, 언어를 포함하는 인지능력을 평가한다.
간호	환자와 가족 자신의 일상 간병을 처리하는 방법에 관해 환자와 가족을 교육시키고 훈련시킬 뿐만 아니라 일상적인 의료치료를 적용하고 모니터링한다. 다른 팀 구성원들에 의해 개발된 행동치료 등을 적용한다(예: 환자에게 의사소통 판의 사용을 장려하는 것, 적절한 행동수정기법을 사용하는 것).
영양	영양상태(예: 일일 열량 섭취)와 수분상태 및 필요한 것을 평가하고 규정식 계획을 시행한다.
재활의학	필요한 의료서비스(예: 병리검사)와 재활서비스(예: 언어치료, 재활심리)의 유형을 결정하고 요청한다.
작업치료	일상생활 동작(예: 몸단장, 요리)을 수행하는 데 있어서 관련된 미세운동 및 감각운동능력과 지각, 주의집중, 문제해결 같은 인지능력들을 평가한다. 보조도구 제공(예: 스위치, 식사기구) 및 훈련을 포함하며 치료 프로그램을 개발하고 제공한다.
물리치료	보행과 이동(예: 휠체어에서 침대로 이동)에 관련된 대근육 운동, 균형, 자세 능력을 평가한다. 이에 대한 치료 프로그램을 개발하고 제공하며, 보조기구 제공 및 훈련을 포함한다.
언어치료	운동 구어, 음성, 언어, 인지, 삼킴 장애에 대해 평가하고 치료 프로그램을 개발하며 제공한다. 치료는 환자에게 개별 서비스뿐만 아니라 그룹 치료, 그리고 환자와 간병인에 대한 교육 및 상담을 포함한다.
사회복지	사회적 지원 상태와 필요한 것을 평가하고 환자 퇴원에 대한 필요한 것을 충족시킬 수 있도록 도와준다(예: 가정 의료 서비스 배치, 재정적 문제와 가능한 자금원을 알아보기). 때때로 환자와 가족 상담을 제공한다.
치료 레크리에이션	사회적 상호작용과 여가생활의 필요성을 평가한다. 사회적, 감정적, 행동적, 의사소통-인지기능을 향상시키기 위해 레크리에이션 활동을 계획하고 시행한다.
직업재활	현재 직업 이해력, 과거 직업력(환자의 현재 신체, 인지, 행동 제한과 활용 가능한 능력을 정확하게 파악), 정부 기금이나 장애 지원금을 확인함으로써 적절한 직업목표를 결정한다.

임상가는 가족이나 지인들도 환자와 더불어 의료팀의 구성원이라는 것을 알아야 한다. 문제의 특성과 필요로 하는 의료 및 재활 서비스의 유형에 대해 환자 및 가족과의 의료 전문가들이 인식하고 있는 사항들 중에서 일치하지 않는 부분이 있을 수 있기 때문에 환자와 환자 가족들은 환자가 입원해 있는 동안 의료진이 언어장애의 존재 유무를 밝힐 것이라고 예상하지만 의료상황에서는 파악할 수 없는 신경 의사소통장애가 있다. 예를 들면, 우반구 손상(RHD)의 의사소통장애 또는 경미한 실어증 환자들은 종종 의료적 문제와 신체적 문제에 대해 이야기를 나누는 동안 표면적인 대화나 약간의 구체적인 대화에만 참여하기 때문에 의사소통 문제가 별로 드러나지 않는다. 이러한 환자들이 덜 구조화되고 덜 통제된 환경과 일상이 있는 집으로 돌아갈 때에 비로소 상위수준 또는 더 정교한 언어 및 인지 결함이 관찰되기 시작한다.

3. 질적 평가 시 고려점

대부분 공식적인 표준화 검사들은 환자의 수행력을 정상 데이터와 비교한다는 점에서 주요 양적인 정보를 제공하면서 신경언어장애의 유무를 기록하는 데 가장 유용하다. 그런데 신경언어장애를 치료하는 측면에서 환자의 의사소통과 인지기술에 대해 질적 정보를 수집하는 것도 중요하다. 질적 정보는 환자가 과제를 수행할 시 영향을 주는 변수와 전략 등 수행방법과 관련된 정보를 알 수 있다.

비공식적 관찰이나 표준화 검사를 진행하는 동안 환자의 행동에 대해 주목하고(예: 이름대기 검사에서 실어증 환자가 항목들의 명칭을 말하지 못하더라도 항목들의 첫 글자를 테이블 위에 손가락으로 쓰는 행동을 나타낼 수 있다), 평가과업을 끝낸 후 환자를 인터뷰하여 수행오류의 원인을 파악한다(예: 청각 이해 검사를 끝낸 후 특정 단어나 문법을 이해하지 못하였거나 검사를 진행하는 동안 정보를 잊어버려서 검사가 어려웠는지를 환자에게 묻는다). 그리고 검사방식을 변경하였을 때 환자의 수행력이 어떻게 영향을 받는지를 파악하는데, 여기에는 다섯 가지의 근거가 있다. 첫째, 영향을 받지 않은 좌반구 또는 우반구 영역의 시각검사 시 자극의 위치변경 또는 편측무시 또는 시야결함이 있는 환자들을 위해 수직 또는 수평 배열로 시각검사 자극의 위치를 변경하는 것이다. 둘째, 보청기를 착용하지 않은 청각장애와 시각문제(예: 백내장) 환자들을 위해 문어와 시각 지시 둘 다를 제공하는 것이다. 셋째, 운동 구어 결함이 있는 환자를 위한 쓰기 또는 지적하기 반응 허용하기이다. 넷째, 시각문제를 가지고 있는 환자를 위한 시각자극물의 확대이다. 다섯째, 교정되지 않은 청각장애 환자를 위해 청력 훈련기 또는 다른 증폭기를 사용하는 것이다. 검사방법을 변경하여 사용하면 일부 검사기준을 적용할 수 없을 수도 있지만, 예후와 치료계획에 있어서 잘못 해석될 수 있는 수행력과 부정확한 정보에 근거하는 것보다는 이러한 질적 정보가 가치가 있을 수 있다.

III. 진단 · 평가 절차

신경언어장애 평가는 환자의 배경을 확인하는 사례사 수집을 시작으로 하여 비공식적 관찰 및 선별검사 등을 통해 신경언어장애 유무를 파악하고 정밀하고 공식적인 평가의 필요성을 확인한다. 각 절차들은 최적의 평가목적을 이루기 위해서 환자와 가족, 다양한 의료진으로 구성된 팀 내에서 언어재활사의 역할을

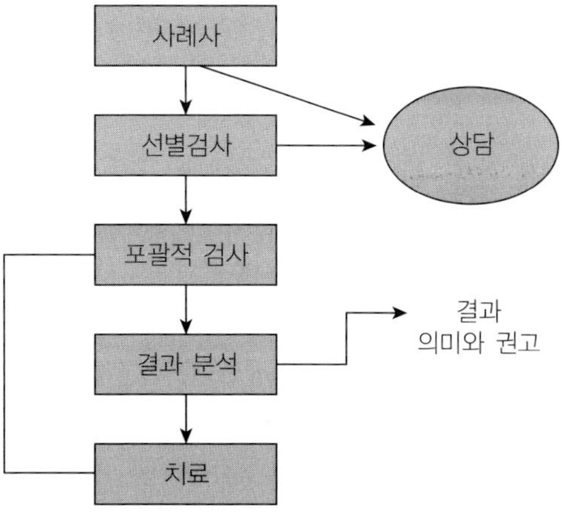

[그림 12-3] 진단 · 평가 절차

통해 유기적으로 수행된다.

1. 사례사

사례사 정보는 환자의 발병 전 능력을 알아보고 신경언어장애의 유무를 확인한다. 이 정보는 차후평가와 치료절차를 계획할 때도 유용하다. 예를 들면, 환자의 흥미와 취미에 관한 정보를 치료 자극과 활동에 활용하면 치료진행에 환자의 관심을 지속시킬 수 있다. 사례사 정보를 모으기 위해서 임상가는 환자 관련 의료기록들을 검토하고 환자와 보호자, 그 외 가족, 친구 의료팀의 다른 전문가들까지도 면담한다.

의료차트와 기록들은 이미 환자를 평가하거나 치료한 모든 의료팀 구성원들의 보고를 담고 있으며, 그 결과 기능에 대한 환자의 과거 및 현재 수준에 대한 많은 정보를 제공한다. 평가와 치료계획을 위해서 다음의 정보를 확인할 필요가 있다.

가. 환자의 주소, 생일 및 출생지, 교육배경, 직업, 만족성, 문화적 배경 등 개인 정보
나. 결혼 유무, 자녀 수, 주거 상황(예: 독립 대 보살핌을 제공하는 주거), 사고사 및 사회사, 선호하는 사회활동, 가족/사회 지원의 현재 수준
다. 과거와 현재의 관심사 및 취미
라. 사용언어, 특정 언어의 사용빈도, 일상에서 특정 언어의 사용요구, 발병 전 언어능력 상태(예: 발달기 말더듬 또는 발달성 실행증 같은 발병 전 구어 또는 언어문제의 존재 또는 경험, 뇌졸중 발병 전 이중언어능력의 정도)
마. 발병 전 손잡이와 손잡이 교정의 경험, 발병 후 주로 사용하는 손
바. 현재의 약물복용, 신체, 인지 및 행동 증상에 대한 설명, 증상 시작과 기간 및 유형(예: 국소적 vs. 확산적 손상), 대뇌 손상의 위치 등을 포함하여 과거와 현재의 의료, 신경학적, 정신적 상태

사례 설문지

기본 정보

1. 이름: ____________________
2. 출생지: ____________________
3. 주소: ____________________
4. 출생일: ____________________
5. 전화번호: ____________________
6. 보고일: ____________________
7. 환자의 모국어: ____________________
   한국어가 아니라면, 환자는 몇 살에 한국어를 배웠는가? ____________________
   환자는 어떤 다른 언어를 말하고, 읽고 쓰는가? ____________________
8. 환자의 민족문화적 배경: ____________________
9. 환자의 최고 교육수준: ____________________
10. 환자의 현재, 또는 은퇴하였다면, 이전의 주 직업: ____________________
11. 환자가 관심 있는 또는 선호하는 활동은 어떠한가? ____________________
12. 결혼 상태: 독신_____ 미망인_____ 별거_____ 결혼_____ 이혼_____ 재혼_____
13. 환자의 주요 보호자(간병인) 또는 직계 가족 구성원을 기록하시오.

이름	연령	관계	전화번호	E-Mail

병력

1. 외상이 생긴 날짜 또는 증상이 나타난 날짜 _____
2. 손잡이(뇌졸중 또는 발병 이전): 오른손 _____ 외손 _____양손잡이 _____
3. 환자는 안경을 쓰는가? _____읽을 수 있을 정도로 잘 볼 수 있는가? _____
   우측/좌측 시야 결손, 백내장, 또는 시력감퇴? _____
4. 환자가 청력손실이 있는가? _____ 보청기를 끼는가? _____(좌/우/양이)
5. 환자의 일반적 건강을 서술하시오.

____

6. 환자의 현재 약물과 복용량은 어떠한가?

____

7. 환자는 다음 중의 사항을 가지고 있는가?(발생 후 현재 상태)

◦ 뇌졸중	예	아니요	______
◦ 실어증	예	아니요	______
◦ 기타 의사소통장애	예	아니요	______
◦ 우측 또는 좌측 약증	예	아니요	______
◦ 무시	예	아니요	______
◦ 치매	예	아니요	______
◦ 기억 손상	예	아니요	______
◦ 다른 신경학적 질환	예	아니요	______
◦ 뇌외상	예	아니요	______
◦ 간질장애	예	아니요	______
◦ 우울증	예	아니요	______
◦ 기타 정신적 문제	예	아니요	______
◦ 알코올 남용/문제	예	아니요	______
◦ 기타 약물 남용	예	아니요	______
◦ 기타 주요 질병	예	아니요	______

의사소통과 인지 상태 및 요구

1. 환자의 현재 또는 의심이 가는 의사소통 문제 또는 인지 문제가 있는가?

____

2. 의사소통 문제 또는 인지 문제는 무엇인가? 있다면, 환자와 보호자가 관심을 가지고 있는가?

____

3. 현재 또는 의심이 가는 의사소통 또는 인지 문제의 원인은 무엇인가?

____

4. 의사소통 또는 인지 문제의 발생일은 언제인가?

____

5. 환자의 의사소통능력은 어떠한가?

◦ 언어표현의 주요 표현양식(제스처, 말하기, 쓰기)______________________________

◦ 언어표현의 가장 성공적인 양식(제스처, 말하기, 쓰기)______________________
◦ 수용언어의 가장 성공적인 양식(제스처, 말하기, 읽기)______________________
◦ 화용적 강점/약점______________________
◦ 사용되는 의사소통 전략:
  - 환자______________________
  - 보호자(간병인)______________________

6. 환자의 인지상태는 어떠한가?
◦ 주의집중______________________
◦ 기억______________________
◦ 집행기능______________________

7. 환자가 이전에 다음의 치료나 평가를 받은 적이 있는가?

내용	날짜	기관	주소
언어평가			
언어치료			
인지평가			
인지치료			

환자의 연령과 교육에 관한 정보는 공식 검사에서 그 환자에게 적절한 정상 표준을 적용하는 데 사용될 수 있다. 공식적 언어 및 인지 검사들은 위 정보들에 관한 질문들이 일부 포함되기 때문에 실제 검사항목들에서 환자들의 반응이 정확한지를 판단할 수 있게 된다.

2. 상담

의사소통 및 인지기능에 대한 환자의 발병전과 현재 수준에 관한 정보는 환자와 보호자(예: 가족구성원, 친구, 의료 제공자, 또는 지역사회 구성원)을 상담함으로써 얻을 수 있다. 환자와 보호자의 초기상담을 수행하는 것은 환자에 대해 필요한 많은 정보를 임상가에게 제공할 수 있을 뿐 아니라 환자 및 보호자와 친밀감과 상호 존중을 확립할 기회가 된다. 초기상담이 가능하지 않을 때, 임상가는 환자와 보호자에게 질문지를 작성하도록 함으로써 일부 정보라도 수집할 수 있다.

상담을 진행하는 동안, 환자가 자신의 주요 문제를 인식하고 있는지, 또는 혹시 더 구체적으로 묻는다면, 자신의 현재, 의사소통적, 인지적 약점과 강점으로 보는 것이 무엇인지를 질문하여야 한다. 이러한 질문에 대한 환자의 반응은 때때로 임상가의 생각과는 다를 수 있기 때문에 임상가는 이러한 질문을 통해 치료 우선순위와 환자의 기대 정도를 알 수 있을 뿐 아니라(예: 환자가 자신의 매우 심각한 읽기 결함보다는 매우 경미한 청각 이해력에 대해 더 많이 걱정하고 있을 수 있다), 환자가 자신의 결함을 모르고 있거나 부정하는지를 은연중에 알 수 있다. 환자 상담을 통해 지남력 수준, 환자의 자가점검 및 자가교정, 화용적 언어능력(예: 주제 유지 능력)에 대해 알 수 있다. 그러나 임상가는 환자의 다양한 제약 때문에 얻을 수 있는 정보의 양이 제한될 수도 있다는 것을 알아야 한다. 예를 들면, 실어증 환자가 언어표현이나 이해문제 때문에 이러한 정보를 제공할 수 없거나, 우반구 손상 또는 외상성 뇌손상 환자들은 실인증 같은 인지장애 때문에 자신의 결함 유무나 심한 정도를 거의 알지 못할 수도 있다. 또한 치매나 외상성 뇌손상 환자들은 기억 감퇴로 인해 자신들이 공유하는 정보의 양이나 정확성이 감소될 수 있다. 마비성 구어장애나 구어 실행증은 구어산출능력이 제한되기 때문에 면담질문에 반응하는 환자의 능력도 제한될 수 있다.

환자의 이전 기능수준과 현재 기능수준에 대한 인식 면에서 어떠한 불일치점이라도 있는지 알아내기 위해서 환자의 가족과 간병인에게도 똑같은 질문을 한다. 또한 가족에게 신경학적 손상이나 질병 전 환자의 의사소통 스타일을 설명해 줄 것을 요구한다. 환자의 발병 전 능력에 대한 정보는 의사소통장애의 유무와 심한 정도를 확인할 수 있기 때문이다. 예를 들면, 환자 가족이 환자가 항상 단조로운 음조로 말하였다고 보고한다면 운율장애가 있는 우반구 손상 환자라고 진단하는 것은 부적절하다.

의사소통과 관련한 정보를 얻기 위해서 보호자 및 환자에게 의사소통 효율성 지수(Communicative Effectiveness Index: CETI; Lomas et al., 1989)를 작성하게 할 수 있다. CETI에서는 실어증 환자의 현재 의사소통 수행력을 일상의 다양한 의사소통 상황에 대해 '전혀 가능하지 않다.'에서 '뇌손상 전처럼 가능하다.'로 평가한다. 신경심리 행동 및 정서 프로파일(Neuropsychology Behavior and Affect Profile: NBAP; Nelson et al., 1989)은 보호자로 하여금 두 번 작성하게 한다. 한 번은 대뇌 손상 또는 신경학적 질환 전 환자의 감정 · 행동 상태를 평가하는 것이고 다음은 환자의 현재 감정 · 행동 기능을 평가하는 것이다. NBAP 항목들은 무관심(예: 실인증), 부적절한 행동, 화용적 문제, 우울(예: 위축, 슬픔), 조병(mania)과 같은 영역들을 포함하며, 뇌졸중이나 치매질환 환자들의 현재 수준과 유형, 정서 기능의 변화에 대해 파악할 수 있다.

3. 관찰 및 선별

비공식 검사로서 직접적인 관찰의 주요 장점은 환자의 행동과 환경 사이의 상호작용을 임상가가 파악할 수 있고 그에 따라 환자의 의사소통 및 인지 능력에 긍정적 또는 부정적으로 영향을 주는 맥락적 요인(예: 의사소통 상대자, 환경소음 수준)을 확인할 수 있도록 한다. 임상가는 관찰 동안 환자와 간병인 간의 의사소통에서 긍정적 전략(예: 좌편무시가 있는 부인의 우편에서 항상 말을 거는 배우자, 자신의 구어산출을 증대시키기 위해 제스처를 사용하는 실어증 환자), 부정적 전략(예: RHD 환자에게 간접적인 요구를 사용하는 간병인, 사회적 상황을 피하는 치매 환자)을 확인할 수 있다(Holland, 1991).

후천적 신경언어장애 성인의 가변적 행동을 설명하기 위해 여러 번에 걸친 비공식적 관찰의 시행되어야 한다. 예를 들면, 실어증 환자의 언어능력은 전반적으로 다양한 의사소통 맥락, 주제, 활동뿐만 아니라(Mayer & Murry, 2003), 동일 의사소통 상황 내에서도 변화한다. 환자의 의사소통 및 인지 능력에 대한 초기관찰과 선별절차들은 환자의 현재수준과 회복을 방해하는 요인을 알아내는 데 유용하다. 의사소통과 인지 능력에 대한 공식 검사 이전에 이러한 복잡한 상태를 확인하지 못한다면 부정확한 진단 및 예후로 결론 낼 수 있다.

선별검사들은 응급실 또는 평가를 할 시간이 거의 없거나 환자의 언어능력에 관한 대략적인 정보만 필요할 때(실어증 유무) 사용된다. 선별 또는 병상 검사들은 언어장애의 유무를 효율적으로 증명하고 차후의 평가를 필요로 하는 언어기술을 확인하려는 것이며 또는 초기치료의 초점이 될 것을 알아내고자 하는 것이다(Al-Khawaja, Wade, & Collin, 1996). 이러한 짧은 검사내용과 제한적 범위의 언어기능이 추출되는 경향성 때문에, 임상가는 선별검사만으로는 환자의 언어능력을 자세하게 알 수 없음을 명심해야 한다.

임상가는 언어능력을 선별검사하기 위해 자신만의 선별 프로토콜을 개발하거나 상용화된 도구를 사용할 수 있다. Holland와 Fridriksson(2001)은 선별 프로토콜 개발에서 다음을 권고하였다. 첫째, 읽기 또는 이해 능력을 평가하기 위해 환자들에게 자신의 병문안 카드를 읽게 한다. 둘째, 환자가 오류를 아는지와 그것에 어떻게 대처하는지(즉, 화용적 측면에서 적절한 방식으로 환자가 반응하는가)를 알아내기 위해서 의도적으로 환자의 이름을 잘못 말한다. 셋째, 읽기와 기본적인 쓰기 능력을 평가하기 위해 환자에게 병원의 식단을 작성하도록 한다.

국내에서는 실어증-신경언어장애 선별검사(Screening Test for Aphasia & Neurologic-communication Disorders: STAND; 김향희, 허지회, 김덕용, 김정환, 2009)가 실어증 및 신경언어장애의 언어능력을 선별할 수 있도록 개발되었기 때문에 임상가는 이 검사를 통해 급성 신경장애 환자의 초기 언어상태 평가와 만성 신경 언어장애 환자의 정밀 언어검사 필요성에 대해 판단할 수 있을 것이다.

4. 포괄적 검사

검사도구를 사용하는 주요 장점은 효율성과 평가영역이다. 검사도구들은 비교적 제한된 시간 내에 언어와 인지기능의 상태에 대한 정보를 제공한다. 결과적으로 검사도구를 통해 결함들을 전반적으로 조사하고 심층검사를 필요로 하는 영역들을 확인할 수 있다.

1) 실어증

실어증 검사도구들은 의사소통 양식(즉, 말하기, 듣기, 읽기, 쓰기, 제스처)에서 기본적 언어기능(예: 의미적, 구문적)을 평가하기 위해 고안된 과업들로 구성되어 있다. 급성 실어증과 만성 실어증을 평가하는 데 있어서 미국과 캐나다에서는 보스턴 실어증 진단검사(Boston Diagnostic Aphasia Examination: BDAE-III; Goodglass, Kaplan, & Barresi, 2001), 웨스턴 실어증 검사(Western Aphasia Battery: WAB; Kertestz, 1982), 실어증 진단 프로파일(Aphasia Diagnostic Profiles: ADP; Helm-Estabrooks, 1992) 등이 사용된다.

〈표 12-2〉 실어증 유형과 특성

유형	유창성	따라말하기	이해하기	이름대기
브로카 실어증	나쁨	저하	좋은 편임	저하
베르니케 실어증	좋음	저하	저하	저하
전도성 실어증	좋음	저하	좋음	저하
전반 실어증	나쁨	저하	저하	저하
연결피질 감각 실어증	좋음	좋음	저하	저하
연결피질 운동 실어증	나쁨	좋음	좋은 편임	저하
혼합 실어증	나쁨	좋은 편임	저하	저하
명칭 실어증	좋음	좋음	좋음	저하

실어증을 평가하는 검사도구들은 각각의 명확한 강점과 약점을 가지고 있으며 현재 보편화되어 사용하는 실어증 검사도구들은 모든 언어양식들을 평가하고 연결주의 실어증 증후군으로서 환자의 언어양상을 범주화하도록 한다(예: 브로카 실어증, 베르니케 실어증, 연결 피질운동 실어증). 이에 대표적인 검사도구인 WAB(Kertestz, 1982)은 한국에서도 표준화되어 K-WAB(Korean-Western Aphasia Battery; 김향희, 나덕렬, 2001)은 자발어 산출, 이해하기, 따라말하기, 이름대기 등의 구어검사와 읽기, 쓰기 영역 등의 언어검사에 대한 각각 하위검사를 구성하고 있으며, 실행증 검사, 구성능력 평가 등 실행증과 우반구 기능 평

가항목들도 포함되어 있다. 하위검사 점수를 토대로 실어증 지수, 언어 지수, 피질 지수를 산출한다. K-WAB의 점수는 소프트웨어 프로그램에서 데이터 보고와 실어증 지수 및 피질 지수의 계산과 실어증 유형 분류를 위해 활용한다. Kertetz(1982)는 WAB이 신뢰도와 타당도의 관점에서 심리측정의 특징을 잘 보유하고 있음을 증명하였지만, Ross와 Wertz(2002)는 실어증 지수와 피질 지수가 연령과 유의한 상관이 있다고 하였다. 이러한 결과는 노년층 환자의 WAB 결과를 해석하는 데 있어서 보완이 필요한 부분이고 그들의 언어능력을 과소평가하는 것을 피하기 위해 부가적인 평가 데이터가 필요함을 지적하였다.

BDAE-3(Goodglass et al., 2001)는 대화 및 담화 구어(예: 쿠키도둑 그림 설명), 청각 및 읽기이해(예: 명령), 구어 및 문어 표현(예: 반응적 이름대기), 따라말하기 등의 평가에 대한 하위검사들을 담고 있다. 또한 실어증 정도와 유형을 결정하기 위한 평가척도와 점수절차들을 활용하고 명령으로 그리기와 손가락 실인증과 같은 비구어 능력을 검사하기 위한 항목들이 포함되어 있다. 이솝우화 다시 이야기하기, 범주단어 이해하기, 의미적 프로브(예: 목표 명사의 의미적 특징 이해), 구문적 프로세싱(예: 의미적으로 도치되고 복잡한 구문형태의 이해), 범주 내 항목 이름대기, 어휘 결정, 음성학(예: 동음어 알아내기), 파생어와 문법적 형태소, 무의미 단어 철자대기, 사지/손 및 구강-안면/호흡 실행증(Bucco-Facial/Respiratory Praxis) 등의 검사항목들도 포함되어 있다. 이 검사를 통해 임상가는 환자의 의사소통 문제에 대한 정확한 평가를 할 수 있다. 또한 BDAE-3 축약판은 시간이나 피로 같은 요인이 환자의 언어능력 검사에 영향을 미칠 때 선별을 위해 활용될 수 있다.

국내에서 개발되어 표준화된 대구 실어증 진단 검사(정옥란, 2006)는 수용력과 표현력으로 언어 및 의사소통능력을 측정하는 하위검사들을 구성하고 있다. 또한 제스처를 통한 비구어 의사소통 이해와 산출에 대한 평가와 추론, 그림 그리기 등 우반구 손상을 선별할 있는 항목들을 포함하고 있다. 한편, 이 검사도구는 모든 언어양식을 수용력과 표현력으로 분류할 수 있기 때문에 임상가는 환자의 전반적인 언어능력을 이해하기 용이하다.

보스턴 심한 실어증 평가(Boston Assessment of Severe Aphasia: BASA; Helm-Estabrooks, Ramberger, Morgan, & Nicholas, 1989)는 심한 언어 손상에만 국한된 실어증 검사도구들이 활용된다. 이러한 검사들은 더 간단한 언어기능을 조사하는 경향이 있고 심한 실어증 환자가 단순히 최저점수를 받는 것을 피하기 위해서 더 세밀한 반응요건들을 포함하고 있어서 상대적으로 강한 언어영역보다 약한 영역에 대한 정보를 자세하게 제공함으로써 환자에게 의사소통적 접근방법을 결정할 수 있다.

일상적 의사소통 활동평가(Communication Activities of Daily Living-2; Holland, Fratalli, & Froman, 1999)는 신경 손상 환자의 기능적 의사소통능력을 평가하도록 개발되었다. 손님을 대하기, 의사와 이야기하기, 운전하기, 쇼핑, 전화하기 등 일상활동을 자극으로 사용하고 선화보다는 사진을 사용하는 등 실제성을 높였다. 구어, 문어, 제스처, 기타 양식을 통한 메시지를 이해하는 의사소통능력(언어능력보다는)에 초점을 맞추고 있다.

보스턴 이름대기 검사(Boston Naming Test: BNT; Kaplan, Goodlass, & Weintraub, 1983)가 국내에서 표준화된 것이 K-BNT(김향희, 나덕렬, 1997)이다. K-BNT는 실어증 환자들이 공통적으로 나타내는 이름대기 장애에 대한 정도와 단서에 따른 이름대기 장애의 변화를 알 수 있다.

2) 우반구 손상 증후군

우반구 손상(right hemisphere damage: RHD) 증후군의 주된 증상은 좌측 무시와 주의력장애, 의사소통장애이다. 병의 증상과 단조로운 치료일정을 이야기하는 표면적인 대화에서는 RHD 환자의 의사소통장애를 파악하기 쉽지 않을 수 있기 때문에 언어치료사에게 의뢰되지 않는 경우가 많다. RHD 환자의 의사소통장애에 대해 연구자들도 의견이 일치하지 않는 부분이 있지만 대화에서 주제 유지, 대화 순서 지키기, 자연스런 시선 처리, 상호 감정의 이해 및 표현, 비유어 또는 관용어의 이해, 담화 또는 메시지의 추론, 또는 함축적인 의미 찾기 운율 등에서 결함을 보인다고 한다. RHD와 연관된 인지-의사소통장애를 평가하기 위해 활용할 몇몇 표준화된 검사도구들이 있지만 국내에는 아직 없다. RHD 검사도구들은 두 가지 방식에서 명확하게 실어증 검사와 대조된다. 첫째, RHD 도구들은 언어능력뿐만 아니라 RHD가 보편적으로 손상되는 주의력 같은 인지 기능도 평가한다. 둘째, 실어증 검사들이 기본적인 언어 프로세스를 평가하는 반면, RHD 검사는 상위수준 언어 프로세스(예: 비유어 해석)와 화용기술을 검사한다. 따라서 대부분 RHD 환자들이 언어과제에서 상한선에 도달하거나(100%나 거의 100% 수행) 언어적인 것에 비해 인지적으로 근거된 어려움을 보여 주기 때문에, 임상가는 RHD 환자에게 실어증 검사도구를 사용하는 것을 피해야 한다. 예를 들면, 실어증 검사도구에서 공통적인 과업인 그림의 이름대기에서 오류를 나타내는 RHD 환자는 청각 이해력 결함보다는 오히려 무시 때문일 수 있다.

우반구 검사는 주의력, 시지각, 구성, 의사소통 손상을 알아보기 위해 고안되었고, 시각 스캐닝, 시계 그리기, 주의집중과 시공간 기술을 평가하기 위해 친숙한 얼굴 인식하기, 추상적 언어능력의 평가와 관용어 해석하기 등과 같은 과제들로 구성된다. 각 과제에 대한 점수들은 특정 기술에 대해 환자가 심한 결함을 보이는지(즉, 손상되었지만, 치료에서 빠른 향상이 나타날 것 같지 않은 정도), 중등도의 결함인지(즉, 손상되었지만, 치료에 빠른 반응이 나타날 것같은 정도), 경미한 결함인지(즉, 즉각적인 치료를 하지 않아도 될 것 같은)를 표시한다.

3) 외상성 뇌손상

일반적으로 외상성 뇌손상(traumatic brain injury: TBI) 검사도구들은 상위수준의 언어능력과 기본적인 인지기능을 평가하는 데 사용된다. 상해로 인해 이러한 기능들이 전반적으로 손상되므로 의사소통 문제를 일으킬 수 있다. 국내에서 널리 사용되고 있는 인지능력 평가도구로는 서울신경심리검사(Seoul Neuropsychological Screening Battery: SNSB), 신경인지설문조사(Consortium to Establish a Registry for Alzheimer's Disease: CERAD), 알츠하이머병 평가척도(Alzheimer's Disease Assessment Scale-Cognitive Subscale: ADAS-cog), 간이 정신

상태 검사((Korean vision of Mini-Mental State Exam: K-MMSE) 등이 있는데, 한국인을 대상으로 표준화되어 있어 검사 결과 해석이 용이하다.

외상성 뇌손상 인지평가척도(the Scale of Cognitive Assessement for Traumatic Brain Injury: SCATBI; Adamovich & Henderson, 1992)는 TBI 환자를 위해 개발된 평가도구로 TBI 스펙트럼의 심한 정도를 제공한다. 조직화(예: 단어 연속하기), 회상(예: 들려준 문단 회상하여 말하기), 지남력(예: 발병 전후의 시공간과 환자에 관련된 질문으로 자신의 상황을 인식하고 있는지 알아보기), 추론(예: 유추하기), 지각/변별(예: 형태 변별하기) 등 5개 부분으로 구성되어 있다.

간편 머리 외상 검사(the Brief Test of Head Injury: BTHI; Helm-Estabrooks & Hotz, 1991)는 TBI 선별, 매우 심한 경우, 급성 상해 환자들을 위해 개발되었다. 지남력/주의집중, 청각(예: 지시 따르기) 및 읽기이해, 언어표현(예: 이름대기, 그림설명), 기억(예: 단어회상), 시공간 능력 등으로 구성된다.

국내에는 TBI 유형에 적합한 의사소통 검사도구가 없기 때문에 보스턴 이름대기 검사와 실어증 검사, 또는 학습능력 검사 등을 활용한다. Duff, Proctor과 Haley(2002)는 임상가가 TBI 관련 인지 의사소통장애를 평가할 때 자주 활용하는 검사 도구 중의 하나가 BDAE라고 하였다. BDAE가 실어증 환자들에 대해서만 표준화되었기 때문에(제1차적으로 좌반구 뇌졸중 환자), 이 검사를 통해 TBI 환자의 인지-의사소통 문제 유형을 평가하지 않는다(예: 화용 의사소통 결함). Duff 등(2002)은 TBI 환자들에게 실어증 검사도구를 사용하는 임상가는 임상적으로 타당한 정보와 환자의 결함의 범위를 얻을 수 없다고 경고하였다. 따라서 임상가는 실어증 검사를 적용하더라도 해석에 주의가 필요하며 다른 학습검사들의 하위검사들을 참조하려는 노력이 필요하다.

4) 치매 검사

RHD와 TBI 검사도구들과 유사하게 치매 검사도구에서도 인지능력과 언어능력 평가를 포함하고 있다. 그러나 이들은 언어 하위검사들의 내용이 상위 언어 기술보다는 오히려 더 기본에 초점을 맞추고 있다는 점에서 RHD와 TBI 검사도구들과 대조된다. 알츠하이머 질환이 치매의 주요 원인이기 때문에 대부분 치매 검사도구들은 알츠하이머 질환과 연관된 언어 및 인지 손상의 유형을 확인하고 양적으로 평가하도록 고안되어 있다. 따라서 언어 및 인지 증상의 유형과 진행이 모든 치매 유발 질환 전반에 통일되지 않기 때문에, 다른 형태의 치매환자들에 적합하지 않을 수도 있다. 예를 들면, 전두측두 치매의 초기단계에 있는 환자들에게는 실어증 검사도구가 더 적절할 수도 있다. 치매 검사도구들에서는 소홀한 구문 문제에 대한 결함을 양적으로 측정할 수 있는데, 이는 초기 증상들의 많은 부분이 언어학적인 면에서 근거가 되기 때문이다(Grossman, 2002).

애리조나 치매 의사소통 검사(Arizona Battery for Communication Disorders of Dementia: ABCD; Bayles & Tomoeda, 1993)는 치매 유발 질환과 연관된 의사소통 장애를 평가하기 위해 상용화된 검사도구를 의미한다. ABCD는 언어이해(예: 지시 따르기, 비교 질문, 읽기, 이해 하위검사), 언어산출(예: 따라말하기, 대면 명명, 사물설명 하위검사), 기억(예: 정신상태, 즉각적 및 지연된 이야기 다시 말하기, 단어학습 하위검사), 시각구성능력(예: 생성 그리기, 그림 베껴 그리기 하위검사) 등을 평가하고, 치매의 심한 정도에 따라 시행하는 데 45~90분 소요된다. ABCD의 각 하위검사들은 구성요소 점수(정신상태, 일화적 기억, 언어표현, 언어이해, 시공간 구성)와 총 검사 점수로 환산된다. ABCD는 알츠하이머 질환 환자, 파킨슨 질환 환자(이들의 대다수가 치매를 일으키지는 않는다), 그리고 다양한 연령의 정상인에 대해 표준화되었다. 검사 저자에 따르면, 이 검사는 TBI 환자들에게도 적합할 수 있다.

국내의 치매 검사인 한국판 치매 검사(Korean Dementia Rating Scale-2: K-DRS; 최진영, 2011)는 Juraca, Leitten과 Mattis(2001)의 DRS-2를 국내에서 표준화한 것으로 주의집중, 관리기능, 개념화, 기억 등 하위검사들이 포함되어 있다. 기억영역 내에 제스처부터 복잡한 언어표현에 대한 항목들이 포함되어 있다.

한국판 간이 정신상태 검사(Mini Mental Status Examination-Korea; MMS-K, 권용철, 박종한, 1989)는 치매환자의 지남력 및 인지기능을 간편하게 알아볼 수 있도록 항목이 구성되어 있으며 총 30점 만점이고, 15~19점부터는 경증치매로 간주된다. 이 검사는 외상성 뇌손상 환자들의 초기 상태일때도 지남력과 인지 상태를 평가하기 위해 활용된다.

5. 결과보고

좋은 평가는 가장 적절하고 효율적인 평가절차를 선택하고 시행하는 것뿐 아니라 평가결과들을 논리적이고 정확한 보고로 구성하고 요약함으로써 이루어진다. 작성이 잘 된 보고서는 환자가 치료 서비스를 요구하는지, 치료를 한다면, 어떤 치료 특성들과 절차들이 가장 적절한지를 상술함으로써 중재계획의 기초로서의 역할을 한다. 다음은 진단보고서에서 포함되어야 할 요소이다.

- 배경정보 환자의 발병 전 능력 및 일상 활동 현재 생활 및 사회적 상황, 직업, 신경언어장애 원인과 발병, 평가 이전의 확인된 수반 증상, 평가 이전의 구어-언어 병리서비스를 말한다.
- 평가결과 현재 언어 및 인지 강점과 약점의 요약. 이 부분은 환자의 언어 및 인지 능력을 촉진하고 장애를 일으키는 요인들을 확인해야 한다. 일반적으로 사용된 관찰 및 평가 절차를 자세하게 설명할 필요는 없지만 어떤 상황하에서는(예: 소송 사례) 이 정보가 보고에 포함되어야 할 수도 있다.
- 요약 및 권고 신경언어장애의 유무, 유형, 심한 정도에 관한 평가결과에 대한 개요이다. 권고는 치료가 필요한지와 필요하지 않는지에 관한 것이며 필요하다면 치료목표와 치료 기법 또는 절차에 관해 제안한다.

중요한 것은 이러한 보고들은 보호자와 환자뿐 아니라 구어-언어 병리학 분야 외의 팀 구성원들도 내용을 이해할 수 있도록 써야 하고 따라서 전문적 은어, 약어, 모호한 용어는 피해야 한다. 환자, 가족, 지인과 평가결과를 공유할 때, 임상가는 보고서 내용을 상담에서 설명해야 한다. 의료용어 또는 전문용어(예: 뇌손상의 병인이나 위치와 관련된 어휘)를 환자와 보호자에게 설명하기 위해서 시각적 자료 또는 그림을 제공할 수 있다. 환자와 보호자들은 한번에 너무 많은 정보를 접하게 되어 부담스러워할 수 있고(예: 물리치료, 신경심리학, 정신의학, 작업치료에서 동시에 보고를 받는 것), 현재 직면하고 있는 중요 사안들 때문에(예: 불확실한 예후, 재정적 걱정, 가족에게 내려진 의료적 진단에 대한 충격) 당황스럽고 불안해 할 수 있다. 이 때문에 임상가는 환자와 보호자들이 평가결과와 의미를 충분히 이해할 수 있도록 배려하고 이러한 결과들에 대해 질문을 할 수 있는 시간을 주어야 한다.

요약

이 장은 신경언어장애 평가 요소에 관해 설명함으로써 언어재활사들이 환자의 의사소통장애를 이해할 수 있도록 하였으며 평가목적을 파악하고, 적합한 절차를 통해서 신경언어장애 평가가 효율적인 치료의 토대가 될 수 있도록 정보를 제공하였다. 이 장의 내용은 다음과 같이 요약된다.

1. 신경언어장애의 평가 요소는 음운 프로세스, 어휘-의미 프로세스, 화용 프로세스 등의 언어 요소에서의 문제를 평가하지만, 인지 요소, 감각 요소, 운동 요소의 문제는 언어 프로세스의 효율성을 제한시킬 수 있기 때문에 결함의 정도를 파악하여야 한다.
2. 신경언어장애 평가의 목표는 환자의 의사소통 강점과 약점을 양적으로 질적으로 파악하는 것이며, 평가환경, 치료에 대한 요구형태, 환자의 상태에 따라 세부적인 목표가 변화할 수 있다.

3. 신경언어장애 평가 역할은 선별검사로 언어문제 유무를 판정하며, 진단·평가를 통해 중재필요성 여부를 결정한다. 또한 문제원인을 규명하고 치료계획 수립을 계획하는 데 있다.
4. 신경언어장애 평가 절차는 사례사 수집, 선별, 포괄적 검사, 상담 등으로 이루어지지만, 각 평가는 목적이 다르고 일방적인 절차가 아니기 때문에 환자와 가족, 팀의 구성원 등 평가와 치료에 대해 유기적인 관계와 유동적인 절차 과정을 따른다.
5. 신경언어장애 평가 방식은 신경언어장애 유형에 따라 다른데, 실어증은 언어학적인 측면에 중점을 둔 평가도구를 사용하며, 우반구 손상, 외상성 뇌손상, 치매는 인지-의사소통장애로서 의사소통장애 측면에 초점을 두고, 치매는 언어능력의 감퇴를 고려하여 언어학적 측면의 평가도 사용한다.

연습문제

1. 신경언어장애 진단 · 평가 요소를 설명할 수 있는가?
2. 신경언어장애 진단 · 평가 목적과 팀접근 시 언어재활사 역할을 설명할 수 있는가?
3. 신경언어장애 진단 · 평가 절차를 설명할 수 있는가?
4. 각 장애별 주요 검사도구에 대해 설명할 수 있는가?

참고문헌

권용철, 박종한(1989). 노인용 한국판 Mini Mental State Examination(MMSE)-K의 표준화 연구-제1편: MMSEK의 개발. 신경정신의학 28, 125-135.
김향희, 나덕렬(1997). 한국판 보스톤 이름대기 검사. 서울: 학지사.
김향희, 나덕렬(2001). 파라다이스 한국판 웨스턴 실어증 검사. 서울: 파라다이스복지재단.
김향희, 허지회, 김덕용, 김정환(2009). 실어증-신경언어장애 선별 검사. 서울: 학지사.
정옥란(2006). 대구 실어증 진단 검사. 서울: 시그마프레스.

최진영(2011). 한국판 치매 검사. 서울: 학지사.

Adamovich, B. B., & Henderson, J. (1992). *Scales of cognitive ability for traumatic brain injury.* Chicago, IL: Riverside Publishing.

Al-Khawaja, I., Wade, D. T., & Collin, C. F. (1996). Bedside screening for aphasia: A comparison of two methods. *Journal of Neurology, 243*, 201-204.

Bayles, K. A., & Tomoeda, C. (1993). *Arizona battery for communication disorders of dementia.* Tucson, AZ: Canyonlands Publishing.

Bayles, K. A. (2003). Effects of working memory deficits on the communicative function of Altzheimer's dementia patients, *Journal of Communication Disorders, 36*, 209-219.

Cohn, E. S. (1999). Hearing loss with aging, *Clinical in Geriatric Medicines, 15*, 145-161.

Duff, M., Proctor, A., & Haley, K. (2002). Mild traumatic brain injury: Assessment and treatment procedures used by speech-language pathologists. *Brain Injury, 16*, 773-787.

Goodglass, H., Kaplan, E., & Barresi, B. (2001). *Boston diagnostic aphasia examination*(3rd ed.). Philadelphia: Lippincott, Williams & Willkins.

Granadier, R. J. (2000). Opthalmology update for primary practitioners. Part 1. Update on optic neuritis. *Disease-A-Month, 46*, 508-532.

Grossman, M. (2002). Frontotemporal dementia: A review. *Journal of the International Neuropsychological Society, 8*, 556-583.

Guilford, J. P., & Hoepner, R. (1971). *The analysis of intelligence.* New York: Mcgraw Hill Book Co.

Helm-Estabrooks, N. & Hotz, G. (1991). *Brief test of head injury*, Austin, TX: Pro-Ed.

Helm-Estabrooks, N. (1992). *Aphasia diagnostic profiles.* Austin, TX: Pro-Ed.

Helm-Estabrooks, N., Ramberger, G., Morgan, A. R., & Nicholas, M. (1989). *Boston Assessment of severe Aphasia,* Austin, TX: Pro-Ed.

Holland, A. L. (1991). Assessing pragmatic skills in aphasia, Presentation at the annual convention of the Canadian Association of Speech-Language Pathologists and Audiologist, Montreal, Canada.

Holland, A. L., & Fridriksson, J. (2001). Aphasia management during the early phases of recovery following stroke. *American Journal of Speech-Language Pathology, 10,* 19-28.

Holland, D., Fratalli, C. M., & Froman, D. (1999). *Communication activity of daily living*(2nd ed.). Austin, TX: Pro-Ed.

Juraca, P. J., Leitten, C. L., & Mattis, S. (2001). *Dementia rating scale-2.* Lutz, FL: Psychological Assessment Resources Inc.

Kaplan, E., Goodlass, H., & Weintraub, S. (1983). *Boston naming test.* Philadelphia: Lea & Febiger.

Kertestz, A. (1982). *Western aphasia battery.* New York: Grune and stratton.

Langhome, P., & Ducan, P. (2001). Does the organization of postacute stroke care really matter? *Stroke, 32*, 268-274.

Lomas, J., Pickard, L., Bester, S., Elbard, H., Finlayson, A., & Zoghaib, C. (1989). The communicative effectiveness index: developemnt and psychometric evaluation of functional communication measure for adult aphasia. *Journal of Speech and Hearing Disorders, 54*, 113-124.

Martin, R. C. (2003). Language processing: functional organization and neuroanatomical basis. *Annual Review of Psychology, 54*, 55-89.

Mayer, J. F., & Murry, L. L. (2003). Functional measures of naming in aphasia: word-retrieval in confrontation naming versus connected speech. *Aphasiology, 17,* 481-498.

Murray, L. L., & Chapey, R. (2001). *Assessment of language disorders in adult*, In R. Chapey(ed), language intervention strategies in adult aphasia(4th ed., 55-126) New York: Lippincott, Williams & Wilkins.

Murray, L. L. (2004). Cognitive treatment for aphasia: Should we and can we help attention and working memory problems? *Medical Journal or Speech-Language Pathology, 12,* 21-38.

Nelson, L. D., Satz, P., Mitrushina, M., Van Gorp, W., Cicchetti, D., Lewis, R., & Van Lancker, D. (1989). Development and validation of the Neuropsychology Behavior and Affect Profile. *Psychological Assessment, 1*, 266-272.

Owens, R. E., Metz, D. E., & Hass, A. (2003). *Introduction to communication disorders: a life perspective* (2nd ed.). Boston: Allyn & Bacon.

Rathore, S. S., Hinn, A. R. Cooper, L. S., Tyroler, H. A., & Rosamond, W. D. (2002). Characterization of incident stroke signs and symptoms: findings form the atherosclerosis risk in communicative study. *Stroke, 33*, 2718-2721.

Ross, K. B., & Wertz, R. T. (2002). Relationship between language-based disability and quality of life in chronically aphasic performance. *American Journal of Speech-Language Pathology, 12*, 312-319.

제 13 장

뇌성마비 진단 · 평가

이옥분

I. 인터뷰

II. 선별

III. 진단 · 평가 내용 및 방법

IV. 평가사례 및 진단보고서

◐ 이 장의 목표

- 뇌성마비의 진단적 정의를 이해하고 설명할 수 있다.
- 뇌성마비 총체적인 평가 과정을 이해하고 설명할 수 있다.
- 뇌성마비로 인한 마비말장애의 평가영역과 평가과제들의 유형을 이해하고 설명할 수 있다.
- 뇌성마비 말명료도 평가의 임상적의 의의를 이해하고 설명할 수 있다.

핵심 용어

- **뇌성마비** 선천적인 뇌손상으로 인해 발생하는 신체운동 전반적인 운동장애 및 발달장애를 동반할 수 있는 질병으로, 하위유형에는 근육긴장도 및 운동 특성에 따른 경직형, 무정위운동형, 실조형, 혼합형이 있다.
- **마비말장애** 중추신경계 손상에 의한 조음기관 근육의 약화(weankess)와 마비(paralysis)로 발생하는 말장애이다. 중추신경계 손상 유형에 따른 6개의 마비말장애가 나타나는데, 경직형, 이완형, 실조형, 과소운동형, 과대운동형, 혼합형이 있다.
- **말명료도** 청자(listener) 입장에서 화자(speaker)의 말소리를 이해할 수 있는 정도이다.
- **말실행증** 뇌손상으로 인한 말산출 프로그래밍의 장애 문제로 조음기 근육운동에는 문제가 없으나 수의적인 말산출이 어렵다.
- **말운동장애** 중추신경계 손상에 의한 언어인지문제가 아닌 말소리 산출의 문제이다. 말소리 산출장애로 호흡, 발성, 공명, 조음, 운율(속도) 시스템에 문제가 발생한다.
- **보완대체의사소통** 제한된 구두적 의사소통 기능을 보완하고 대체 및 지원할 수 있는 모든 방법을 말한다. 제스처, 몸짓, 손짓 그리고 그림상징이나 말소리가 산출되는 기기를 활용한 모든 소통의 방식이 포함된다.
- **섭식장애** 뇌손상으로 인해 음식물을 저작하고 삼키는 데 문제가 있는 장애이다.

I. 인터뷰

언어 및 구어 장애 그리고 기능적 의사소통능력의 제한은 뇌성마비에게서 빈번하게 나타나는 증상들이다. 뇌성마비 발생의 원인과 뇌 손상부위, 그리고 손상범위에 따라 심한 정도와 양상은 다양하다. 뇌성마비 환자들 다수는 신체운동과 말-언어장애 이 외에도 시각장애, 청각장애, 지적장애, 섭식 및 삼킴 장애 그리고 학습장애 등이 동반될 수 있다.

이러한 신경학적 손상 기저에 의한 신체운동, 말운동장애, 언어능력의 손상, 기능적 의사소통의 제한 등을 고려하여, 뇌성마비 아동의 양육자 인터뷰에서 상담해야 할 내용들의 우선순위들과 비중을 잘 계획해야 할 필요가 있다. 다음의 내용들은 뇌성마비 아동의 양육자와의 인터뷰에서 확인해야 할 사항들을 제시한 것이다.

1. 의학적 정보

의학적 정보는 주로 출생 전(임신 상태), 출생 직전(직후), 그리고 출생 후 생후 2년 이내에 발생한 신경학적(뇌손상 관련) 문제들을 포함하고 있어야 한다(Ashwal et al., 2004). 그리고 뇌성마비 관련장애(예: 신지대사이상, 유전적 요소, 간질, 시지각 결함, 청력손실, 지적장애 동반유무 등)에 대해서도 알아보아야 할 것이다. 부모와 그 외 양육자 그리고 가족들의 인터뷰를 통해 정보를 수집하게 될 것이다. 언어재활사는 이와 같은 정보를 최대한 수집하기 위해 관련질문지를 준비하여 활용하도록 한다. 현재의 건강상태와 계속되는 의료처치가 있다면 이에 대한 정보를 수집할 필요가 있다.

2. 발달과정과 양육정보

발달과정과 양육정보는 주로 뇌성마비 아동의 주 보호자인 부모(혹은 조부)를 통한 인터뷰를 통해 알 수 있다. 언어발달 상황을 중심으로 신체 발달, 감각운동 발달, 인지 발달, 사회성 발달 등에 대한 제반적인 발달정보를 수집하도록 한다. 이러한 정보는 각 영역별 서로 연계해야 하며, 언어발달 시기(상태)와 관련하여 평행적으로 출현하는 신체, 감각운동 발달상황, 사회성, 인지 등의 발달상황을 이해하도록 해야 한다. 예를 들어, 옹알이 출현 시기와 그 시기에 아동의 목가누기, 상징놀이 상황, 부모와의 라포 형성 상태 등을 동시적으로 파악하는 것이 중요하다. 그리고 부모 관점에서 아동의 언어이해력 수준과 발성 및 발화 상태를 수집하도록 한다. 뇌성마비의 정도가 매우 심하여 구어로 의사소통이 힘들다면, 부모와 아동이 사용하고 있는 의사소통 방식을 파악하도록 한다. 이 외에도 섭식상태에 대한 정보를 수집하도록 한다. [부록 1]은 부모 인터뷰 과정에서 아동의 언어발달과 관련하여 간편하게 활용할 수 있는 설문 내용이다. 아동의 기본적인 의사소통 수준, 이름대기능력, 문법사용 수준, 대화기술 수준 영역에서 알아 볼 수 있다.

3. 뇌성마비 관련 재활전문가의 역할 이해

뇌성마비 아동의 신체운동, 언어와 의사소통, 인지, 시각과 청각, 섭식 등 관련된 영역의 전문가들의 조언이나 그들의 평가정보들을 수집해야 한다. 뇌성마비 아동에 대한 전체적인 그림을 그릴 수 있도록 관련 정보를 최대한 수집해야 한다. 안과 전문의의 소견을 통해 뇌성마비 아동의 시각문제(시력, 시지각운동, 사시 등)에 관한 정보를 수집할 수 있다. 청각 전문(청각사, 이비인후과 전문의) 영역에서는 청력손실, 보청기 착용 유무, 청지각 등에 관한 정보를 제공할 것이다. 뇌성마비 아동의 신체운동 재활과 관련하여 재활전문의, 물리치료사, 작업치료사에게 자문을 구할 수 있다. 뇌성마비 아동의 앉기와 서기 그리고 보행의 기본적인 신체운동 조절 및 자세잡기와 관련하여 물리치료 전문가의 조언을 중심으로 언어진단 및 치료에서도 효율적인 팀 협력을 할 수 있을 것이다. 그리고 손의 사용, 먹기, 옷 입기 등에서는 작업치료사의 조언을 참고한다. 언어치료 현장에서는 뇌성마비 아동의 감각도구 활용, 먹기를 위한 손사용 능력을 도울 수 있는 여러 가지 감각통합훈련에 대해 작업치료사에게 자문을 구할 수 있다. 언어재활사는 뇌성마비 아동의 의료 및 재활 팀 전문가들의 역할을 충분히 숙지하여 뇌성마비 아동의 언어와 구어산출을 지도하기 위한 여러 감각훈련 교구의 제작과 균형 잡힌 앉기와 자세유지를 위한 보조도구의 설치, 의사소통보조도구의 활용 등을 계획하는 데 있어서 효과적인 팀 협력을 꾀하도록 해야 한다.

II. 선별

뇌성마비 아동의 의사소통장애를 진단하는 과정에서 일차적으로 해야 할 작업은 뇌성마비의 신체 전반적인 장애의 정도와 이로 인한 말운동장애와 언어능력의 수준을 파악하는 것이다(부록 2 참조). 미국 뇌성마비 아동들의 구어, 언어, 의사소통 발달의 종단적 연구를 통해 소개된 구어-언어 프로파일 그룹(the Speech Language Profile Group: SLPG)에 의하면, 뇌성마비 아동을 말운동장애와 언어능력의 손상에 따라 분류한다. 총 4개의 수준으로 분류하고 있는데, I=말운동장애와 언어장애 없음, II=언어장애를 동반하지 않은 말운동장애, III=말운동장애와 언어장애 동반, IV=언어장애를 동반한 무발화 등이다(Pennington, 2016). 이러한 분류 가이드라인은 다수의 뇌성마비 아동의 구어 및 언어 치료 서비스를 제공하는 데 있어서 세부적 진단 및 평가와 치료전략의 비중을 어떻게 할 것인지에 대해 의미 있는 정보를 제공한다. 다음 선별평가에서 고려해야 하는 영역들을 살펴보고 전체적으로 뇌성마비 아동의 분류를 참고하기 바란다.

1. 말장애 심한 정도 평가

뇌성마비의 말산출은 신체 근육긴장도 및 운동조절능력과 연관된다. 조음기 근육의 긴장도, 운동속도, 범위, 방향, 협응력 등의 이상은 조음의 왜곡, 대치, 생략 등의 다양한 오류패턴으로 나타나게 된다. 즉, 뇌성마비의 운동장애 특성에 따라 발성과 발화 패턴도 다르게 나타난다. 뇌손상 범위와 정도에 따라 말장애의 심한 정도는 다양하다. 그러나 기본적으로 발화기능과 연관되는 말명료도 평가를 통해 뇌성마비의 손상의 수준을 구분하는 데 도움을 줄 수 있다. 다음은 선별평가로서의 말장애의 정도를 구분할 수 있는 평가의 예들이다.

1) 바이킹 구어 척도

말명료도 평가 관련하여 만 3세 이상의 연령대 아동을 대상으로 선별평가 할 수 있는 바이킹 구어 척도(Viking Speech Scale)를 참고하기 바란다(Pennington, Pearce, Colver, McConachie, & Gibson, 2008; http://www.scpenetwork.eu/assets/SCPE-Tools/VSS/VIking-Speech-Scale-2011-Copyright..pdf).

〈표 13-1〉 바이킹 구어 척도(Viking Speech Scale, 2010)

- 말소리 정상범주-운동장애에 의해 영향을 받지 않음
- 발음은 부정확-대체로 비친숙한 화자에게 이해될 수 있는 수준
- 말소리는 불분명함-문맥 없이 비친숙 환자가 대체로 이해하기 어려움
- 전혀 이해할 수 없음

2) 한국판 의사소통 기능 분류 체계

뇌성마비로 인해 의사소통 문제를 가지고 있는 대상자들을 위한 한국판 의사소통 기능 분류 체계(Communication Function Classification System: CFCS, Hidecker et al., 2011)는 평가도구가 아니다. 단, 기능적인 의사소통능력을 총체적으로 가늠할 수 있는 수준을 분류하는 데 도움을 준다. 구어적 의사소통 방식과 더불어 모든 의사소통 수행력에 포함되는 기능적인 의사소통의 수준을 결

정하는 데 의미 있는 정보를 제공한다. 선별과정에서 뇌성마비 아동의 일상생활의 의사소통 수행력의 정도, 즉 의사소통장애의 심한정도를 개괄적으로 파악하는 데 유용할 것으로 생각된다. 이 기준을 토대로 추후 심층검사에서 요구되는 평가영역들과 도구들을 효율적으로 계획하고 진행하는 데 의미 있는 정보를 제공할 것이다. 자세한 내용은 국내에서 발표된 '한국판 의사소통 기능 분류 체계'(박은영 외, 2014)를 참고하기 바란다.

〈표 13-2〉 뇌성마비인을 위한 의사소통 기능 분류 체계(CFCS)(Hidecker et al., 2011)

CFCS Level I

A person independently and effectively alternates between being a sender and receiver of information with most people in most environments.

CFCS Level II

A person independently alternates between being a sender and receiver with most people in most environments but the conversation may be slower.

CFCS Level III

A person usually communicates effectively with familiar communication partners, but not unfamiliar partners, in most environments.

CFCS Level IV

The person is not always consistent at communicating with familiar communication partners.

CFCS Level V

A person is seldom able to communicate effectively even with familiar people.

2. 뇌성마비 유형 및 운동수준 평가

1) 뇌성마비 유형 파악

뇌성마비 유형의 기본적인 판단은 언어진단과 치료계획 시에 많은 도움이 된다. 부모상담 과정에서 아동의 뇌성마비 유형에 관한 정보를 수집할 수 있고, 뇌성마비 재활의 경험이 많은 언어재활사 혹은 물리치료 전문가의 자문을 통해 정보를 수집할 수 있다. 다음 내용은 선별과정에서 뇌성마비 유형에 대해 기본적인 이해를 돕고자 제시한 것이다.

(1) 경직형 뇌성마비

뇌성마비 유형 중에서 경직형(spastic) 뇌성마비가 가장 많은 출현율을 보인다. 경직형 뇌성마비 아동의 신체운동적인 특성은 팔이 굴곡되고, 다리가 안쪽으로 회전된 상태를 보이는 것이다(이옥분 외, 2014). 그리고 앉기 자세로 구부리는 것이 어렵고, 머리와 몸통의 안정된 중립을 이룬 자세 만들기가 어렵고 이를 자발적으로 유지하는 것이 힘들다. 그리고 말산출 시스템의 전반적인 문제로 호흡문제, 발성장애, 조음장애, 말속도 조절문제 등이 나타난다. 이로 인해 말명료도가 저하된다. 그외 삼킴문제나 침흘리기가 나타난다.

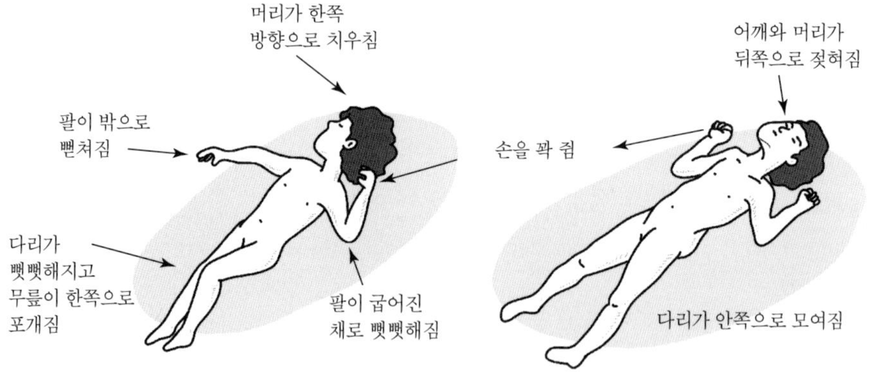

[그림 13-1] 경직형 뇌성마비의 자세

(2) 무정위 운동형

뇌성마비 유형 중에서 대략 1/4 정도를 차지하는 것이 무정위 운동형이다. 주로 기저핵 손상에 의해 무정위 운동형은 운동속도가 느리고, 불수의적인 동작들, 혼합된 근육긴장도 등의 특징이 두드러지게 나타난다(Lundy et al., 2009).

무정위 운동형은 손, 팔, 다리 등의 운동속도가 전반적으로 느린 편이다. 또한 안면 근육, 혀 근육 운동에도 동일하게 불수의적인 움직임이 발생하고([그림 13-2] 참조), 근육의 긴장도가 낮기 때문에 환자들은 침흘리기를 동반하기도 한다. 발성이 대체로 불안정하여 음도와 강도의 변화가 많이 느껴진다. 조음문제와 더불어 말소리의 운율이 부자연스럽다.

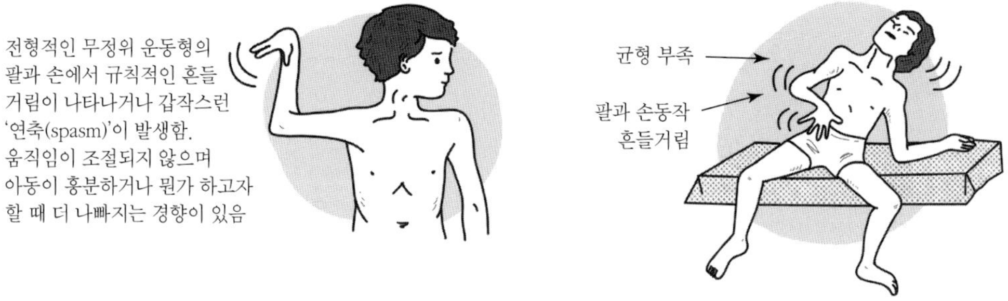

[그림 13-2] 무정위 운동형

(3) 실조형 뇌성마비

실조형 뇌성마비는 근육의 힘이 약하다. 몸의 일부에 떨림이 있으며 불안정하다. 뇌성마비 유형 중에서 약 10% 정도의 출현율을 보이지만 순수하게 소뇌손상으로 인한 뇌성마비의 발생은 다른 유형에 비해 매우 드물다(Love, 2000). 소뇌손상으로 인해 운동의 균형성이 부족하고 불안정한 편이며 바른 자세 잡기와 유지가 힘들다. 더불어 신체 움직임 변화에 따른 평형감각지각 등에서 문제가 발생한다. 결과적으로 불협응과 소운동기술력의 부족이 나타난다. 구어산출력 면에서 음성이 대체로 약하며 조음장애와 느린 말속도가 특징적이다.

(4) 혼합형 뇌성마비

혼합형 뇌성마비는 위에서 언급한 경직형, 무정위 운동형, 실조형의 근육 상태가 복합적으로 나타나는 유형이다. 추체외로(extrapyramidal)와 추체로(pyramidal)의 양쪽 통로의 손상에 기인한다. 주로 경직형과 무정위 운동형의 근육운동 결합형태를 보인다. 혼합형은 불수의적인 움직임(추체외로의 손상으로 무정위 운동형에서 나타남)과 근육의 지나친 근긴장(추체로 손상, 경직형에서 나타남)이 함께 나타난다. 대체로 경직형의 증상이 다소 우세한 반면 불수의적인 동작들은 성장하면서 증가하는 경향이 있다.

2) 근긴장 유형 확인

근긴장은 정상적인 근긴장을 중심으로, 정상적 근긴장보다 과도하게 많은 경우 과긴장이 되고, 반대로 정상적 근긴장보다 과도하게 작은 경우 과소긴장이 된다. 그리고 이 두 개의 근긴장 패턴을 중복적으로 가지는 경우, 즉 과소긴장과 과다긴장이 함께 나타나는 것을 변동적 긴장이라고 한다.

뇌성마비 아동의 근긴장 유형 확인은 추후 조음정확도 향상을 위한 발음과 연계한 구강운동을 지도할 때 조음기관 근육의 운동방식(예: 근긴장도를 높이는 운동과 이완시키는 운동), 근운동범위, 유지시간, 반복횟수 등을 계획하는 데 있어 의미 있는 정보를 제공할 것이다.

3) 반사 및 신체근육 운동상태 평가

신체근육 운동상태 평가는 대표적으로 반사기능을 알아보는 것으로서, 뇌성마비 유아나 아동의 중추신경계의 성숙 정도를 알 수 있다. 반사는 발달과정의 어린 유아나 아동들의 신체운동 및 행위로 출현하기에 반사의 출현 여부와 지속기간을 통해 전체적인 신체운동발달의 상태를 파악할 수 있다(〈표 13-3〉 참조). 이 평가는 재활의학전문의 혹은 물리치료전문가의 참여가 필요하다. 발달과정에 있는 어린 아동일수록 중추신경계의 발달상황에 따라 신체 여러 부위(구강구조)에 나타나는 반사형태가 다르고, 불필요한 반사는 정상적인 구어산출과 섭식행동을 방해할 수 있다. 이러한 반사의 출현과 정도를 파악하여 언어와 구어, 섭식 지도에 도움이 될 수 있는 반사조절 기법과 신체운동을 계획해야 할 것이다.

중추신경계 수준에서 출현하는 반사는 척수, 뇌간, 중뇌, 대뇌피질 등에 따라 반사형태가 각기 다르다. 이러한 반사들이 해당 발달 연령시기에 적절하게 출현하는 경우에는 정상적인 발달과정에 있음을 의미한다. 그러나 일정 기간 출현했다가 소멸해야 하는 반사가 계속적으로 지속되는 경우에는 그만큼의 발달이 지체됨을 의미한다. 뇌간 수준의 반사는 생후 6개월까지는 소실되어야 할 반사인데, 이러한 반사들이 생후 12개월 이후가 지나서도 계속될 경우 그 신체운동의 중등도를 예견할 수 있다. 대뇌피질 수준은 고차원적 반사로 해당하는 평형반사, 중뇌수준은 목을 가누고 뒤집기가 가능한 반사이다.

〈표 13-3〉 유아의 반사발달

반사	출현 시기	소멸 시기
연령에 따라 소멸되는 반사		
모로 반사 moro	출생 시	5~6개월
긴장성 목 반사 tonic neck	출생 시	5~6개월
뿌리 반사 rooting	출생 시	3~6개월
빨기 반사 suckling	출생 시	6~12개월
혀 반사 tongue	출생 시	12~18개월
물기 반사 bite	출생 시	9~12개월
연령에 따라 출현하는 반사		
란다우 Landau	5~8개월	
낙하산 parachute		
쥐기 반사 hand grasp	7~11개월	
개그 반사 gag	출생 시	

4) 자세변화에 따른 조음산출력 평가

뇌성마비 아동들의 조음산출력은 자세변화에 따라 달라질 수 있다.

어떤 자세를 취하도록 자극을 주느냐에 따라 산출이 전혀 안 되었거나 많은 오류를 보였던 목표 음소가 어느 정도 알아들을 수 있는 수준으로 산출되는 경우가 있다. 다만, 선별평가 관점에서 아동이 체간 정립위치에서 조음산출이 어렵거나 그 정확도가 매우 떨어졌을 경우, 최대한 자극력이 있는 자세에서 목표 음소가 정확하게 산출되는지를 평가하는 것은 의미가 있다. 평가 후에, 확인된 목표 음소산출과 관련한 유의미한 자세(예: 목과 몸통의 조절에 따른 발음 차이)는 추후 치료과정에서 특정 음소산출을 유도하기 위해 임의적으로 그 자세를 활용할 수 있다. 자세변화(조절)로 목표 음소가 산출될 때의 그 조음감각을 지각할 수 있도록 반복하게 된다. 이 지각된 조음감각과 구강운동 그리고 이와 밀접한 모음이나 음절 혹은 단어 수준의 발음을 연계지도할 수 있도록 한다.

3. 자세조절 및 운동평가

뇌성마비 아동의 말산출 부위를 중심으로(머리, 몸통) 전체적인 근긴장 패턴에 대한 평가는 언어치료의 기본환경을 구성하는 중요한 정보를 제공한다. 필요한 경우 물리치료전문가의 조언 및 협력을 구하여, 언어치료환경에서 안정된 발성과 발화산출을 위한 정보를 수집하도록 한다(〈표 13-4〉, [그림 13-3] 참조).

〈표 13-4〉는 뇌성마비 아동의 자세 및 운동 패턴을 관찰할 때의 참고할 질문사항들이다. 신체 전반적인 근긴장 패턴과 이에 따른 발성과 발화의 변화가 어떻게 변화하는지를 확인하도록 한다. 또한 머리와 몸통의 바른 중심잡기가 의도적으로 잘 조절되고 유지되는지를 확인하도록 한다. 이러한 관찰평가 과정에서 뇌성마비 아동 스스로가 자세변화에 의한 말소리 변화의 차이를 지각하는지

〈표 13-4〉 뇌성마비 아동의 자세 및 운동 패턴 평가

뇌성마비 자세 및 운동 패턴 평가 문항
1. 신체 전반적인 근긴장 패턴은 어떠한가? 2. 근긴장 패턴에 따른 발성 및 발화 변화는 어떠한가? 3. 근긴장이 머리와 몸통의 정렬에 영향을 미치는가? 4. 근긴장이 자세나 호흡에 영향을 미치는가? 5. 비대칭성 긴장성 목반사와 같은 원시반사 패턴이 있는가? 있다면, 발화에 어떤 영향을 미치는가? 6. 앉기, 서기, 눕기 등의 자세에 이상패턴이 있는가? 있다면 이때의 발성 및 발화 상태는 어떠한가? 7. 비교적 자연스런 발성 및 발화가 산출되는 자세가 있는가?

함께 알아보도록 한다. 이러한 관찰평가를 근거로 추후 언어치료 상황에서 뇌성마비 아동이 최대한 자연스런 말소리 산출을 위해 그리고 수의적으로 바른 자세를 유지할 수 있는 지원서비스를 제공할 수 있을 것이다.

다음은 뇌성마비 아동의 운동장애의 심한 정도를 확인할 수 있는 대운동기능 분류시스템(Gross Motor Function Classification System: GMFCS)의 내용을 번역하여 소개하고자 한다(〈표 13-5〉 참조). GMFCS은 일상적인 의사소통 상황과 운동장애의 관련성을 가늠할 수 있는 정보를 제공하는 것으로 알려져 있다(Geytenbeek et al., 2014; Parkes et al., 2010). 뇌성마비 아동의 50~70% 정도에서 언어이해력 및 표현력 문제로 의사소통장애를 겪는 것으로 보고되었는데, 이 대상군들은 GMFCS 수준 I에서 III에 해당하고, 중증 뇌성마비 아동의 경우 대부분 GMFCS 수준 IV-V에 해당하는 것으로 보고되었다(Voorman et al., 2010). 뇌성마비 증상이 심해질수록 마비말장애로 인한 말명료도 또한 크게 저하될 수 있다. 이러한 운동평가와 말명료도 수준을 함께 평가하여 치료 시 다양한 의사소통 상황에서 말명료도 향상을 위한 중재(예: 앉기와 서기 그리고 걷기 등의 활동에서 명료하게 말하기 훈련) 환경을 조성하는 데 의미 있는 정보를 제공할 것이다.

〈표 13-5〉 대운동기능 분류시스템

GMFCS Level I 	- 아동은 집, 학교, 외부 장소에서 독립적으로 걷는다. - 혼자서 계단을 올라갈 수 있다. 뛰기와 점프하기의 대운동을 수행할 수 있다. 그러나 스피드, 균형, 협응 면에서 약간 제한된다.

GMFCS Level II 	- 아동은 대부분의 상황에서 자발적으로 걸을 수 있으며, 난간을 붙잡고 계단을 오를 수 있다. - 오래 걷는 것에 어려움이 있으며, 울퉁불퉁한 지역, 경사가 있는 곳, 사람이 많은 장소나 좁은 공간 등에서는 걷는 것이 제한적이다. - 신체적으로 약간 지지가 필요하며, 손에 쥘 수 있는 이동식 장치, 장거리에 유용한 바퀴가 달린 탈것이 필요하다. - 달리기와 같은 대운동기술을 아주 약간 수행가능하다.
GMFCS Level III 	- 아동은 실내에서도 대부분 손으로 조작할 수 있는 탈것 장치를 활용해서 걷는다. - 도움을 받아 난간을 잡고 계단을 오를 수 있다. - 바퀴달린 이동기기를 활용해서 장거리 여행을 하며 짧은 거리에는 스스로 작동해서 이동한다.
GMFCS Level IV 	- 아동은 대부분의 상황에서 신체적 지원과 발동기가 장착된 이동기기를 필요로 한다. - 신체적 지원과 전동기, 신체적 지원장치된 보행기 등을 활용해서 실내의 짧은 거리를 걸을 수 있다. - 학교나 밖에서는 수동 휠체어나 전동차로 이동한다.
GMFCS Level V 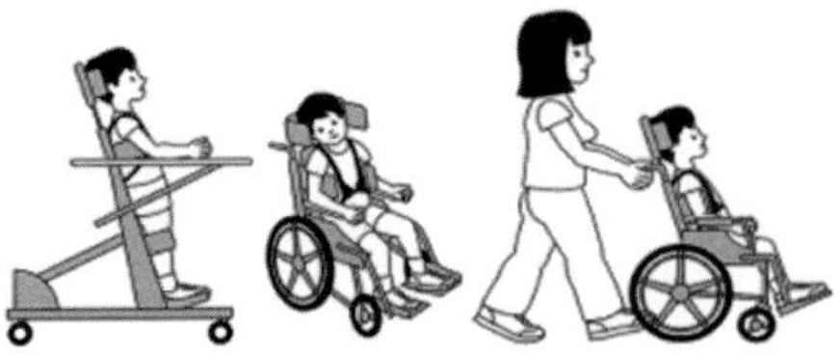	- 아동은 모든 상황에서 수동 휠체어로 이동할 수 있다. - 아동은 머리와 몸통 자세를 중립적으로 유지하기 어려우며, 다리와 팔 조절이 매우 어렵다.

출처: Cerebral Palsy Alliance. Gross Motor Function Classification System (GMFCS).

[그림 13-3] 바른 앉기 자세 보조

III. 진단 · 평가 내용 및 방법

뇌성마비 진단 및 평가는 크게 언어능력, 구어표현력, 그리고 의사소통 기능 영역에서 이루어진다. 이러한 영역과 관련한 세부 평가들로는 운동구어능력(motor speech skills) 혹은 명료도, 조음-음운능력, 표현언어력, 수용언어(구문), 수용언어(어휘와 의미론적 이해), 그리고 의사소통과 상호작용 능력 등이 있다. 그리고 이 세부영역의 평가를 위해 표준화된 공식 검사도구, 임상연구가나 경험 있는 언어재활사들(기관이나 센터)의 자체 개발한 비공식 검사에 의한 관찰평가가 빈번하게 활용되기도 한다(Watson & Pennington, 2015). 이러한 관점에서 부록 2는 뇌성마비 아동 부모와의 상담과정에서 아동 관련 정보를 수집하기 위해 간편하게 활용할 수 있도록 계획되었으며, 부록 3은 비공식적인 평가의 일환으로 저자가 임상에서 마비말장애 환자들을 대상으로 관찰평가를 통해 말산출능력을 확인하기 위해 사용하고 있다. 뇌성마비 대상자의 연령대를 고려한 언어발달의 공식 검사를 실시하되, 신체운동장애가 매우 심하여 표준화된 검사도구 실시가 어려운 경우에는 대상자에 적합할 수 있는 비공식 검사(예: 임상문헌, 연구자료, 임상가 자체 개발 등)를 함께 실시할 필요가 있다.

실제 뇌성마비로 인해 언어능력 및 의사소통 기능 문제 이외 인지적 결함, 신체감각문제, 섭식이나 삼킴 문제들이 나타날 수 있다. 이 영역에 대한 평가 내용들이 이 장에는 포함되어 있지 않지만, 분명 관련된 적절한 평가가 실시되어야 한다. 특히 뇌성마비 아동들의 섭식과 삼킴의 기초적 능력, 섭식 가능한 음식물, 섭식지원에 필요한 식기유형, 그리고 섭식능력 향상을 위한 기법에 대한 테스트 등이 실시되어야 할 것이다. 이 평가결과를 토대로 언어치료와의 병행치료 여부와 그 비중을 판단하여야 할 것이다.

1. 언어발달 검사

언어발달장애 영역의 평가도구를 참고하여 뇌성마비 아동의 연령대를 고려하여 적용하도록 한다(언어발달 관련 장 참조). 단, 검사상에서 손의 사용이 제한적일 수 있는 뇌성마비의 신체운동 문제를 파악하고 아동이 자신이 이해한 내용을 표현할 수 있는 방식들을 다양한 측면으로 지원해야 할 것이다. 예를 들어, 손가락으로 지적하기가 힘든 경우 목표어휘를 지적할 수 있는 다른 보완적인 방법을 활용하여 최대한 표현할 수 있도록 지원해야 한다.

- 공식적인(표준화된) 표현언어 및 수용언어 검사
  - 공식적인 준거나 기준이 제시된 검사도구를 활용하여 또래 연령대와 비교한 발달수준력 평가
- 놀이환경에서의 자발화 샘플링
  - 언어사용능력 수준을 평가. 언어의 화용, 의미, 구문 측면에서 분석

2. 구어산출력 평가

1) 호흡능력 평가

(1) 모음 최대연장발성 평가(MPT)

- 한 번의 호기에 모음 /아/를 최대한 길게 연장 발성한 길이를 측정
- 간접적인 호흡량과 발화 지속 정도를 가늠하는 데 정보제공
- 음성의 안정성과 음질에 대한 평가 가능
- 임상의의: 전체적인 말장애에서 음성장애가 어느 정도의 문제성을 가지는지를 판단하여, 치료 시에 호흡, 조음, 속도조절과 더불어 음성훈련의 비중을 계획하는 데 도움이 된다.

(2) 호흡 분리 기능 평가: 구강과 비강을 통한 호흡 분리 능력 평가

- 코로만 숨쉬기, 입으로만 숨쉬기 등에서 호흡의 안정성 평가
- 구강호흡과 비강호흡의 분리기능이 효율적인지를 평가
- 임상의의: 코로만 숨을 쉬는 경우에는 비성을 동반하는 경우가 많기에, 중재 시 구강 호흡력을 강화할 경우 비성성이 감소하는 발화를 촉진할 수 있다.

[실시]

❶ 입을 다물고, '코로만' 숨을 들이쉬고 내쉬어 보세요. (임상가 모델링 제시 3회 반복)

❷ 코를 살짝 막고 '입으로만' 숨을 들이쉬고 내쉬어 보세요. (임상가 모델링 제시 3회 반복)

(3) 한 호기에 숫자 세기

방법: 숫자 '하나'부터 '열'까지 한 호기에 세기

Hardy(1983)는 하나의 연결된 음절고리를 한 호기에 셀 수 있는 과제를 통해 아동의 구어산출에 대한 호흡능력을 간접적으로 체크할 수 있는 방법을 제시하였다.

[실시]
❶ '멈추라는 신호'를 줄 때까지 계속 숫자를 세세요.
❷ 깊이 호흡을 하고 최대한 한 번의 호기에 숫자를 세세요.

(4) 한 호기에 음절반복횟수

방법: 유성 자음+모음 음절(CV syllables)과 무성 자음+모음 음절 반복하기

유성 자음 · 모음 음절과 무성 자음 · 모음 음절을 반복하여 그 횟수를 비교하도록 한다. 모음 연장발성이 힘든 경우 이 과제도 다소 어려울 수 있다.

한 번의 호기에 반복하여 비교하도록 한다. 일반적으로 유성 자음+모음 음절이 무성 자음+모음 음절보다 반복하기 쉬운 경향이 있다(Yorkston et al., 2010).

(5) 구어호흡(speech breathing)

방법: 한 번의 호기에 읽기 및 대화 음절 측정

이 과업은 한 번의 깊은 흡기를 한 뒤 숨을 내쉬면서, 책을 읽거나 간단한 주제의 대화를 나누도록 한다. 한 번의 호기 동안에 몇 음절 혹은 몇 어절(단어)을 말할 수 있는지를 측정하도록 한다. 이 과업은 제한된 호흡능력에 산출 가능한 단어(음절)가 어느 정도인지 파악을 함으로써 추후 중재과정에서 효과적인 말산출 지도법을 계획하는 데 도움이 된다.

[실시]
❶ 다음 제시하는 지문을 읽어 보세요. 읽기 전 숨을 크게 한번 마시고 한 번의 호기에 최대한 읽을 수 있는 데까지 읽기 바랍니다.
❷ 서너 차례 시도한 뒤, 한 번의 호기(숨이 멈춘 지점)까지 읽은 단어(어절)를 체크하도록 합니다.

2) 음성평가

(1) 음성의 청지각적 평가

청지각적 평가는 뇌성마비 환자의 음성을 듣고 음성장애 유무 정도를 판단하는 것이다. 간편하게 사용하는 방법으로는 척도평가(예: 5점 척도, 7점 척도 등)가 있다. 예를 들어, 5점 척도를 사용하는 경우, [0]점은 '문제없음'~ [4]점은 '매우 심함'의 방식으로 척도에 대한 기준을 제시하여 해당하는 척도를 체크하게 된다. 척도방식은 기준에 따라 달라질 수 있다. 청지각적 평가는 주관적이기는 하나 임상적으로 많이 활용되는 방식이다(이옥분, 김소연, 2009). 기준을 정확히 제시하도록 하며, 평가영역을 분명히 해야 한다. 음성의 음질, 음도, 강도, 억양, 음도변화의 다양성 등 음성영역의 평가에 필요한 하위내용들을 세밀하게 구성하도록 한다(〈표 13-6〉 참조). 음성장애 평가에서 빈번하게 활용되는 청지각적 평가 방식인 GRBAS(Hirano, 1981)는 4점 척도로, G는 전체 음성장애의 심한 정도(grade)를 의미하고, R은 목소리의 거친 정도(혹은 거친음성; roughtness), B는 목쉰음성(혹은 기식성; breathiness), A는 위약함(혹은 무력성; asthenic), S는 쪼여진(혹은 경직된, 노력성; strained) 음질을 의미한다. 각 평가항목은 4점 척도(0-1-2-3점)로 점수가 높을수록 목소리의 문제가 심각한 것을 의미한다. 이 외에도 뇌성마비 발화의 전체적인 명료도 저하에 주된 요소가 되는 음성의 문제를 평가할 수 있는 여러 형태의 청지각적 평가들이 있으며, 〈표 13-6〉은 그 한 예로 제시하였다.

〈표 13-6〉 마비말장애 음성의 청지각적 평가 양식 예

평가 영역 및 척도	7점 척도	5점 척도	기타 소견
음도			거친정도
• 음도수준	0-1-2-3-4-5-6	0-1-2-3-4	(혹은 거친음성;
• 음도 변이	0-1-2-3-4-5-6	0-1-2-3-4	roughtness)
강도			
• 목소리 크기 정도	0-1-2-3-4-5-6	0-1-2-3-4	
• 크기 변이	0-1-2-3-4-5-6	0-1-2-3-4	

음질			
• 거친 소리	0-1-2-3-4-5-6	0-1-2-3-4	
• 쪼여진 소리	0-1-2-3-4-5-6	0-1-2-3-4	
• 목쉰음성	0-1-2-3-4-5-6	0-1-2-3-4	
• 기식화된 소리	0-1-2-3-4-5-6	0-1-2-3-4	
• 힘없는 소리	0-1-2-3-4-5-6	0-1-2-3-4	
억양	0-1-2-3-4-5-6	0-1-2-3-4	
전체 심한 정도	0-1-2-3-4-5-6	0-1-2-3-4	

* 척도기준 [0]:정상 ~ [6]:매우 심함(척도의 개수나 기준은 평가방식에 따라 달라질 수 있다.

〈표 13-7〉 음성 평가 후-임상질문

☐ 위 평가를 통해 본 뇌성마비 아동의 음성문제는 어느 정도인가?

[0] 정상이다 [1] 아주 약간-대체로 정상이다

[2] 대체로 심한 편이다 [3] 매우 심한 편이다

☐ 음성문제가 공명(비음)문제보다 더 심하다고 판단되는가?

[0] 전혀 그렇지 않다 [1] 대체로 그렇지 않다

[2] 대체로 그런 편이다 [4] 매우 그런 편이다

☐ 음성문제가 조음문제(조음정확도)보다 더 심하다고 판단되는가?

[0] 전혀 그렇지 않다 [1] 대체로 그렇지 않다

[2] 대체로 그런 편이다 [4] 매우 그런 편이다

☐ 음성문제가 말소리 명료도 저하에 가장 큰 영향을 미친다고 판단하는가?

[0] 전혀 그렇지 않다 [1] 대체로 그렇지 않다

[2] 대체로 그런 편이다 [4] 매우 그런 편이다

뇌성마비 아동의 〈표 13-7〉은 음성장애에 대한 지각적 평가 이후에 그 판단에 대한 참고 질문이다.

위 평가질문을 통해 음성문제의 심각도가 뇌성마비의 전반적인 말명료도 저하에 미치는 정도를 파악해 보도록 한다. 더불어 이 정도를 호흡, 공명, 조음, 운율(속도) 측면에서 비교했을 때 그 심한 정도의 우선순위를 가늠해 보도록 한다. 그런 다음, 최종 구어산출력평가를 마친다음에 실제 명료도 개선을 위한 치료계획에서 우선순위를 판단해 보도록 한다.

3) 공명 평가

공명 평가는 청지각적 평가를 통해 비음의 정도를 판단하는 방법과 기기(Nasometer)를 사용한 객관적인 분석과 임의적인 도구를 활용하여 비성의 산출여부를 관찰하는 방법이다(9장 참조). 청지각적 평가는 비성의 심한 정도를 척도로 채점하는 것이다. 척도는 평가대상자에 따라 임상가가 임의로 5점 혹은 7점 척도를 사용할 수 있다. 주관적인 판단이긴 하지만 대상자의 비성정도를 최대한 반영할 수 있는 것을 판단되는 척도와 그에 따른 기준을 설정하여 활용하면 된다. 이 장에서는 객관적 검사도구는 아니지만, 임상에서 빈번하게 활용되는 도구를 이용한 비누출의 정도를 확인하는 방법을 소개하고자 한다.

- 거울 검사: 찬 거울(mirror)을 통해 코밑에 대고 구강자음으로 구성된 음절이

〈표 13-8〉 비성 평가 후 임상질문

□ 위 평가를 통해 뇌성마비 아동의 비성이 어느 정도 심하다고 판단되는가?

[0] 정상이다	[1] 아주 약간-대체로 정상이다
[2] 대체로 심한 편이다	[3] 매우 심한 편이다

□ 비성(콧소리)이 음성문제보다 더 심하다고 판단되는가?

[0] 전혀 그렇지 않다	[1] 대체로 그렇지 않다
[2] 대체로 그런 편이다	[4] 매우 그런 편이다

□ 비성이 조음문제(조음정확도)보다 더 심하다고 판단되는가?

[0] 전혀 그렇지 않다	[1] 대체로 그렇지 않다
[2] 대체로 그런 편이다	[4] 매우 그런 편이다

□ 비성(콧소리)이 말소리 명료도 저하에 가장 큰 영향을 미친다고 판단하는가?

[0] 전혀 그렇지 않다	[1] 대체로 그렇지 않다
[2] 대체로 그런 편이다	[4] 매우 그런 편이다

나 단어를 반복하여 그때 거울에 비치는 콧김의 정도를 파악하도록 한다.

- 마찰음 /ㅅ/ 지속하여 산출하기: 이 음소를 지속적으로 계속 산출하려면 연인두 막음이 단단해야 하는데, 음소 지속 산출시간을 측정하여 평가할 수 있다.
- 1에서 10까지 숫자세기: 숫자 '1'부터 '10'까지를 구어로 세면서 지각되는 비성의 정도를 평가한다.

이상의 뇌성마비 아동의 콧소리(비성)의 심한 정도에 대해 객관적 평가와 더불어 비공식적인 방법으로 도구를 활용하여 그 정도를 확인하며 동시에 청지각적 평가를 통해 비성의 정도가 마비말장애 화자의 말소리 명료도, 자연스러움 등에 어느 정도의 비중으로 영향을 미치는지 판단해야 한다. 임상질문(〈표 13-8〉 참조)은 앞의 공명 평가 과정을 마친 후에 호흡, 발성, 공명, 조음, 속도(운율)-말소리 산출 전체 측면에서 그 심한 정도에 대한 판단하여 임상 중재의 위계를 계획할 때 참고로 하기를 권면한다.

3. 조음기관 기능평가

1) 조음기관의 구조 관찰

뇌성마비 아동과 성인, 그리고 후천적 뇌손상에 의한 마비말장애 성인들의 말장애의 가장 주된 원인이 되는 조음기관 근육들의 약화와 마비증세가 조음기관(턱, 입술, 혀, 구개 등)의 구조, 운동능력, 기능 등에 어떠한 영향을 미치는지 확인하도록 한다.

안면의 전체적인 대칭성 파악, 입술과 혀의 대칭성, 설소대, 혀의 모양, 구개궁 상태, 상악과 하악의 교합상태, 경구개, 그리고 점막하파열, 목젖 상태 등을 유의하여 관찰하도록 한다. 만약 구조적인 결함이 확인될 경우 전문의의 진단을 권고하고록 한다.

2) 구강운동 평가

구강운동 평가는 조음정확도에 영향을 미치는 조음기(턱, 입술, 혀, 구개 등)의 근육 운동성과 정확성을 알아보는 것이다. 뇌성마비 근육약화와 마비는 뇌손상 부위와 정도에 따라 신체 전반적 혹은 부분적, 그리고 말산출에도 영향을 미친다. 뇌성마비의 근긴장 양상과 중등도(severity)에 따른 조음기관의 운동정확성, 운동범위, 역동성, 민첩성, 협응능력 등에 문제를 야기하며, 결과적으로 조음오류로 이어진다. 이는 조음산출력에 영향을 미치는 요인들이다. 〈표 13-9〉는 구강운동평가에서 기본적으로 시행되는 평가활동이다. 구강운동평가를 마친 후 안면, 하악, 입술, 혀 등의 구조에서 운동성과 정확성의 문제가 심한 정도 순으로 위계를 정하도록 한다. 위계화된 영역별로 조음정확도 평가결과와 함께 연관지어 가장 우선적으로 중점이 될 구강운동 지도영역을 결정하도록 한다. 이때 대상자의 연령대(아동기와 학령기 이후 고려)와 운동산출력(자발적 및 모방 산출력)을 파악하여 말명료도 향상에 빠른 효과를 기대할 수 있는 조음영역과 구강운동 영역을 구분할 수 있도록 한다. 조음기관 운동평가 시 기억해야 할 점은 근육긴장도의 패턴과 발음에 영향을 많이 미칠 수 있는 조음기관 부위와 운동정확성을 파악하여야 한다는 것이다. 추후 치료를 진행할 때 이러한 정보를 토대로 조음기관의 운동향상을 위한 활동과 동시에 직접 관련되는 의미 있는 단어, 구문, 짧은 문장으로 연계하여 지도하도록 한다. 즉, 조음기관운동(영역별), 관련 음소(음절 수준의 반복), 반복한 음소가 초성에 위치하는 단어, 구문 등으로 지도 계획하도록 한다.

〈표 13-9〉 구강운동평가 프로토콜

〈안면의 표정 대칭성〉

☐ 휴식 시 입술 모양: 대칭/비대칭-심한 정도 (매우 약함) 1 - 2 - 3 - 4 - 5 (매우 심함)

☐ 발성 시 입술 모양: 대칭/비대칭-심한 정도 (매우 약함) 1 - 2 - 3 - 4 - 5 (매우 심함)

☐ 눈 주위 모양(처짐 정도): 대칭/비대칭 - (매우 약함) 1 - 2 - 3 - 4 - 5 (매우 심함)

〈하악의 운동성〉

☐ 하악의 분리 운동(턱의 벌어짐) (문제없음) 0 – 1 – 2 – 3 – 4 – 5 (비정상)
☐ 왼쪽 움직임 (문제없음) 0 – 1 – 2 – 3 – 4 – 5 (비정상)
☐ 오른쪽 움직임 (문제없음) 0 – 1 – 2 – 3 – 4 – 5 (비정상)
☐ 하악 신전반사(뻗침 반사) (문제없음) 0 – 1 – 2 – 3 – 4 – 5 (비정상)
☐ 저작하기 (문제없음) 0 – 1 – 2 – 3 – 4 – 5 (비정상)

〈혀의 운동성〉

☐ 혀 내밀기-외측으로의 치우침 (문제없음) 0 – 1 – 2 – 3 – 4 – 5 (비정상)
☐ 불수의적인 혀 움직임 (문제없음) 0 – 1 – 2 – 3 – 4 – 5 (비정상)
☐ 의도적인 혀 운동 (문제없음) 0 – 1 – 2 – 3 – 4 – 5 (비정상)
☐ 혀의 움직임 속도 (문제없음) 0 – 1 – 2 – 3 – 4 – 5 (비정상)
☐ 혀의 신전반사 (문제없음) 0 – 1 – 2 – 3 – 4 – 5 (비정상)
☐ 혀끝 올리기(치조점에 접촉: 너, 러, 터) (문제없음) 0 – 1 – 2 – 3 – 4 – 5 (비정상)
☐ 구개점 접촉(커, 거) (문제없음) 0 – 1 – 2 – 3 – 4 – 5 (비정상)

〈구개 운동〉

☐ 부적절한 연구개 폐쇄(과대비성) (문제없음) 0 – 1 – 2 – 3 – 4 – 5 (비정상)
☐ 구개궁의 높이 (문제없음) 0 – 1 – 2 – 3 – 4 – 5 (비정상)
☐ 차가운 거울에 '후' 불기 (문제없음) 0 – 1 – 2 – 3 – 4 – 5 (비정상)
☐ '하-하-하' 발음 시 콧소리 문제 (문제없음) 0 – 1 – 2 – 3 – 4 – 5 (비정상)

〈입술 운동〉

☐ 빨기 (문제없음) 0 – 1 – 2 – 3 – 4 – 5 (비정상)
☐ 불수의적인 안면 근육움직임 (문제없음) 0 – 1 – 2 – 3 – 4 – 5 (비정상)
☐ 내밀기 (문제없음) 0 – 1 – 2 – 3 – 4 – 5 (비정상)
☐ 다물기 (문제없음) 0 – 1 – 2 – 3 – 4 – 5 (비정상)
☐ 둥글게 하기 (문제없음) 0 – 1 – 2 – 3 – 4 – 5 (비정상)
☐ 빠른 속도로 개-폐 운동 (문제없음) 0 – 1 – 2 – 3 – 4 – 5 (비정상)
☐ /퍼/ 음절반복 수행력 (문제없음) 0 – 1 – 2 – 3 – 4 – 5 (비정상)

〈구어 협응운동〉

☐ /퍼/ 반복 (문제없음) 0 – 1 – 2 – 3 – 4 – 5 (비정상)

□ /터/ 반복	(문제없음) 0 - 1 - 2 - 3 - 4 - 5 (비정상)
□ /커/ 반복	(문제없음) 0 - 1 - 2 - 3 - 4 - 5 (비정상)
□ /퍼-터-커/ 반복	(문제없음) 0 - 1 - 2 - 3 - 4 - 5 (비정상)
□ /아-오/ 반복	(문제없음) 0 - 1 - 2 - 3 - 4 - 5 (비정상)
□ /왜/ 반복	(문제없음) 0 - 1 - 2 - 3 - 4 - 5 (비정상)
□ /파도/ 반복	(문제없음) 0 - 1 - 2 - 3 - 4 - 5 (비정상)
□ /라면/ 반복	(문제없음) 0 - 1 - 2 - 3 - 4 - 5 (비정상)

3) 교대운동속도평가

(1) AMR 평가

- '퍼, 터, 커'의 각 음절을 한 호기에 최대한 빠르게 반복하기

(2) SMR 평가

- SMR(연속적 조음운동력 평가): '퍼-터-커'를 연속적으로 계속 반복하기
- 초당 몇 회 반복하는가를 측정
- 퍼(입술), 터(치조), 커(구개)의 조음점이 다른 음소를 이용하여 얼마나 정확하게 빠르게 반복할 수 있는가를 평가
- 임상의의: 교대운동속도와 말속도가 절대적 상관성을 가지는 것은 아니다. 교대운동은 치료 시에 치료진전 평가과제로 용이하며, 교대운동의 정확성과 협응력의 향상은 전체적인 발화 개선을 간접적으로 알려주는 효과기준을 제시한다.

4. 조음정확도 평가

뇌성마비로 인해 구어운동의 문제가 심한 정도에 따라 발성 및 발화 수준은 차이가 크다. 발성이 전혀 산출이 되지 않거나 혹은 약간의 발성이 나오는 수준에서부터 알아듣기는 힘들지만 음절이나 단어수준의 발화 수준, 그리고 문장수준 표현력이 있으나 말명료도가 낮아 낯선 사람이 이해하기 힘든 경우, 그리고

경미한 발음문제 정도가 확인되는 수준 등 다양할 수 있다. 이에 대상자의 발성 및 발화 수준의 정도를 가늠하여 공식적 및 비공식적 조음검사를 융통성 있게 활용해야 할 것이다. 조음정확도는 말명료도에 직접적인 영향을 미치는 요소이기에, 뇌성마비 대상자에게 자발화 혹은 모방발화 형식으로 최대한 발음능력을 확인할 수 있도록 해야 한다(조음검사는 8장 참조).

모방을 통해 겨우 발성이나 음소 산출이 가능한 수준의 대상자에게 조음검사를 실시할 때, 공식 검사를 통해 최대한 발음력을 유도할 수 있도록 모방자극을 제시하도록 한다. 이때 자발화에서 무반응 혹은 전혀 알아들을 수 없는 오조음을 산출했지만, 치료사의 모방을 통해 약간의 알아들을 수 있는 발음이 산출되었다면 모방발화로 구분하여 산출된 자음이나 모음을 기록해 두도록 한다. 추후 비공식 검사를 통해서 조음산출력에 대한 자발화 및 모방발화 수준의 정확도를 알아보도록 한다. 비공식 검사의 한 예로 '의성어 · 의태어를 이용한 발음검사'를 실시할 경우, 뇌성마비 아동에게 놀이상황에서 다양한 동물이나 사물의 소리를 흉내 내어 자발화 혹은 모방력이 있는 자모음을 확인하도록 한다. 이상의 검사들을 실시한 이후, 뇌성마비 아동이 산출 가능한 음소목록이 확인될 때, 아동의 발달연령 및 생활연령을 고려하여 정확도와 명료도를 높일 수 있는 조음지도를 계획하도록 한다.

다음의 임상질문은 뇌성마비 아동의 조음정확도 평가를 실시한 이후에 말소리 산출 영역, 즉 호흡, 발성, 공명, 조음, 속도(운율) 측면에서 그 심한 정도에 대한 판단하여 임상중재의 위계를 계획할 때 참고하기 바란다.

〈표 13-10〉 조음검사 후 임상질문

□ 위 평가를 통해 본 뇌성마비 아동의 조음정확도의 수준은 어떠한가?

[0] 정상이다 [1] 약간 부정확한 편이다

[2] 대체로 부정확 편이다 [3] 매우 부정확하다

□ 조음문제가 호흡-음성(발성)문제보다 심하다고 판단되는가?

[0] 전혀 그렇지 않다 [1] 대체로 그렇지 않다

[2] 대체로 그런 편이다 [4] 매우 그렇다

☐ 조음문제가 공명문제보다 심하다고 판단되는가?

[0] 전혀 그렇지 않다 [1] 대체로 그렇지 않다

[2] 대체로 그런 편이다 [4] 매우 그런 편이다

☐ 조음문제가 운율(말속도)문제보다 심하다고 판단되는가?

[0] 전혀 그렇지 않다 [1] 대체로 그렇지 않다

[2] 대체로 그런 편이다 [4] 매우 그런 편이다

☐ 치료세션에서 조음치료를 가장 우선으로 진행해야 한다고 판단하는가?

[0] 전혀 그렇지 않다 [1] 대체로 그렇지 않다

[2] 대체로 그런 편이다 [4] 매우 그런 편이다

5. 말명료도 평가

1) 말명료도 평가 과제

명료도는 청자 입장에서 다른 지원적 정보 없이 화자에 의해 산출된 음향적인 신호들을 이해할 수 있는 정도를 의미한다(Hustad, 2008; 이옥분, 2010; Yorkston, Strand, & Kennedy, 1996). 말명료도 평가 과제는 기본적으로 언어학적 길이 증가에 따른 차이를 파악하는 것이 중요하다. 말소리 길이가 증가할수록 명료도 저하와 관련되는 요인들을 파악하는 데 도움이 될 수 있다(이옥분, 박상희, 남현욱, 2012). 다음은 언어학적 단위에 따른 평가 과제와 방식에 관한 내용으로,『음성언어의 측정, 분석 및 평가』(고도홍, 2015)의 책에서 '말명료도 평가에 관한 내용'(이옥분, 심희정, 고도홍)의 일부를 인용 및 수정하여 제시하였다.

(1) 문장수준의 명료도 평가

문장수준의 명료도 평가는 최대한 문장수준의 발화가 산출되도록 다양한 과제를 실시한다. 친숙한 주제로 설명하기, 문장읽기, 그림 설명하기 등이 활용될 수 있다. 문장 수준의 평가는 일상에서의 기능적 의사소통 능력을 가늠할 수 있는 정보를 제공한다. 그리고 명료도 평가 이 외에도 말속도, 내용의 구성력, 조음의 민첩성, 억양의 자연스러움 등을 확인할 수 있다. 제한점은 문장수준의 발화가 가능한 대상자에게 실시가능하다는 것이며, 문장 내 단어들의 발음이 정확하지 않더라도 문맥적으로 의미를 유추할 수 있어서 청자입장에서는 단어를 정확히 말한 것으로 판단할 수도 있다. 따라서 청자의 친숙성에 따른 요소도 고려해야 할 것이다.

평가 과제유형	평가 방식
- 상황그림 설명하기 - 지문 읽기(문장읽기) - 질문에 문장 수준으로 설명하기 - 주제어 관련 자기 생각 말하기	- 백분율 방식(전체 말한 단어에 정확히 알아들은 단어퍼센트(%) 산출 - 분당 명료한 단어 개수 - 척도방식에 의한 청지각적 평가 - DME와 VAS 방식에 의해 총체적 심한 정도 평가

척도방식은 과제별 말한 내용을 전체 듣고 알아들을 수 있는 정도를 5점 혹은 7점의 방식(평가 기준에 따라 척도의 수는 달라질 수 있음)으로 측정한다(〈표 13-11〉 참조).

〈표 13-11〉 대화상의 명료도 평가를 위한 5점 척도의 예

[0]점 전혀 알아들을 수 없음
[1]점 거의 알아들을 수 없음
[2]점 아주 약간 알아들을 수 있음
[3]점 대체로 알아들을 수 있음
[4]점 잘 알아들을 수 있음

(2) 단어수준의 명료도 평가

단어수준의 명료도 평가는 공식적 및 비공식적 조음검사도구에 수록된 검사단어들을 활용하여도 좋다. 조음정확도 평가 이후 어느 정도 시간이 지난 후에 녹음된 샘플을 토대로 명료도 평가를 실시하도록 한다. 단어수준의 평가 과제유형으로는 단어짝 대조 명료도 평가, 그림카드 이름대기(단단어 수준), 미완성형 문장 완성하기, 단어 읽기 등이 있다. 단어수준의 명료도 평가는 기능적인 면에서 의사소통 주요 메시지(예: 명사, 동사)를 잘 전달하는가를 예측할 수 있는 정보를 주지만, 문장수준의 평가결과에 비해 그 예측력은 다소 제한적일 수 있다. 평가방식은 문장수준에서와 같이 척도방식, 전사방식을 이용한 백분율(%), 이분법 혹은 삼분법(예: 명료함 +, 명료하지 않음 -, 약간 명료함 ∨)으로 측정할 수 있다. 평가 이점은 단어수준의 조음명료도를 파악할 수 있다.

(3) 음소수준의 명료도 평가

음소수준의 명료도 평가는 문장이나 단어 수준의 평가에 비해 문맥적 단서가 약하기 때문에 단순히 자음과 모음의 조음명료도에 초점을 두어 평가하게 된다. 명료도에 대한 평가방식은 이분법(명료함, 명료하지 않음) 혹은 삼분법(명료함, 약간 명료함, 명료하지 않음)으로 실시할 수 있다. 음소 수준의 명료도 평가는 음운 개별적인 명료도 추정과 조음치료 시작 단위가 되는 언어적 문맥을 정하는 데 도움을 줄 수 있다.

[음소수준의 명료도 평가]

- 자음과 모음 음소 구분하여 평가
  - CV /CVC/ CVCV 구조에서 어두 초성 음소 평가
  - CV /CVC/ CVCV 구조에서 어중 초성 음소 평가
  - 종성 음소 평가
  - 3-4단어 수준의 문장(구문)에서 명료하게 발음한 음소 평가

명료도는 청자 입장에서 다른 지원적 정보 없이 화자에 의해서 산출된 음향적인 신호들을 이해할 수 있는 정도로 정의한다(이옥분, 2010; Hustad, 2008; Yorkston, Strand, & Kennedy, 1996). 즉, 청자 입장에서 어느 정도 화자의 말소리를 알아들 수 있는가를 의미한다. 예를 들면, 전체 청취한 단어 수 중에서 정확하게 알아들은 단어 수의 백분율(%)로 구할 수 있다(이영미 외, 2012).

어느 정도 말산출이 가능한 대상자인 경우에는 모방발화뿐만 아니라 자발화를 최대한 유도하여 말명료도 수준을 확인해야 한다. 말명료도 평가 양식들은 마비말장애 대상자 특성과 말산출 과제 유형, 평가점수 방식 등에 따라 다양하다. 평가의 한 예로 '[부록 3] 마비말장애 말산출력 기초평가와 [부록 4] 발화 자연스러움에 대한 평가'를 참고하거나 그 외 관련 임상문헌들의 자료들을 참고하기 바란다. 뇌성마비로 인한 말소리장애가 대상자의 일상에서의 의사소통에 미칠 영향을 말명료도 수준에 따라 가늠이 가능하다. 즉, 말명료도 중등도는 기능적인 의사소통능력을 가늠할 수 있는 중요한 지표가 될 수 있다.

지금까지 말소리 산출의 하위영역들을 평가한 내용들을 종합적으로 판단하여 화자의 말소리 명료도 향상에 가장 큰 영향을 미칠 것으로 예상되는 영역들을 위계화하여 치료목표를 수립하도록 한다. 더불어 진단 · 평가 결과를 토대로 추후 언어치료 방향을 계획할 때에 보완대체의사소통법의 지도 여부를 고민하여야 할 것이다. 뇌성마비로 인한 구어운동 손상 정도에 의해 말소리장애가 심해지고 말명료도 크게 저하될 수 있다. 따라서 말명료도 수준에 맞추어 구어지도 및 보완대체의사소통법의 활용(병행지도)의 효율적 지도시기를 고려해야 할 것이다. 〈표 13-12〉는 뇌성마비로 인한 말운동장애 정도에 따른 말명료도를 5개의 그룹으로 구분하여 언어치료 방향을 제시하고 있다.

〈표 13-12〉 뇌성마비 말운동장애 심한 정도에 따른 지도 방향(Yorkston et al., 2010)

[그룹 1] No functional speaking ability
- 기능적인 발성 및 발화가 거의 없는 수준

[그룹 2] Limited speaking ability
약간의 발화 능력이 있는 수준

[그룹 3] Reduced speech intelligibility
- 경도(mild)~중등도(moderate) 수준의 말운동장애

[그룹 4] Obvious disorder with intelligible speech
말운동 손상의 정도가 경미(mild)하며 알아들을 수 있는 수준

[그룹 5] No detectable speech disorder
- 구어문제가 거의 감지되지 않는 수준

* '그룹'의 용어는 저자가 말명료도 수준에 해당하는 대상 그룹을 지칭하는 의미로 사용하였음.

[그룹 1]은 거의 기능적인 발화가 힘든 수준, 즉 약간의 발성만이 산출 가능한 수준을 의미한다. 기능적인 발성 및 발화 능력이 없는 그룹, 혹은 5개 단어 이하의 산출이 가능하나 명료도가 거의 낮아서 비친숙한 화자는 알아듣기 힘들 것이다. 이 그룹에 속한 아동들은 기본적인 의사소통 요구, 사회적 상호작용, 언어발달촉진을 위해 보완대체의사소통(Augmentative and Alternative Communication: AAC) 시스템 지원을 통한 기능적인 의사소통 지도가 우선적으로 진행되어야 할 것이다.

[그룹 2]에 해당될 수 있는 뇌성마비 아동들은 중등도(moderate)에서 심각한 수준의 말운동장애를 가진다. 거의 알아듣기 힘든 수준의 말 명료도를 보일 것이다. 혹은 뇌성마비 아동이 개인적으로 익숙하고 뭔가 요구하기 위한 말소리 표현은 어느 정도 가능할 수 있다. 대체로 자신의 가족과 친숙한 양육자와의 의사소통에서는 제한된 구두적 표현으로 소통이 가능할 수 있다. 그러나 비친숙한 화자는 알아듣기 힘들 수 있을 것이다.

이 그룹에 속하는 뇌성마비 아동들의 경우 종합적인 진단 · 평가를 토대로 하여 부분적인 구어산출 지도전략, 그리고 지적장애가 동반될 경우 언어발달 지도전략이 고려됨과 동시에 의사소통 기능 측면에서의 지도가 실시되어야 할 것이다. AAC 시스템을 활용한 놀이, 아동에게 필요하고 요구되는 상황에서 AAC 시스템을 이용한 기능적인 소통을 하도록 계획해야 한다. 이를 위해 AAC 시스템의 적용 관련 진단 및 평가가 부가적으로 실시되어야 할 것이다. 구어 지도전략은 대체로 기능적인 의사소통능력 향상에 초점을 맞추게 된다. 그리고 현존하는 구어능력과 함께 다양한 방식의 의사소통능력을 촉진능력이 필요하다.

[그룹 3]에 속하는 뇌성마비 아동들의 말운동장애 정도는 경도(mild)에서 중등도(moderate) 수준에 해당한다. 말명료도가 대체로 낮아서 알아듣기 힘들 수 있으나 말소리 산출이 가능하고 상황에 따라 자신의 필요와 요구를 표현할 수 있다. 이 그룹에 해당하는 뇌성마비 아동들을 위해 지속적인 AAC 시스템 지원으로 의사소통 기능을 촉진시키고 다양한 언어발달지도 및 학습수행력을 도울 수 있다.

[그룹 4]에 해당하는 뇌성마비 아동들의 말운동장애 정도는 경미(mild)하며, 대체로 알아들을 수 있는 수준이다. 이 그룹은 경미한 마비말장애가 있으나 대체로 구두로 의사소통할 수 있다. 간혹 대화상에서 간헐적인 의사소통 단절을 경험할 수 있기에 이렇게나 경우를 보완하고, 학습수행(예: 쓰기)을 효과적으로 돕기 위해 AAC 시스템 지원이 필요할 수 있다.

[그룹 5]에 해당하는 뇌성마비 아동들은 또래 연령대에 맞추어 전형적인 발달과정을 따르고 있다. 그러나 5세경 이후에 조음발달에서 차이가 있을 수 있기에 지속적인 모니터링이 필요하다.

6. 보완대체의사소통(AAC) 시스템

보완대체의사소통(augmentative and alternative communication: AAC) 시스템은 구어적 의사소통능력이 제한된 경우, 이 기능을 보완하고 대체할 수 있는 모든 양식의 지원시스템이다. 구두표현을 통한 의사소통 기능이 일부 혹은 전체적으로 제한되는 언어장애 대상자들 모두 AAC 시스템의 사용 대상이 될 수 있다. AAC 시스템은 크게 보조(aided)와 비보조(unaided) 시스템으로 나뉜다. 보조 시스템은 의사소통을 돕기 위해 그림상징판, 음성산출이 되는 의사소통판과 같이 도구를 사용하는 방식이고, 비보조 시스템은 손짓, 몸짓, 발성을 이용한(도구를 사용하지 않은) 방식이다. AAC 시스템은 언어장애인의 의사소통을 돕는 것이 목적이기 때문에 AAC 시스템 사용자의 의사소통 요구도와 능력에 따라 두 개의 시스템을 동시에 적용할 수 있다. 특히, 중증 뇌성마비 아동들에게 있어서 AAC 시스템의 활용은 그들에게 의사소통 기회를 최대한 부여하고 더욱 확장시켜 나가며, 더 나아가 인지언어 및 학습수행력을 향상시키는 데 있어서 그 역할의 비중이 매우 크다. 뇌성마비 아동을 위한 AAC 시스템을 적용시키기 위해서는 먼저 그들의 현재 의사소통능력을 평가해야 한다. 언어 발달수준, 인지능력, 의사소통 기능 상태, 발달수준 등을 평가해야 한다. 그리고 인지수준, 신체운동 상태, 구두표현력 수준을 기본적으로 감안하여 이들의 현재 언어수준과 인지능력에 맞춘 상징(symbols) 시스템을 만들도록 한다(김민주, 한경임, 2014). 동시에 뇌성마비 아동의 신체운동 상태를 평가하여 의사소통판에 제시된 상징을 선택(메시지를 전달)할 수 있는 정확도와 운동성이 비교적 좋은 신체부위를 고려한 메시지 선택방식(직접선택, 간접선택)을 결정해야 한다(〈표 13-8〉 참조).

① 뇌성마비 아동과 관련한 생활환경에서의 의사소통능력을 평가하도록 한다.

- 가정
- 학교/치료센터
- 학교와 치료센터(교육장소)를 왕복 이동하는 교통편
- 공동체 중심 활동(식당, 영화관, 식료품 가게)
- 또래집단 활동(파티, 놀이활동)
- 가족 및 보호자 상호작용

② 개인의 기능적인 의사소통 상태를 평가한다.

- 뇌성마비 아동의 전반적인 언어발달 상황 체크
- 기타 관련 사회적, 인지적, 운동발달 상황 체크
- 기능적 의사소통 상황 체크(〈표 13-13〉 참조)
  - 의사소통 의도
  - 의사소통 기능
  - 화용론적 기술
  - 의사소통 시도 빈도와 범위

〈표 13-13〉 의사소통 기록(communication logs)

대상자: 날짜: 언어장애유형:

평가일자	의사소통상황	반응	빈도	보조의사소통 수단	기타상황

〈표 13-14〉 AAC 시스템 구성을 위한 신체운동능력 평가

I. 자세잡기와 앉기에 대한 평가절차:
  a. 휠체어나 일반의자에 앉은 상태에서 관찰
  b. 독립적인 자세유지 가능한지 여부관찰(보조적인 지원이 필요한지 파악)
  c. 대상자의 현재 좌석 상태와 등받이 각도, 보조기자재 파악
  d. 비착석 상태에서 대상자의 기타 기형, 상처, 근수축 등의 신체적 문제를 파악

II. 신체운동 상태에 따른 메시지 선택방식 평가
  (1) 직접 선택하기
    a. 손과 팔로 선택하기에 대한 평가 b. 머리와 구강안면 평가 c. 발과 다리로 평가
    (환자 관찰과 직접적 인터뷰를 통해 일차정보 수집)
  (2) 직접 선택하기 방법을 위한 운동범위와 정확도 평가
    - 움직임의 범위와 정확성 검사
    - 손이나 헤드스틱, 눈맞춤, 헤드라이트 지적하기 사용할 경우 정확성 평가
    - 운동통제성 평가

- 어느 정도 선택하기의 선별적인 평가를 거친 다음 필요한 평가영역들
  a. 다양한 크기의 목표물에 접근할 수 있는 정확도 평가
  b. 접근 가능한 목표물의 최대한 범위와 수

(3) 훑기를 위한 스위치 평가
- 직접 선택하기가 불가능한 경우, 스위치 사용할 신체부위 결정 + 다양한 훑기 전략과 배열 사용할 능력 평가

출처: 정해동, 김주영, 박은혜, 박숙자(1999).

7. 진단 · 평가의 활용

뇌성마비 아동의 의사소통장애 진단 및 평가, 그리고 중재는 총체적 관점에서 조명되어야 한다. 물리치료, 작업치료의 전문영역의 팀 협력체제 안에서 뇌성마비 아동의 의사소통 문제를 파악하고, 이를 도울 수 있는 치료환경을 구성하는 것이 바람직하다. 언어재활 전문가는 뇌성마비 진단과 치료에 도움이 되는 전문가들의 역할을 이해하는 것이 필요하다. 필요한 전문 영역이 무엇이며, 이를 담당하는 전문가의 역할 범위와 속성, 그리고 언어와 의사소통 기능 재활이라는 관점에서 서로의 공통 관심 영역들에 대한 포괄적인 이해가 뒷받침되어야 한다. 특히, 뇌성마비 어린 유아의 경우에는 발달시기에 따라 중재가 필요가 언어 및 구어산출 영역들을 파악하여 현재 상태를 기반으로 한 미래지향적이고 체계적인 지도전략들이 구성되어야 할 것이다.

정확한 진단 · 평가는 효과적인 치료계획을 수립하는 것과 직결된다. 그리고 기억해야 할 점은 평가과정에서 뇌성마비 아동의 기능적인 의사소통능력을 촉진하고 발전시킬 수 있는 평가-치료 연계 패러다임이 필요하다는 점이다. 평가를 위한 평가가 아니라, 치료가 필요한 영역들, 이 영역들의 우선순위, 그리고 집중하게 될 치료량(비중)을 판단하는 데 있어 중요한 정보를 제공해야 한다.

특히, AAC 시스템의 적용 여부 판단과 평가는 뇌성마비 증상이 심한 대상일수록 필수적으로 고려해야 할 사항이다. AAC 시스템의 역할은 구두적 소통이 제한된 아동에게 최대한의 의사소통 기회를 제공하고 더욱 확대시켜 나가는 것이다.

이러한 기회를 최대한 빠른 시간 내에 많이 경험할 수 있도록 해야 할 것이다.

IV. 평가사례 및 진단보고서

진단 · 평가보고서

1. 일반적인 정보

성명	○○○ (남)	생년월일	(만 14세 10개월)
장애유형	뇌성마비로 인한 마비말장애	치료서	○○○
진단 기간	2000년 월 일 ~	작성일자	

2. 배경정보 및 행동관찰

1) 배경정보

어머니의 보고에 의하면 임신기간 중 전치태반으로 29주 4일에 제왕절개를 하였으며, 출산 시 대상자의 몸무게는 1.3kg이었다고 한다. 아동은 신생아집중치료실(NICU)에서 80일간 치료를 받았으며, 뇌실주변백질연화증(Periventricular Leukomalacia: PVL)으로 진단받았다고 한다. 2~7세경 폐렴과 천식이 있어 치료를 받았고 완치되었다고 하였다. 아동은 경직형(spastic type) 뇌성마비로 근긴장이 심하며 사지마비로 몸 전체의 움직임이 어려워 휠체어를 사용하고 있다고 하였다. 또한 9세경에는 운동범위 감소로 인한 구축과 변형으로 고관절 수술을 진행했다고 하였다. 대상자는 발달기간 동안 운동협응과 신체발달은 느린 편이며, 자립적인 식사가 가능하나 입으로 가져갈 때 많이 흘리고 음식을 혀로 밀어 주거나 씹고 삼키는 데 어려움이 있어 사과, 배 등 목에 걸리는 음식은 잘 먹지 않으며 집에서는 어머니께서 식사를 도와준다고 하였다. 또한 침흘림의 경우 불안전한 자세로 인해 식사를 할 때와 무언가에 집중할 때 침흘림이 증가한다고 하였다. 아동이 배변을 가린 시기는 4세경이며, 현재는 혼자 배변활동이 가능하나 소화를 잘 시키지 못하여 변비가 있다고 하였다.

초어를 말한 시기는 24개월경이며, 어휘나 문장을 말한 시기는 4~5세 이후였다고 하였다. 현재 아동은 타인과 의사소통 시 짧게 단어로 말하거나 아이패드 메모장, 손글씨 등을 활용하고 있다고 하였다. 타인의 말은 다 이해하나 구어의 명료도가 떨어져 친숙하지 않는 청자의 경우 이해하기 어려운 수준이다. 그러나 어머니는 아동의 말을 대체로 잘 알아듣는 편이며, 아버지나 형과의 의사소통 시에도 말을 잘 알아듣지 못하는 경우에는 아이패드 등을 사용한다고 하였다.

2) 행동관찰

치료사의 관찰에 의하면 대상자는 체간의 안정성이 떨어지고 근긴장도가 높아 사지의 움직임이 뻣뻣하고 어색하였다. 호흡이 빠르고 얕으며 구어산출 시 힘이 많이 들어가 발성을 시작하는 데 어려움을 보였으며 말명료도가 떨어져 대화 시에 단어수준의 대답도 알아듣기 힘들었다. 치료사가 몇 번을 되물어 보면 반복해서 대답해 주고, 알아들은 단어가 맞는지 다시 확인하면 고개를 끄덕거리거나 가로젓는 행동으로 의사를 표현하거나 책상에 손으로 글씨를 써서 의사소통을 하였다. 치료사가 말을 할 때 눈을 마주치며 잘 집중하는 편이며, 침흘림에 대해 인식하고 있어 손수건을 준비해 와서 스스로 계속 닦는 모습을 보였다.

3. 검사도구 및 결과

1) 수용·표현 어휘력 검사(김영태, 홍경훈, 김경희, 장혜성, 이주연, 2009)

REVT(Receptive and Expressive Vocabulary Test)	원점수	등가연령	백분위 점수
표현어휘력 검사	147	15	30~40%ile
수용어휘력 검사	159	16	60~70%ile

아동의 획득 점수에 기초한 언어발달 연령을 산출한 결과, 표현어휘력은 15세, 수용어휘력은 16세로 나타났다. 백분위 점수는 표현어휘력의 경우 30~40%ile, 수용어휘력은 60~70%ile로 나타났으며, 표현어휘와 수용어휘 모두 정상발달에 해당하였다.

* 뇌성마비로 인해 표현어휘 검사를 위한 구어산출에 제한이 있어 검사실시 절차의 수정을 통해 구어 명료도가 낮아서 검사자가 알아듣기 힘든 경우 표현어휘에 대한 추가 의사소통수단으로 아이패드 메모장을 활용하였으며, 충분한 반응시간을 허용하였다.

2) 아동용 발음평가(김민정, 배소영, 박창일, 2007)

APAC	원점수	자음정확도	백분위 점수	오류패턴
단어반응	30	42.8	<1%ile	어두초성 생략(8회) 어말종성 생략(6회) 전형적 어중 단순화(6회) 연구개음화(5회) 성문음화(5회) 긴장음화(3회)

아동용 발음평가(Assessment of Phonology & Articulation for Children: APAC)는 단어반응 말소리분석 결과, 원점수 30점, 자음정확도는 42.8%로 백분위수 1미만에 해당하였다. 정확도는 목표음을 얼마나 정확히 산출했는가를 평가한 것으로 가장 빈번한 오류패턴은 '어두초성 생략'과 '어두종성 생략'으로 어두초성 [ㄱ,ㄷ,ㄸ,ㅅ,ㅈ,ㅉ,ㅍ]과 어말종성 [ㄴ,ㄹ,ㅁ,ㅂ,ㅇ,ㅊ] 문맥에서 나타났다(예: 포도→[오도], 딸기→[알기], 컵→[커], 꽃→[꼬], 이빨→[이빠]). 또한 전형적 어중 단순화로 어중종성이 생략되는 경우(옥수수→[오쓰스], 호랑이→[호라이])도 빈번하게 나타났다. 이 외에도 연구개음화(우산→[으상])와 성문음화(책→[핵], 색종이→[핵종이]) 등의 오류패턴도 5회 이상으로 빈번하게 나타났다. 긴장음화(바퀴→[바끼], 아파요→[아빠요], 거북이→[거뿌이])도 3회 관찰되었다.

APAC	이해 가능도	자음정확도	오류패턴
연결발화 반응 (겨울이야기, 대화)	51.9%	46.12%	어두초성 생략 어말종성 생략 파찰음의 파열음화 치조음의 연구개음화

APAC 연결발화반응 분석 결과, 이해가능도는 51.9%였으며, 자음정확도는 46.12%로 단어검사와 비슷하게 나타났다. 오류패턴은 어두초성 생략, 어말종성 생략, 파찰음의 파열음화(동찬이→[동타니]), 치조음의 연구개음화(먼저→[멍저], 안나요→[앙나요]) 등이 나타났다.

3) 산출능력

(1) 최대발성시간

대상자의 최대발성지속시간(Maximum Phonation Time: MPT)을 측정하기 위하여 [아] 모음연장 발성평가를 실시하였다. 대상자는 [아] 모음을 최대로 길게 발성한 시간을 3회 측정(1차 2.56초, 2차 3.01초, 3차 3.86초)하였으며, 최대발성지속시간은 3.86초로 나타났다. 대상자에게 올바른 착석자세에서 최대한 편안하게 일관된 음도와 강도로 길게 발성하도록 모델링하였으나, 발성유지 시 쥐어짜는 듯한 음성과 점차 강도가 낮아지는 것이 관찰되었다.

(2) 구강조음기관의 기능 선별검사(Kenneth Louis & Ruscello, 1981)

대상자의 구강조음기관 및 기능의 지체 여부를 선별적으로 가려내기 위해 구강조음기관의 기능 선별검사(Oral Speech Mechanism Screening Examination-Revised: OSMSE-R)를 실시하였다. 대상자는 입술을 앞으로 내밀며 둥글게 하거나 양끝은 뒤쪽으로 잡아당기는 것은 천천히 실행하는 것이 가능하였으나, 양 볼을 부풀게 하거나 아랫입술 물기는 불가능하였다. 혀를 입 밖으로 내밀기는 아랫입술까지 접촉하는 것은 가능하였으나 상하, 좌우로의 움직임은 불가능하였다. 턱의 경우 하악의 개폐는 천천히 실행

가능하나 상하 치아를 부딪쳐 소리 내거나 윗입술과 아랫입술로 덮기는 불가능하였다. 교호운동 수행능력의 경우 /퍼/는 1초에 0.85회 수행하였으며, /터/와 /커/의 경우 조음이 되지 않아 평가가 불가능하였다.

구조	외관	기능	
		과업	반응
입술	• 휴식상태에서 좌우 대칭이 안 됨. 입술을 약간 벌리고 있음	입술을 앞으로 내밀며 둥글게 하기 입술의 양끝을 뒤쪽으로 잡아당기기 입술을 닫고 양 볼을 부풀게 하기 아랫입술 물기	가능 가능 불가능 불가능
혀	• 표면이 정상적임 • 소대가 약간 두꺼움	혀끝을 내밀어 위로 올리기 혀끝을 내밀어 아래로 내리기 혀끝을 내밀어 왼쪽으로 하기 혀끝을 내밀어 오른쪽으로 하기 혀끝을 경구개를 따라 뒤쪽으로 끌어당기기	불가능 불가능 불가능 불가능 불가능
턱	• 하악의 개폐는 천천히 실행 가능하나 턱을 움직여 상하 치아를 부딪쳐 소리 내는 것은 힘듦 • 윗입술로 아랫입술 덮기, 아랫입술로 윗입술 덮기 불가능함 • 하악의 회선운동 불가능		
치아	• 충치가 많음 • 치열이 고르지 않음		
경구개	• 입천장의 높이: 낮음 • 입천장의 넓이: 좁음		
호흡	• 얕고 빠름		
반복 작용(교호 운동)	(아래 표)		

	과업	1초에 반복횟수	유창성
퍼	0.85회	-	-
터	실행불가능		
커	실행불가능		
퍼터	실행불가능		
퍼터커	실행불가능		

4) 말산출력 평가

(1) 자동구어과제 평가(숫자세기, 요일 및 계절 말하기)

비공식 조음평가로 숫자세기와 요일 및 계절 말하기를 실시하였으며, 대부분의 구어에서 어두초성 및 어말종성의 생략이 관찰되었다. 대상자의 말명료도를 5점 척도로 평가하면, 숫자세기 1점, 요일 말하기 1점, 계절 말하기 2점으로 전체 평균점수는 2.6점에 해당하는 것으로 판단되나 자동구어의 경우, 치료사에게 아동의 조음에 대한 단서가 주어짐으로써 주관적 명료도에 대한 점수가 실제보다 조금 더 높게 평가되었음을 배제할 수 없다.

(2) 자발화 샘플링에 대한 청지각적 명료도 평가(6점 척도평가)

대상자의 자작시 발화샘플 동영상을 사용해 제3의 비친숙 청자들(언어재활전공 실습생 20명)이 말명료도 평가에 참여하여 실시하였다. 청자들에게 명료도 평가의 의미와 기준을 제시하였다. 청지각적 평가척도는 5점 척도로, '[0]점-전혀 알아들을 수 없음' 수준에서 '[4]점- 잘 알아들을 수 있음'이었다. 점수가 높아 명료도가 높아지는 것으로 정의하였다. 초기 말명료도 평가 결과, 청취자 20명 모두 아동의 말을 전혀 알아들을 수 없는 '0'점으로 평가하여 대상자의 말명료도 전체 평균점수는 '0'점으로 나타났다.

5) 침흘림 평가

대상자는 자세가 불안정하여 고개가 아래로 내려오거나 말을 하려고 시도할 때 침 흘리는 모습이 계속 관찰되었다. 대상자는 침흘림에 대해 인지하고 있으며 침이 흐르면 준비해 온 손수건으로 스스로 닦는 모습을 보였다. 어머니의 추가보고에 의하면, 입을 벌리고 음식을 먹을 때와 집중할 때 침흘림이 더 증가한다고 하였다.

4. 진단결과(요약)

1) 의사소통능력

대상자는 의사소통을 하는 데 적극성을 가지고 있으며, 치료사와 눈을 마주치며 자신의 의사를 말로 표현하고자 노력하는 모습을 보였다. 구어를 통한 의사소통이 어려운 경우 아이패드 메모장을 활용하였으며, 검지로 자판을 치는 속도가 느리긴 하나 오타 없이 원활하게 의사소통이 가능하였다.

2) 언어능력

(1) 수용언어

대상자의 수용언어 등가연령은 16세로 생활연령(만 14세 10개월)에 비해 조금 높게 나타났으며, 같은 생활연령대 대상자들의 어휘발달수준에서는 60~70%ile로 정상발달에 해당하였다.

(2) 표현언어

대상자의 표현언어 등가연령은 15세로 생활연령(만 14세 10개월)과 비슷하게 나타났으며, 같은 생활연령대 대상자들의 어휘발달수준에서는 30~40%ile로 정상발달 범주에 속하는 것으로 나타났다. 그러나 평가 시 대상자의 구어표현에 대한 명료도가 매우 낮아서 어휘산출 시 치료사가 알아듣기 어려웠으며 보조적인 지원(대상자의 패드 사용)이 필요하였다.

3) 조음능력

대상자의 자음정확도는 42.8%로 백분위수 1 미만에 해당하였으며, 연결발화에 대한 이해가능도는 51.9%로 자주 되묻거나 친숙한 사람만 이해 가능한 수준이었다. 음운변동 분석 결과 어두초성 생략, 어말종성 생략, 전형적 어중 단순화, 연구개음화, 성문음화 등의 오류패턴이 많이 관찰되었다. 대상자의 자발화(단어수준, 문장수준)에 대한 명료도 평가 결과 비친숙한 청자 대상 전체 평균점수는 '0'점[전혀 알아들을 수 없는 수준]으로 나타났다.

4) 기타

대상자는 또래관계에서 구어를 통한 직접적인 의사소통이 어려워 소외된다고 표현하였으며, 이로 인해 의사소통능력을 향상시키기 위한 언어치료에 대한 동기가 높고 적극적인 편이다.

5. 요약 및 권고

검사결과 아동의 언어능력은 정상범주에 속하였으나, 뇌성마비로 인한 마비말장애로 음성과 조음문제가 두드러지며 그로 인해 전반적인 말명료도는 심한 수준(청자입장에서 이해하기 어려운 수준)으로 나타났다. 말명료도의 저하로 원활한 의사소통이 어려움이 있기에, 대상자의 연령대를 고려하여 일상에서의 보다 원활한 의사소통이 이루어질 수 있도록 말명료도 증가에 초점을 둔 구어중재가 필요하다. 조음기관 기능훈련과 연계된 조음지도, 그리고 명료도를 촉진할 수 있는 구어보상전략(예: 말속도 조절)을 근거한 지도전략을 권고한다. 일상에서는 보완대체의사소통 방법을 활용하여 발성 및 발화 동반한 의사소통 지도전략도 함께 권고한다.

요약

1. 뇌성마비 아동을 대상으로 초기 인터뷰에서는 뇌성마비의 발생, 동반 질환, 신체운동 발달, 감각운동 발달, 언어 발달, 의사소통 방식, 그리고 삼킴문제 등에 관한 정보를 수집한다.
2. 언어발달기에 있는 어린 유아와 아동 그리고 학령기 이후의 청소년, 성인(마비말장애) 등의 대상 연령대를 고려한 뇌성마비 언어 및 구어 진단평가방식을 고려해야 한다.

3. 뇌성마비 선별평가에서는 크게 말운동장애와 언어능력의 손상(언어장애)의 측면에서 전체적인 수준을 구분하는 것이 진단과 치료계획에 도움이 될 것이다.
4. 말산출 시스템-호흡계, 발성계, 공명계, 조음계, 운율계-영역별 수행능력 평가를 통하여 말명료도 저하에 가장 영향을 미치는 요소를 파악해야 한다.
5. 뇌성마비 진단과정에서 조음정확도와 더불어 말명료도 평가는 직·간접적으로 기능적 의사소통능력을 가늠할 수 있는 중요한 정보를 제공한다.
6. 진단과정에서 언어인지력과 말장애의 심한 정도에 따라 보완대체의사소통(AAC) 지도의 필요 여부와 관련 평가를 통해 대상자에 가장 적합한 AAC 방식을 계획해야 한다.

연습문제

1. 뇌성마비 선별평가 요소를 설명할 수 있는가?
2. 뇌성마비 유형별 말장애 특성을 설명할 수 있는가?
3. 뇌성마비 전체적인 진단 영역들을 설명할 수 있는가?
4. 뇌성마비 말산출력 평가 영역과 평가 과제를 설명할 수 있는가?
5. 뇌성마비 말명료도 평가 방식을 설명할 수 있는가?
6. 뇌성마비 아동을 대상으로 한 진단보고서를 계획할 수 있는가?

참고문헌

고도홍(2015). 음성언어의 측정, 분석 및 평가. 서울: 학지사.

김민주, 한경임(2014). 중도뇌성마비아동의비상징적의사소통표현양식과기능분석. 지체중복건강장애연구, 57(3), 251-275.

박은영, 김원호, 채수정(2014). 한국판 의사소통 기능 분류 체계의 신뢰도 및 타당도 검증. 지체·중복·건강장애연구, 57(3), 185-203.

박은영, 김원호, 채수정(2014). 한국판의사소통기능분류체계의신뢰도및타당도. 지체중복건강장애연구, 57(3). 185-203.

이영미, 성지은, 심현섭, 한지후, 송한내(2012). 마비말장애인의조음오류유형에다른말명료도분석. 언어청각장애연구, 17, 30-142.

이옥분(2010). 말소리 명료도와 모음공간면적의 상관성. 코기토, 68, 7-26.

이옥분, 김선희, 김선우 역(2014). 아동기운동구어장애. 서울: 박학사.

이옥분, 김소연(2009). 음성장애의 청지각적 평가를 위한 등간척도법 비교-예비연구. 언어치료연구, 18(2), 1-15.

이옥분, 박상희, 남현욱(2012). 뇌성마비 화자의 말명료도 매개변수 간의 상관성 연구. 예비연구, 21(3), 115-126.

이지윤, 강은희, 이옥분(2011). 학령기청각장애아동의단어명료도및말자연스러움특성연구. 언어치료연구, 25(4), 273-282.

정해동, 김주영, 박은혜, 박숙자(1999). 장애학생을 위한 보완대체의사소통지도. 국립특수교육원.

Ashwal, S., Russman, B. S., Blasco, P. A., Miller, G., Sandler, A., Shevell, M., & Stevenson, R. (2004). Practice Parameter: Diagnostic assessment of the child with cerebral palsy. *Neurology, 52*(6).

Geytenbeek, J. J. M., Vermeulen, R. J., Becher, J. G., & Oostrom, K. J. (2014). Comprehension of spoken language in non-speaking children with severe cerebral palsy: an explorative study on association with motor type and disabilities. *Developmental Medicine & Child Neurology, 57*, 294-300.

Hardy, J. (1983). *Cerebral palsy. Englewood Cliffs.* NJ: Prentice-Hall.

Hidecker, M. J. C., Paneth, N., Rosenbaum, P. L., Kent, R. D., Lillie, J., Eulenberg, J. B., Chester, K., Johnson, B., Michalsen, L., Evatt, M., & Taylor, K. (2011). Developing and validating the Communication Function Classification System (CFCS) for individuals with cerebral palsy. *Developmental Medicine and Child Neurology, 53*(8), 704-710. doi: 10.1111/j.1469-8749.2011.03996.x, PMC3130799.

Hirano, M. (1981). *Clinical examination of voice.* New York: Springer-Verlag.

Hustad, K. C. (2008). The relationship between listener comprehention and intelligibility scores for speakers with dysarthria. *Journal of Speech, Language, and Hearing Research, 51*(3), 562-573.

Kent, R. (1994). *Reference manual for communicative science and disorders.* Austin, TX: PRO-ED.

Love, R. J. (2000). *Childhood motor speech disability.* Allyn and Bacon.

Lundy, C. Lumsden, D., & Fairhurst, C. (2009). Treating complex movement disorders in children with cerebral palsy. *Ulster Medical Journal, 78*(3), 157-163.

McCauley, R. J., Strand, E. A. (2008). A review of standardized tests of nonverbal oral and speech motor performance in Children. *American Journal of Speech-Language Pathology, 17,* 81-91.

Parkes J, Hill N, Platt MJ, Donnelly C. (2010). Oromotor dysfunction and communication impairments in children with cerebral palsy: a register study. *Developmental Medicine & Child Neurology, 52,* 1113-1119.

Pennington, L. (2016). Speech, language, Communication, and cerebral palsy. *Developmental Medicine & Child Neurology, 58,* 530-540.

Pennington, L., Pearce, M., Colver, A., McConachie, H., & Gibson, M. (2008). Predicting the development of communication skills by children with motor disorders. *Development of children with motor disorders.* Protocol version 2.

Voorman, J. M., Dallmeijer, A. J., van EM, Schuengel, C., & Becher, J. G. (2010). Social functioning and communication in children with cerebral palsy: association with disease characteristics and personal and environmental factors. *Developmental Medicine & Child Neurology, 52,* 441-447.

Yorkston, K. M., Beukelman, D. R., Strand, E. A., & Hakel, M. (2010). *Management of motor speech disorders in children and adults* (3rd ed.). PRO-ED Publishing.

Cerebral Palsy Alliance. https://cerebralpalsy.org.au/our-research/about-cerebral-palsy/what-is-cerebral-palsy/severity-of-cerebral-palsy/gross-motor-function-classification-system/

부록 1

뇌성마비 유아 및 아동 언어발달에 관한 부모설문지

(김선희, 이옥분, 2011)

이름	성별: 남 / 여	No.
진단명		평가 날짜
생년월일 연령	평가자: 부 / 모 / 조부 / 조모 /기타( )	

■ 질의 사항 ■ 반응 수준

☞ 기본적 의사소통 수준

1. 자녀가 말을 할 수 있나요?	전혀	아주 약간	많이
2. 당신의 자녀의 말을 이해할 수 있나요?	아니요	상당히	잘
3. 당신의 자녀가 대안적인 도구를 사용하나요?		아니요	예

주의점: 위의 항목들 모두에 "아니요"라고 대답한다면, 선별 설문지를 중단한다.

☞ 이름대기 수준

1. 아동과 친밀한 환경 속에 있는 사물들을 말하나요?	전혀	가끔	대부분
2. 신체의 이름을 말할 수 있나요?	전혀	가끔	대부분
3. 음식(빵, 과일, 과자 등)의 이름을 말하나요?	전혀	가끔	대부분
4. 색깔의 이름을 말하나요?	전혀	가끔	대부분
5. '이것/저것(여기, 저기)'에 해당하는 말을 하나요?	전혀	가끔	대부분
6. '-위해, -에, -로 등'의 말을 사용하나요?	전혀	가끔	대부분
7. 그 사람, 당신, 너, 우리, 그것 등의 말을 하나요?	전혀	가끔	대부분
8. '난 누구다, 간다, 원한다, 먹다, 마시다 등'의 동사 표현 사용하나요?	전혀	가끔	대부분
9. '언제, 어디서, 어떻게 등'과 같은 표현을 하나요?	전혀	가끔	대부분
10. '아니, 안 돼, 못 해, 안 해(할 수 없어, 그건 아니야 등)'의 부정 표현을 하나요?	전혀	가끔	대부분

☞ 문법 수준

11. 과거형 단어들을 표현하나요?	전혀	가끔	대부분
12. '-먹고 있다, -가고 있다, -하고 있다 등'의 진행형 표현을 하나요?	전혀	가끔	대부분
13. '장난감들, 과자들, 저것들 등'의 복수형 표현을 하나요?	전혀	가끔	대부분

☞ 대화 기술 수준

1. 통 몇 개 단어(음절) 수준에서 말 표현을 하나요?	1	2	3	4	5	더 많이

2. 대화 시 주고받기 잘하나요?	전혀	때때로	보통
3. 질문에 대답하려고 노력하나요?	전혀	때때로	보통
4. 대화 주제를 스스로 이끌어 내나요?	전혀	때때로	종종
5. 상대방의 반응에 따라 아동이 다시 말을 반복해서 표현하나요?	전혀	때때로	보통
6. '감사합니다, ~해 주세요, 제발… 등'의 예의 있는 요구표현을 하나요?	전혀	때때로	보통
7. 다른 사람에게 어떤 지시나 명령의 말표현을 하나요?	전혀	때때로	보통
8. 약속표현을 하나요?	전혀	때때로	보통

부록 2

뇌성마비 중등도 선별 평가지

(이옥분)

이름:　　생년월일(나이):　　성별:
뇌성마비 유형 :　　　　평가자:

♣ 신체운동 및 감각지각 장애 중등도 지표

	문제없음	아주 미약	경도	중도	심각	기타 소견
시각	0	1	2	3	4	
청각	0	1	2	3	4	
손의 사용	0	1	2	3	4	
팔의 사용	0	1	2	3	4	
손과 팔의 협응	0	1	2	3	4	
착석유지	0	1	2	3	4	
머리-몸통체간유지	0	1	2	3	4	
보행	0	1	2	3	4	

♣ 의사소통능력 중등도 지표

	문제없음	아주 미약	경도	중도	심각	기타 소견
발성(음성)	0	1	2	3	4	
발화	0	1	2	3	4	
의사소통 기능	0	1	2	3	4	
제스처-의사소통	0	1	2	3	4	
언어이해력	0	1	2	3	4	
인지력	0	1	2	3	4	
조음운동	0	1	2	3	4	
전체 중등도	0	1	2	3	4	

부록 3

마비말장애 말산출력 기초 평가

Protocol for Assessment of Speech Intelligibility by Dysarthria(PASID)

(이옥분)

※ 다음 평가내용은 발성이나 발화산출이 가능한 뇌성마비 어린아동 및 학령기 이후 청소년, 마비말장애 성인을 대상으로 가능합니다.

평가영역	평가실시	전체적인 평가수행력
단어수준 명료도	평가포인트: 단어수준의 명료도 과제: 친숙한 일상표현어휘 그림 말하기 ▲ 다음의 제시되는 그림을 말해 보세요. (단어(25): 컵, 고구마, 시계, 바람, 자동차, 식당, 저녁, 엘리베이터, 은행, 병원, 버스, 강아지, 바나나, 휴대폰, 인터넷, 화장실, 감사, 사과, 아프다, 먹다, 가다, 큰, 행복, 달리다, 친구) ✓ [0] 알아들을 수 없음 [1] 대체로 불명료함 [2] 약간 불명료함 [3] 대체로 명료함 [4] 정상 ✓ 말한 단어 × (척도 4) = 100점	[0] very severe [1] severe [2] moderate [3] mild [4] almost normal [5] normal
문장수준 명료도	평가 포인트: 자발화 수준의 명료도 과제: 자발화 ▲"이 그림에 대해 설명해 보세요." (상황그림 제시) ▲"이 글을 읽어 보세요." (문장카드)	[0] very severe [1] severe [2] moderate [3] mild [4] almost normal [5] norma
호흡능력	평가 포인트: 연장발성을 통한 호기 연장시간 과제: 연장발성 ▲ "숨을 깊이 들이마시고, 한번에 최대한 길게 '아~~~' 연장하시기 바랍니다."(치료사 모델링 제시) 1회 실시: ____초 2회 실시: ____초 평균: ____초	[0] very severe [1] severe [2] moderate [3] mild [4] almost normal [5] normal

발성능력	평가 포인트: 음성의 이상 유무 과제: 모음연장발성 ▲ 모음 '아'를 길게 발성해 보세요. ▲ 모음 '이'를 길게 발성해 보세요. ▲ 문장읽기 ① 음도: 적절함 ____/높음 ____/낮음 _____/변동 ② 강도: 적절함 ____/큼 _____/작음 _____/변동 ③ 음질: 적절함 ____/거침 ____/쪼여짐 ___/ 목쉰음성 ____/성대프라이 ____	[0] very severe [1] severe [2] moderate [3] mild [4] almost normal [5] normal
공명	평가 포인트: 콧소리 (비성): 적절함/과대비성/ 과소비성/비유출 과제: 콧구멍 막고 단어 말하기 ▲ 코를 막고 단어와 구문을 평소대로 말해 보세요(단어와 구문 반복하기). → 콧구멍이 막혔을 때 소리가 다르게 지각되는 단어들에 표시를 하세요. ▷ 단어 구성: 고모음/중모음/저모음/으로 구성 ▲ 숫자 1~10까지 헤아리기	[0] very severe [1] severe [2] moderate [3] mild [4] almost normal [5] normal
운율 (속도)	평가 포인트: 말속도와 운율 과제: 그림설명하기, 문장읽기 ✓ 말속도: 적절함/느림/빠름/변동 ✓ 운율: 자연스러움/약간 부자연스러움/보통 부자연스러움/매우 부자연스러움 ▲ 강세 패턴 모방하기 "다음 문장의 치료사 말소리를 듣고 따라 해 보세요(아래 문장의 고딕체 단어의 강세를 주어 말하기)." ✓ 운율: 변화 있음/약간 변화 있음/변화 없음 • **난** 기분이 좋아요. • 난 **기분이** 좋아요. • 난 기분이 **좋아요**.	[0] very severe [1] severe [2] moderate [3] mild [4] almost normal [5] normal
전체 영역 평가	평가 포인트: 명료도 저하에 가장 영향을 많이 미치는 영역을 위계화하기 ✓ 아래 말산출 영역 전체를 **상호 비교**하여 가장 심하다고 판단되는 영역을 척도로 표시하기(점수가 높을수록 심함을 의미) • 말명료도 점수: (순위대로 평가) ■ 호흡 [0]-[1]-[2]-[3]-[4]-[5] ■ 발성 [0]-[1]-[2]-[3]-[4]-[5] ■ 공명 [0]-[1]-[2]-[3]-[4]-[5] ■ 조음 [0]-[1]-[2]-[3]-[4]-[5] ■ 운율(속도) [0]-[1]-[2]-[3]-[4]-[5]	

부록 4

발화 전체 자연스러움에 대한 평가

(이지윤, 강은희, 이옥분, 2011)

아동명: 성별: 연령:

평가자: (부모, 언어치료사, 학생 임상가)

뇌성마비 중증도: 신체 말

※ 아동이 발화한 문장을 듣고 각 영역에 해당하는 점수를 체크하도록 한다.
〈평가지〉 => 아동의 발화 전체의 자연스러움 정도에 대해 평가합니다.

평가영역	평가척도	평가요인
1. 음도	[0] [1] [2] [3] [4] [5] [6] Not natural very natural	말소리 높낮이(음도)의 적절성 평가 성별, 나이에 적절한 음도인지를 평가
2. 강도	[0] [1] [2] [3] [4] [5] [6] Not natural very natural	대화(과제유형)시 적절한 목소리 크기로 이야기하는지 정도를 평가
3. 음질	[0] [1] [2] [3] [4] [5] [6] Not natural very natural	음질의 자연스러움 평가 허스키하거나 쪼여지거나 긴장되거나 떨림이 있는 목소리는 이상이 있음
4. 억양	[0] [1] [2] [3] [4] [5] [6] Not natural very natural	말소리 전반적으로 외국어하는 듯한 혹은 어색한 어조가 지각되는 정도 평가
5. 말속도	[0] [1] [2] [3] [4] [5] [6] Not natural very natural	말의 빠르기 정도를 평가
6. 조음민첩성	[0] [1] [2] [3] [4] [5] [6] Not natural very natural	말을 하는 동안 조음동작이 민첩한가 둔한가 정도를 평가
7. 발화정확성	[0] [1] [2] [3] [4] [5] [6] Not natural very natural	발화내용을 어느 정도 알아들을 수 있는지의 정도 평가
8. 전체적인 자연스러움	[0] [1] [2] [3] [4] [5] [6] Not natural very natural	발화 전체에서 느껴지는 자연스러움정도 평가

제 14 장

구개파열 진단 · 평가

⋮

허명진

◐ 이 장의 목표

- 구개파열의 종류를 설명할 수 있다.
- 구개파열 관련 주요 용어를 설명할 수 있다.
- 인터뷰를 통해 사례정보를 얻을 수 있다.
- 구개파열 선별검사와 진단도구를 열거할 수 있다.
- 구개파열 평가결과를 해석할 수 있다.

➲ 핵심 용어

- **과다비성** 모음이나 장애음과 같은 구강음을 산출하는 동안 구강과 비강이 분리되지 못하고 비정상적으로 비강공명이 나타나는 공명장애 형태이다.
- **과소비성** 비음(/m, n, ŋ/) 산출할 때 비인두나 비강통로가 막혀서 비강공명이 감소하는 공명장애 형태이다.
- **구개파열** 임신초기(3개월간)에 발생하는 선천성 기형으로, 연구개 또는 경구개에 생기는 파열이다.
- **구순열** 임신초기(3개월간)에 발생하는 선천성 기형으로 입술 또는 치조에 생기는 파열이다.
- **맹관공명** 말하는 동안 비정상적인 공명으로 음향에너지가 성도 한쪽 끝에 갇혀 다른 한쪽 출구로 전달되는 경우를 말한다. 마치 말을 할 때 입 밖으로 산출되지 않고 공명강 안에서 맴도는 듯한 둔탁한 소리로 지각된다.
- **보상적 오류** 연인두 형성 부전이나 부정교합과 같은 비정상적인 구강구조나 연인두 기능 부전 혹은 비정상적인 생리적 기능에 대한 보상 반응으로 비정상적인 위치에서 산출되는 조음형태이다.
- **비누출** 발성할 때 코로 기류가 부적절하게 새어 나오는 것을 말하며, 이러한 누출은 연인두 폐쇄부전으로 인해 나타나며 말소리를 왜곡시킨다.
- **연인두 폐쇄부전** 연구개와 인두밸브가 제대로 움직이지 못하는 비정상적인 연인두 기능을 말한다.
- **점막하 구개파열** 구개구조들이 결합될 때 구개 밑에 있는 구조에 선천적인 결함으로 발생되는 파열이다. 구강 측 표면구조는 정상이지만, 연구개 근육이 약하고 경구개의 뼈 구조에도 결함이 존재하는 경우이다.

I. 구개파열 개관

태아기 동안 구개와 입술은 정상적인 융합이 일어나야 하지만 해부학적 조직이 갈라지면서 틈이 발생하면 '파열'이 생기게 된다. 파열은 해부조직들이 정상적으로 융합을 이루지 못하면서 비정상적인 형태를 갖추게 된다.

구개의 발달은 임신 8~9주에 시작되며, 구개형성은 먼저 절치공 부근에 전상악(premaxilla)과 구개선반이 먼저 융합되고, 양쪽 구개선반이 융합된다. 그리고 정중구개봉합선을 따라 뒤쪽으로 향해 이동하며 경구개가 완성된다. 이후 비강측 표면과 구강측 표면이 융합되면서 연구개가 완성되는데 비강측면에 비해 구강측면의 근육이 먼저 융합될 경우 점막하파열이 나타날 수 있다. 이와 같이 경구개와 연구개의 융합은 임신 12주 무렵에 완성된다. 이 시기에 융합이 이루어지지 않으면 파열이 된다. 파열은 크게 구개파열과 구순열, 점막하 파열로 구분된다. 구순열은 구개는 정상적으로 융합되었지만, 입술 융합이 이루어지지 않는 것이다. 구개파열은 절치공을 기점으로 1차 구개파열과 2차 구개파열로 구분되며, 1차 구개파열은 절치공 앞의 구조물로 입술을 포함하며 종종 치조(전구개)도 포함한다. 점막하 파열은 이분구개수 혹은 구개수 형성부전이 나타난다. 또한 연구개에서 투명대(푸르스름한 색)를 관찰할 수 있다. 뿐만 아니라 촉진으로 경구개 후방 경계선에 절흔을 관찰할 수 있으며 구개뼈 부분의 가장자리에서 확인이 가능하다(Kummer, 2014).

II. 진단 · 평가 내용 및 방법

1. 인터뷰

구개파열 아동를 진단하거나 선별하는 데 앞서 언어재활사는 아동의 부모나 가족들과 첫 면담을 실시한다. 이때 언어재활사들은 필요한 정보를 얻기 위해 질문지를 만들어 제공하는 것이 효율적일 것이다. 여기에는 반드시 부모의 심리, 아동의 말 언어문제, 의학 및 교육 정보 등과 같은 배경정보가 포함되어야 한다. Kummer(2014)는 영유아를 위한 부모용 설문지를 제시하였는데, 언어재활사들은 부모들과 면담할 정보를 이 질문지를 참조한다면 필요한 정보를 효과적으로 얻을 수 있을 것이다.

〈표 14-1〉 구개파열 아동의 상태를 파악하기 위한 부모용 설문지(Kummer, 2014)

부모용 질문지
현재 문제
• 자녀의 말에 대해 걱정하는 문제는 무엇입니까? • 이 문제에 대해 언제부터 걱정하기 시작하였습니까? • 자녀가 평가를 받아 보도록 권한 사람은 누구이며, 어떤 문제를 지적하였습니까?
조음
• 아이가 음성놀이(옹알이)를 할 때 주로 어떤 소리를 냅니까? 모음만 냅니까? 자음도 냅니까? • 자음을 낸다면 어떤 자음을 내는 것 같습니까? • 그 자음을 단독으로 한 번만 산출합니까? 아니면 연속해서 산출합니까? • 아이가 재잘거리거나 알 수 없는 소리를 냅니까? • 아이가 낱말을 말합니까? • 아이의 말을 모두 알아듣겠습니까? 대부분 알아듣겠습니까? 약간 알아듣겠습니까? 아니면 거의 알아듣기 힘듭니까? • 낯선 사람은 아이의 말을 얼마나 알아듣습니까? • 아이가 특별히 어려워하는 말소리가 있습니까?
공명
• 아이가 콧소리를 냅니까? 만약 그렇다면 코로 소리를 내는 것 같습니까? 아니면 감기에 걸린 소리 같습니까? • 말할 때 코로 바람이 나오는 것이 들린 적이 있습니까? • 아이가 말할 때 거품이 끓는 것 같은 소리나 콧속에서 마찰음이 나는 것이 들린 적이 있습니까?

- 언제 비성 문제가 있는 것을 처음 알게 되었습니까?
- 갑자기 시작되었다면 어떤 계기나 원인으로 시작된 것 같습니까?
- 아이가 아데노이드(인두편도) 절제술을 받은 적이 있습니까? 그렇다면 이후 말소리가 달라졌습니까?날씨, 알레르기, 피로 등에 따라 말소리가 달라집니까?

언어

- 아이가 몸짓, 낱말, 짧은 구, 불완전한 문장, 완전한 문장 중 어떤 수준으로 의사소통을 합니까?
- 한 번에 보통 몇 개의 낱말을 연결하여 말합니까?
- 문장을 말할 때 조사도 포함되어 있습니까?
- 아이가 또래랑 말을 합니까?
- 아이가 다른 사람의 말을 얼마나 알아듣는지, 지시를 어느정도 따를 수 있는지 걱정해 본 적이 있습니까?

병력

- 아이가 선천적인 문제를 갖고 태어났습니까? 그렇다면 어떤 문제입니까? 언제, 어떻게 치료를 받았습니까?
- 아이가 의학적 문제를 갖고 있거나, 의학적 진단을 받았거나 질병을 갖고 있습니까?
- 아이가 수술을 받은 적이 있다면 어떤 수술을 받았습니까?
- 아이가 정기적으로 복용하는 약이 있습니까? 있다면 어떤 문제 때문입니까?
- 아이는 소리를 잘 듣습니까? 최근에 청력검사 한 때는 언제입니까?
- 귓병을 앓은 적이 있습니까? 그렇다면 어떤 치료를 받았습니까?
- 아이의 시력에 문제가 있습니까?
- 아이의 신체발달에 문제가 있습니까?

발달력

- 영유아 시기에 대체로 아이가 조용한 편이었습니까? 아니면 소리를 많이 내는 편이었습니까?
- 초기 말 발달에 대해 걱정하였습니까?
- 첫돌 무렵에 낱말을 사용하기 시작하였습니까?
- 아이가 언제부터 앉고, 서고, 걷는 것이 가능하였습니까? 다른 아이들과 비교할 때 정상적이었습니까? 늦었습니까?
- 첫돌 무렵에 걷기 시작하였습니까?
- 유치원이나 학교에서 학습하는데 문제는 없습니까?

섭식 및 구강운동
• 씹기, 빨기, 삼키기에 문제는 없습니까?
• 섭식문제가 있었던 적이 있습니까?
• 일과 중에 침을 흘리거나 입을 벌리고 있습니까?
기류
• 아이가 밤에 코를 곱니까?
• 잠잘 때 호흡을 멈추거나 밤에 잠을 못 이룬 적이 있습니까?
• 아이가 일상생활에서 입으로 숨을 쉽니까? 아니면 코로 숨을 쉽니까?
• 아이가 일상생활에서 숨을 쉴 때 소음이 들립니까?
• 아이가 알레르기나 천식이 있거나 만성적 점막충혈이 있습니까?
언어치료이력
• 말-언어평가나 치료를 받아 본 적이 있습니까?
• 현재 언어치료를 받고 있습니까? 받고 있다면 치료목표는 무엇입니까?
• 최근 6개월 이내에 말소리가 좋아졌습니까? 그렇다면 어떻게 좋아졌습니까?

출처: Kummer(2014).

아동과 관련된 정보는 부모로부터 받지만, 성인의 경우에는 당사자와 사례면담을 통해 정보를 얻는 것이 중요하다. 구순구개열을 가진 아동은 영유아기부터 체계적인 진단평가가 이루어진다. 반면에 성인이 되어서 점막하 구개파열을 알게 되거나 아데노이드 비대 수술로 인한 연인두 기능저하로 공명장애를 가진 경우에는 다음과 같은 내용으로 사례조사를 실시한다.

- 대상자가 자신의 문제점을 인식하고 있는가?
- 자신의 음성문제의 원인에 대해 파악하고 있는가?
- 구강, 비강, 인두강과 같은 구조적 결함과 기능적 문제가 있는가?
- 성형외과 진료를 받은 경험이 있는가? 있다면 원인은 무엇인가?
- 말할 때 비음이 많이 나오는가? 아니면 비음 산출이 어려운가?
- 중이염을 자주 앓거나 오래 앓은 경험이 있는가?

이상과 같이 성인의 경우 자신의 말소리의 문제점을 정확하게 파악하여 안내하는 것이 중요하다. 따라서 사례력 조사를 통해 구개파열 아동 및 성인의 병력이나 다양한 영역의 발달상태를 파악하고 평가에 임해야 할 것이다.

2. 선별

일반적으로 선별은 장애유무로 진단을 내리기 전에 장애 가능성을 의심하는 단계로, 선별에서 장애가 의심된다면 공식 검사를 실시해야 한다. 따라서 공식 검사처럼 정해진 틀에서 검사를 진행하기보다 간단하고 짧은 시간 안에 선별검사가 실시되어야 한다. 구순구개열의 언어발달에 영향을 미치는 요인은 청각적 문제, 신체발달 및 신경학적 문제 등이 있다. 따라서 구개파열아동의 언어 선별검사는 언어장애 아동의 선별과 유사하게 상담을 통해 간단하게 파악이 가능하다. 숙련된 언어재활사일 경우 사례력을 조사하면서 언어적 문제를 파악하기도 하며, 대상 아동이나 성인의 음성과 조음능력을 파악하기 위해 간단한 대화나 단어산출을 통해 선별하기도 한다. 숙련된 언어재활사의 귀는 실제로 구개파열 아동과 성인의 말, 공명, 연인두 기능을 판단하는 데 중요한 역할을 한다. 구개파열 아동의 음성상태를 파악하기 위해서는 몇 가지 단어를 모방하도록 유도해야 한다. 이를테면 '아빠, 파도, 사과, 차, 컵, 토끼'와 같은 파열음과 파찰음으로 구성된 단어를 제시하여 구강 내 기류압 정도를 확인하거나 '엄마, 이모, 나무, 마음'와 같은 비음으로 구성된 단어를 활용하여 비강 내 기류흐름을 확인할 수 있다. 아동들의 경우 선별진행이 어려울 수 있으므로 부모에게 유도하는 것도 좋은 방법이 될 수 있다. 선별검사 과정에서 아동에게 다음과 같은 증상이 보인다면 구개파열을 의심해야 할 것이다.

〈표 14-2〉 연령에 따른 선별검사 과정에서 나타날 수 있는 증상

		말소리 증상
영아기	8~10개월	• 옹알이 산출 시 옹알이 목록에서 전방위 파열음이 없음 • /m, w, j, ʔ/를 사용하여 옹알이함 • /h/음 함께 산출됨 • 모음목록이 확장됨
	18개월	• 간헐적 삼출성 중이염 병력이 잦음 • 10~15개 단어 정도 사용하지만 단어확장이 느림 • /m/음과 모음으로 시작해서 대부분 단어를 말함 • 코로 바람이 새는 것 같음
	24개월	• 마찰음은 연구개 및 구개마찰음과 함께 다양하게 산출 • 성문파열음 및 구강마찰음이 출현함 • 단어의 마지막 음소 중 압력자음의 경우 간헐적인 비강유출이나 동시조음이 산출 • /t, d, s/음의 구개음화 및 연구개음화. 단어의 마지막 음소와 모음 사이에 위치한 압력자음을 성문파열음으로 대치
학령전기		• /m, n, j, w/ 등의 자음산출 • /h/음이 나타남 • 성문파열음이 난무함
학령기		• 과대비성과 비강유출이 나타남 • 고압력자음을 성문파열음으로 대치하거나 동시조음 • 목표음 생략과 비마찰음으로 산출

출처: Peterson-Falzone et al. (2009).

3. 평가 및 진단

구개파열 아동과 성인은 해부학적 문제로 구개 조음기관의 움직임이 저하되고 구개 봉합수술 후 구개 조직과 기능의 변화가 생길 수 있으므로 추적 · 평가해야 한다. 그러기 위해서는 정확한 평가와 진단이 매우 중요하다. 구개파열 대상자들의 말소리 정확도와 공명상태를 평가하기 위해서는 앞서 선별에서 언급하였듯이 훈련되고 숙련된 검사자의 귀를 통해 평가하는 청지각적 방법 혹은 주관적인 방법이 있다. 또한 검사기기를 활용하여 심한 정도를 수치적으로 평가

는 객관적인 평가가 있다. 이외에 시진, 청진, 촉진으로 진행하는 평가방법도 있다. 임상현장에서 대부분 객관적인 평가와 주관적인(청지각적) 평가가 일반적으로 많이 활용하며, 치료하는 과정에서 시진이나 청진, 촉진을 활용하여 말소리의 문제를 인식시켜 주기도 한다.

1) 객관적인 평가

객관적인 평가는 구개파열 대상자의 말소리에 비성정도를 평가하는 비음측정치검사(nasometer)와 연구개 기능저하로 인한 구강기류와 음압을 평가하는 공기역학적 평가(PAS/Aerophone II), 연구개와 인두 기관의 움직임을 시각적으로 평가하는 기기에는 비디오 내시경(Videoendoscopy)과 비디오 투시검사(Videofluroscopy)가 포함된다. 각 검사기기의 목록과 평가 내용을 정리하면 다음과 같다.

〈표 14-3〉 구개파열 대상자의 객관적인 검사

검사도구	검사 내용
비디오 내시경 (video endoscopy)	• 연인두 구조와 기능 검사 • 유연한 광섬유 내시경을 비강통로로 삽입 • 말산출 시 연구개와 후인두벽, 측인두벽의 활동을 확인 • 연인두 기능을 방해하거나 폐쇄를 촉진하는 문제점(아데노이드와 편도, 비염 등)을 육안으로 확인 가능 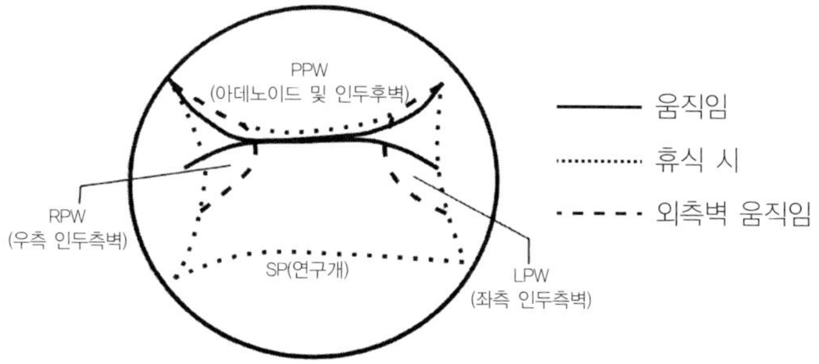 **[비인두내시경을 통한 구강음 산출 시 연인두 움직임]** 출처: 한국언어재활사협회(2013), p. 166.

<table>
<tr><td>비디오
투시검사
(video
fluroscopy)</td><td>• 말을 산출할 때 연인두 폐쇄 정도를 진단
• 진단방사선에서 사용하는 영상기술
• 방사선사와 언어재활사가 실시</td></tr>
<tr><td>비음측정치
검사
(nasometer)</td><td>• 말을 산출하는 동안 코와 입을 통해 전달되는 음향에너지의 평균치를 제시
• 비성도(nasalance) 측정치 제시: 범위 0~100%
• 시간 경과에 따른 추적 조사에 용이
• 단어와 문장으로 비성도 측정가능
<table>
<tr><th></th><th>과다비성</th><th>과소비성</th></tr>
<tr><td>단어</td><td>파열음, 마찰음으로 구성된 단어 리스트</td><td>비음으로 구성된 단어리스트</td></tr>
<tr><td>문장</td><td>엄마문장: 엄마는 항상 레몬 잼을 만들어 이모랑 누나랑 나누어 줍니다. 우리엄마 좋은 엄마(비성도: 35%) (김성일, 백진아, 신효근, 김오환, 2000).</td><td>바다문장: 월요일 오후 바닷가에 가서 조개 새우를 잡고 화요일 새벽에 돌아오겠다(비성도: 11~18%).
토끼문장: 거북이와 토끼의 달리기 이야기죠. 토끼가 사기히고 달리기 시합하자고 크게 소리치자 거북이가 그러자고 했어요(비성도: 15~25%) (김성일 외, 2000).</td></tr>
</table>
• 비성도 계산법
비성도(nasalance) = 비강음향에너지(nasal acoustic energy)/ 비강음향에너지 + 구강음향에너지(nasal + oral acoustic energy) × 100%
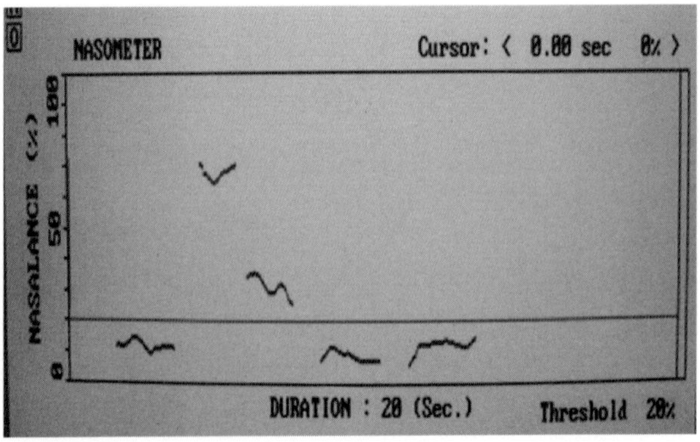

</td></tr>
</table>

비음측정치 검사 (nasometer)	• 비성도에 따른 분류(Dalston et al., 1991; Hardin et al., 1992) - 과다비성 정상(no nasality): 0～20% 경도(mild nasality): 20～35% 중도(high nasality): 35～50% 심도(severe nasality): 50% 이상 - 과소비성 비음 + /아/ 모음단어: 50% 미만 비음 + /이/ 모음단어: 75% 미만
공기역학적 평가 (Phonatory Aerodynamic System/ Aerophone II: PAS)	• 연인두 기능이 공기역학에 미치는 영향을 정량화하여 비강기류와 구강압의 측정 • 구강압력자음 산출 시 평균 구강압이 3cm$H_2$0이고 비강기류가 초당 300*ml* 초과할 경우 연인두 개방 의심 • 파열음 산출 시 구강압을 형성해야 하는데 연인두 개방 시 비강기류가 증가하면서 구강압이 낮아짐

앞의 객관적인 평가는 구개파열의 심한 정도를 수치적으로 나타나므로 평가 결과에 대해 타당성과 신뢰성을 제시한다. 그러나 대상자의 협조가 안 되거나 검사기기의 헤드셋이나 마스크 사용을 거부할 경우 이 평가는 불가능하게 된다. 이러한 경우 언어재활사의 숙련되고 훈련된 귀가 평가도구가 되어야 한다. 즉, 언어재활사의 청지각적 평가로 구개파열 아동의 말소리 공명문제와 발음오류를 진단해야 한다.

2) 지각적 평가

구개파열 대상자들 대부분은 공명문제와 보상조음을 산출한다. 구개가 파열되면서 비강과 구강 기능 장애로 과대비성이 나타나고, 발성 시 공기기류가 구강이 아닌 비강으로 흐르면서 비누출이 나타난다. 그렇다 보니 조음오류로 보상조음을 산출하게 된다.

이렇듯 공명기능과 조음정확도를 평가하기 위해서는 앞서 언급한 검사기기를 활용한 객관적 평가 이외에 전문가의 청지각적 평가가 요구된다.

구개파열 대상자들의 비성성은 임상경험이 풍부한 전문가의 청지각적 평가로 실시한다. 이 비성성의 중증도를 평가하기 위해 일부 연구자들은 7점 수준의 등간평정척도를 이용하도록 권하였다(McWilliams, Morris, & Shelton, 1990; Subtelny, Van Hattum, & Myers, 1972). 그러나 중증도 평정척도가 클수록 신뢰도가 떨어지는데, 이것은 구개파열 대상자의 평가과제가 다양하고, 말의 속도나 발화길이, 발성에 따른 피로도 등이 영향을 미칠 수 있기 때문이다. 이에 검사자가 중증도를 가장 효과적으로 평가하는 척도는 4점 척도(정상, 경도, 중등도, 중도)라 하였다(Kummer, 2014). 비성성을 평가하는 항목은 〈표 14-4〉와 같다.

〈표 14-4〉 비성성 평가항목

과다비성	• /i/, /a/ 모음 비교 : 과다비성은 특정음소에서 나타나는 경우가 많으므로, /i/ 모음이 있는 음절을 산출하게 하여 /a/ 모음을 포함한 음절과 비교하여 공명을 비교한다. • 연속구어 산출 시 파열음, 파찰음과 같은 압력자음에서 비음 정도는 어떠한가? 파열음과 파찰음, 마찰음과 같은 구강내 압력이 높은 자음에서 구강압이 약해서 약한 자음으로 산출된다. 또한 비누출이 동반되거나 과다비성이 나타난다. • 연속구어 산출 시 비음, 공명음에서 비성 정도는 어떠한가? • 연속구어 산출 시 과다비성과 과소비성 모두 나타나는가?
과소비성과 맹관공명	• 연속된 구어 중 비음, 모음 및 공명음에서 과소비성 혹은 맹관공명이 지각되는가? • 아데노이드 비대 여부 • 인두피판의 방해 유무 • 비강 내 기류방해 여부: 감기, 비염알레르기

구개파열 대상자들은 공명뿐만 아니라 조음오류도 두드러진다. 구개파열 대상자의 말명료도와 조음정확도를 평가하는 검사도구는 표준화된 조음음운 검사나 다양한 말소리 샘플을 활용하여 숙련된 검사자의 주관적인 판단 아래 평가한다. 이 검사 과제는 음소수준, 단어수준과 문장수준과 같은 다양한 언어수준

에서 평가되어야 하며, 주위 음소에 따른 조음변화의 영향을 살펴보아야 한다. 따라서 언어재활사가 구개파열 아동의 말소리 오류를 평가하기 위해서는 적절한 말소리 샘플이 필요하다. 다양한 언어적 환경이나 과제 수행으로 진단을 위한 말 샘플을 수집하는 것이 적절하다.

말소리 오류를 평가하기 위한 말소리 샘플을 수집할 때 다음과 같은 요건을 고려하자.

- 언어과제의 다양성: 대화, 문장 혹은 문단읽기, 자동구어, 단어, 문장반복하기와 같은 다양한 언어 과제에서 말소리 샘플을 수집해야 한다.
- 표준화된 조음검사: 음소목록의 정확도와 오류패턴을 분석하기 위해 표준화된 조음검사를 실시한다. 표준화된 조음검사는 우리말 조음 · 음운평가(Urimal Test f Articulation and Phonology: U-TAP; 김영태, 신문자, 2004), 아동용 발음검사(Assessment of Phonology and Articulation for Children: APAC; 김민정, 배소영, 박창일, 2007)와 구개파열 아동의 말소리 오류에 민감한 특수한 샘플링 문맥에서 샘플 분석이 있다. 구개파열 아동을 대상으로 한 특수한 언어과제의 샘플은 〈표 14-5〉를 참조한다면 효과적일 것이다.

〈표 14-5〉 구개파열 대상자들의 말소리 오류를 평가할 샘플링 과제

언어과제	방법	목적
독립음 저모음-고모음비교 /a/-/i/ 고모음 /u, I/ 자음 /s/	• 코를 가볍게 막으며 모음 /u, i/을 연장발성하기	• 공명변화 파악 • 과다비성 진단 • 구강내압 파악
음절반복 전방위치에서 후방위치까지 순서화된 발화산출: 파파파…카카…하하(양순음에서 성문음) 압력자음과 저모음/a/, 압력자음과 고모음/i/	• 한 번에 하나의 자모음을 평가하기 위해 음절수준에서 음소를 검사 • 촉진이나 시진을 함께 활용 • 치경이나 코밑에 반사판을 둔 후 반복하기	• 개별자음에서 조음위치 문제, 구강내압의 비누출 여부 평가 • 자음목록 분석 • 구강음의 후방화 • 보상조음오류 파악 • 거울의 김서림 탐지

단단어(공식적 조음검사) 우리말 조음 · 음운평가 아동용 발음검사	• 그림이름 명명하기	• 고압력 자음에 대한 비강유출 평가 • 보상오조음 유형 평가 • 구강 목표음의 후방화 오류 유형평가 • 일반적인 오조음 평가
숫자세기 30~40까지 80~90까지	• 30~40에서 /s/음 마찰음과 80~90에서 /ㅍ/음 파열음의 압력자음 검사하기 • 치경이나 코 밑에 반사판을 두고 수 세기	• 30~40은 /s/에 대한 비음도, 비누출 확인 • 80~90에서 존재하면 안 될 비음누출이 30~40에서 나타나는지 확인
문장반복 바다문장/토끼문장 엄마문장	• 반복하여 읽기	• 과소비성 평가 • 과다비성 평가

출처: Peterson-Falzone et al. (2009), 〈표 6-2〉 수정 보완.

이상과 같이 다양한 언어환경에서 숙련된 언어재활사들은 구개파열 아동의 말소리 전반적인 특성을 평가한다. 이외 추가적으로 언어재활사들의 진단을 지원하는 검사들도 있다.

3) 보충검사

숙련된 언어재활사는 단순히 자발화나 따라말하기를 통해 대부분의 특성을 평가할 수 있다. 구개파열을 경험하지 못한 언어재활사의 경우 말의 특성이나 원인을 진단하기 위해 보충검사를 이용하여 진단한다. 이 방법에는 구강검사, 시진(시각적 탐지)과 촉진(촉각적 탐지)이 있다.

구강검사는 구개파열 대상자가 구강구조의 이상으로 말산출과 공명에 영향을 미칠 수 있으므로 구강 구조 및 기능을 평가하고 공명상태를 평가하는 것이다. 말산출과 더불어 신체적 처치가 필요하다. 구강검사를 실시할 때 일부 도구를 이용하면 효과적이다.

- 장갑: 환자와 검사자 간 감염 예방
- 손전등: 구강 내부 관찰 시 조명 제공
- 설압자: 구강 내부 조직의 기능과 움직임을 살펴볼 때 도움이 됨. 영유아의 경우 거부반응(구역질 반사)이 심하므로 주의
- 치과용 거울: 필요에 따라 입천장 상태와 천공 여부 파악
- 알코올 면봉: 오염된 장비 세정

구체적인 구강검사 방법을 간략히 정리하면 다음과 같다.

- /a/ 음을 산출하며 경구개, 연구개, 구개수 끝, 편도, 인두 부분의 구조 및 움직임 관찰, 혀뿌리 부위를 충분히 내려 주면서 실시
- 혀끝 움직임을 파악하기 위해 모음 /e/를 산출하며 내밀도록 유도하거나, 좌우, 상하로 움직이며 관찰
- 연구개와 인두 움직임을 자극하기 위해 모음을 반복해서 산출하도록 유도하거나 필요에 따라 설압자로 혀의 후방 3/4지점을 아래로 누르며 구역질 반사를 유도. 이때 대상자가 검사거부 반응이 나타날 수 있으므로 최후에 활용해야 함. 이외 혀의 중간부위에서 앞쪽으로 세게 누르며 혀의 근육저항을 관찰
- 촉진 혹은 치과용 거울을 활용하여 경구개의 가장자리에 패임나 천공 여부를 확인

시진과 촉진 평가는 말소리 산출 특성을 명확하게 판단하는 것을 지원할 수 있다. 시진검사는 현장에서 거울, 바람갈퀴, See-Scape을 활용한다.

- 거울 검사: 비누출 여부를 판단하는 데 활용함. 구개파열 대상자에게 압력자음을 산출할 때 콧구멍 아래 거울을 대어 김서림이 생기면 '비누출이 있음'으로 판단. 이때 주의해야 하는 것은 발화 끝에 숨을 쉴 경우 연구개가 하강하여 콧구멍으로 공기가 나오게 되어 김서림이 나타남. 압력자음을 활

용한 음소에서 평가해야 함

- 바람갈퀴 검사: 종이를 잘라 노모양이나 주걱모양으로 만들어 고압력 자음을 산출한 음절을 반복하여 산출하게 할 때 콧구멍 아래 이 종이를 대어 관찰함. 종이의 움직임으로 비누출을 판단
- See-Scape: 올리브 모양의 코마개를 아동의 콧구멍에 끼워 스티로폼이 들어 있는 수직관과 연결함. 아동이 압력자음을 반복하여 산출할 경우 비누출이 있으면 스티로폼이 상하로 움직여 비누출 여부를 판단

촉진 평가는 검사자가 대상자의 코 측면에 손가락을 살짝 갖다 대어 진동 여부를 측정하는 방법이다. 비음의 경우 진동이 촉진되어야 하지만, 마찰이나 파열음 산출 시 이러한 진동이 느껴질 경우 과다비성으로 판단할 수 있다. 이 외에도 청진으로 파악할 수 있는 청진기, 청취관, 빨대 등이 있다.

이상의 평가영역을 평가내용과 검사항목으로 정리하면 〈표 14-6〉과 같다.

〈표 14-6〉 구개파열 대상자의 평가영역, 평가내용 및 검사항목

평가영역	평가내용	검사항목
공명	• 과다비성 • 과소비성 • 맹관공명	• 비성도 검사 • 비성성 검사 • 연인두폐쇄 기능 검사
조음	• 말명료도 • 조음정확도 • 보상조음오류 • 조음오류유형 • 음운발달	• 조음 검사 • 음운 검사
기압	• 비누출 • 자음약화	• 공기역학적 검사
구강기능	• 구강내부 조직 상태 • 연구개 상하, 좌우 움직임 • 인두벽 전상방향 움직임 • 구강 내 압력유지	• 구강구조 및 기능 검사 • 연인두폐쇄기능 검사

이 외에도 자극반응도 검사를 활용한다. 말소리 샘플을 수집할 때 구개파열 아동이 산출하는 목표자음을 자연스럽게 유도하여 분석한다.

III. 평가사례 및 진단보고서

1. 평가사례

1. 양측성 구순구개열 수술을 받은 7세 남아의 비성도를 측정한 사례

[그림 1] 왼쪽에 제시한 아동은 양측성 구순구개열로 12개월 이전에 성형외과에서 1차 수술을 하고 정기적으로 언어치료실에서 조음음운발달 및 연인두 기능을 검사받아 오고 있다. 이 아동은 파열음이나 마찰음과 같은 고압력자음 산출 시 비누출이 심하며 과다비성이 나타났다. 따라서 비성치를 측정하기 위해 Nasometer 검사를 실시하였고 그 결과

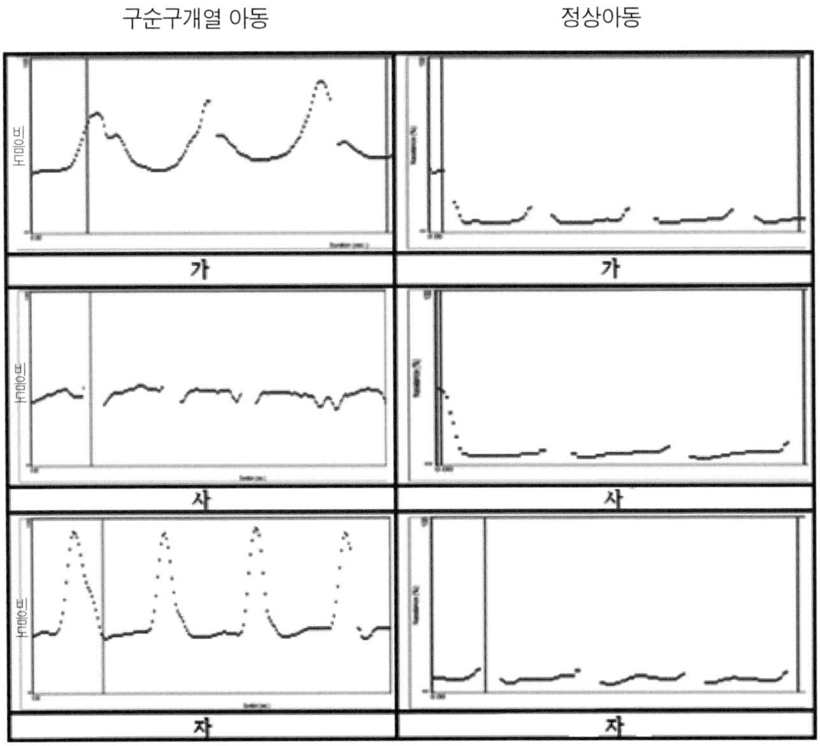

[그림 1] 구순구개열 아동의 고압력자음 산출 비성치와 정상아동의 비성치 비교

를 정상아동의 음성과 비교하여 [그림 1]에 제시하였다. 구순구개열 아동의 파열음과 마찰음, 파찰음을 반복해 산출하는 패턴을 왼쪽에 삽입하였고 정상아동이 산출한 음성을 오른쪽에 제시하였다. 두 그림에서 볼 수 있듯이, 파열음과 마찰음, 파찰음의 평균 50%가 넘어 과다비성이 나타나는 데 반해 정상아동은 20% 미만으로 나타났다.

[그림 2]는 고압력자음의 문장수준을 아동에게 산출한 것이다. 왼쪽 그림이 구순구개열 아동으로 오른쪽 정상아동의 말소리에 비해 비성도가 높게 나타났다. 이러한 경우 과다비성과 더불어 비누출이 동반되며, 발음산출을 위해 후방화한 성문음이 동반되어 산출되는 것을 지각할 수 있다. 각 그림의 수치는 〈표 1〉에 제시하였다.

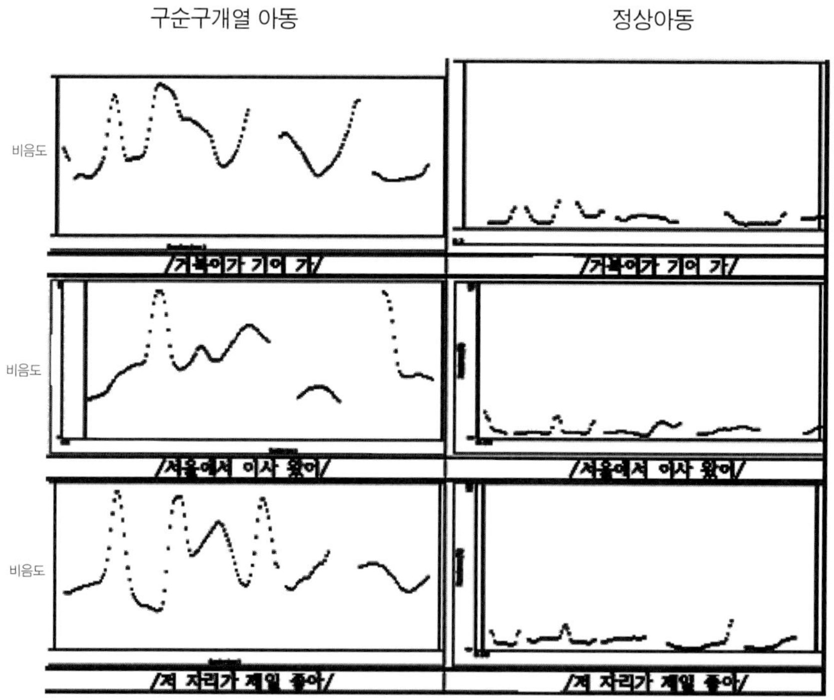

[그림 2] 고압력자음으로 구성된 문장에서 구순구개열 아동과 정상아동의 비성치 비교

〈표 1〉 구순구개열 아동의 고압력자음별 비음치(%)

	평균	최소	최대	정상
가가가	63	47.2	90	9
사사사	53	49	57	8
자자자	58	41	97	9

〈표 2〉 고압력 자음으로 구성된 문장 비음치(%)

	평균	최소	최대	정상
거북이	72	42	98	12
서울이사	54	27	98	10
자리	68	32	98	11

2. 아데노이드 비대로 인한 5세 남아의 비성치 측정사례

[그림 3]에 제시된 음성은 아데노이드 비대로 인하여 연인두 공간이 막혀 비강산출이 남아를 대상으로 분석하였다. 현재 말소리를 산출할 때 코로 숨 쉬는 것이 어렵고 구강으로 주로 호흡하는 것을 볼 수 있었다. 말할 때 혀의 움직임이 적었고 발음의 정확도가 78%로 나타났다. 또한 혀의 후방화현상이 두드러지는 패턴을 보였다. 이 아동의 비성치를 살펴보기 위해 Nasometer 분석한 결과가 그림 왼쪽에 제시하였다. 이 아동의 경우에는 아데노이드 비대로 비강기류 산출이 어려우므로 비음단어를 모방하게 하여 분석하였다. [그림 3]에 제시한 비음단어는 '매미' '미니'로 다소 비음이 높은 음소를 제공하였고, 그 결과 정상아동과 달리 비음이 적은 것을 볼 수 있다.

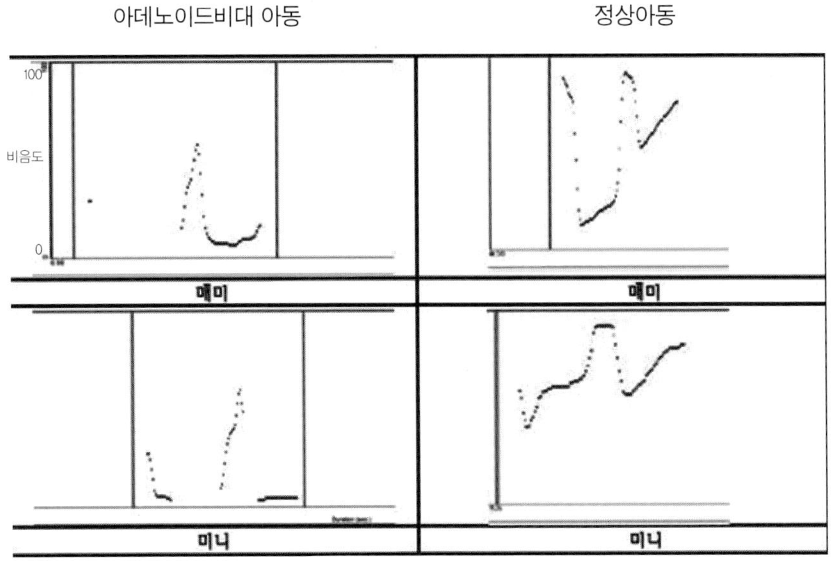

[그림 3] 아데노이드비대 아동과 정상아동의 비음단어 비성치 비교

〈표 3〉 아데노이드비대 아동의 비음단어 비성치(%)

	평균	최소	최대	정상
매미	32	15	68	68
미니	24	8	67	73

[그림 3]과 〈표 3〉에서 볼 수 있듯이, 일반적으로 정상아동들은 /i/고모음 산출 시 비성성이 높아지는 것을 볼 수 있다. 하지만 아데노이드비대를 가진 아동은 대부분 구강음의 경우 비성성 동반이 매우 적고 비음에서도 비성도가 낮게 나타나는 것을 볼 수 있다.

2. 진단보고서 예시

진단 · 평가 보고서

이름	김○○ (여성)	생년월일	2010년 *월(만 4; 3세)
평가일	2013. 7. *	장애유형	점막하 구개파열
치료사	2018. 6. 7.(pre)	검사자	010-○○○○-○○○○

1. 배경정보(신체, 인지, 청력, 정서, 행동특성 등)

어머님은 임신초기에 감기로 약을 복용하였고, 아동 출산 후 이분구개수를 발견하였다고 한다. 모유수유 시 코로 젖이 나온 적이 있으나 생후 12개월이 지나면서 사라졌다고 보고하였다. 생후 30개월까지 잦은 병치레로 병원을 자주 갔으며 특히 중이염을 자주 앓았다고 보고하였다. 2013년 발화산출이 늦어 언어치료실 방문하였고, 2013년 7월에 언어치료사 권유로 성형외과에서 점막하 구개열로 진단받고 수술적 조치를 받았다. 현재 정기적인 진료 및 검사를 받고 있으며, 음식 섭취에는 문제가 없으나 여전히 보상적 조음오류과 비누출이 두드러지고 있다.

2. 진단 시 아동의 태도

아동은 치료사와 첫 만남에서 다소 긴장하며 치료실 입실을 거부하였다. 모자분리가 어려워 함께 진행하였으며 놀이를 진행하다가 검사를 실시하였다. 말소리 비성도 측정검사에서 헤드셋에 대한 거부반응으로 단단어수준의 평가만 실시하였다.

3. 평가도구

- 영유아 언어발달 검사(SELSI; 김영태, 2002)
- 취학전 아동의 수용언어 및 표현언어 발달 척도(PRES; 김영태, 2003)
- 우리말 조음음운평가(U-TAP; 김영태, 신문자, 1994)
- 말소리 비성도 측정(Nasometer)
- 구강조음기관의 기능선별검사(OSMSE)

4. 평가결과

1) 언어 이해 및 표현

(1) 수용언어

SELSI에서 수용언어는 39개월 이상(90~100%ile), PRES에서는 수용언어는 38개월(48%)로 정상범주에 속하였다.

(2) 표현언어

SELSI에서 표현언어는 25개월 이상(25~30%ile), PRES에서는 표현언어는 38개월(40%)로 정상범주에 속하였다.

2) 조음 · 음운

U-TAP 검사 결과, 낱말수준에서 자음정확도가 30.2%, 모음정확도가 80%로 조음오류가 두드러졌으며, 특히 파열음(/ㄱ, ㄷ, ㅂ/계열)과 /ㅅ/계열에서 보상적 오류(성문파열음과 인두마찰음)가 나타났으며 과다비성과 비누출도 동반되어 산출되었다.

3) 신경

신경학적 문제는 관찰되지 않았다.

4) 음성

Nasometer 검사에서 단단어수준에서 실시하였으며,

- 파열음의 비성치가 mean 43, maximum 96, minimum 25
- 마찰음의 비성치는 mean 48, maximum 68, minimum 41 으로 과다비성과 비누출이 나타났다.

5. 요약 및 제언

** 아동의 언어평가 결과, 수용언어 및 표현언어 능력은 정상범주에 속하였으나 조음검사와 공명검사에서 조음생략이나 보상적 오조음이 두드러졌고, 과다비성이나 비누출과 같은 비정상적인 오류를 보이는 것으로 나타남. 구개조직의 결함인 상태로 2년 이상 발성을 산출하면서 스스로 보상적 오조음 패턴을 고착하였고 연인두 폐쇄부전으로 인한 과다비성 산출이 높은 것으로 생각됨. 이에 공명강과 조음기관의 기능강화 훈련, 조음훈련 및 음운발달을 촉진할 수 있는 치료를 실시할 예정임.

요약

이 장에서는 구개파열 대상자의 언어장애 진단 및 평가를 살펴보았다. 구개파열 아동의 말소리 특징을 이해하기 위해 정확한 언어 평가 및 진단, 해석이 이루어져야 한다. 구개파열 아동의 언어장애 진단 및 평가에서 고려되어야 할 요소는 다음과 같다.

1. 구개파열 유형을 정확하게 파악하고, 수술 후 언어재활사는 구개파열 아동의 조음기관 발달과 기능, 연인두 근육의 움직임을 정기적으로 평가하고 언어치료를 지원해야 한다.
2. 구개파열 대상자는 성장과정에 따라 연인두 공간 변화와 연구개 근육 발달에 결함이 나타나면서 비강으로 기류산출이 많아지게 된다. 이러한 현상을 과다비성이라고 하며, 특히 파열음이나 마찰음과 같은 압력자음 산출시 비누출이 나타나 압력유지가 어려워진다. 이를 위해 구개파열 대상자는 습관적으로 혀를 후방화시켜 그 음소를 보상하는 조음을 산출하며 오류를 동반하게 된다.
3. 구개파열 대상자의 과다비성과 같은 공명장애를 검사하기 위해, 비성치를 측정하는 Nasometer 검사와 음소의 구강압을 측정하는 공기역학검사(PAS)를 실시한다. 이것은 구개파열 대상자의 비성치와 음압을 객관적 측정하여 수치로 제시하면서 검사의 신뢰도를 높여 준다. 이외에 숙련된 언어재활사들이 구개파열 대상자의 말소리를 듣고 평가하는 청지각적 검사가 있다.
4. 구개파열 대상자가 아동일 경우, 검사기기를 활용한 객관적 측정이 어려울 수 있다. 이 경우 임상경험이 풍부한 언어재활사의 청지각을 통해 과다비성과 비누출, 보상조음오류를 평가한다. 이것은 숙련된 언어재활사의 경우 신뢰도가 높은 결과를 제시하지만 숙련되지 못할 경우 시진이나 촉진, 청진과 같은 보충검사를 함께 실시하여 평가결과의 신뢰도를 높인다.
5. 구개파열 대상자의 비성치와 보상조음오류를 평가하기 위해서는 다양한 언어과제를 제시하여 비성치의 변화와 습관적인 조음오류 패턴을 살펴보아야 할 것이다. 이

결과는 언어치료에 매우 중요하다. 따라서 비성치를 측정하고 조음오류를 평가하기 위한 언어과제는 그 목적에 따라 구성하는 음소를 고려해서 제시한다. 현재 많은 선행연구에서 과다비성의 음절반복, 단어, 문장 등의 비성치를 제시하고 있으므로 평가 과정이나 진단에 참조하여 활용하면 좋을 것이다.

연습문제

1. 구개파열 아동의 현재 상태를 파악하기 위한 정보의 항목과 내용은?
2. 구개파열 아동의 말소리 오류를 측정하는 샘플링에서 숫자세기는 어떤 음소로 구성하며, 그 실시방법은?
3. 구개파열의 장애유무를 파악하기 전에 간단히 평가할 수 있는 선별검사 항목은?
4. Dalston 등(1991)과 Hardin 등(1992)이 제시한 과다비성과 과소비성을 측정하는 분류기준은?
5. 구개파열 아동의 말소리의 특성과 원인 파악하기 위해 보충검사를 실시한다. 추가적으로 검사할 수 있는 보충검사는?
6. 구개파열 아동의 1차 혹은 2차 수술 후 구강기능을 평가해야 할 내용과 항목은?

참고문헌

김민정, 배소영, 박창일(2007). 아동용 발음검사. 서울: 휴브알엔씨.

김성일, 백진아, 신효근, 김오환(2000). 비음측정기를 사용한 정상 성인의 비음도에 관한 연구. 음성과학, 7(3), 219-228.

김영태, 김경희, 윤혜련, 김화수(2003). 영유아언어발달검사(SELSI). 서울: 파라다이스.

김영태, 성태제, 이윤경(2000). 취학전 아동의 수용언어 및 표현언어 발달 척도(PRES). 서울: 서울장애인종합복지관.

김영태, 신문자(2004). 우리말 조음음운검사. 서울: 학지사.

배소영, 임선숙, 이지희(2000). 언어문제해결력검사. 서울: 서울장애인종합복지관.

한국언어재활사협회(2013). 언어치료 현장실무. 서울: (사) 한국언어재활사협회 출판위원회.

황영진, 김하경(2008). 비성도 검사문형의 타당도 비교. 언어치료연구, 17(1), 147-159.

Dalston, R. M., Warren, D. W., & Dalston, E. T. (1991). Use of nasometry as a diagnostic tool for identifying patients with velopharyngeal impairment. *Cleft Palate-Craniofacial Journal*, *28*, 184-189.

Hardin, M. A., Van Demark, D. R., Morris, H. L., & Payne, M. M. (1992). Correspondence between nasalance score and listener judgments of hypernasality and hyponasality. *Cleft Palate-Craniofacial Journal*, *29*, 346-351.

Kummer, A. W. (2014). *Cleft palate and craniofacial anomalies: Effects on speech and resonance* (3rd ed.). Cengage Learning: Andover.

McWilliams, B. J., Morris, H. L., & Shelton, R. L. (1990). Diagnosis of phonation and resonance. In Williams, B. J., Morris, H. L., & Shelton, R. L. (Eds.) *Cleft palate speech*(pp. 311-319). Philadelphia: B. C. Decker.

Peterson-Falzone, S. J., Trost-Cardamone, J. E., Kamell, M. P., & Mardin-Jones, M. A. (2009). 구개열 언어치료: 임상가이드 (황영진, 김하경 공역). 서울: 박학사. (원전은 2005년 출판)

Subtelny, J. D., Van Hattum, R. J., & Myers, B. B. (1972). Ratings and measures of cleft palate speech. *Cleft Palate Journal, 9*(1), 18-27.

제 15 장

다문화아동 진단 · 평가

황상심

◐ 이 장의 목표

- 다문화아동 인터뷰 과정에 대하여 설명할 수 있다.
- 다문화아동 공식 평가 적용에 대하여 설명할 수 있다.
- 다문화아동 비공식 평가 적용에 대하여 설명할 수 있다.
- 언어장애와 언어차이에 대하여 설명할 수 있다.
- 다문화아동 평가결과 해석에 대하여 설명할 수 있다.

➲ 핵심 용어

- **다문화** 문화는 집단 내 사람들의 가치관, 행동, 신념 등에 관한 것이며 다문화는 한 사회 안에 여러 문화가 혼재하는 것을 말한다.
- **다문화아동** 그 사회의 주류 언어 및 문화와 다른 언어 및 문화환경에서 성장하는 아동들을 의미한다.
- **언어장애** 구어와 비구어, 그림상징체계를 주고받고 처리하며 이를 이해하는 능력의 결함이다.
- **언어지연** 정상발달 기준에서 언어나 말소리 습득이 또래 보다 느린 경우를 의미하며 속도는 느리지만 정상적인 발달순서를 따라간다.
- **언어차이** 주류 문화에서 일반적으로 사용하는 방식과 다르게 언어를 사용하는 것을 말한다. 지역적, 사회적, 문화-인종적 요인에 영향을 받아 한 집단이 사용하는 변화된 언어 또는 상징체계이며 이로 인해 발생한 것을 언어장애 또는 말소리장애라고 하지 않는다.

I. 다문화아동 진단 · 평가 개관

다양한 언어와 문화적 배경을 가진 다문화아동의 언어능력을 정확하게 평가하는 것은 쉬운 일이 아니다. 언어가 사회 · 문화적인 소산이므로, 언어평가는 사회 · 문화적인 맥락에서 해석해야 하기 때문이다. 우리나라 다문화아동도 다양한 언어와 문화적 배경에서 성장하고 있다. 다문화아동 중 대다수는 결혼이민자 가정에서 한국어를 주로 사용하는 언어환경에서 성장하고 있다. 그러나 재혼가정 아동, 중도입국 아동, 외국근로자 자녀 등은 한국어를 제2언어로 습득하거나 출생부터 또는 3세 전후로 한국어와 부모의 모국어를 습득하고 있는 아동들이다(황상심, 2016). 최근에는 다문화가정의 이중언어환경을 미래의 자원으로 바라보고 이중언어습득에 대한 인식이 긍정적으로 변화하여 결혼이민자 가정 아동의 이중언어 습득도 증가하고 있다(황상심, 2018). 이에 따라 언어치료 현장에 여러 언어사용 형태의 다문화아동이 의뢰되고 있으며, 이들 아동의 언어문제를 선별하고 진단평가하기 위해서는 우리나라 일반아동을 대상으로 하였을 때보다 더 많은 측면을 고려하고 검토할 필요가 있다(황상심, 2017). 또한 다문화아동이 언어장애와 학습장애로 과대확인되거나 반대로 과소확인되는 문제가 흔히 발생하기에 진단평가 절차에서 이 문제를 살펴보아야 한다. 과대확인은 아동의 자아감, 학교교육에 대한 태도, 미래의 교육기회에 부정적인 영향을 줄 수 있고, 과소확인은 다문화아동들에게 조기중재의 기회를 놓칠 수 있기 때문이다. 따라서 인터뷰, 선별, 공식 및 비공식 평가, 결과해석의 전반적인 절차에서 언어와 문화와 관련된 자세한 정보를 수집하고 평가결과를 해석할 필요가 있다.

II. 진단 · 평가 내용

1. 인터뷰

인터뷰 과정에서는 의사소통장애가 의심되는 다문화아동의 청력, 구강구조 및 기능, 구어 및 비구어 기술, 대-소근육의 신체발달, 부모 및 주변사람들과의 애착형성과 같은 사회 · 정서적 발달, 교육 및 치료 서비스를 받은 경험, 병력 등에 대한 내용이 수집된다. 이와 함께 일상적인 아동의 발화 수준, 부모가 염려하고 있는 언어발달문제, 가정에서 부모 및 아동의 언어사용, 다문화가정의 문화적 기준과 문화적 환경, 주 양육자와의 상호작용 시간, 이중언어 사용 정도, 언어 유창성 등의 문화와 언어환경에 대한 정보 수집이 필요하다.

인터뷰는 주로 주 양육자와 직접 대면으로 이루어지나 다문화아동 부모와 직접 면담이 어려울 경우에는 전화상담을 하거나 메일 또는 서면으로 실시할 수도 있다(황상심, 2011). 서면 인터뷰를 통해 수집한 내용 중 이해되지 않거나 필요한 정보가 있는 경우에는 부모에게 추가적으로 요청하면 된다. 인터뷰에서 아동의 언어발달과 관련된 전반적인 정보를 얻기 위해서는 부모와 의사소통이 가능해야 하는데 언어재활사가 다문화 부모와 언어차이로 인해 충분히 소통이 되지 않는 문제가 발생할 수 있다. 우리나라 언어재활사 중 베트남어, 중국어, 캄보디아어 등의 언어를 사용할 수 있는 이중언어치료사가 거의 없기 때문에 아동과 관련된 정보를 얻기 어려울 수 있다(황상심, 2019). 이 경우 통역사를 이용하여 면담을 진행할 수 있으며 아버지나 다른 가족을 통해 면담을 진행할 수 있다.

인터뷰에서는 집에서 어떤 언어를 사용하고, 언어발달에 가족의 도움이 있는지, 말하기 상황에서 의사소통 자신감은 어떠한지 등을 확인한다(Westby, 1990). 진단평가에서 부모를 포함하여 형제자매, 조부모 등의 가족 인터뷰를 하는 것은 다문화아동의 의사소통 행동을 이해하는 데 도움이 된다. 필요한 경우 유치원, 어린이집, 학교의 교사와 면담을 실시하는 것도 좋다. 면담지는 [부록]을 활용할 수 있으며, 다음은 다문화부모에게 실시할 수 있는 질문의 예시이다.

- 부모가 자녀에게 어떤 언어를 사용하는가?
- 부모가 다른 사람에게 어떤 언어를 사용하는가?
- 자녀가 또래친구들과 어른들에게 어떤 언어를 사용하는가?
- 자녀가 가정에서 필요한 요구를 어떻게 표현하는가?
- 자녀가 집에서 대화를 시작할 수 있는가? 누구와 대화를 하는가?
- 자녀가 양육자, 친구, 형제들과 상호작용을 하는가?
- 자녀의 언어능력에 대해 부모가 염려를 하고 있는가?
- 가족구성원이 자녀를 잘 이해하는가?
- 또래친구들이 다른 친구들에게 하는 것처럼 자녀에게 똑같이 하는가?
- 집에서 다른 또래처럼 언어와 지시를 잘 이해하는가?
- 가족은 자녀의 또래아동과 같은 방식으로 제스처나 대화로 의사소통 하는가?
- 자녀가 집에서 동일한 문화권의 또래아동들처럼 같은 수준으로 물건과 장난감에 흥미를 보이는가?

2. 선별검사

진단평가 절차에서 선별검사는 의뢰된 다문화아동의 언어문제 유무를 대략적으로 확인하고 자세한 평가가 필요한지 알아보기 위한 목적으로 실시한다. 선별검사는 공식 평가와 비공식 평가방법 모두를 이용할 수 있으나 일반적으로 비공식 평가를 이용하여 아동의 전반적인 언어능력에 대하여 빠르게 평가를 실시하고 그 결과에 따라 자세한 진단평가 계획을 세운다. 문제가 없는 아동의 경우 더 이상의 프로세스를 진행하지 않는다. 선별검사가 문제 유무를 확인하는 절차이기는 하나 언어영역에 따라 세부적으로 통사, 형태, 의미, 음운, 화용, 이야기, 읽기, 쓰기의 전반적인 영역에서 언어능력을 점검하고 자세한 진단평가 실시 필요성 유무를 확인해야 한다. 그러나 선별검사로 언어결함이나 지연을 보이는 모든 다문화아동을 구별해 낼 수 없다. 문제가 없는 것으로 판명되어도 다른 관련 영역에서 의심되는 증상을 보이거나 부모가 아동의 언어에 대하여 염려를 하는 경우에는 추가적인 자세한 평가가 필요하다. 이와 반대로 다문화아동이 선별검사에서 문제가 있는 것으로 나타났다고 해서 언어지연이나 언어장애로 판명되는 것은 아니기 때문에 여러 측면에서 함께 살펴보아야 한다.

특히 다문화아동의 선별검사 과정에서는 언어와 문화적인 차이를 함께 고려해야 한다. 언어장애와 언어차이는 다른 상황이며 다른 개념이다. 장애는 아동의 연령 또는 발달수준을 고려하였을 때 의사소통능력에서 상대적으로 많은 결함을 보이는 것이며, 언어차이는 주류 문화에서 일반적으로 사용하는 방법과 다르게 언어를 사용하는 데서 기인하는 문제이다. 다음은 다문화아동의 선별평가에서 언어장애를 확인하는 데 도움을 줄 수 있는 내용이다(Mattes & Omark, 1991).

- 가족, 친구들과 언어적 상호작용이나 행동을 먼저 시작하는 경우가 적다.
- 가족이나 친구가 먼저 말을 걸어왔을 때 말로서 반응하지 않는다.
- 또래친구들과 같은 수준의 언어를 사용하는 것이 힘들다.
- 그 나이 또래보다 사용하는 어휘 수가 적다.
- 또래아동보다 단순하고 짧은 문장을 사용한다.
- 부모 또는 동일한 문화와 언어환경의 친구들과 말로서 의사소통하는 것을 힘들어한다.
- 의사소통을 할 때 비언어적인 방법과 제스처를 많이 사용한다.
- 아동이 한 말을 친구와 부모가 알아듣지 못하여 자주 반복하여 물어본다.
- 질문이나 언어적 지시에 비정상적으로 늦게 반응한다.
- 또래친구보다 언어적 의사소통 수준이 낮거나 언어적 상호작용을 적게 한다.
- 또래친구가 아동의 말을 잘 알아듣지 못한다.

- 의사소통 실수에 대해서 수정하려 하지 않는다.
- 감정을 잘 표현하지 않거나 다른 사람들의 행동에 대하여 언어적으로 평가하려 하지 않는다.
- 친구들과의 대화에서 대화차례를 지키지 않는다.
- 언어적으로 부가적 설명을 요구하거나 명료화 요구를 하지 않는다.
- 잘못된 대화 시작, 혹은 수정을 한다.
- 대화 중에 어, 저, 음 등의 간투사를 많이 사용한다.
- 새로운 개념이나 어휘를 배우려 하지 않거나 배워야 할 내용을 배우려 하지 않는다.

3. 공식 및 비공식 검사

진단평가에서 흔히 다른 인종, 문화, 사회경제적 환경출신의 다문화아동이 낮은 수행력을 보이는 경향이 있는데, 이는 언어평가나 양식, 자극 등에 대한 경험 부족이 원인일 수 있다(Paradise, Genesee, & Crago, 2011). 그 결과, 문화와 언어 차이로 인해 낮은 성취를 보이는 아동과 기능적인 장애를 가진 아동을 구별하는 것이 어렵게 되고 있다. 또한 규준지향적(규준 참조) 평가(Norm-referenced tests)를 다양한 언어 및 문화적 환경 출신의 다문화아동에게 사용하였을 때 정확성에 문제가 있을 수 있다. 이는 문화와 언어가 다른 아동은 삶의 경험이 다르고, 규준지향적 검사 개발 시 샘플에 포함되지 않았기 때문에 표준샘플의 대표성 문제도 있다(Laing & Kamhi, 2003). 이에 대하여 IDEA(The individuals with Disabilities Education Act, 2004)는 다문화아동을 평가할 때 반드시 문화적으로 적절하여야 하고 아동이 유창한 언어로 언어능력을 정확하게 평가할 것을 권고하고 있다. 따라서 다문화아동의 진단평가에서는 그간 아동의 경험(이전에 받은 교육, 가족력, 병력 등), 아동이 속한 종교와 문화, 언어 유창성(이중언어 사용의 경우 우세언어, 각 언어에 노출된 정도 등), 아동의 학습 스타일, 교육에 대한 태도 등에 대하여 자세한 정보를 얻고 공식 및 비공식 평가 등을 종합적으로 살펴보아야 한다.

1) 공식 평가

다문화아동 중 우리말을 주로 사용하며 습득하고 있는 아동이라면 우리나라 아동을 대상으로 표준화 절차를 거친 공식 평가도구를 사용하여 백분위와 표준점수를 통해 언어발달 정도를 살펴볼 수 있다. 우리나라에는 영유아기, 학령전기, 학령기 아동들의 언어수준을 파악할 수 있는 공식 평가도구들이 있다. 전반적인 언어영역을 평가할 수 있는 도구로는 영 · 유아 언어발달 검사(김영태, 김경희, 윤혜련, 김화수, 2003), 취학전 아동의 수용언어 및 표현언어 발달 척도(김영태, 성태제, 이윤경, 2003) 학령기 아동 언어검사(이윤경, 허현숙, 장승민, 2014)가 있다. 언어영역이나 연령에 따라 수용 · 표현 어휘력 검사(김영태, 홍경훈, 김경희, 장혜성, 이주연, 2009), 한국판 맥아더-베이츠 의사소통발달 평가(배소영, 곽금주, 2011), 구문의미이해력검사(배소영, 임선숙, 이지희, 장혜성, 2004), 언어 문제해결력 검사(배소영 외, 2000), 한국아동 토큰검사(신문자, 김영태, 정부자, 김재옥, 2011) 등의 검사도구를 사용하여 평가할 수 있다. 그러나 평가 또한 문화적인 소산이기 때문에 다문화 아동에게는 어려울 수 있다. 예를 들면, 책에 있는 그림의 이름을 말하는 것에 익숙하지 않은 문화에 속한 아동은 평가에서 책 속 그림을 명명하기를 잘하지 못한다. 또한 그림을 설명하거나 이야기 하는 경험이 없는 경우에도 이런 평가에 어려움이 있는데 아동의 제한된 경험으로 인해서 그림이나 장소를 분명하게 말하는 데 어려움을 보일 수 있다는 것을 의미한다(Paradise et al., 2011). 그럼에도 불구하고 우리나라뿐만 아니라 전 세계적으로 단일언어 사용 아동을 대상으로 표준화한 검사도구를 다문화아동들에게 사용할 수밖에 없는 상황들이 발생한다. 그 이유는 다문화아동을 대상으로 표준화한 평가도구가 많지 않기 때문이다.

표준화 검사 결과로 문화와 언어가 다른 배경에서 성장한 아동의 언어능력을 해석한다면 문제가 될 수 있기 때문에 이를 보완하는 방법으로 다문화아동 언어평가 시에 시간제한을 조정하거나, 반복하여 들려주기, 연습시간을 제공하기, 점수의 상하한선을 없애는 것 등을 제안하고 있다(Weddington, 1987). 이렇게 조절을 하기 전에 평가의 양식이나 문맥, 대답 유형도 고려해야 할 것이며 조정이 있었을 경우에는 결과를 또래와 직접 비교하는 것은 불가능할 것이다. 우리나라에는 비언어성 검사도구가 표준화되어 있지 않지만 언어가 다른 아동 평가에 비언어적인 평가를 사용한다(Hamayan & Damico, 1990). 비언어적인 평가가 언어적인 능력을 필요로 하지는 않지만, 이 평가 또한 문화적인 변인들이 포함되어 있기에 다문화아동들의 평가에 영향을 준다. 따라서 다문화아동에게 공식 평가를 실시할 경우 여러 측면을 고려할 필요가 있다.

2) 비공식 평가

비공식 평가가 규준지향적인 공식 평가보다 다문화아동의 언어발달을 살펴보기에 더 적합할 수 있다. 비공식 평가는 현재 아동이 처한 상황에 따라서 특정적이고 독립적인 기준으로 평가를 할 수 있기에 아동의 문화 및 언어적 상황을 고려할 수 있기 때문이다(Paul, 2007). 다문화아동의 비공식 평가는 가족인터뷰, 관찰, 자발화 샘플분석, 역동적 평가 등으로 실시할 수 있다. 비공식 평가에서는 가족력을 포함하여 자연스러운 상태에서 아동의 발화와 의사소통능력을 살펴본다. 이 과정에서 문화와 언어, 그리고 아동의 특별한 경험 등을 모두 고려한다(Crago & Cike, 1991; Cheng, 1990). 다음은 다문화아동을 대상으로 실시할 수 있는 비공식 평가방법이다(Cheng, 1991).

- 가족구성원 인터뷰를 통해 가정에서 아동의 언어능력과 전체적인 발달에 관한 정보를 수집한다.
- 친숙한 사물과 환경, 익숙한 대화 상대자와의 대화에서 아동이 어떻게 언어를 사용하는지 관찰한다.
- 아동이 여러 의사소통 상대자와 다양한 상황에서 대화하는 것을 관찰한다.
- 친숙한 정도에 따라 아동이 대화 상대자와 어떻게 상호작용하는지 관찰한다.
- 아동에게 친숙한 물체나 장난감, 그림, 책을 이용하여 언어샘플을 수집한다.

다문화아동의 언어평가에서 언어샘플 수집은 바람직하다. 언어샘플은 다양한 의사소통 상대자와 다양한 대화주제로, 아동에게 친숙한 환경과 문화상황에서 수집하여야 하며 자발화 샘플을 통해서 구문, 의미(어휘), 화용, 음운, 이야기 능력을 등을 살펴본다. Cheng(1991)은 언어발달 수준을 고려하여 다문화아동의 연령에 적합한 일, 도움 요구하기, 문화적으로 친숙한 동화 다시 이야기하기, 사진 설명하기, 사물 설명하기, 지나간 일 이야기하기 등을 이용하여 수집할 것을 제안하였다.

행동관찰 또한 평가에 포함시켜야 한다. 행동관찰에서는 특정한 행동의 발생 여부와 빈도, 그러한 행동이 발생하는 여러 상황이나 선행사건 등을 수집한다. 다문화아동의 행동관찰은 상호작용, 언어사용 등이 발생하는 사회문화적인 측면을 살펴보아야 한다. 〈표 15-1〉에 따라 다문화아동의 사회적 상호작용, 집중해서 듣기, 언어이해, 언어표현, 언어사용, 문해능력 등을 관찰할 수 있다. 행동 발생 빈도와 상황 등을 관찰하고 아동이 속한 문화와 언어적 배경을 고려하면 사회 · 문화적 측면을 살펴볼 수 있다.

〈표 15-1〉 다문화아동 행동관찰 목록

구분	의사소통 행동	빈도	예시/행동 발생 상황
사회적 상호작용	눈 맞추기		
	인사하기		
	공동관심 및 참여		
	함께 놀기, 차례 지키기		
집중해서 듣기	원/탁자에 앉아 있기		
	활동에 참여하기		
	개인과제 완수하기		
언어이해	의사소통에 반응하기		
	지시 따르기		
	질문에 대답하기		

구분	의사소통 행동	빈도	예시/행동 발생 상황
언어산출	제스처 사용하기		
	한 낱말 사용하기		
	구/문장 사용하기		
	명료도		
언어사용	의사소통 시작하기		
	적절하게 말하기		
	도움, 정보 요청하기, 거절하기 등		
	주제 유지하기		
문해능력	이름인지(글자)		
	책에 관심 보이기		
	철자/말소리 말하기		
	라임 알기		

3) 역동적 평가

역동적 평가(dynamic assessment)는 비공식 평가에 해당하며 문화와 언어 차이가 있는 다문화아동에게 규준 지향적 평가도구를 사용하였을 때 발생하는 제한점을 고려한 대안적인 방법이다. 다문화아동이 표준화된 평가에서 문화, 언어, 경험 등과 같은 문제로 빈약한 수행력을 보일 수 있기 때문에 역동적인 평가를 실시한다. 다문화아동의 역동적 평가를 위해서 '평가-교육-재평가(test-teach-retest)' 절차를 권고하고 있다(Paradise et al., 2011). 이 접근에서는 표준화된 평가도구를 처음에 사용하고, 점수를 기록한다. 그 후 아동들은 중재학습 경험에 참여하며 이를 통하여 평가의 원리와 평가에 반응하는 방법을 더 잘 이해할 수 있게 된다. 아동이 특별한 평가항목에 대답하는 방법을 교육받는 것이 아니라 언어적 지식에 접근하고, 알고 있는 것을 매우 잘 나타낼 수 있는 전략을 교육받으며, 그 결과 평가에서 완전한 잠재력을 수행할 수 있게 된다. 교육단계 이후에 동일한 평가를 실시하고 점수를 매기며, 개선가능성, 즉 교육의 결과로 나타나는 반응과 변화를 관찰하고 기록한다. 아동수행력의 해석은 재평가와 개선가능성을 근거로 한다(Paradise et al., 2011).

III. 진단 · 평가 과정

1. 다문화아동의 진단 · 평가 과정

부모나 교육기관 등에서 의뢰한 다문화아동을 진단평가하기 위한 첫 번째 절차는 인터뷰이다. 다문화아동 인터뷰에서는 문화와 언어적인 배경에 대한 충분한 정보를 수집해야 하기 때문에 우리나라 일반 가정 대상자 인터뷰보다 시간이 더 많이 소요되고 세심한 정보를 얻을 필요가 있다. 선별검사는 의뢰된 대상자의 언어문제 유무를 대략적으로 확인하고 자세한 평가가 필요한지 알아보기 위한 목적으로 실시하며 언어발달 지연이 의심될 경우 자세한 진단평가를 시행한다. 진단평가 절차에서는 공식 및 비공식 검사를 통해서 아동의 전반적인 언어능력을 평가하여 의뢰된 아동과 또래아동과의 언어능력을 비교하고 언어결함 정도를 파악한다. 평가결과는 이중언어 및 이중문화 환경, 의사소통 방식, 부모와의 언어사용 등의 언어와 사회문화적인 측면과 함께 살펴보아야 하며, 아동들이 보이는 언어지연이나 언어결함 현상이 언어차이에 의한 것인지, 실제 언어발달지연에 해당하는 것인지 확인하는 것이 중요하다. 다문화아동 진단평가 절차에서 언어와 문화적인 편견을 최소화하며 평가를 실시할 수 있는 절차(Iglesias & Gutierrez-Clellen, 1988)는 [그림 15-1]과 같다.

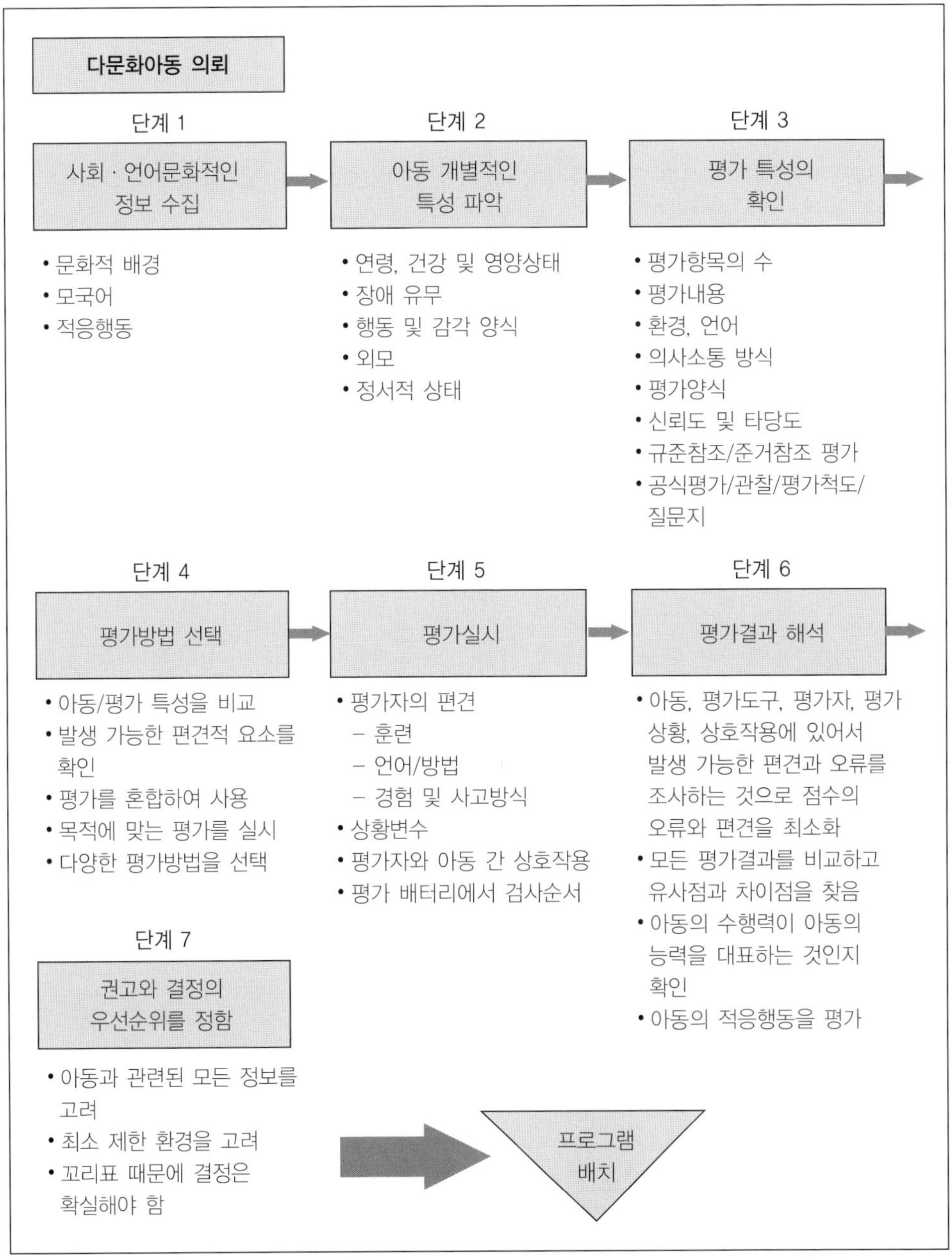

[그림 15-1] 다문화아동 평가절차

2. 통역사 참여

언어재활사가 부모나 아동이 쓰는 언어에 능통하지 못하다면 진단평가를 실시하기 어렵기 때문에 통역사를 참여시킬 수 있다. 미국 언어청각협회에서는 이중언어재활사가 없을 경우 통역사와 협력하여 대상자와 그 가족들이 선호하는 언어로 서비스를 제공할 것을 권고하고 있다(American Speech-Language-Hearing Association: ASHA, 2004; Langdon & Saenz, 2015). 언어재활사는 통역사를 통해서 아동 및 부모와 소통하며 언어와 문화적인 특성을 파악하고 언어진단을 이끌어 내는 역할을 한다. 협력과정에서 언어재활사는 통역사가 대상자의 개인정보를 보호하고 비밀을 유지할 수 있도록 교육을 제공해야 하며 언어평가의 목적, 내용, 방법 및 절차, 그리고 중재목표와 치료절차 등의 전반적인 서비스 과정을 이해할 수 있도록 미리 계획을 세워야 한다. 우리나라에서는 결혼이주여성 통역사가 다문화가정의 의사소통문제를 해결하기 위하여 활동하고 있으며 전국의 다문화가족지원센터, 구청, 동사무소, 다누리콜센터, 병원 등 다양한 기관에 상당한 규모의 통역사가 배치되어 있다. 다문화 어머니들의 한국 거주기간이 길어도 대부분이 인터뷰나 상담과정에서 충분히 의사소통을 하기에는 한국어가 유창하지 않기 때문에(황상심, 2019) 통역사와 협력하여 부모 인터뷰, 진단평가 등을 진행할 수 있다.

IV. 진단 · 평가 결과 해석

결과해석에서는 인터뷰에서 수집한 다문화아동의 배경정보, 공식 및 비공식 평가 결과 등을 종합하여 의사소통 문제를 평가하고 진단한다. 다문화아동 중 수용언어와 표현언어의 전반적인 영역에 문제가 있거나 특정 언어영역에 지연을 보이는 경우도 있고 언어차이로 인해 의뢰된 사례도 있다. 언어발달장애는 아동의 연령 또는 발달수준을 고려하였을 때 의사소통능력에서 또래에 비하여 상대적으로 많은 결함을 보이는 것이며, 언어차이는 주류문화에서 일반적으로 사용하는 방법과 다르게 언어를 사용하는 데서 기인하는 문제이다. 공식 및 비공식 평가결과 해석에서 아동의 현재 언어수준이 실제 언어장애, 언어지연 또는 언어차이인지를 확인해야 하는데, 언어발달장애(disorder), 지연(delay) 또는 차이(difference)를 구별하는 것이 쉽지 않다. 미국 언어청각협회(ASHS, 1993)에서 이에 대하여 정의하고 있는 내용을 살펴보면 다음과 같다.

첫째, 언어발달장애는 구어와 비구어, 그림상징체계를 주고받고, 처리하고 이해하는 능력에 있어서 결함을 말한다. 발달성 또는 후천적으로 발생할 수 있고 장애의 정도는 심각한 정도에서 가벼운 정도까지 범위가 다양하다. 의사소통장애는 일차적인 결함에 의해서 발생되거나 다른 장애에 부차적으로 발생할 수 있다. 둘째, 언어발달지연은 언어나 말소리 습득의 정도가 정상발달 기준을 근거하였을 때 예상했던 것보다 느린 경우를 말한다. 발달속도는 느리지만 정상적인 발달순서를 따라간다. 셋째, 언어차이는 지역적, 사회적, 문화-인종적 요인에 영향을 받아 한 집단이 사용하는 변화된 언어 또는 상징체계이며, 이로 인한 발생한 것을 말소리장애 또는 언어장애로 보지 않는다.

평가결과에 따른 언어치료대상자 선정기준은 전체적인 의사소통능력을 설명하기 위해 사용하는 방법이다. 평가결과에 따른 언어치료대상자 선정의 적합성, 대상자 제외 기준을 개발하기 위해서 지금까지 많은 연구가 이루어져 왔다. 다음은 언어장애 정도에 대하여 미국 일리노이주에서 개발한 매트릭스이다(Paradise et al., 2011).

첫째, 경도(mild) 언어장애는 일주일에 1세션(최소 15~30분)의 언어치료 서비스 대상자에 해당한다. 경도 언어장애는 학교에서 학습을 하거나 다른 사회적 상황에서 의사소통하는 개인의 능력에 최소한으로 영향을 주는 정도이며, 선생님, 가족, 형제자매, 또래 등과 같은 아동과 익숙한 청자들은 아동의 문제를 알아차릴 수 있다. 경도 언어장애 아동은 두 가지 또는 그 이상의 표준화 검사에서 언어이해와 표현 또는 화용 영역에서 -1~-1.5 표준편차에 해당하는 수준이다. 둘째, 중등도(moderate)의 언어장애는 학교 학습환경이나 다른 사회적 상호작용 상황에서 다른 사람과의 의사소통에 어려움을 준다. 선생님, 가족, 형제자매, 또래 등과 같은 아동과 익숙한 청자들은 아동의 문제를 알아차릴 수 있다. 중등도 언어장애 아동은 두 가지 또는 그 이상의 표준화된 평가절차로 검사하였을 때 언어이해와 표현 또는 화용 영역에서 -1.5~-2.5 표준편차에 해당하는 수행력을 보인다. 셋째, 중도(severe) 언어장애는 학교 학습환경이나 다른 사회적 상호작용 상황에서 다른 사람과 적절하게 반응하고 의사소통하는 능력이 제한되어 있으며, 학생들의 문제가 분명하다. 중도 언어장애 아동은 두 가지 또는 그 이상의 표준화된 평가에서 언어이해와 표현 또는 화용 영역에서 -2.5 표준편차보다 낮은 수행력을 보이며 보완대체의사소통 시스템이 필요할 수도 있다. 넷째, 최중도(profound) 언어장애는 학교 학습환경이나 사회적 상호작용 상황에서 다른 사람과 적절하게 반응하고 의사소통하는 것이 어려워 보완대체의사소통 시스템이 필요하다.

V. 평가사례 및 진단보고서

[다문화아동 평가사례]

아동은 만 5세 3개월의 남아로 일본인 어머니와 한국인 아버지 사이에서 출생하였으며 또래에 비하여 언어표현이 늦어서 진단평가에 의뢰되었다. 출생 전후에 언어발달 지연을 유발할 만한 특별한 문제가 없었으며 앉기, 기기, 걷기 등의 신체발달도 정상적이었다. 조부모와 함께 살고 있으며 주 양육자는 어머니이고 초등학생 형이 있었다. 어머니의 한국어 수준은 보통 정도이고 학원에서 일본어를 가르치고 있으며 자녀 교육에 관심이 많았다. 어머니는 아동을 이중언어 사용자로 양육하기 위해 출생 이후 바로 일본어를 사용했으나 시부모와 소통을 위해 주로 한국어를 사용하게 되었다고 한다. 현재 아동의 주 언어는 한국어이고 일본어를 이해는 할 수 있으나 표현하는 것은 단어나 자주 사용하는 간단한 문장 정도를 말할 수 있었다. 아동이 진단평가에 의뢰된 이유는 한국어 이해는 잘 하는데, 또래보다 표현을 잘하지 못해서 주변에서 말이 늦다는 말을 자주 들어서였다. 주로 단문을 사용하였으며 조사 사용도 제한적이었고 오류를 보였다. 어린이집에서 친구들과 어울리는 데 큰 어려움은 없지만 또래보다 단순한 문장을 사용하고 발음도 부정확하며 집에서는 TV를 많이 보는 등 여러 측면에서 염려를 하고 있었다.

진단 · 평가 보고서

1. 일반적인 정보

이름	○○○ (남)	생활연령	5;3
진단명	언어발달지연	치료사	○○○
진단기간	○○○○년 ○월 ○일~○일	작성일자	○○○○년 ○월 ○일

2. 배경정보

어머니의 보고에 의하면 아동은 출생 전후에 언어발달지연을 유발할 만한 특별한 문제가 없었으며 앉기, 기기, 걷기 등의 신체발달도 정상적이었다. 큰아이와 비교하였을 때 옹알이와 첫 낱말산출시기까지는 별 차이가 없었으나 24개월이 되어도 주로 단어로 표현을 하고 빠르게 말이 늘지 않아서 걱정을 하였다고 한다. 주 양육자는 어머니이며 출생부터 조부모와 함께 살고 있었으며 초등학생 형이 있다고 한다. 어머니의 한국어 수준은 보통 정도이고 학원에서 일본어를 가르치고 있으며 자녀 교육에 관심이 많다고 한다. 어머니가 어렸을 때 아동에게 일본어를 가르치기는 했으나 가정에서 주로 한국어를 사용하였으며 지금도 주 언어는 한국어이고 일본어는 이해는 할 수 있으나 표현하는 것은 단어나 간단한 문장 정도라고 한다. 아동이 교육기관이나 주변의 친구들과 잘 지내지만 또래들보다 단순한 문장을 사용하고 발음이 부정확하여 염려가 되어 내원하게 되었다고 한다.

3. 행동관찰

언어평가 시에 처음에는 낯설어하였으나 곧 적응하였으며 어려운 문항에 대해서는 "이거 좀 어려운 거 같은데."라고 말을 하며 긴장하는 모습을 보였다. 40분 정도 진행된 1차 평가 동안 자리에 바르게 앉아 있을 수 있었으며 말소리 평가에서 /ㅅ/, /ㄹ/ 음소에서 오류를 보였을 때 긴장하며 평가자를 얼굴을 쳐다보았다. 평가를 시작하기 전에 잠깐 진행된 놀이활동에서도 적극적이었으며 평가시간에도 특별한 문제행동을 보이지 않았다. 평가가 끝난 이후 형과 함께 블록놀이를 했는데 아동이 말소리에서 오류를 보여도 형이 아동의 말을 바로 이해하고 놀이를 해 주었으며 형에게 의지하는 모습을 보였다.

4. 말기관의 이상 유무
구강구조 및 기능에 특별한 문제가 없었다.

5. 실시한 검사
1) 수용 · 표현 어휘력 검사(REVT; 김영태, 홍경훈, 김경희, 장혜성, 이주연, 2009)
2) 우리말 조음 · 음운평가(U-TAP; 김영태, 신문자, 2004)
3) 취학전 아동의 수용언어 및 표현언어 발달 척도(PRES; 김영태, 성태제, 이윤경, 2003)
4) 자발화샘플분석
5) 역동적 평가

6. 평가결과
1) 언어이해
PRES 검사 결과, 수용언어 63개월, 백분위 20%ile이었다. REVT 분석 결과, 어휘이해력 등가연령이 4세 6개월~5세 수준이었으며, 백분위 30~40%ile로 나타나 두 검사 모두 평균보다는 낮았으나 정상발달 범위에 해당하였다.
2) 표현언어
PRES 검사 결과, 표현언어 51개월, 백분위 10%ile로 나타나 또래보다 낮았으며, REVT 표현이휘력을 분석한 결과, 등가연령이 4세 0개월~4세 6개월, 백분위 10%ile 이하였다. 아동과 놀이상황에서 자발화샘플을 수집하여 내용을 분석한 결과 장소격, 주격조사는 사용하였으나, 연결어미를 사용하며 문장을 산출하는 것은 어려워하였다. 복문사용에 대하여 역동적 평가를 실시한 결과, 초기평가 시 연결어미를 사용하여 복문을 사용하지 못하였으나 3회기 중재 이후 실시한 재평가에서 나열의 연결어미를 사용하여 복문을 말할 수 있었다.
3) 말소리 영역
말소리 발달을 살펴보기 위해 U-TAP을 실시한 결과, 자음정확도 86%(37/43), 모음정확도 100%, -2SD 이하로 조음치료 요망에 해당하였다. 오류패턴을 보면, /ㅅ/, /ㅆ/를 /ㄷ/, /ㅌ/로 대치하였으며 어두나 어중 초성에서 /ㄹ/를 생략하는 형태를 나타내었다. 자극모방력 검사에서 오류를 보인 모든 음소에서 모방력이 있었다.

7. 요약 및 권고
아동은 생활연령 5세 3개월로 수용언어능력은 정상발달 범위에 해당하였으나 표현언어와 말소리 발달에서는 또래보다 수행력이 낮았다. 따라서 어휘력 증진과 복문산출, 말소리 발달을 촉진시킬 수 있는 중재활동이 필요하여 보인다. 일상생활 어휘는 습득을 하였으므로 범주어, 관계어 위주의 목표를 설정하고, 구문영역에서는 다양한 조사 사용과 복문 산출을 위한 중재목표 설정이 필요하다. 특히 /ㅅ/, /ㅆ/, /ㄹ/ 음소에서 대치와 생략 오류를 보여 명료도에 영향을 주고 있으므로 말소리 습득을 위한 중재가 권고된다. 아동의 언어이해력이 정상발달이고 오류를 보인 말소리에 자극모방력이 있으며 역동적 평가 결과가 긍정적이어서 치료효과를 기대할 수 있을 것이다.

요약

선별, 진단평가, 결과해석의 전반적인 과정에서 이중언어와 이중문화환경, 의사소통 방식, 언어유창성 등의 언어와 사회문화적인 측면을 함께 살펴보아야 한다. 또한 다문화 아동이 보이는 언어지연이나 언어결함 현상이 언어차이에 의한 것인지, 실제 언어발달지연에 해당하는 것인지 확인하는 것이 중요하다.

1. 인터뷰에서는 신체, 정서, 행동 등의 내용과 함께 부모와 아동의 언어사용, 다문화적 환경, 주 양육자와의 상호작용 시간, 이중언어사용 정도, 언어유창성 등의 문화와 언어환경에 관한 전반적인 정보 수집이 필요하다.
2. 다문화아동이 공식평가에서 문화, 언어, 경험 등과 같은 문제로 빈약한 수행력을 보일 수 있기 때문에 역동적 평가를 실시하는 것이 좋다. 역동적 평가를 위해서 '평가-교육-재평가(test-teach-retest)' 절차를 권고하고 있다.
3. 다문화아동의 공식 및 비공식 평가 결과는 아동의 경험, 아동이 속한 종교와 문화, 이중언어사용, 우세언어, 각 언어에 노출된 정도, 아동의 학습 스타일, 교육에 대한 태도 등과 종합적으로 살펴보아야 한다.
4. 다문화아동의 언어평가절차에서 언어 및 사회문화적 배경에 대한 정보를 파악하며 평가결과가 언어장애로 인한 것인지, 언어차이인지 구별해야 한다.
5. 다문화 부모의 한국 거주기간이 길어도 대다수가 인터뷰나 상담과정에서 충분히 의사소통을 할 수 있을 정도로 한국어가 유창하지 않기 때문에 통역사와 협력하여 면담과 상담을 실시하고 전반적인 진단평가 절차에도 통역사를 활용할 수 있다.

연습문제

1. 다문화아동 인터뷰 과정에 대하여 설명할 수 있는가?

2. 언어차이, 언어장애, 언어지연에 대하여 설명할 수 있는가?

3. 다문화아동 진단 · 평가에서 비공식 검사 적용의 필요성에 대하여 설명할 수 있는가?

4. 다문화아동 진단 · 평가에서 공식 검사 적용의 제한점에 대하여 설명할 수 있는가?

5. 다문화아동 평가결과 해석에서 고려할 점에 대하여 설명할 수 있는가?

참고문헌

김영태, 김경희, 윤혜련, 김화수(2003). 영 · 유아 언어발달검사. 서울: 파라다이스복지재단.

김영태, 성태제, 이윤경(2003). 취학 전 아동의 수용언어 및 표현언어 발달 척도. 서울: 서울장애인복지관.

김영태, 홍경훈, 김경희, 장혜성, 이주연(2009). 수용 · 표현 어휘력 검사. 서울: 서울장애인복지관.

배소영, 곽금주(2011). 한국판 맥아더 베이츠 의사소통발달 평가. 서울: 마인드프레스.

배소영, 임선숙, 이지희(2000). 언어문제해결력검사. 서울: 서울장애인종합복지관.

배소영, 임선숙, 이지희, 장혜성(2004). 구문의미이해력검사. 서울: 서울장애인복지관.

신문자, 김영태, 정부자, 김재옥(2011). 한국 아동 토큰 검사. 서울: 학지사 심리검사연구소.

이윤경, 허현숙, 장승민(2014). 학령기 아동 언어 검사. 서울: 학지사 심리검사연구소.

황상심(2011). 다문화아동의 언어발달특성. 서울: 이담북스.

황상심(2017). 이중언어아동의 교육 서비스 지원을 위한 언어발달지도사의 요구 탐색. 언어치료연구, 26(1), 145-160.

황상심(2018). 다문화가정의 이중언어사용에 관한 질적 탐색. 언어치료연구, 27(1), 99-113.

황상심(2019). 다문화아동의 이중언어사용과 통역사 협력에 관한 연구. 언어치료연구, 28(1), 37-46.

황상심, 강복정(2016). 다문화아동의 이중언어사용 추이 연구. 언어치료연구, 25(1),

123-134.

American Speech-Language-Hearing Association (2004). *Knowledge and skills needed by speech-language pathologists and audiologists to provide culturally and linguistically appropriate services.*

American Speech-Language-Hearing Association. (1993). *Definitions of communication disorders and variations.* American Speech-Language Hearing Association, 35(Suppl. 10), 40-41.

Cheng, L. L. (1990). *Issues on assessing LEP students: An Asian perspective.* Paper presented at the Canadian Association of Speech-Language Pathologists and Audiologists Conference, Vancouver, B. C.

Cheng, L. L. (1991). *Assessing Asian language performance: Guidelines for evaluating limited-english-proficient students.* Ocean side, CA: Academic Communication Associates.

Crago, M. B., & Cike, E. (1991). Using Ethnography and language socialization: A cross-cultural perspective and cultural words into focus. In T. M. Gallagher (ED.), *Pragmatics of language: Clinical practice issues* (pp. 99-132). San Diego, CA: Singular.

Hamayan, E. V., & Damico, J. S. (1990). *Limiting bias in the assessment of bilingual students.* Austin, TX: Pro-Ed.

Individuals with Disabilities Education Improvement Act. (2004). *Public Law.* 108-446, 108th Congress.

Laing, S. P., & Kamhi, A. (2003). Alternative assessment of language and literacy in culturally and linguistically diverse populations. *Language, Speech, and Hearing Services in Schools, 34*(1), 44-55.

Langdon, H., & Irvine Saenz, T. (2015). *Working with interpreters and translators: A guide for speech language pathologists and audiologists.* San Diego: Plural Plus.

Mattes, L. J., & Omark, D. R. (1984). *Speech and language assessment for the bilingual handicapped.* San Diego: College Hill Press.

Paradise, J., Genesee, F., & Crago, M. B. (2011). *Dual language development and disorders: A hand book on the bilingualism and second language learning* (2nd ed.). Baltimore: Paul H. Brookes Publishing Co.

Paul, R. (2007). *Language disorders* (3rd ed.). Philadelphia: Mosby, Inc.

Weddington, G. (1987). Guidelines for use of standardized tests with minority children. In L. Cole and V. Deal (Eds). *Communication disorders in multicultural populations. American Speech-Language Hearing Association* (pp. 21-22).

Westby, C. E. (1990). Ethnographic interviewing: Asking the right questions to the right people in the right ways. *Journal of Childhood Communication Disorders, 13*(1), 101-111.

부록

다문화아동 인터뷰지

면담자		정보제공자		전화	
이름(성별)		생년월일		연령	
소속	(어린이집, 유치원, 초등학교)				
주소					

1. 가족사항 및 가족력

이름	연령	성별	학력	장애유무	아동과의 관계	직업	출신국

2. 출산 전후 발달사항

출생 전	출생 시	출생 후
1) 약복용: 유/무 (개월, 내용) 2) 질환: 유/무 (개월, 내용) 3) 산모연령: _____	1) 분만 상태 (순산, 조산, 만산, 난산, 제왕절개) 2) 임신기간: ______ 체중: ________kg 4) 인큐베이터: 유 / 무(기간:)	1) 고열: 유/무(시기:) 2) 경기: 유/무(시기: 횟수:) 3) 황달: 유/무(시기: 치료:) 4) 수유: 모유, 인공유, 혼합 5) 질환: 유/무(시기: 내용:)

3. 씹고 삼키기 등

빨기	강 / 약	삼키기		씹기		손잡이	
편식 유무 좋아하는 음식:			싫어하는 음식:				

4. 신체발달

눈 맞추기	3개월		서기	11개월	
목 가누기	3개월		걷기	12~13개월	
앉 기	7~8개월		계단오르내리기	2세	

기 기	8~9개월		한발로 뛰기	4세	

5. 언어발달

옹알이		첫 낱말산출	시기: 내용:		
목소리	음질	정상 비정상(특징: 크기	크기	정상 작다	
	높낮이	정상 제한된 변화 단조로움			
주변소리에 대한 민감성 : 유/무					
언어 이해	1) 전혀 이해 못함	1) 전혀 안됨			
	2) 아주 조금 이해	2) 몸짓, 동작사용 3) 말보다 몸짓 선호			
	3) 몸짓 사용 통해 이해	4) 말 사용(주로 단일단어)			
	4) 익숙한 표현, 질문이해	5) 가족에게만 이해되는 문장사용			
	5) 명확히 모두 이해	6) 명확히 이해되는 문장 사용			
현재 사용하는 낱말이나 문장의 형태:					

6. 병력

질환/외상	발생 시기:	약복용 내용: 복용기간:
현재 건강상태	매우 좋다 ---- 좋다 ----- 안 좋다 ----- 기타 ( )	

7. 신변처리

대변가리기			소변가리기		
옷 벗기			옷 입기		

8. 행동 및 정서 특성

신경질	자주 울기	부끄럼 타기	버릇없음
흥분 잘함	쉽게 좌절	공격성	손가락 빨기
두려움/공포감	심한 짜증	도망가기	파괴
나이 든 아동을 더 좋아함		나이 어린 아동을 더 좋아함	
돌아다니기(과잉행동)	주의 산만함	TV나 컴퓨터 몰입	
성격:			

9. 관심, 놀이 활동, 기타

항목	좋아하는 것	싫어하는 것	기타
놀이			
사물			
장소			
음식			

10. 언어환경

1) 주 양육자는 누구입니까?
2) 주 양육자가 아동과의 상호작용 시 어떤 언어를 사용합니까?
① 양육자의 모국어 ② 한국어 ③ 양육자의 모국어와 한국어를 함께 사용
3) 아동의 언어사용 형태는 어떠한가?
① 한국어 ② 이중언어 사용(동시적 이중언어 ______ 한국어 제2언어 습득______)
설명: ______________________________
4) 주 양육자와 아동과의 하루 평균 상호작용 시간은 어느 정도인가요?________
5) 어머니 모국어 사용에 관한 가족들의 태도는 어떻습니까?
① 한국어만 쓰도록 한다. ② 모국어만 사용해도 상관없다.
③ 한국어와 모국어를 섞어서 사용하도록 한다. ④ 기타( )

찾아보기

ㅅ

ㅇ

저자 소개

강은희(Kang, Eun Hee)
제주국제대학교 언어치료학과 교수

고영옥(Ko, Young Ok)
제일언어크리닉 원장

권미지(Kwon, Mi Ji)
남부대학교 언어치료학과 교수

김시영(Kim, Si Yung)
대구보건대학교 언어치료학과 교수

김유경(Kim, Yu Kyung)
순천제일대학교 언어치료과 교수

김효정(Kim, Hyo Jung)
고신대학교 언어치료학과 교수

박은실(Park, Eun Sil)
광주여자대학교 언어치료학과 교수

유재연(Yoo, Jae Yeon)
호남대학교 언어치료학과 교수

이명순(Lee, Myoung Soon)
상지영서대학교 언어치료과 교수

이옥분(Lee, Ok Bun)
대구사이버대학교 언어치료학과 교수

장현진(Chang, Hyun Jin)
부산가톨릭대학교 언어청각치료학과 교수

최선영(Choi, Sun Young)
대구보건대학교 언어치료학과 교수

허명진(Huh, Myung Jin)
부산가톨릭대학교 언어청각치료학과 교수

황상심(Hwang, Sang Shim)
남부대학교 언어치료학과 교수

황하정(Hwang, Ha Jeong)
대구보건대학교 언어치료학과 교수

의사소통장애 진단평가

Diagnosis Evaluation in Communication Disorders

2019년 9월 10일 1판 1쇄 인쇄
2019년 9월 15일 1판 1쇄 발행

지은이 • 강은희 · 고영옥 · 권미지 · 김시영 · 김유경 · 김효정 · 박은실 · 유재연
이명순 · 이옥분 · 장현진 · 최선영 · 허명진 · 황상심 · 황하정

펴낸이 • 김진환
펴낸곳 • (주) 학지사
04031 서울특별시 마포구 양화로 15길 20 마인드월드빌딩
대표전화 • 02)330-5114 팩스 • 02)324-2345
등록번호 • 제313-2006-000265호

홈페이지 • http://www.hakjisa.co.kr
페이스북 • https://www.facebook.com/hakjisa

ISBN 978-89-997-1937-0 93370

정가 23,000원

저자와의 협약으로 인지는 생략합니다.
파본은 구입처에서 교환해 드립니다.

이 책을 무단으로 전재하거나 복제할 경우 저작권법에 따라 처벌을 받게 됩니다.

이 도서의 국립중앙도서관 출판시도서목록(CIP)은 서지정보유통지원시스템 홈페이지(http://seoji.nl.go.kr)와 국가자료공동목록시스템(http://www.nl.go.kr/kolisnet)에서 이용하실 수 있습니다.
(CIP 제어번호: CIP2019034466)

출판 · 교육 · 미디어기업 학지사

간호보건의학출판 **학지사메디컬** www.hakjisamd.co.kr
심리검사연구소 **인싸이트** www.inpsyt.co.kr
학술논문서비스 **뉴논문** www.newnonmun.com
원격교육연수원 **카운피아** www.counpia.com